91 (39,80) 23,80

DuMont Dokumente:
eine Sammlung von Originaltexten,
Dokumenten und grundsätzlichen Arbeiten
zur Kunstgeschichte, Kunsttheorie,
Archäologie, Pädagogik, Musikgeschichte
und Geisteswissenschaft

W0227174

siehe Zeittafel in der vorderen und hinteren Umschlaginnenklappe

Gert Selle

Design-Geschichte in Deutschland

Produktkultur als Entwurf und Erfahrung

DuMont Buchverlag Köln

Umschlagvorderseite: Inserat für Brennabor-Automobile in der Weihnachtsausgabe der Zeitschrift
›Die Dame‹, 1928 (Foto: Ahlers)

Umschlaginnenklappe: CNC-gesteuerte Presse zum hydromechanischen Tiefziehen mit Werkzeugschnell-
wechsel-Einrichtung, seit 1983 bei der WMF Geislingen in Betrieb (Foto: WMF)

Umschlagrückseite: Ulrike Holthöfer/Axel Kufus, ›Blauer Sessel‹ aus Sperrmüll und Waschanlagen-Bürsten-
haaren, 1984 (Einzelstück) (Foto: Thomas Kufus/Hubertus Müll)

© 1987 DuMont Buchverlag, Köln
Zweite durchgesehene und ergänzte Auflage, Köln 1990
Alle Rechte vorbehalten
Satz und Druck: Rasch, Bramsche
Buchbinderische Verarbeitung: Bramscher Buchbinder Betriebe

Printed in Germany   ISBN 3-7701-1927-4

Inhalt

Vorwort

Design ist heute allgegenwärtig, und diese Gegenwart hat ihre Geschichte, ohne die sie nicht verstanden werden kann. Daher ist die gegenständliche Kultur ein Forschungsthema, sind Massenprodukte museumswürdig geworden. Allenthalben ist Rekonstruktion des Vergangenen Bedürfnis, beinahe Mode – wahrscheinlich, weil Geschichte im Mitgelebten und Erinnerten immer rascher abhanden gekommen ist. Deshalb muß eine exemplarische Einführung in die Geschichte des Design heute eine betont analytische Einführung sein, die industrielle Entwicklungen reflektiert und auf ästhetische Folgen befragt.

Produktformen spiegeln Produktions- und Lebensformen. Designgeschichte kann daher nicht wie Kunstgeschichte geschrieben werden. Kunst spiegelt gesellschaftliche Vorgänge anders – unabhängiger und subjektiver als Design, das sie zwanghaft unmittelbar vollziehen muß. Design ist eher Werkzeug zur Produktion gesellschaftlicher Realität als Kunst. Designgeschichte hat mit Kunstgeschichte daher weniger zu tun, als man glaubt. Dagegen besteht zur Architekturgeschichte eine engere Beziehung vor allem im Hinblick auf das industrialisierte Bauen und die Tatsache, daß alle Designobjekte ihren räumlichen Rahmen des zeitlichen Miteinander im Gebrauch finden. Schließlich gibt es einen äußeren und inneren Zusammenhang dinglicher und räumlicher Eindruckserfahrung. Trotzdem sind die Gattungsgrenzen gegenüber der Architektur zu respektieren. Designgeschichte ist nicht Baugeschichte, obwohl sich beide Tätigkeiten im historischen Berufsbild von Architekten und Designern oft überschneiden und Übereinstimmungen im Erscheinungsbild von Bauten und Dingen bestehen.

Designgeschichte ist die eng mit der technologischen und ökonomischen Entwicklung verbundene, aus ihr mehr als aus allen anderen Quellen hervorgehende historische Ästhetik der Gestaltung industrieller Produkte und ihres sozialen Gebrauchs. Ein strenger Begriff von Design muß daher zusammenfassen, was sich als Entwurfsvorstellung an Instrumenten für die Produktion oder am werkzeuglichen Lebensmittel für die Reproduktion vergegenständlicht hat. Diese Eingrenzung umfaßt noch das ganze Universum beweglicher Gegenstände, deren wir uns im Alltag bedienen. Baugeschichte und die Geschichte des Kunsthandwerks werden zu streifen sein, wo sie das industrielle Design berühren – das gilt auch für die Kunstgeschichte. Doch Design ist eine eigene ästhetische Gattung im Zeitalter der Massenproduktion. Freilich bedeutet das eine rein äußerliche Begrenzung. Sie schließt die Notwendigkeit ein, das einzelne gestaltete Objekt oder einen Produkttyp als Beitrag zu einer habitualisierten Gesamtkultur zu deuten.

Jede Einführung wird sich daher an die typischen Formen halten, die ein kulturelles Grundmuster leichter erkennen lassen. Nicht selten führt dabei das von der traditionell-normativen Geschichtsschreibung Ausgesparte, Nicht-Gezeigte oder Kritisierte zu bedeutenderen Erkenntnissen als das klassische Design-Beispiel, oder dieses muß bewußt ›verkehrt‹ gesehen werden. Herausgerissen aus den Zusammenhängen ihrer Produktions- und Aneignungsgeschichte, erliegen Designobjekte rasch der ästhetischen Mystifikation. Zwar gibt es Versuche, die Dinge in einem rekonstruierten Ambiente zueinander in Beziehung treten zu lassen, statt sie auf Sockel und in Vitrinen zu stellen oder in Bestandskatalogen einzeln abzubilden. Doch auch komplette Ensembles vermitteln eher den falschen Eindruck einer Statik eingefrorener Kultur und Geschichte. In Wirklichkeit war und ist mit den Dingen des täglichen Lebens alles im Fluß. Es gibt eine unablässig-gegenseitige Beeinflussung von Entwurf und Gebrauch, Produktion und Konsum unter immer neuen oder sich leicht verändernden gesellschaftlichen Bedingungen.

Es nützt nichts, die Dinge bloß schön oder häßlich zu finden. Statt dessen müssen sie als Ausdrucksformen eines historischen Zusammenhangs von Produktion, Verteilung, Aneignung, Genuß und rückwirkender Gebrauchserfahrung im Kontinuum der zeitgenössischen Dinge und Räume, Wahrnehmungsweisen und Deutungsmöglichkeiten gesehen werden, die im weitesten Sinne historisch-ästhetisch den Bestand einer kollektiv erfahrenen und gelebten Alltagskultur bilden.

So wäre es falsch, Produktions- und Aneignungsgeschichte zu trennen; erst in beiden Vorgängen finden überlieferte, sichtbare Formen ihre Erklärung. Es gibt das große rezeptionsgeschichtliche Thema sozialästhetischer Wirkungen und Deutungen des Massenprodukts ebenso wie das große produktionsgeschichtliche Thema der wirtschaftlichen und technologischen Voraussetzungen einer Produktgestalt; darüber hinaus greifen anthropologische Fragen nach Ursprung, Wirkung und tendenzieller Entwicklung der Industriekultur, die gleichsam

Ökonomie, Soziologie und Psychologie des Designobjekts überspringen. Die komplexe Ästhetik des Design steckt nicht nur in den Dingen, sondern schon in den Gesten des Produzierens und Gebrauchens; sie ist ›verkörpertes‹ Verhalten und Bewußtsein, Grundmuster menschlichen Beteiligtseins an der Industriekultur. Sie steckt nicht nur im Gebrauchsgegenstand, sondern schon tief im unbewußten Griff danach.

Designgeschichtliches Verstehen heißt daher auch, sich diesen Griff zum kritischen Begriff zu machen.

Allen im Bildnachweis genannten Personen, Institutionen und Firmen ist für – teilweise großzügiges – Entgegenkommen zu danken. In besonderer Weise wurden das Amt für industrielle Formgestaltung (AiF) in Berlin (DDR), das Stadtmuseum Oldenburg und die Württembergische Metallwarenfabrik (WMF) AG Geislingen beansprucht. Das Rohmanuskript ist von Lore Kramer (Hochschule für Gestaltung in Offenbach/Main) und Rainer Wick (Universität Wuppertal) durchgesehen worden; für den DDR-Teil besorgten dies Renate Luckner-Bien und Peter Luckner (Hochschule für Industrielle Formgestaltung Halle-Burg Giebichenstein). Bernadette Stegemann, Studentin in Oldenburg, half bei der Literaturbeschaffung.

Nachdem das Buch 1978 erstmals (unter dem Titel *Designgeschichte in Deutschland von 1870 bis heute*) erschien und drei Auflagen erlebte, bis es 1987 unter dem gegenwärtigen Titel neu geschrieben werden mußte, sind in dessen zweite Auflage Korrekturen und Ergänzungen vor allem für den Schlußteil aufgenommen worden. Es bestand jedoch kein Anlaß, die kritisch-analytische Problemsicht des gesamten Einführungsversuchs an irgendeiner Stelle zu verändern.

I Form, Geschichte, Erfahrung

1 Vom Zauber der Dinge und ihrer stummen Zeugenschaft

Alte Häuser, Fabriken, eine stillgelegte Werkstatt – fast immer verweilt man in der Berührung dieser oder jener Einzelheit oder des gestalteten Ganzen, das gegenüber der glatten Anonymität einer modernen Umgebung seinen besonderen Charakter wahrt. Den gußeisernen Fensterrahmen von beinahe romanischer Strenge, der einst den Vorstoß der Industrie in das Bauen für Gewerbe und Landwirtschaft angezeigt hat, nehmen wir inzwischen mit ebenso gesteigertem Interesse wahr wie die urtümlich-robuste Nähmaschine im letzten Flickschusterladen. Das Auge spürt einen merkwürdigen Widerstand.

Man begegnet solchen Objekten zunehmend in Ausstellungen und Museen, in heimat- und regionalgeschichtlichen Sammlungen. Und man findet Relikte früherer Epochen der industriellen Produktkultur, immer mehr in den Rang von Antiquitäten erhoben, beim Trödler oder auf dem Flohmarkt. Schließlich entdeckt und pflegt man sie zuhause, die Waage aus gepreßtem Blech, den gußeisernen Fleischwolf – im kunststoffbeschichteten Küchenschrank. Auch Großvaters längst unbrauchbar gewordenen Fotoapparat wirft man nicht weg. Wohl nicht, weil die Dinge wieder Handelswert bekommen, sondern weil sie geheimnisvolle Zeichen geben, Auge und Hand zu Berührungen auffordern, eine seltsame Intimität versprechen, die wir im Hantieren mit den neuen, bunten, anschmiegsamen und umstandslos funktionierenden Dingen nicht verspüren. Diese Anmutung erfährt man trotz Entferntheit und Un-

berührbarkeit solcher Objekte sogar im Museum, wo eine Aura von Künstlichkeit und Schönheit sie dem unmittelbaren Bekanntwerden entrückt. Man muß länger vor ihnen verweilen und zudringliche Fragen stellen: Wer sie produziert, wer sie besessen und gebraucht hat, in welcher Umgebung sie einmal Bedeutung hatten usw. Vor allem darf man ihnen die Exklusivität nicht glauben, mit der sie da so prätentiös herumstehen. Denn alle diese Einzelobjekte sind selten Unikate, sondern fast immer austauschbare, in hohen Auflagen hergestellte Massenprodukte, sofern sie aus der Fabrik stammen.

Woher kommt die Faszination des Besonderen, dieses unwillkürliche Innehalten im Augenblick betrachtender Berührung?

Beim Trödler entzündet sich das Wahrnehmungsinteresse am Collageartigen und Surrealistischen der Zufallsbegegnung des Alten mit dem gerade gestern noch Modernen. Da fristet das rosa Gießkännchen aus Plastik ein friedliches Nebeneinander mit der Radioruine und mit dem Porzellan undefinierbarer Herkunft. Im Hintergrund des ironischen Entzückens am Kontrast meldet sich emotionale Aufmerksamkeit für die beschädigten Dinge, die wir an uns, die wir alles Alte und Schadhafte wegzuwerfen gewohnt sind, ein wenig verwundert entdecken. Indem der Blick über den Designschrott vieler Jahrzehnte schweift, regt sich ein Interesse für dieses Vergangene. Da sind tiefgehende Erfahrungen beteiligt. Nicht nur, daß der Anblick der vergänglichen Dinge Breschen in die scheinbar unantastbare Front alles Neuen und glänzend Modernen reißt, dem wir alltäglich in der geheimen Sorge huldigen, wie lange es wohl das Versprechen ewiger Produktjugend halten wird. Man wendet sich ja keineswegs erschrocken ab, sondern sieht eher genau hin. Es stellt sich dann die Überzeugung ein, daß wir zu den alten Dingen noch eine Verbindung halten, die über die Verlorenheit hinausgeht, mit der sie da herumstehen. Sie scheinen Wege zu Menschen, Umwelten und Alltagskulturen zu zeigen, von denen wir noch etwas ahnen. Im Augenblick betrachtenden Innehaltens zündet das Triebwerk der subjektiven historischen Phantasie. Sie spielt mit der Vermutung, daß das Sichtbare etwas Vertrautes hinter sich verbirgt, daß die Dinge mit uns noch ›etwas zu tun‹ haben könnten.

Im Betrachten, Abgreifen, Vergleichen tastet man sich an den alten Formen und Funktionen in eine Vergangenheit zurück, aus der man noch etwas weiß, und sei es, wie man als Kind in einer Küche spielte und aß, die so ganz anders war als die Küchen heute. Wir kommen plötzlich bei der eigenen Erfahrung mit Menschen, Räumen und Dingen an. Wir spüren auch noch etwas von der Allgemeinheit solcher Erfahrung – so wie ein Waschgeschirr, Schüssel und angeschlagener Krug, blitzartig eine ganze Sozialtradition des Wohnens zur Untermiete oder die kleinbürgerliche Körperpflege in kaum technisierten Haushalten aufscheinen läßt. In den strengen Nachkriegswintern war das Wasser im Krug mit einer Eisschicht bedeckt.

Der Gegenstand führt ins subjektive und kollektive Erinnern, führt in die individuelle Biografie, aber auch in die Sozialgeschichte seines Gebrauchs, in einen Alltag, der weiter zurückreicht als persönliche Erinnerung. Plötzlich fragen wir nach Herkunft und Schicksal nicht nur der einzelnen Objekte, sondern stellen uns vor, in welchen Zusammenhängen sie produziert und gebraucht, schließlich über den Krieg und in unsere Aufmerksamkeit gekommen sind.

Die sinnliche Erscheinung der alten, kaputten, fremden und zugleich anheimelnden Gegenstände ist stumm und beredt. Die Dinge sprechen, stoßen an, halten die Antworten auf unsere Fragen aber zurück, so daß die historische Neugier unbefriedigt bleibt. In ihr steckt jenes Bedürfnis nach Kontinuität, das der flache Begriff der Nostalgie nur unvollständig bezeichnet. Die Dinge strahlen ihre seltsame Wärme ab, weil wir ihnen ihre Zeugenschaft glauben und so stark davon berührt sein können, daß die Phantasie beginnt, Szenen und Bilder ihrer Herkunft und der Lebensweise zu entwerfen, in der sie einmal ihre Rolle spielten.

Das gelingt zwar nur bruchstückhaft und kurz, trotzdem stellt dieses sinnlich über den Gegenstand vermittelte Zurücktasten in kulturelle Vergangenheit eine wertvolle vor-rationale Geschichtsvergegenwärtigung dar. Sie ist die affektive Basis der rationalen Erkenntnis. Selbst ein Wissenschaftler, der sich den Gegenständen analytisch nähert, kommt ohne dieses empfundene Berührtsein im sinnlichen Vorhof des Bewußtseins von Erinnerung und Erfahrung nicht aus. Würde er darauf verzichten, verlöre er nicht nur einen Teil seiner unbewußten Motivation, seinen Erkenntnissen würde bei aller Schärfe der Gedankenausführung auch die sinnliche Treffsicherheit fehlen.

Im Akt der Berührung des Gegenstands wird dem dunkel erinnernden Subjekt ein Augenblick der Nähe zu seiner kulturellen Herkunft gewährt. Indem der Leib der Dinge sinnend und genießend wahrgenommen wird, kehrt individuelle und kollektive Gebrauchserfahrung an noch erinnerbare Ursprünge zurück und wird die Spanne von Modernisierung durchmessen, die ein kultureller ›Fortschritt‹ umgreift, wird ›Altes‹ und ›Neues‹ unwillkürlich verglichen oder in Beziehung zueinander gebracht. Nicht nur Lebenszeit, auch kulturelle Zeit wird bewußt. Dies in einer Epoche, von der es heißt, sie breche mit aller Erfahrung und mache geschichtslos. Gerade an den alten Gegenständen kann Geschichte, in der man auch selbst vorkommt, wiedergefunden werden.

Mit der so flüchtigen wie intimen Berührung alter Produkte unserer Alltagskultur werden unbewußte Akte der Selbstberührung als Gesten eines Vergewisserns vollzogen. Das erleben wir im privaten Umgang, wo unauffällige Wiederaneignung veralteter Gebrauchsformen möglich ist. Die emaillierte Brottrommel, in der kein Brot mehr aufbewahrt wird, ein Möbelstück der Eltern, ein noch brauchbares Küchengerät – dies alles wird täglich ›übersehen‹, ist weggestellt, wird gehortet oder sorglos benutzt. Es würde vermißt, ja ein Verlust wäre zu beklagen, verschwände alles auf dem Weg in den Abfall. Es läßt sich Lebensgeschichte und jene angedeutete Ahnung der Geschichte des kollektiven Gebrauchs daran binden, ohne daß die Objekte im Zentrum der täglichen Gebrauchsaufmerksamkeit stehen. Natürlich ist es Mode, solche Objekte zu besitzen und zu zeigen. Aber wie derartige Moden ihre tieferen Ursachen im Gesellschaftlichen haben, sind sie Anzeichen epochaler Bedürfnisse. Man muß bedenken, seit wann und bei wem es diese Sammlerfreude gibt und wie stark sie heute die Gebrauchskulturen durchwirkt. Es sind keineswegs nur gebildete Mittelschichtangehörige oder alternative Sammler, die – anders als die türkischen Gebrauchswert-Spezialisten – nachts im Sperrmüll nach verborgenen Schätzen fahnden, Industrie-Archäologie beim Trödler treiben oder die liebevoll restaurierte Handkaffeemühle wieder aufs Küchenbord stellen. Das ist eine Massen-Neigung. Da müssen Modernisierungsschübe der Lebensweise vorausgegangen sein, die ein Gefühl der Trennung hinterlassen haben, oder das Bewußtsein einer zu raschen Entfremdung vom eigenen Geschichtshintergrund.

Auch solche gesellschaftlichen Bedürfnisse zählen mit zur Designgeschichte. Oft hatte die Entwurfsarbeit, so sehr sie der industriellen Produktionsrationalität verbunden blieb oder von ihr vereinnahmt war, solchen Anwandlungen Rechnung zu tragen. Sie zeigen sich noch im vielgeschmähten ›altdeutschen‹ Wohnzimmerschrank.

Man hat alte Dinge oder solche, die so tun, nicht nur aus Gewohnheit, sondern auch aus der Ahnung ihrer Zeugenschaft bei sich. Nicht nur, weil sie Vorstufen der Gegenwartskultur abbilden und gegenwärtige Gebrauchserfahrung mit früherer vermitteln, nicht nur, weil es eine Geschichte der sozialen Teilhabe am Reichtum des Produzierten gibt, die eine Geschichte mehr des Zugriffs von unten als der Gewährung von oben, also eine Errungenschaft darstellt; sondern auch, weil Dinge daran erinnern, daß die Menschen in der Industriekultur trotz aller Ausbeutung, Verelendung und Entfremdung in Arbeit und Konsum sich als *Verrichtende* und *Gebrauchende*, als mitbestimmende Kräfte und nicht bloß Produktionsverhältnissen Unterworfene und von Produkten Beherrschte begreifen wollen.

Im Gebrauch der Produkte als Lebenswerkzeuge, in der Mißachtung der Moden, in der Negation des Scheins, im Durchstoßen der Fassade der Waren und in der Aneignung des Notwendigen für den täglichen Gebrauch wird die Anpassungstendenz mit dem Eigensinn konfrontiert, der auch darin weiterexistiert, daß in jedem Gegenstandsgebrauch noch ein Stück authentische Erfahrung und ein fernes Bewußtsein davon mitschwingt, als Produzent wie als Konsument in der gegenstandsbezogenen Tätigkeit selbst naturbeherrschend und kulturell gestaltend zu wirken.

Die tätige Mitgestaltung an der Lebensweise kommt vielleicht in der ahnungsvollen Rekonstruktion des historischen Alltags leichter zu Bewußtsein als im Augenblick gegenwärtigen Handhabens. Der sperrige, wunderliche, alte Gegenstand erinnert an seine umständliche Führung als Werkzeug. Er macht auf den Verrichtungsvorgang aufmerksam, der uns im Umgang mit den gegenwärtigen Dingen schon gar nicht mehr auffällt. Denn diesen geht meist schon die Griffigkeit und Transparenz der Funktionen, die die alten Werkzeuge und noch die meisten Erzeugnisse des frühen Industriezeitalters besaßen, ab. Die Erfahrung des Verrichtens, überhaupt die Sinnlichkeit des Gebrauchs, muß als Moment des Beherrschens von Natur und Ding oft erst im körperlichen Bemühen der Übung als ›Freizeitspaß‹ wiederentdeckt werden wie beim Surfen, das den Mann oder die Frau ganz fordert in einer alten und neuen Weise körpertotaler Handhabungsgeschicklichkeit. Über das Schalten und Knipsen als geschrumpfte Verrichtungstätigkeit ist das Bewußtsein, ›Herr der Dinge‹ zu sein, einerseits aufgebläht, andererseits der Bewährung enthoben. Schließlich ist der Knopfdruck nicht nur zum Handlungssymbol des komfortablen, gegenstandsfremden und funktionsunverständigen Gebrauchs aufgestiegen, sondern zur bedrohlichen Geste der Selbst-Auslöschung der gesamten Industriekultur.

Es ist nicht verwunderlich, daß es kollektive Sehnsucht nach Gegenstands- und Funktionsnähe und – durch sie vermittelt – nach Menschennähe im Gebrauch gibt, etwas, das in der Wärme der Empfindungen mitschwingt, die man im Wahrnehmen alter Dinge entwickelt, obwohl man doch weiß, daß auch sie austauschbar waren, nicht mehr einzeln von Hand geformt und geführt, sondern in zerstückelter Teilarbeit zusammengesetzt und im Massengebrauch zerstreut.

Hinter der Liebe zu den gegenständlichen Zeugen der Vergangenheit verbergen sich Versuche zur Rückgewinnung kultureller Kompetenz. Das Interesse an Designgeschichte nimmt damit eine überraschende Wendung durch das Bedürfnis, in der Wahrnehmung vergangener Formen sich selbst als ein industriell bestimmtes, aber auch die eigene Lebensweise mitbestimmendes Subjekt der Geschichte wiederzufinden.

2   Die gesellschaftliche Bestimmtheit gebrauchskulturellen Handelns

Vom bloßen Anschauen der Objekte erschließt sich die Geschichte von Entwurf, Produktion und Gebrauch nicht. In den Ahnungen, die sie gestalthaft-anmutend hervorrufen, oder in den Gebrauchserinnerungen, die sie wecken, wird der Zugang nur vorbereitet. Solange man nicht alles Gesellschafts- und Geschichtswissen und dazu noch die eigene Lebenserfahrung mobilisiert, bleibt die Erkenntnis versperrt. Designgeschichte vergegenwärtigen bedeutet im Grunde, sich der eigenen Historizität, nicht nur der Geschichtlichkeit und Ästhetik der Dinge in Produktion und Gebrauch bis zurück auf die Anfänge zu vergewissern, in denen die Selbstproduktion des Menschen durch Arbeit und werkzeuglichen Gebrauch, also Kultur, beginnt. Damit wäre eine ungeheure Entfernung zur gattungsgeschichtlichen Ausgangssituation zu überbrücken. Schon die Vergegenwärtigung der Geschichte des umgänglichen Gegenstandsgebrauchs seit Beginn der Industriekultur stößt auf Schwierigkeiten. Nicht nur, daß die eigene Lebenserfahrung nur ein Stück weit zurückreicht; es hat in den 150 Jahren Industriekultur auch Brüche im Fluß der Produktions- und Gebrauchserfahrung gegeben, umwälzende Veränderungen in der Verrichtung und Wahrnehmung, die man sich erst einmal vorstellen muß.

Wie weit sind wir heute in der Lage, alltägliche Produktions-, Verrichtungs- und Wahrnehmungstraditionen oder ihre Brüche nachzuvollziehen?

So lange es beispielsweise unaufgeschnittenes Brot vom Bäcker und nicht bloß in der Fabrik vorgeschnittenes und wieder zusammengepapptes gibt, muß es gelingen, angesichts einiger Werkzeuge und des Brotes einen produktionsgeschichtlichen und gebrauchskulturellen Zusammenhang zu rekonstruieren. Im Anblick der elektrisch betriebenen Aufschnittmaschine in der modernen Küche könnte das blasse Bild einer alten mechanischen Brotschneidelade mit Handkurbel, ja sogar noch das Brotmesser in der Schublade erinnert werden und damit ein Kontinuum von Alltagsgeschichte. In dieser Vorstellungs- und Erinnerungskette würde eine Orientierungsleistung vollbracht, die nicht hoch genug eingeschätzt werden kann – nicht nur, weil das Konnotieren solcher Positionen ein Trick zur Selbsteinführung in Grundlagen der Designgeschichte wäre. Vielmehr wird ein Zeitraum schon gelebter Industriekultur am einfachen Werkzeug und Handhabungsritual überblickt und gegliedert. Dabei steht das Brotschneiden symbolisch für Ausdrucksformen der allgemeinen Lebensweise und für epochale Abschnitte der Produktionsgeschichte im weitesten Sinne. Das heißt, der technologische und rituelle Stand einer mehrfach am Tage vollzogenen Tätigkeit signalisiert den Stand der gesellschaftlichen Produktivität im Ganzen, die sich in allen Lebenswerkzeugen und Verrichtungs-

formen durchsetzt und den Gebraucher in der Verrichtungtätigkeit in eine bestimmte historische Position versetzt, aus der heraus er kulturell handelt und sich selbst bestimmt sieht.

Wer heute über fünfzigjährig ist, kann ein Stück allgemeiner und eigener produktions- und gebrauchsgeschichtlicher Positionsveränderungen überschauen. Vor dem Krieg hatten die Eltern es vom Brotmesser zu einer mechanischen Brotschneidemaschine mit Handkurbel gebracht. Nach dem Krieg war man froh, ein Messer zu haben und Brot dazu. Dann schaffte man sich wieder das handlich-bequemere Ding mit der Kurbel an. Schließlich setzte sich die modernisierte Technik der Haushaltsführung im Kauf eines Gerätes durch, das auf Knopfdruck alles Mögliche schneidet. Es hätte schon früher in der Küche herumgestanden, wären nicht Kriegs- und Notzeiten dazwischengekommen, in denen das Produktionsinteresse der Industrie anderen Zielen galt. Die Voraussetzungen für den Einzug der neuen Bequemlichkeit in das alltägliche Ritual bestanden längst. So aber hat die verzögerte Entwicklung dazu beigetragen, daß jemand, der auf den Knopf drückt, virtuell noch die Handkurbel mitbewegt oder sich den Druck des Brotes gegen die Brust und die sacht säbelnde Bewegung des großen Messers beim Schneiden, während die Linke den Laib langsam dreht, in Erinnerung ruft. Gebildete konnotieren vielleicht das Entzücken Werthers beim Anblick seiner geliebten Lotte, wie sie einer Schar Kinder derart Brot aufschneidet. Darin, ja schon in GOETHES Bemerken und Festhalten der Verrichtungsgeste überhaupt, klingt etwas wie Kulturbewußtsein im erinnerten Handeln an. Selbst wenn die Vorstellung nicht so weit geht, kommt in den lebensgeschichtlichen Gebrauchserinnerungen doch immer auch etwas von den kulturellen Formen, den äußeren und inneren Bestimmtheiten des vollziehenden Gebrauchs zutage. Sie sind, wie man sieht, nicht unabhängig vom Stand der Werkzeugkultur, zu dem das Design beiträgt.

Diese Werkzeugkultur ist von einer großen Variable abhängig, von der gesellschaftlichen Ökonomie, dem Entwicklungsstand der Produktivkräfte im Prozeß der Industrialisierung. Die einfache Geste des Brotschneidens ist so archaisch nicht; früher brach man das Brot oft mit der Hand. Schneiden ist eher eine ›moderne‹ Geste. Sie deutet auf eine Werkzeugentwicklung, die über Jahrhunderte der industriellen vorausgeht. Ihr schließen sich alle späteren mechanischen und apparativen Verrichtungsformen an.

Nur wer gar kein Brot mehr schneidet – auch in Erinnerung nicht – wird aus einem historischen Erfahrungszusammenhang werkzeug- und gegenstandsbezogener Gesten und Rituale entlassen. Das ist, als würde man ein Wissen aus Erfahrung mit Kultur und Geschichte aufgeben. Vielen Kindern mag heute schon die Vorstellung gebackenen Brotes abhandengekommen sein. Sie kennen weder den Teig noch die Knetmaschine, noch den Ofen, noch den, der die Laibe formt, in den Ofen schiebt und wieder herausholt. Für sie kommt das Brot aus dem Supermarkt, die Fabrik ist schon zu weit von der Vorstellung weg. Kindern fällt heute der Golden-Toast-Verschnitt aus der Klarsichtpackung entgegen, die alles andere als klare Sicht auf Produktion und Gegenstand verschafft. Beim Rösten im Toaster mag ihnen eine letzte Ahnung vom Backen dämmern.

Was ist das für ein Einschnitt? Eine veränderte, ja grundsätzlich neue Stufe von Gegenstandsbewußtsein und Handhabungserfahrung kündet sich in einer neuen Ästhetik der Produkte und Verrichtungsfolgen an. Stückweise haben hochgradige Arbeitsteilung und Technifizierung einst selbstverständliches Produktionswissen und sinnlich-direkte Gebrauchser-

fahrung aufgehoben. Das bedeutet, daß kulturelle Erfahrung diskontinuierlich wird und daß in der sinnlich-gegenständlichen Aneignung auch immer weniger die alten, direkten Formen der Selbsterfahrung in der Verrichtungstätigkeit erlebt werden können. Es geht also nicht nur Produktions-, Gegenstands- und Gebrauchswissen verloren, sondern auch das Bewußtsein eigener Bewährung darin. So müssen in dem Maße, in dem Arbeit und Umwelt abstrakter und undurchschaubarer werden und die Entfernung zwischen Produktfunktion und Hand sich vergrößert, neue Orientierungsmuster erarbeitet werden. Design kann diese Arbeit unterstützen oder irritieren, doch wird es in seiner produktionsgeschichtlichen Abhängigkeit meist zu einem sich selbst nicht mehr durchschaubaren, funktionalisierten Subsystem der industriellen Wirklichkeit. Es müßte sich gleichsam am eigenen Schopf aus dem Sumpf seiner historischen Bedingtheit ziehen, um der Entwicklung standzuhalten, von der es erzeugt und überrollt wird.

Es kann uns ziemlich gleichgültig sein, wie der Schalter geformt ist, bedienen müssen wir ihn allemal. Und in dieser Form der vermittelten und vermittelnden, indirekten Verrichtung, die bei einem Minimum an körperlichem und geistigem Aufwand oder Werkzeugerfahrung ein Maximum an Funktionswirkungen freisetzt, ist die Aufgabe einer Neuorientierung der kulturellen Erfahrung enthalten – erschwert durch die *Entfernung* der arbeitenden Hand und des sinnlichen Bewußtseins vom Gegenstand und seiner Funktion. Über diese Entfernung müssen wir springen, indem wir ›das Alte‹ erinnern und die Kontinuität der Erfahrung sichern. Die Orientierung am ›Neuen‹ geschieht zwanghaft und wie von selbst im Prozeß des industriellen Lebens. Das Schalten und Knipsen ist bereits in Fleisch und Blut übergegangen als Teil eines gesellschaftlich modellierten Verhaltens, als habituelle Prägung, so wie zu allen Zeiten der Mensch nicht nur an den Gegenständen sich selbst gesellschaftlich produziert hat, sondern in sich und an ihnen auch die Formen der Erfahrung und Überlieferung. Vor Beginn der Industrialisierung war dies ein sehr langsamer Prozeß, indem Altes selten schlechtweg durch Neues ersetzt wurde. Um so wichtiger ist der Erhalt des Kontinuitätsbewußtseins in einer Zeit, die sich keine Zeit mehr für Überlieferung und Ablösung kultureller Erfahrung läßt. Vielleicht wird es bald Küchen-Schneiden auf der Basis von Laser-Technik geben. Dann wären die Physik des Schneidens, das Werkzeugprinzip und dessen Design vom alten Modus ganz abgekoppelt. Um so unverzichtbarer würde die Erinnerung an die Werkzeug- und Verrichtungskette bis zurück zum Messer.

Sie wäre – als Ausdruck von kultureller Erfahrung – ein Gegengewicht zur Fragmentierung von Wahrnehmungszusammenhängen, zu einem Spezialistentum, das zwar, wie die jugendlichen Computerfreaks, eigene Kulturen entwickelt, sich aber nicht mehr in einen historischen Zusammenhang eingebettet erfährt.

Das ist auch der Moment, in dem sich Mythen bilden und eine heillose Regression ohne Bewußtsein beginnen kann. Wo kein Produktions- und Gebrauchswissen mehr vorhanden ist, sondern nur noch ein altes, seltsames Werkzeug, eine dunkle Form, da koppelt sich Erfahrung von Geschichte auch rasch ab. Es ist kein Zeichen von Klugheit, wenn jemand über veraltete Technik und ihre ›unmodernen‹ Erscheinungsformen lacht, eher von Verlegenheit, weil das Lachen anzeigt, daß ein Standpunkt vorübergehend moderner Gegenwart sich nicht mehr mit seinen Vorstufen sinnvoll vermitteln läßt. Die Lacher merken auch nicht, wann ihnen in Erwartung der Zukunft das Lachen vergehen müßte.

Der Mythos der alten Form ist die Schattenseite dieses Lachens. Auch blinde Faszination durch unerklärliche Schönheit des Alten wäre falsch; sie leistet einer Vergötterung von Vergangenheit Vorschub, die ja nie die goldene Zeit gewesen ist. Erfahrungsverlust wird oft blindlings ausgeglichen durch irgendeine Sammelwut oder ungehemmt-regressive Brötchenbäckerei im privaten Küchenherd, die letztlich nicht nur der persönlichen Alltagsökonomie, sondern auch der geballten Produktivkraft der Industriegesellschaft widerspricht. Freilich ein Widerspruch, der anerkannt werden muß als Versuch des Haltens oder Wiedergewinnens von Erfahrung für eine verunsicherte Gegenwart und eine bedrohliche Zukunft. Oldtimer-Fans, die Freizeit und Erspartes in ein Motorrad oder ein schrottreifes Auto investieren, die noch aus Zeiten stammen, in der ein Motorrad oder ein Auto technisch und ästhetisch prototypisch wirkte, verfallen nicht nur dem Mythos und betreiben ihn, sie handeln auch aus einer Ahnung von Geschichtsbewußtsein. Schließlich steckt in der Brötchenbäckerei nicht nur die Lust auf den eigenen Geschmack, das Erlebnis warmer Produktivität der Hand und die gespürte Nähe zu einem frühen Miteinander der Sinne in Arbeit und Selbsterhaltung. Es steckt darin ein – vielleicht verzweifelter – Rekonstruktionsversuch der Identität von Ich und Produkt, die für immer fragmentiert oder verloren scheint.

Schon die Kunstgewerbe-Reformbewegung mit ihrem Grundgedanken einer Rückgewinnung des Lebens bis zur ›natürlichen‹ Kleidung und Ernährung reagierte auf die industrielle Problematik. Das Design hat einmal an der Spitze alternativer Bewegungen gestanden, mit auf der Suche nach einem neuen Ganzen. Unter dem Druck von Schnellen Brütern, dem Geschmack von fast food und der Furcht vor der Arbeitslosigkeit sind die Regressionspraktiken aussichtsloser und die Fluchtbewegungen hektischer geworden. Das macht das Bedürfnis, bei alten Werkzeugen und Verrichtungsformen genußvolle Erfahrungsübung anzusetzen, nicht überflüssig oder sinnlos. Schließlich sind auch die modernsten Komfort-Apparaturen immer noch Verlängerungen der bedienenden Hand, anzueignen und einzusetzen als Lebenswerkzeuge durch die Bestimmung, die ihnen das produzierende und gebrauchende Subjekt verleiht.

Allerdings bestimmen umgekehrt diese Apparaturen und ihr Design in immer stärkerem Maße eben dieses Subjekt als ein spätindustrielles. Die Geschichte der Industriekultur transzendiert immer wieder alles Design. Designertätigkeit und gestaltetes Produkt erweisen sich bei näherem Hinsehen immer wieder als bloße Folge oder Funktion einer industriellen Gesamtbewegung. Dies übrigens nicht nur auf der Ebene der Ökonomie und Ästhetik der Ware, sondern auch im Werkzeugcharakter der Gegenstände, die anthropologische, nicht nur psychologische Wirksamkeit entfalten. Man kann von Modellierungen des Menschen durch die Produktionsweise *und* die Aneignungsgeschichte der technischen Kultur sprechen, bei der gleichsam Leib und Seele, Wahrnehmung und kollektives Grundverhalten quer durch alle Klassen einem ›Design‹ höherer Ordnung unterliegen. Gleichgültig, ob die Waren-Dekorationen wuchern oder die Umwelt sachlich gestaltet ist, im Prinzip beherrscht die unabweisbare Rationalität industriellen Produzierens jedes Segment des Alltagslebens. Sinnlichkeit und Erfahrung des industriell produzierenden Menschen unterliegen einer historischen Formung, die sich mit der Produktionsweise durchsetzt, vorbereitet in einer jahrhundertelangen Tradition naturbeherrschenden Denkens und der Selbstwahrnehmung, in der sich psychostrukturell jener Typus vorausentwirft, der die Me-

chanisierung als Modell zu denken vermag. Schlagartig verstärkt sich mit dem Industrialisierungsprozeß die Tendenz zur »Geometrisierung des Menschen« (LIPPE 1983), die als ein Modus von Zurichtung äußerer und innerer Natur der wissenschaftlich-technologisch vorbereiteten und beschleunigten Form von Naturbeherrschung des Industriezeitalters lange vorausgeht. Ehe der Mensch selbst als Teil der Maschine gedacht werden kann, zeichnet sich im Horizont von Selbstwahrnehmung und -erfahrung die Möglichkeit ab, ihn als reguliertes mechanisches Wesen vorzustellen. Ähnlich bedarf der Entwurf der Fabrik seiner Vorbereitung in Gestalt der Manufaktur, in deren Arbeitsteilung und Mechanik die zukünftige Industrieproduktion aufscheint. Die objektiven historischen Formtendenzen der Produktionsweise liegen *vor* aller Designproblematik; sie grenzen die Industriekultur gegenüber der Vergangenheit ab und weisen dem Design der gegenständlichen Umwelt ausführende und flankierende Funktionen zu.

Alle widersprüchlichen Errungenschaften der Industriekultur lassen sich auf frühe Anfänge zurückverfolgen; die Rationalisierung und Kontrolle kollektiver Lebensumwelten (wie im frühindustriellen Städtebau), die apparative Substitution von Lebenstätigkeiten (wie in der Technifizierung des privaten Alltags), die Parzellierung von Lebensbereichen (wie durch die strikte Trennung von Arbeitszeit und freier Zeit), die Ausgrenzung des Körpers aus der Arbeit (wie in Form von bloßer Überwachungstätigkeit als erste Vorbereitung des Zeitalters der Automation) usw. Dies alles transzendiert als gesellschaftliche Formtendenz jedes Design, obwohl die Gestaltung von Arbeits- und Wohnumwelten, von Warenpalästen und öffentlichen Einrichtungen, von unzähligen Gegenständen und Funktionen, die in das private Leben eindringen, mithelfen, diese Formtendenz durchzusetzen. Allein würde eine neue Werkzeugfunktion, eine neue Gegenstandsform wohl nicht viel bewirken, doch im Verbund mit anderen Kräften der Formung und Veränderung findet dieses Mittel gewiß seine Aufgabe und Wirkung. Die mit der Hochindustrialisierung einsetzende Vervielfältigung gegenständlicher Funktionen und der gleichzeitig auftretende massive ästhetische Überschuß an den Dingen zeigen ein Vorrücken funktional und ästhetisch ausdifferenzierter Gegenständlichkeit für immer größere Massen von Produzenten und Konsumenten an. Wenn man bedenkt, mit wie wenig Einrichtung eine bürgerliche Familie noch zu Beginn des 19. Jahrhunderts wohnte und wirtschaftete oder wie kärglich Schmied, Schlosser oder Schreiner noch zur Biedermeierzeit mit Werkzeug ausgestattet waren, ermißt man die Spanne dieses Vorrückens. Im gesamtindustriellen Formierungsprozeß, der die Menschen in den Grundlagen ihres Wahrnehmens, Denkens und Handelns erfaßt, können die neuen Dinge und Werkzeuge in Handhabung und Genuß mithelfen, einen veränderten Modus von kultureller Selbsterfahrung auszuarbeiten.

Viele scheinbar ›natürliche‹ Verrichtungsformen werden durch vermittelte ersetzt, binden sich an neue Gegenstände und neue Funktionen. Zwar umfaßt die industrielle Ästhetik – wie jede andere epochale Wahrnehmungs- und Ausdrucksweise – Sichtbares *und* Unsichtbares, Gegenstände *und* Verhalten, materielle Kultur *und* Psychologie ihrer Handhabung. Aber die Vervielfachung und Differenzierung von Produktfunktionen im Alltag verläuft umgekehrt proportional zur Abnahme der Verrichtungsmühe, Gegenstandsnähe und objektgebundenen Gebrauchserfahrung. Erstmals tritt das Problem des Erfahrungsverlustes auf.

Wie tief der Wechsel in den Lebenszusammenhang eingreift, erkennt man an einfachen Tätigkeiten: Das Anknipsen elektrischen Lichts löst die umständlich-sorgliche Pflege und Inbetriebnahme der Petroleumlampe ab. Untersucht man den Vorgang genauer, ist eine abrupte, kaum noch bewußt ausgeführte Bewegung auf einen nur vermittelnden Gegenstand hin (den Schalter) an die Stelle einer langen Abfolge bemühter Tätigkeiten getreten, die erforderlich waren, eine Petroleumlampe betriebsbereit zu halten und in Betrieb zu setzen. Die Lampe mußte umständlich nachgefüllt, der Zylinder abgenommen, der Docht heruntergeschraubt und angezündet, der Zylinder mußte wieder aufgesetzt, die Flamme durch Einstellen des Dochtes justiert werden. Dann war die Lampe wieder an ihren Platz zu bringen usw. Der Vorgang setzt Geduld, eine andere Zeitökonomie, Geschicklichkeit voraus, eine Vertrautheit mit dem Gegenstand und seinen Funktionen, die umgänglich erworben werden mußte, indem ihm noch Hand angelegt wurde. Doch beide, die Petroleumlampe und die elektrische Installation, sind Errungenschaften des Industriezeitalters. Sie stehen als Beispiele für unterschiedliche Stufen der Produktivitätsentwicklung, die unterschiedliche Funktionen mit unterschiedlichen Formen einer allgemeinen Handhabungskultur hervortreiben.

Bezogen auf Designgeschichte sagt das Beispiel, daß die Ästhetik des Entwurfs oder Objekts zwangsläufig der Produktionsrationalität mit ihrer Tendenz, Wahrnehmung und Handeln zu formen, folgen muß, sofern Entwerfer und Produzenten kein Bedürfnis des Widerstands entwickeln. In der Regel haben sie den Atem der Produktionsgeschichte nicht gespürt, sondern die fälligen und vorgeschriebenen Ausgestaltungen mitbesorgt und vollzogen. So kann Design auch als ästhetisches Mittel gelten, das den Menschen hilft, sich über gestaltete Dinge, optimierte Funktionen und glattere Verrichtung jenem Gesamtentwurf von industrieller Rationalität anzupassen, der alle Lebensbereiche erfaßt, und ihn sich leichter zu eigen zu machen und zu ›verkörpern‹, als dies aufgrund seiner zunehmenden Abstraktheit naheliegen würde.

Design verhilft der Industriekultur zu ihrem Ausdruck an den Funktionen und Dingen und am Menschen, während Dinge, Funktionen und Menschen schon auf dem Wege der Produktionsweise, der Arbeitsorganisation, des veränderten Miteinander, der ›Geometrisierung‹ alles Lebendigen vorgeformt und eingegliedert werden in das Kontinuum industrieller Wirklichkeit. Designer sind gleichsam Vollziehende, Unterstützende, Vorbereitende oder Vollendende, seltener Protestierende oder Entgegenwirkende gewesen. Auch sie hat es gegeben, seit sich im früh hochindustrialisierten England verheerende soziale, ökologische und ästhetisch-kulturelle Folgen der ungehemmten Entwicklung abzuzeichnen begannen und mit JOHN RUSKIN und WILLIAM MORRIS eine Tradition kritisch-alternativer Vorstellungen entstand. Die Designgeschichte ist scheinbar unberührt über den utopischen Protest hinweggegangen, freilich hat er unter verschärften Bedingungen seine Aktualität nicht eingebüßt. Gerade in jüngerer Vergangenheit zeichnet sich eine neue Welle der Rezeption der Ideen und Lebensleistungen von RUSKIN und MORRIS ab.

Beide glaubten, in das Rad der Produktionsgeschichte greifen zu können, weil das, was von Menschen entwickelt worden ist, auch durch Menschen korrigierbar sein müßte. Seither ist dem Design die ökonomisch-politische und ökologisch-ästhetische Unschuld geraubt; der innere Widerspruch liegt offen, daß Entwurfstätigkeit am industriellen Produkt Zwangsaufgabe *und* Versprechen, gefesselte Produktivkraft *und* emanzipatorisches Vermögen ist.

Dieser ungelöste Widerspruch macht es schwierig, Designgeschichte zu verstehen. Nie sind die Programme identisch mit der Wirkung der Formen, die daraus entstehen, nie die gestalteten Formen so zu kritisieren, wie sie erscheinen. Design ist immer Entwurf von Gegenständen, Räumen, Verrichtungen, Erfahrung. Es arbeitet sich an und in den Gebrauchskulturen ab. Aufregend ist Designgeschichte nicht, wo ihr die Kongruenz von gesellschaftlicher Zielsetzung, politischem Erfolg und kultureller Leistung bescheinigt wird (dort muß man eher mißtrauisch sein), sondern wo die Balance zwischen Vereinnahmung und besonnener Aneignung gelingt, wo durch menschenfeindliche Rationalität festgelegte Orientierungen außer Kurs gesetzt oder versteinerte Formen gebrauchskulturellen Handelns aufgebrochen werden, wo dem zweifelhaften Vorrücken von Gegenständen und Funktionen eine vorübergehende Grenze gezogen wird, wo sozialverantwortliche Gestaltung sich auf reflektierte Bedürfnisse bezieht oder wo sozialer und individueller Eigensinn das Design im Gebrauch verschwinden läßt, es aufsaugt, uminterpretiert.

3 Design als Versuch an der äußeren und inneren Natur des Menschen

Einführungen in die Designgeschichte können mit den frühen Lebenswerkzeugen des Menschen, mit der Schüssel, dem Pflug, der Axt beginnen, oder sie können die Entstehungsgeschichte spezialisierter Entwurfsarbeit bis zurück auf die Dombauhütten datieren, in denen die ersten Werkzeichnungen aufkommen und zwischen planender und ausführender Arbeit unterschieden werden kann. Im Grunde ist – vor aller Arbeitsteilung – der prähistorische Mensch, der seinen Faustkeil mit der Erinnerung einer Funktionserfahrung und überschießendem Kunstsinn (das heißt mit mehr Schlägen als notwendig) zu einer durchgestalteten Funktionsform aus dem Rohling herausschlug (vgl. READ 1972; LEROI-GOURHAN 1984), der erste ›Designer‹ gewesen. Zwischen Handwerks- und Kunstarbeit differenziert sich in historischer Zeit die Gestaltung von Gebrauchs- und Luxusgütern aus. Dennoch muß man eine deutliche Grenze zwischen vorindustrieller und industrieller Produktkultur und Gestaltungstätigkeit ziehen. Denn erst hier präzisiert sich das Berufsbild des Designers, beginnt die moderne Produktionsweise eine neue und eigene Ästhetik zu entfalten, verändert sich das kulturelle Gesamtverhalten gegenüber der Objektwelt grundsätzlich. Die Veränderungen betreffen die Wahrnehmungs- und Selbstwahrnehmungsweise der Menschen, und zwar in einem Tempo der Entwicklung wie nie zuvor. Das Design, von dem nun die Rede sein muß, ist eindeutig Elaborat der Moderne, Folge jenes umwälzenden, in alle Lebens- und Kulturbereiche eingreifenden Prozesses der Industrialisierung, Folge eines Entwurfs linearer Fortschritte.

Was verändert sich im Verhältnis der Menschen zu ihren Lebenswerkzeugen und über diese zu sich selbst? Zwei Klassiker der Kulturtheorie, die auf Gegenstandsbezüge eingehen, der eine in der Analyse vorindustrieller Entwicklungen des alltagskulturellen Verhaltens, der andere fasziniert vom Gang der Mechanisierung des modernen Lebens, sprechen nirgends über Formgebung im Sinne von Design, sondern von einer Durchgestaltung der Kulturen auf der Grundlage sich langsam oder rasch verändernder gesellschaftlicher Reproduktionsbedingungen. Man kann aus beiden Blickrichtungen und im Vergleich erkennen, wie mit der beginnenden Industriekultur eine neue Selbstproduktion und Selbstwahrnehmung der Menschen auch über die produzierten Gegenstände einsetzt.

NORBERT ELIAS analysiert im »Prozeß der Zivilisation«, wie die kulturellen Muster alltäglicher Lebensführung seit dem frühen Mittelalter als Abbilder innergesellschaftlicher, das heißt ökonomischer, soziologischer und sozialpsychologischer Entwicklungen letztlich auf die gehandhabte Gegenständlichkeit, die Gebrauchsdeutung einzelner Geräte und die Form der Verrichtungsrituale durchschlagen. Rückschauend auf die lange, kompliziert ineinandergreifende Sozio- und Psychogenese beispielsweise der Regeln des zivilisierten Essens, beschreibt er das Ergebnis:

»Das Essen hat einen neuen Stil bekommen, der den neuen Bedürfnissen des Beieinander entspricht. Nichts an den Verhaltensweisen bei Tisch ist schlechthin selbstverständlich (...)

Weder Löffel, noch Gabel oder Serviette werden einfach, wie ein technisches Gerät, mit klar erkennbarem Zweck und deutlicher Gebrauchsanweisung eines Tages von einem Einzelnen erfunden; sondern durch Jahrhunderte wird unmittelbar im gesellschaftlichen Verkehr und Gebrauch allmählich ihre Funktion umgrenzt, ihre Form gesucht und gefestigt. Jede noch so kleine Gewohnheit des sich wandelnden Rituals setzt sich unendlich langsam durch, selbst Verhaltensweisen, die uns ganz elementar erscheinen oder ganz einfach ›vernünftig‹, etwa der Brauch, Flüssiges nur mit dem Löffel zu nehmen; jeder Handgriff, die Art zum Beispiel, in der man Messer, Löffel oder Gabel hält und bewegt, wird nicht anders, als Schritt für Schritt standardisiert« (ELIAS 1978, S. 144/I).

Daraus läßt sich folgern, daß die handwerklichen Produzenten über Jahrhunderte hinweg (und auch noch die Formmeister und Spezialarbeiter der Manufakturen für höfische und bürgerliche Bedürfnisse) gewußt haben müssen, worauf es bei den Geräten des Alltags ankam. In ihre Produktion konnte der Wandel der Funktionen und Bedeutungen von Gebrauchswerten gleichsam organisch eingehen. Kein Handwerker wäre auf die Idee gekommen, eine aus diesem Zusammenhang herausfallende Funktion oder Form zu entwerfen. Messer und Gabel wurden gleichsam vom kollektiven Bedürfnis und von der gesellschaftlich produzierten Handhabungsweise entworfen und im gleichen Akt zu Gegenständen kultureller Erfahrung und Tradition gemacht.

Es gibt in vorindustrieller Zeit noch kein postulatives Design, das auf einen Gebrauch gepocht hätte, der nicht als verinnerlichte sozio- und psychogenetische Notwendigkeit ›selbstverständlich‹ gewesen wäre. Die Formen des Miteinanderessens verdanken sich einem komplexen gesellschaftlichen Entwurf, zum Beispiel dem langen Prozeß, in dem aus dem ungehobelten Ritter der zivilisierte Hofmann wird. Die Ästhetik der Gebrauchsgegenstände in Erscheinungs- und Handhabungsform folgt dieser Entwicklung. Noch Anfang des 19. Jahrhunderts gibt es in Deutschland keine Design-

Diskussion. Auch wenn der Klassizismus schon ein Programm enthält, so sind die schlichte Kanne aus der Manufaktur oder der Schreiner-Stuhl, wie er in GOETHES Arbeitszimmer stand, weitgehend selbstverständliche Ausdrucksformen der Lebensweise, der Moral und des Schönheitsempfindens ihrer Hersteller und Gebraucher.

Dem kulturwüchsigen Vorhandensein, der gebräuchlichen Nähe und den sichtbaren Gesten der Handhabung von Gebrauchsgegenständen gilt keine besondere Aufmerksamkeit. Erst im Angesicht des Verlustes der Nähe zu den Dingen wird registriert, daß sich etwas grundlegend gewandelt hat. So entwirft KARL GUTZKOW 1852 in seinen Lebenserinnerungen noch einmal das Bild kultureller Verwachsenheit von Menschen, Räumen und Dingen: »Die kleinen Arbeitstische der Frauen am Fenster, die Nähkörbchen mit den kleinen Zwirnrollen, mit den blauen englischen Nadelpapieren, den buntlackierten Sternchen zum Aufwickeln der Seide, die Fingerhüte, die Scheren, das aufgeschlagene Nähkissen des Tischchens, nebenan das Piano mit den Noten, Hyazinthen in Treibgläsern am Fenster, der gelbe Vogel im schönen Messingbauer, ein Teppich im Zimmer, der jedes Auftreten abmildert, an den Wänden Kupferstiche, das Verweisen alles nur vorübergehend Notwendigen auf entfernte Räume, die Begegnungen der Familie unter sich voll Maß und Ehrerbietung, kein Schreien, kein Rennen und Laufen, die Besuche mit Sammlung empfangen, abends der runde, von der Lampe erhellte Tisch, das siedende Teewasser, die Ordnung des Gebens und Nehmens, das Bedürfnis der geistigen Mitteilung« (GUTZKOW, S. 160).

Lampe, Nähkasten und Tisch sind noch keine Designobjekte, die sich als Entwürfe oder im Gebrauch aus dem gewachsenen kulturellen Zusammenhang herauslösen und etwas Besonderes darstellen wollen. Man könnte auch sagen, die Gegenstände waren damals, auf der Schwelle zum Industriezeitalter, noch nicht übermächtig. Bis zu dieser Schwelle kann man wie ELIAS den Formen und Ritualen des Gebrauchs und ihrer Entstehung auf sozio- und psychohistorischer Grundlage mehr Aufmerksamkeit zuwenden als irgendwelchen Formen des Geräts. Ein Messer sah schließlich immer wie ein Messer aus, nur sein in der Handhabungsweise zum Ausdruck gebrachtes ›Design‹, das sich in einer langen Geschichte des gesellschaftlichen Wandels aufbaut, lohnt die Beobachtung: wie und wodurch es zum zwingenden Gebot wird, nicht mit dem gefährlichen Instrument bei Tisch herumzufuchteln, nicht auf Mitessende zu zeigen, keine Brocken damit aus der Schüssel zu fischen. Nicht das Werkzeug wird zivilisiert, sondern dessen Gebrauch und kulturelle Wahrnehmung. Erst ändern sich die Menschen, die gesellschaftlichen Rituale des Miteinander, schließlich färbt davon auch etwas auf die Formung der Geräte ab. Die Menschen sind es, die sich aus innerem Zwang zügeln und den Gebrauch des Tafelmessers interpretieren. Mißbrauch wird tabuisiert, eine Schicklichkeitsgrenze gezogen. Erst dann folgen die gestalterischen Ausdifferenzierungen des Werkzeugs, bis die hochfeine aristokratisch-bürgerliche Tafelkultur nach dem Butter-, Käse- und Dessertmesser, dem sein Extra-Gäbelchen beigesellt ist, verlangen wird. Hier muß die Abtrennung der Nachspeise vom Hauptmahl vorausgegangen sein, muß das Gebot der Nichtberührbarkeit der Speisen mit der bloßen Hand, das nun auch für Apfel und Birne gilt, die funktionale und ästhetische Gegenstandsdifferenzierung nach sich ziehen.

Die gesellschaftlich produzierte Geste, ihr Inhalt oder ihre kulturelle Bedeutung entstehen *vor* allem sichtbaren Design. Manchmal gilt diese Regel noch bis in das Industriezeitalter hinein, zum Beispiel indem der bürgerliche Va-

ter das Recht für sich beansprucht, den Sonntagsbraten eigenhändig aufzuschneiden und vorzulegen. Mit dieser Geste macht er noch in der Abstiegsphase des bürgerlichen Patriarchats auf seine Rolle als Ernährer der Familie aufmerksam. Er realisiert dabei ein alle materielle Gestaltung transzendierendes und *vor* ihr auftretendes gesellschaftliches ›Design‹. Der rehfußverzierte Griff des Tranchiermessers in seiner Hand ist untergeordnetes Beiwerk, das mit der Tiefe des kulturellen Musters nicht konkurrieren kann.

Für eine Annäherung an Designgeschichte lehren die Analysen von ELIAS, daß die in vorindustrieller Zeit produzierten Gegenstände in ihrer Funktion und Gestalt Reflexe auf das gesellschaftlich definierte, sich über lange Zeit konstant haltende oder nur langsam ausdifferenzierende Ritual des Gebrauchens darstellen. Das heißt auch, daß die alten Gegenstandsformen im Einklang mit den Bedürfnissen standen und sie nicht erst herrichten oder schaffen mußten. Die Gegenstandsfunktionen und -formen stellten sozusagen entäußerte innere soziale Natur der Menschen dar. Das erklärt ihre ›Selbstverständlichkeit‹. Erst die Industrialisierung treibt einen so scharfen Widerspruch zwischen Natur und Kultur, Mensch und Objektwelt, Organischem und konstruierter Künstlichkeit hervor, daß sich das Verhältnis von Gegenstandsform und gesellschaftlicher Erfahrungsgeschichte umzukehren scheint. Für die industriekulturelle Wahrnehmung werden gegenstandsgebundene Funktionen und Gestaltzusammenhänge bedeutsam, die es vordem nicht gegeben hat und die sich auch von der alten Weise des sozialen Miteinander abkoppeln.

Schließlich wirkt die sich unter dem Druck der industriellen Produktionsrationalität eigenmächtig entfaltende neue Gegenständlichkeit selbst immer stärker wahrnehmungs- und handlungsbestimmend mit. In welcher Form die eher gelassene Soziodynamik der vorindustriellen Gebrauchskulturen durch ein Trommelfeuer neuer sinnlicher Eindrücke, durch funktionale Differenzierung und durch qualitativ und quantitativ veränderte Erlebnis- und Verarbeitungsweisen in der Konfrontation mit neuen Dingen abgelöst wird, versucht SIGFRIED GIEDION unter dem Stichwort »Herrschaft der Mechanisierung« über das gesellschaftliche und individuelle Leben aufzuzeichnen. Unbeeindruckt von Geschmacksvorurteilen, die den Blick auf die Veränderungen nur vernebeln würden, vermerkt er jede Wandlungsstufe der industriell produzierten Lebenswerkzeuge, gleichgültig ob bei Einrichtungen zum massenhaften Schlachten von Vieh, landwirtschaftlichem Gerät, Sicherheitsschlössern, Badezimmern, Küchenherden oder Patent-Fauteuils – jede Einzelheit ist ihm wichtig: »In ihrer Gesamtheit haben die bescheidenen Dinge (...) unsere Lebenshaltung bis in ihre Wurzeln erschüttert. Diese kleinen Dinge des Lebens akkumulieren sich zu Gewalten, die jeden erfassen, der sich im Umkreis unserer Zivilisation bewegt« (GIEDION 1982, S. 20).

Der Zuwachs an differenzierten Werkzeugfunktionen, die Erleichterung von Verrichtungen durch technische Hilfen bedeuten einerseits Entlastung von harter körperlicher Arbeit, andererseits eine größere Entfernung der Menschen von den Werkzeugen ihrer Reproduktion und voneinander in Arbeit und Lebensvollzug. Ein bezeichnendes, bei GIEDION zitiertes Beispiel ist die 1783 von OLIVER EVANS erfundene mechanische Mühle, ehe es in Amerika überhaupt Industrie gab. In ihr sollten sich alle Arbeitsgänge durch selbsttätige Mechanik vollziehen, so daß praktisch nur ein Mann das Getreide ausschütten und das Mehl abholen mußte. Damit war der erste Entwurf eines organisierten Produktionsprozesses unter weitgehender

Ausschaltung lebendiger Arbeit gelungen, also ein Akt vorgenommen, der tief in die Selbstproduktion und Selbstwahrnehmung des sich in der Arbeit vergesellschaftenden Menschen einschneidet. EVANS erntete damals noch Kopfschütteln, seine Erfindung kam zu früh, aber sie wirft ein Schlaglicht auf das kommende Werkzeug- und Gegenstandsverhältnis und auf das Verhältnis der Arbeitenden zu sich selbst und zueinander.

Eine ähnliche Tendenz steckt im mechanischen Komfort, der die privaten Lebensbereiche zunächst weniger, dann vieler Gebraucher neuer Dinge besetzt. Auch hier verändert sich das Gegenstandsverhältnis in der technischen Substitution von Alltagstätigkeiten, die einmal kooperativ in der Produktionseinheit der Familie oder sogar darüber hinausgehend sozial vollzogen wurden. Man sieht das schon am Beispiel der Mechanisierung der Vorratshaltung und der Küchenarbeit. Im Vordringen neuer Werkzeuge in den privaten Haushalt ist die Auflösung jener selbstverständlichen Vertrautheit der Menschen mit den Dingen und miteinander, die GUTZKOW noch als gegeben erinnert, deutlich zu spüren. Auch bei GIEDION ist das eigentliche Design nicht die vergegenständlichte Gestaltungsleistung, sondern die untergründige Formungstendenz in der Handhabung neuer Funktionstypen, die ihre Rolle bei der Gestaltung des industriellen Menschentypus spielen.

Weil nun nicht mehr nur die von ELIAS dargestellte gesellschaftliche Vorformung von Wahrnehmung und Bedürfnis zu beobachten ist, sondern steigende Aktivität und Eigenmächtigkeit der Gegenstände selbst, betont GIEDION deren eigene stille Gewalt. Die Produktionsweise drängt zu ihrem Ausdruck am Produkt wie am Menschen. Das war schon immer so. Aber nun drängt sie sich über das Produkt und dessen Wahrnehmung und Handhabung der Natur des Menschen stärker denn je als neue

Form auf. In der industriellen Arbeit wird der Mensch zum abhängigen Teil der Maschine, sich selbst und anderen entfremdet. Auch in der Reproduktionssphäre wird der Gebraucher im Zuge der Mechanisierung tendenziell selbst zu einem Teil der mechanischen Funktionen. Dazu kommt eine Verfremdung der Gegenstände auf anderer Ebene als ihrer anthropologisch wirksamen Werkzeuglichkeit. Um die Jahrhundertmitte beginnt sich die Dynamik der von MARX analysierten Warenform, in der nun alle Produkte unverkennbar auftreten, zu entfalten. Auch in ihr ist das Vorrücken der Gegenstände im Wahrnehmungshorizont des kulturellen Handelns evident: Mechanisierung und Warenform treten gemeinsam in Aktion. Ihr Tableau sind die Weltausstellungen seit 1851.

Nun kann man von einer Psychologie der Gegenstände sprechen, die sich selbständig gemacht hat. Bleiben Gestaltungsleistung und Aneignung der Werkzeugformen in vorindustrieller Zeit eingebunden in ein gesellschaftliches Miteinander des Produzierens kultureller Handlungserfahrungen, aus denen sich werkzeugliche und ästhetische Traditionen bildeten, wird die Welt der Gegenstände nun zu einem eigenen System gewaltförmiger Vergesellschaftung von Wahrnehmung und Erfahrung.

Sieht man von der bis gegen Ende des 19. Jahrhunderts sehr eingeschränkten sozialen Streuung des neuen Produktreichtums ab, wird die kulturell mitbestimmende Funktion des Design immer deutlicher. Wo die Gegenstände in den Vordergrund treten und mächtig werden, wird auch ihre Erscheinungsweise oder Gestalt zu einer Macht. Bald sieht es so aus, als sei nicht mehr der gesellschaftliche Prozeß der Zivilisation, wie ihn ELIAS bis in die bürgerliche Epoche verfolgt, maßgeblich für Ästhetik und Verhalten, sondern das davon losgelöste neue Ding. Es wird, neben der Arbeitswirklichkeit, zum primären Ereignis kultureller Erfahrung.

Kein Wunder, daß nun der Designer auftritt – nicht nur als Gestalter von Produkt-Erscheinungstypen, sondern auch als Entwerfer von Gesten und Haltungen für die Aneignung des Produkts. Das Berufsbild des Designers konstituiert sich in dem Augenblick, als der Stand der industriellen Produktionsgeschichte nach einem Spezialisten der Vermittlung verlangt. Sein Auftreten ist Indiz für die neue Wichtigkeit der Gegenstände. Sein Auftrag wird es, die neuen Waren zu gestalten und an den Überformungen des Menschen zum industriellen Typus mitzuwirken.

Die designgeschichtliche Analyse muß nun feststellen, wo diese Rechnung aufgeht und wo nicht. Bedurfte es überhaupt dieses Vermittlers, dann hat es womöglich Verzögerungen oder Widerstände in der Aneignungsgeschichte der technischen Kultur gegeben. In der Adaption der neuen Werkzeuge und Gegenstandsformen könnten unberechenbare Haltungen, autonome Gesten, kulturelle Eigenwilligkeiten aufgetreten sein, die sich sowohl gegen die Vereinnahmung durch das Prinzip der industriellen Produktionsrationalität als auch gegen die Unterwerfung unter das Tauschwertprinzip richten mochten.

So bedarf jedes Design mehrfacher Untersuchung, Erklärung und Kritik: Durch produktionstheoretische und gebrauchstheoretische Anstrengung, durch Rekonstruktion der Absichten, Entstehungsbedingungen und der tatsächlichen Wirkungsweise. Die designhistorische Analyse muß die Beziehung zwischen den Produktionskulturen, den Produktkulturen und den sozialen Gebrauchskulturen offenlegen. Produktkultur – also die materialisierte Form – kann nur als Resultante eines Zusammenspiels produktions- und gebrauchsgeschichtlicher Faktoren begriffen werden. Eine außerhalb ihrer Entstehungs- und Wirkungsgeschichte gleichsam ›für sich‹ auf dem So-Sein ihrer ästhetischen Geformtheit beruhende und daraus wirkende Produktkultur bliebe fiktiv, im Grunde ahistorisch.

Auch was gestalthaft als Schönheit einer alten Gegenstandsform heute wahrgenommen wird, wirkt nicht ›aus sich‹ heraus. Es wird nichts im Zustand historisch-gesellschaftlicher Unschuld produziert oder wahrgenommen. Vielmehr trifft die wahrnehmbare Wohlgeformtheit des Gegenstandes auf ein historisches, das heißt immer erzogenes, entsprechend vorbereitetes Auge. Nichts ist daher irreführender als jener Begriff von der »zeitlosen Schönheit«, der durch die konventionelle Designpublizistik geistert. Er unterschlägt die Zeitgebundenheit aller Werkzeuggestalt ebenso wie die Zeitgebundenheit des Wahrnehmens der Bedeutungen und des Empfindens von Schönheit. Die Form einer Axt, eines Schraubenschlüssels, eines Zifferblattes ist auch ästhetisch das Ergebnis einer Evolution des Werkzeugs in der Hand produzierender und gebrauchender Menschen, also einer historisch definierten Kultur der Gegenstands- und Selbstwahrnehmung. Nichts, aber auch gar nichts davon ist ›zeitlos‹, es sei denn, es würde mißverstanden. Man muß sich bei der Betrachtung einer Form in ihre Entstehungs- und Gebrauchszeit zurückversetzen, zugleich den eigenen historischen Standpunkt des Sehens definieren, also *doppelt* sehen, mit *zweierlei* Bewußtsein – dem der Zeitgenossen und dem eigenen –, um die Zeitgebundenheit einer Produktwahrnehmung und -bewertung zu erkennen. Plötzlich wandeln sich die ›Ansichten‹ des Gegenstands. Sie korrespondieren aber auch miteinander.

So verbindet die für ihren Zweck vortreffliche Holzfälleraxt die Wahrnehmung des heutigen Betrachters mit einer Zeit, in der man Bäumen, die noch nicht angekränkelt waren, Hand angelegt und Wälder nicht wie in einem Krieg gegen die Natur maschinell oder chemisch ausgerottet hat. Aber wer einst mit diesem Werkzeug härteste Arbeit leisten mußte, wird es mit anderen Augen betrachtet und den Schaft mit anderem taktilen Sinn umgriffen haben, als wir dies heute tun. Wir ahnen den Griff bloß noch, konnotieren Geschichte mit der Form und machen uns die eigene an der alten Form bewußter. Dieses Wissen muß Wahrnehmung, Genuß und Verständnis des Geformten in der Gegenwart berühren. Gerade über die Geschichtlichkeit der Form bleiben wir, trotz der veränderten eigenen Wahrnehmungs- und Ausdrucksweise, den früheren Menschen und ihrer Werkzeugkultur sowie uns selbst verbunden und verpflichtet. In jeder (nur zeitlos *erscheinenden*) Form finden wir Reste von Wissen und Erfahrung aufbewahrt, unterstützt durch Anmutung der Gestalt, die uns zurückverweist, erinnert an eine Entstehungs- und Gebrauchsgeschichte. Das visuelle und haptische Vergnügen an einer Axt ist nicht zuletzt Ausdruck der Rückversetzungslust und -fähigkeit in uns, die wir mit diesen Äxten keine Bäume mehr fällen, zugleich kritisch-historischer Selbstdefinitionsversuch gegenwärtiger Positionen.

Was sich als ›Schönheit‹ an den Dingen darstellt, ist Produkt eines historischen Zusammenhangs, so wie unser eigenes Schönheitsempfinden ein solches Produkt ist und nicht aus uns selbst oder aus dem Nichts kommt. Die Geformtheit der Gegenstände ist auch Vorschlag einer sinnlichen Vermittlung des Gestern und Heute. Während man die Form schon mit heutigen Augen ansieht, sie mit Händen greift, die ihre eigenen Werkzeugerfahrungen am modernen Gegenstand längst gemacht haben, versetzt man sich noch einmal probeweise in den Stand der alten.

II Fabrikation und Ästhetik –
Der Aufbruch in das Industriezeitalter

1 Beginn der industriellen Revolution in Deutschland.
Maschinenbauer als Technik-Künstler.
Frühindustrielle Produktionsästhetik –
Arbeit und Technik als formgestaltende Kräfte

Während ein noch vorindustrieller Alltag gelassen gelebt wird, beginnen die ersten Fabrikschlote zu qualmen, und Eisenbahnlinien schneiden ihren schnurgeraden Weg in idyllische Landschaften ein. Noch ist nicht abzusehen, welche gesellschaftlichen, ökologischen, kulturellen und ästhetischen Umwälzungen die nur langsam und verspätet einsetzende Industrialisierung bringen wird. Der kleine Familienbetrieb ist die Ausgangsbasis der Entwicklung in Deutschland, obwohl die großen Manufakturen des ausgehenden 18. Jahrhunderts schon effektiver produzieren. Doch nicht diese Gründungen absolutistischer Staatswirtschaft oder frühkapitalistischen Unternehmertums, bereits als ›Fabriken‹ bezeichnet, steigen zum industriellen Produzenten auf, sondern mechanische Werkstätten, die als Neugründungen handwerklich orientierter Erfinder oder im Ausbau bestehender Handwerksbetriebe binnen weniger Jahrzehnte zu Maschinenbau-Anstalten und richtigen Fabriken heranwachsen. Übergangsweise herrscht ein Nebeneinander von Pferdegöpel und Dampfmaschine, Fuhrwerk und Eisenbahn, Handwerkszeug und Werkzeugmaschine, zünftischer Tradition, Manufakturarbeit und auf Gewerbefreiheit, Lohnarbeit und Kapital gegründetem Unternehmertum. Je rascher sich die neue Art des Produzierens entwickelt, um so deutlicher wird aus der knorrigen Gründerfigur ein industrieller Bourgeois mit neuen Ansprüchen, während sich aus den handwerklich qualifizierten Arbeitskräften und den vom Lande Zuwandernden allmählich ein Industrieproletariat bildet.

Was in Deutschland nach dem Zollverein 1834 verspätet einsetzt, ist in England Jahrzehnte früher ökonomische, soziale und kulturelle Wirklichkeit. Es dauert und kostet Anstrengung und Verzichte, bis der ›Herr der Fabrik‹ in den deutschen Kleinstaaten zum Typus des Jahrhunderts aufsteigen kann. Als gelernter Handwerker oder als Erfinder, Unternehmer und Kaufmann in einer Person ist der Werkstattgründer mit schmaler Kapitalbasis auf die eigene Arbeitskraft, auf wenige qualifizierte Hilfskräfte in seinem Lohn und ein meist importiertes technisches Know-how angewiesen. Um 1820 muß FRIEDRICH WILHELM HARKORT, einer der ersten industriellen Unternehmer an der Ruhr, wie andere aus seiner Generation englische Maschinen, Ingenieure und Meister für seine mechanische Werkstätte einkaufen; deutsche gibt es nicht genug. Jahrzehntelang bleiben »technologische Studienfahrten nach England, Belgien und Frankreich, die häufig mit Industriespionage gleichbedeutend waren, wichtige Voraussetzungen für die Begegnung mit dem technischen Fortschritt« (TREUE 1976, S. 52).

Bis in die dreißiger Jahre lebt man wie in einem von der Industrialisierung kaum erfaßten Entwicklungsland, dem erst nach 1848 der »große Spurt« (BÖHME 1968) gelingt. Seit 1785 gibt es die erste Kraftmaschine WATTscher Bauart in einem Bergwerk in Sachsen, die zweite original englische Maschine wird 1788 in Oberschlesien aufgestellt, ab 1799 kann die Berliner Porzellanmanufaktur mit Dampfkraft mahlen und stampfen. 1837 gibt es in Preußen 423 Dampfmaschinen, aber in ganz Deutschland liegen 1836 erst sechs Kilometer Eisenbahnschienen. Die Strecke wächst bis 1840 auf 550 Kilometer, die Zahl der Dampfmaschinen in Preußen steigt 1846 auf 1139. Die Verbreitung der Dampfmaschine und die Revolutionierung des Transportwesens durch die Eisenbahn sind Voraussetzungen der Industrialisierung. Eisen- und Stahlherstellung erfordern große Energiemengen in Form von Kohle, die wiederum nur durch Modernisierung der Fördertechnologien in den benötigten Mengen abgebaut werden kann. So muß die kostenintensive »Roßkunst« (Pferdekraft) und die nicht überall anwendbare »Radkunst« (Wasserkraft) durch die neue »Feuerkunst« ersetzt werden. Für die großen Pumpwerke im Bergbau ist die Dampfmaschine als überlegene und wirtschaftliche Kraftquelle von unschätzbarem Nutzen.

Mit den frühen Maschinen-Entwürfen beginnt nicht nur eine neue Ära des Produzierens, sondern auch die moderne Designgeschichte in ihren technischen und geistigen Fundamenten. Bei Dingen des täglichen Gebrauchs, einfachen Hand-Werkzeugen und Luxusgütern gibt es eine lange Tradition vorindustrieller Formgebung. An den neuen Maschinen manifestiert sich Traditionslosigkeit: Das Zeitalter der Technik ›erfindet‹ seine Formen selbst. Aber nicht nur aus diesem Grund ist es berechtigt, mit der Ästhetik der Maschinenformen zu beginnen; zunächst entstehen ja neue technische

Produktionsinstrumente, ehe mit ihrer Hilfe die neuen industriellen Massenprodukte in ihrer Form festgelegt werden. Die erste Gestaltungsaufgabe ist das Produktionsinstrument.

Der Bau solcher Maschinen und Vorrichtungen wird zur Bewährungsprobe jener experimentierend-entwickelnden, auf handwerkliche Technologien aufbauenden, oft zugleich unternehmerisch tätigen Generation, die die Industrialisierung vorantreibt. An der ersten preußischen Dampfmaschine sollen noch die Gewerbe der ganzen Monarchie gearbeitet haben: Der Dampfzylinder stammt aus der königlichen Eisengießerei in Berlin, der Kessel aus einem Kupferhammer, die geschmiedeten Teile aus einer schlesischen Eisenhütte, die Pumpen aus anderer Quelle. Nur der hölzerne Balancier wird auf der Grube mit eigenen Leuten gefertigt. Den Plan der Maschine zeichnet ein Bergassessor, der sich in England umgesehen und daheim ein Modell angefertigt hat (vgl. MATSCHOSS 1901).

Die technischen Voraussetzungen für Bau und Montage solcher Maschinen sind denkbar primitiv. AUGUST FRIEDRICH HOLTZHAUSEN, Wärter dieser ersten preußischen Feuermaschine, dann selbst Konstrukteur, findet zur Ausführung der Entwürfe oft nicht einmal Drehbänke vor. Aber er versteht sich als »praktischer Mann überall nach den gegebenen Verhältnissen zu richten und die Konstruktion seiner Maschinen so zu vereinfachen, daß, wenn die Gusswaren angeliefert, der Dampfcylinder, der Kolben und die Kolbenstange abgedreht waren, ein Grubenschmied zur Anfertigung der übrigen Teile genügte« (MATSCHOSS, S. 94). Mit provisorischem Werkzeug setzt man zum Bau komplizierter Maschinen an: »Der Zylinder wurde im königlichen Gießhause in Berlin gegossen, ausgeschabt und sauber poliert. Zum Ausschaben diente ein Eichenholzkopf mit eingesetzten Messern, der durch ein Wasserrad an-

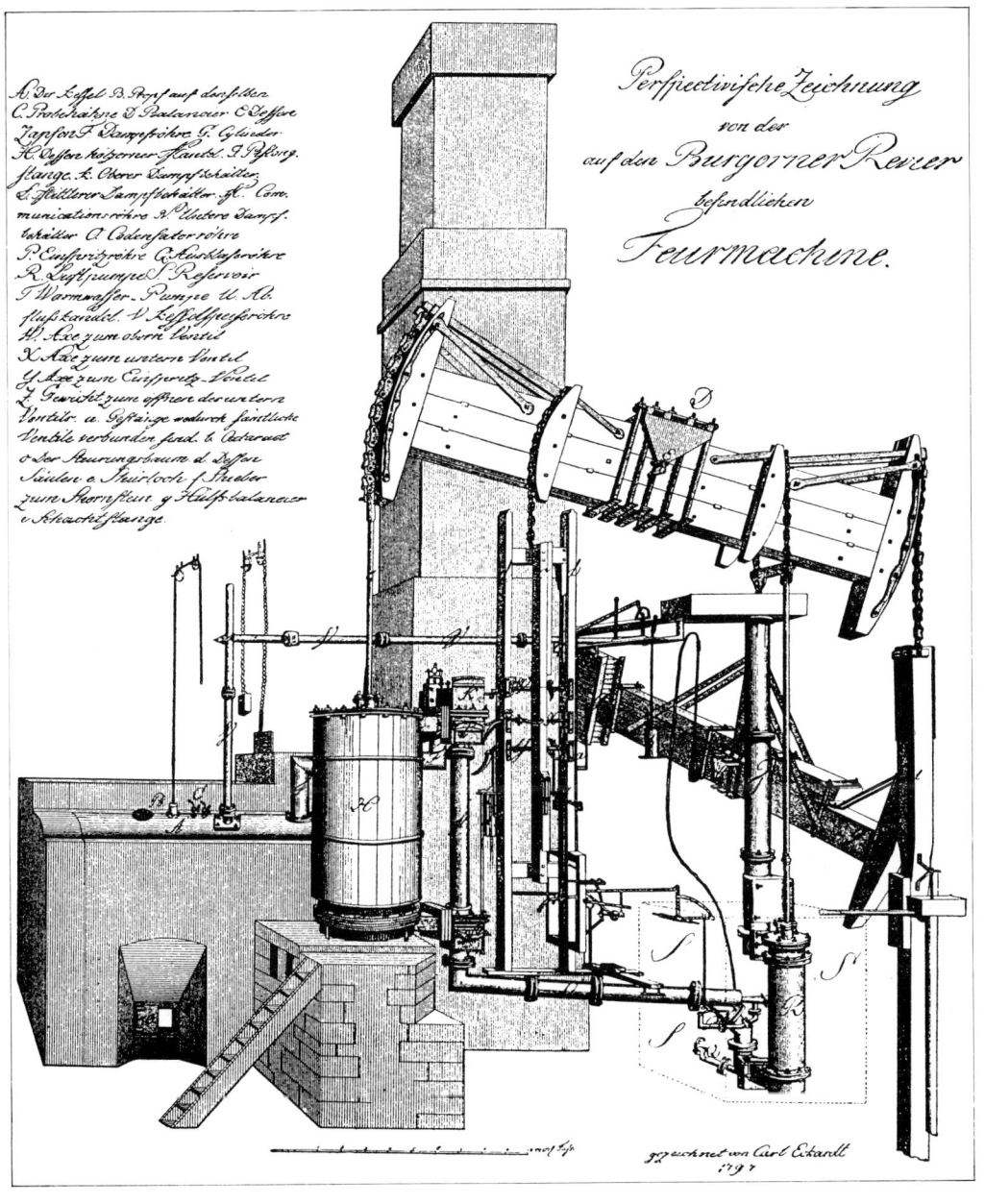

1   Darstellung der nach englischem Muster für das Pumpwerk einer Grube 1783–85 gebauten ersten preußischen Dampfmaschine (nach MATSCHOSS 1901)

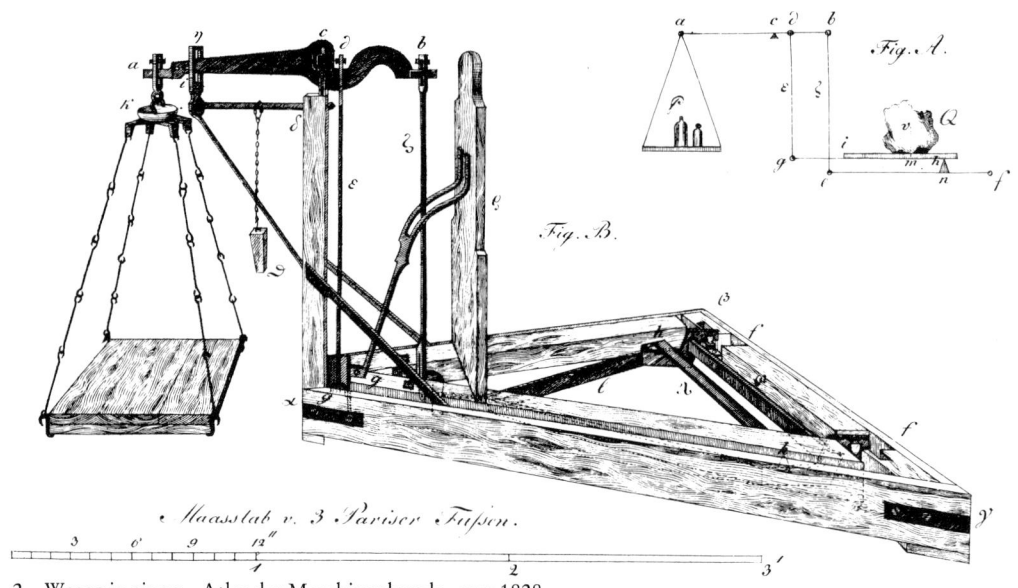

2   Waage in einem »Atlas der Maschinenkunde« von 1828

getrieben wurde. Die runden Drehteile wurden auf gewöhnlichen Drechslerbänken vorbereitet« (BUXBAUM 1919, S. 99). Das heißt, daß der ›Ingenieur‹ improvisieren und der Schmied besonders qualifiziert sein mußte, damit das neue Produktionsinstrument am Ende brauchbar gedieh: »Daß man es um jene Zeit wagen konnte, Dampfmaschinen zu bauen, nur mit dem Meißel und der Feile, ohne in der Lage zu sein, den Dampfzylinder und den abschließenden Kolben mechanisch herzustellen, zeugt davon, wie man damals das Werkzeug als ein Kunstwerkzeug handhabe« (SCHLESINGER 1917, S. 17).

Aus den primitiven Produktionsbedingungen entstehen Maschinenobjekte von beeindruckender Formqualität. Es sind Gestaltungen aus dem technischen Wissen, der Material- und Bearbeitungserfahrung und dem manuellen Können ihrer Entwerfer und Erbauer. Man sieht ihnen noch die Überlegungen der Erfinder-Konstrukteure und die Hand des Mechani-

kers, Schlossers, Schmieds oder Zimmermanns an, der die Teile fertigte. Obwohl sich die Guß-, Walz-, Dreh- und Schleiftechniken rasch verfeinern, bleibt Handgeschicklichkeit die Grundlage allen Produzierens. Die Apparaturen des beginnenden Industriezeitalters sind daher auch Ausdruck eines Funktionsbewußtseins, das durch das Formbewußtsein der Hand vermittelt und realisiert wird. In der Kombination geschmiedeten und gegossenen Eisens, der Buntmetalle und des Holzes, in der materialkundigen Durchgestaltung von Einzelteilen, in der mechanikverständigen Transparenz der Gesamtform und in der konstruktiven Logik scheint ein aus der handwerklichen Tradition selbstverständliches und gemeinsames Einfühlungs- und Ausdrucksvermögen der Entwerfenden *und* der Ausführenden auf. Die Bearbeitungsdauer, das geduldige Probieren, Einpassen, Prüfen und Verbessern fließen in das Gesamtbild der Maschinen ein.

So wirken diese frühen technischen Unikate wie einzeln durchgeformte Kunststücke, die sie im Verständnis ihrer Erfinder und Erbauer auch gewesen sind. Kunst und Technik schließen einander noch nicht aus. Im Kunststück-Charakter und in der spürbaren handwerklichen Wärme taucht ein wesentliches, für alle weitere Entwicklung der Technik- und Designgeschichte bedeutsam formgewordenes Merkmal auf. Gestalthaft teilt es sich als immer noch einsehbares Beispiel verwirklichter menschlicher Arbeit an einem fast organisch wirkenden Material und Gegenstand mit. Was heute an den frühen Maschinenobjekten so überzeugend wirkt, ist der mitgestaltende Charakter *aller* Arbeit am Objekt. In der formalen Strenge, der plastischen Durchgestaltung und der beherrschten Materialität dieser frühen industriellen Produktionsinstrumente ist menschliches Arbeitsvermögen als Prinzip kooperativer Selbstverwirklichung gegenständlich geworden. Der Maschinenbauer vermittelt zwischen den alten Qualifikationen des Handwerks und den neuen der Ingenieur-Kunst. Die in den Manufakturen schon fortgeschrittene Arbeitsteilung wird in der Werkstatt der Maschinenbauer noch einmal für kurze Zeit zugunsten der Leistung kleiner Gruppen von Erfindern und Ausführenden ausgesetzt, die einander unmittelbar zuarbeiten und durch die Nähe zu ihrem Arbeitsgegenstand verbunden bleiben. Diese Kooperationsform muß unter der Dynamik industriekapitalistischen Produzierens zwar bald zugunsten einer ökonomisch effektiveren Arbeitsteilung, die mit Abtrennung und Entwertung der ausführenden Tätigkeiten einhergeht, aufgegeben werden. Doch behalten die frühen Maschinenformen selbst dann noch eine Zeitlang ihren sichtbaren Werkzeugcharakter; sie betonen ihre Würde mit Nachdruck.

3 Nachzeichnung der Seitenansicht einer Lokomotive von Borsig aus dem Jahr 1844

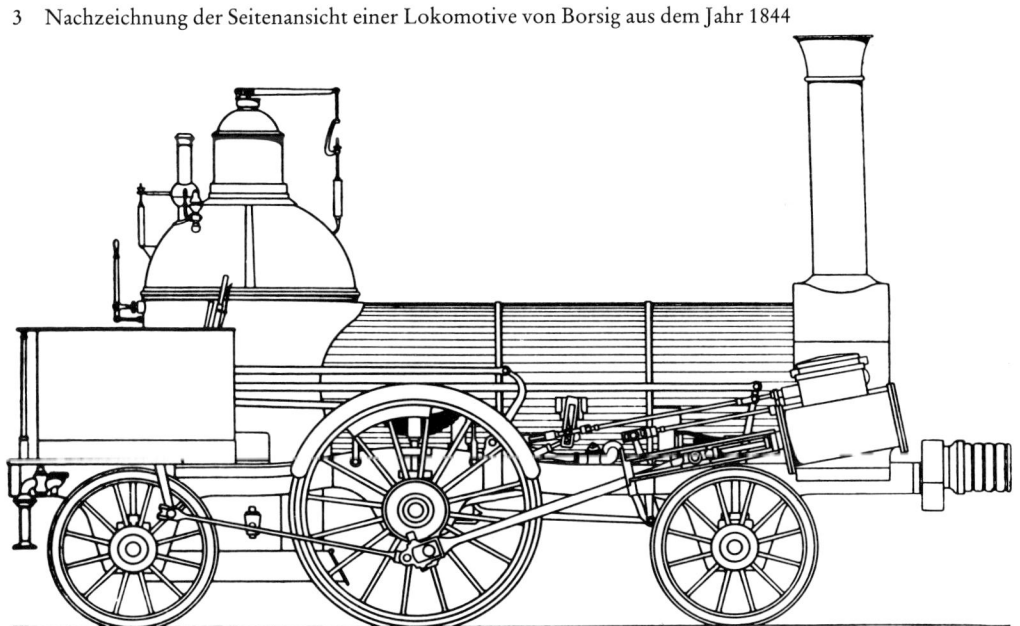

4   Innenansicht des für die Erste Allgemeine Industrieausstellung 1854 in München errichteten Glaspalastes. Zeitgenössisches Foto. Münchener Stadtmuseum

Ökonomisch muß diese Phase des Einanderzuarbeitens überwunden werden als ein allererster, noch tastender Schritt zur Industrialisierung. Produktionsstrukturen, Technologien und Arbeitsteilung entwickeln sich langsam. Selbst AUGUST BORSIG, der 1837 eine eigene Gießerei in Betrieb nimmt, baut bis 1844 gerade zwei Dutzend Lokomotiven, Eisenbahnschienen müssen aus dem Ausland bezogen werden. Erst um die Mitte des Jahrhunderts setzt ein beschleunigtes industrielles Wachstum ein, wobei der Vorsprung Englands in der Eisen- und Stahlproduktion und im Maschinenbau aufgeholt werden kann. KRUPP wird nun vor allem wegen seiner Gußstahltechnologie und der nahtlosen Radreifen für Lokomotiven berühmt. Die erste Allgemeine Deutsche Industrieausstellung in München kann in einem Palast aus Eisen und Glas gefeiert werden, der von der Nürnberger Firma CRAMER-KLETT nach Plänen von AUGUST VOIT und des königlichbayrischen »Maschinenbaumeisters« LUDWIG

WERDER nur drei Jahre nach PAXTONs Londoner Vorbild von 1851 ausgeführt wird. Als im Jahr 1858 die 1000. Lokomotive die BORSIGsche Fabrik verläßt, die 1847 schon 1200 Leute beschäftigt, und ein aufwendiger Festumzug durch Moabit die Technik mit der antiken Mythologie verbindet, sind dies Zeichen eines neuen industriellen Selbstbewußtseins und seiner Ökonomie, die die alten Formen von Kooperation und Werkzeugbindung auflösen wird, wobei auch die Produkte sich in ihrer Erscheinung verändern werden.

In den Anfängen sind solche Fabriken sehr klein, die ersten Stufen schwierig. Ohne mühsame Umsetzung naturwissenschaftlicher Erkenntnisse in technologischen Fortschritt ist der Aufbau der Fabrik als effektives Produktionsinstrument nicht möglich. Man kennt zwar Mechanisierung und Arbeitsteilung aus der Manufaktur, man weiß von den englischen Kraftmaschinen. Aber zunächst muß sich der Bestand an traditioneller Handgeschicklichkeit mit neuem Wissen verbinden, ehe die Maschinenwelt auf dem Boden der veralteten Produktionsweise heranreifen kann: »Die Werkstatt erweist sich als Vor-ort der Industrialisierung, da sich aus ihr – vor allem im mechanischen Bereich – Fabriken entwickeln. Der Handwerker bringt in den Prozeß der Industrialisierung innovatorische und ingeniöse Mentalität ein; die Fähigkeit des ›Tüftelns‹ macht den handwerklichen Erfinder zum Ahnherrn großer Industrieanlagen« (GLASER 1981, S. 35). Der Maschinenbau ist »ein Produktionszweig, der in sich noch keine spezielle Teilung kannte« (vgl. SCHRÖTER/BECKER 1962, S. 95); die kleinen Unternehmen produzieren nach Kundenauftrag alles, jede Maschine oder technisches Detail, das Zahnrad oder die gußeiserne Säule. Die Unternehmer, meist im Betrieb praktisch tätig, müssen sich, sofern sie keine ausländischen Spezialisten bekommen, selbst Maschinenbauarbeiter ausbilden. So können sogar Weber und Strumpfwirker, von Arbeitslosigkeit bedroht, sich zu Maschinenbauern umschulen lassen. »Die Herkunft der meisten Maschinenbauarbeiter aus dem Handwerk übertrug natürlich eine Reihe handwerklicher Traditionen und Gepflogenheiten auf die Maschinenfabriken, was noch begünstigt wurde durch die Kleinheit vieler Betriebe und deren handwerklichen Charakter« (SCHRÖTER/BECKER, S. 80). So sind »in der Frühzeit der Industriellen Revolution (...) sich Handwerksbetrieb und Fabrikbetrieb noch recht nahe und darum auch Handwerker und Fabrikant« (KUCZYNSKI 1981).

5 Kreisteilmaschine zur Herstellung optischer Präzisionsgeräte, konstruiert 1801 von Georg von Reichenbach, realisiert 1804. Deutsches Museum München

6 Erste Betriebsdampfmaschine der Kruppschen Werkstätte in Essen, 1835. In Benutzung bis 1873. Zeitgenössisches Foto. Deutsches Museum München

Aber um 1850 arbeiten in Deutschland erst vier Prozent aller Erwerbstätigen in Fabriken, Bergwerken und Manufakturen (vgl. KOCKA 1981). Mitarbeit an Erfindungen in den mechanischen Werkstätten, Entwicklungsarbeit und sorgsame Ausführung erfordern Fähigkeiten, über die nur die besten Arbeitskräfte verfügen, wie sie der ungelernte Fabrikarbeiter der Zukunft nicht mehr besitzen soll. Zwei Produktionsepochen berühren sich, gehen ineinander über – die handwerklich-manufakturelle und die industrielle. Projekte wie der Eisenbahnbau erfordern bereits Vernetzung von Massenarbeitskraft in Einsatzplänen, Organisation der Materialbeschaffung, des Transports usw. im großen industriellen Stil, während die Arbeit an einzelnen Maschinenbauten noch in alter Weise individualistisch-handwerklich vor sich geht. Minutiöse Planung auf der einen, spontane, persönliche Anstrengung auf der anderen Seite, industrieller Takt oder handwerklicher Arbeitsrhythmus bezeichnen das Stadium des Übergangs, in dem auch das Design der frühen Maschinenobjekte und technischen Anlagen unter der Hand derer entsteht, die technisch denken und manuell produzieren.

Ein künstlerisch-genialisches Element bestimmt die Entwicklungs- und Modellarbeit der frühen Ingenieure. JAMES E. EARNSHAW, ein englischer Konstrukteur aus den Anfängen der Nürnberger Fabrik CRAMER-KLETT, soll noch 1844 Maschinenentwürfe mit Kreide auf den Wirtshaustisch gezeichnet haben (vgl. BIENSFELDT 1923, S. 26 f.). Man hat oft Arbeitszeichnungen einzelner Werkstücke in natürlicher Größe mit Kreide auf Tafeln oder Bretter gebracht, damit man sie in der Werkstatt zum Vergleichen verwenden konnte (vgl. NEDOLUHA 1960, S. 81). Die Mechaniker wußten anhand solcher Skizzen, was sie in welchen Maßen herzustellen hatten. Auch wenn wenig später wesentlich genauere Pläne für kompli-

zierere und bessere Maschinen unerläßlich werden, bleibt die enge Kooperation des Erfinder-Konstrukteurs mit Meistern und handwerklich ausgebildeten Arbeitern Bedingung des Gelingens und setzt Kreativität und technisches Wissen bei *allen* Beteiligten voraus. Die Maschinenbauarbeiter – um 1850 noch eine durch ihre Bedeutung für den Industrialisierungsprozeß und besondere Fähigkeiten hervorgehobene »kleine Gruppe innerhalb des sich bildenden Proletariats« (SCHRÖTER/BECKER) – stehen ihren Prinzipalen, den Erfinder-Unternehmern kaum nach:

»Solange das Maschinensystem nicht die entscheidende Rolle im Produktionsprozeß spielte, war die Maschinenproduktion an die manuellen Fertigkeiten handwerklich ausgebildeter Arbeiter gebunden, die über eine geradezu künstlerische Geschicklichkeit verfügen mußten« (SCHRÖTER/BECKER, S. 256 f.).

So spiegelt sich die Individualität der Produzenten in ihren Produkten, in den Maschinen-Objekten. In die frühindustrielle Entwicklungsarbeit geht Arbeitsindividualität ein; sie vergegenständlicht sich auch in der Ästhetik der Maschinenformen, die noch aller Typisierung fern sind. Noch sind die Produzenten Herr, nicht Knecht der Maschinerie, die, wie MARX feststellt, »an sich betrachtet die Arbeitszeit verkürzt, während sie kapitalistisch angewandt den Arbeitstag verlängert, an sich die Arbeit erleichtert, kapitalistisch angewandt ihre Intensität steigert, an sich ein Sieg des Menschen über die Naturkraft ist, kapitalistisch angewandt den Menschen durch die Naturkraft unterjocht« usw. (MEW Bd. 23, S. 465).

Gerade im Maschinenbau behält die Arbeit selbstverwirklichende Qualität. Erst als die Handfertigung von Einzelprodukten und Prototypen von der seriellen Produktion mit Maschinenhilfe abgelöst wird, verliert sich der Kunstcharakter individueller Arbeitsleistung,

7 Ansicht einer Säulen-Dampfmaschine. Zeichnung für die Nürnberger Maschinenbauwerkstatt Klett & Co.,
   1842. Germanisches Nationalmuseum Nürnberg

bis man dies auch den Produzenten ansehen
wird, die ebenso austauschbar werden.

Der »Übergang von der Handkunst zum
Maschinenprinzip« (SCHLESINGER 1917) ist die
Schwelle. Ab Mitte der Fünfziger Jahre beginnen Ungelernte die handwerklich Ausgebildeten zu verdrängen. »Dieser Typ des Maschinen-
bauers verfügte keineswegs mehr über die uni-
versellen Fähigkeiten der Vierziger Jahre. Er
eignete sich lediglich für die Ausführung von
Teilarbeiten« (SCHRÖTER/BECKER, S. 257).

So führt die Ästhetik des Maschinenbaus in
die Designgeschichte als Teil einer Geschichte
der Arbeit ein. Keine Rede, daß die Erfinder,
Ingenieure, Mechaniker und Handwerker au-

ßerhalb der Gesetze der Warenproduktion, die
Manufaktur und Industrie regieren, ihre Arbeit
verrichten können. Es sind kapitalistisch-früh-
industrielle Produktionsverhältnisse, in die sie
eintreten. Aber noch können sie eine andere Beziehung zur technischen Arbeit und ihrem Gegenstand entwickeln als ihre Nachfahren zur
Zeit der Hochindustrialisierung. Entwurf und
ausführende Tätigkeit sind weitgehend selbstbestimmte Arbeit. Erst die laufende Maschinerie wird die Entfremdung zwischen Hand, Bewußtsein und Gegenstand erzeugen. Erst in der
Hochindustrialisierung wird die zerstückelte,
reproduktive, überwachte Arbeit die produktive, selbständige, mitdenkende Tätigkeit ver-

drängen. Die Arbeit der Konstrukteure wird dann deutlich von den Aufgaben des Fabrikarbeiters abgehoben sein, zwischen Technikern, Meistern und Arbeitern werden Klassengrenzen entstehen, zugleich wird der Abstand aller zum Produkt wachsen.

In der vorbereitenden Periode der Entwicklung frühindustrieller Produktionsinstrumente aber gibt es noch die privilegierte Form gemeinsamer Arbeitstätigkeit am einzelnen Werkstück. Technische Phantasie, »handwerklicher Eigensinn« und »ein spezifisch neuer, industrieller Produzentenstolz« (SIEBEL 1984) verwirklichen sich in der Überschaubarkeit und Einsichtigkeit des Arbeitsprozesses und an der Gestalt des Produkts. In ihrer strengen Geformtheit wirken die frühindustriellen Produktionsinstrumente daher wie monumentale Symbole einer kooperativen Beherrschung der Naturkräfte. Das gattungsgeschichtliche Ziel ist noch nicht unter dem Kapitalinteresse verschwunden. Die Achtung, die man diesen Formen entgegenbringt, beruht außer auf der Transparenz ihrer technischen Funktionen und der kunstvollen Handgeschicklichkeit, die sie realisiert hat, auch auf dieser symbolischen Ausstrahlung.

Die neuen Produktionsinstrumente entstehen praktisch in zwei Schüben. Eine erste Generation vorzugsweise handwerklich oder manufakturell zusammengesetzter Kraft-Maschinen und Werkzeuge als Einzelstücke wird von einer zweiten abgelöst, in der schon die Herstellung technischer Objekte mit Kraft- und Werkzeugmaschinen in kleinen Serien gelingt. Das Prinzip der industriellen Selbstreproduktion über alles einzelne und lebendige Arbeitsvermögen hinaus, wie es sich später in rechnergesteuerten, automatisierten Produktionsabläufen erfüllen wird, kann aber erst in der laufenden großen Maschinerie, also in einer dritten, nachfolgenden Phase anklingen.

In der Abfolge der ersten Schritte liegt eine gewisse Logik. Meßtechniken, die über den handwerklichen Gebrauch hinausgehen, müssen für den Bau von Maschinen weiterentwikkelt werden. So entsteht Präzisionswerkzeug, zum Beispiel optisches und feinmechanisches Instrumentarium von hohem Gebrauchswert und entsprechend formaler Gefaßtheit.

Der Serienbau von Kraftmaschinen und Werkzeugmaschinen ist die Voraussetzung zum Aufbau größerer Produktionsanlagen. Der Entwicklungsstand der Industrialisierung im Vergleich der Länder läßt sich 1851 in London an der Menge der ausgestellten »Hülfsmaschinen« ablesen. Der amtliche deutsche Bericht (1852, S. 585 ff.) geht ausführlich unter »Fabrikmaschinen und Werkzeuge zur Herstellung derselben« darauf ein. Es sind die »wesentlichsten Beförderungsmittel« (ebenda) der Industrialisierung zugleich ihre Produkte. Parallel dazu läuft die Entwicklung neuer Verkehrsmittel, um das steigende Transportvolumen zu bewältigen. Das sind – nacheinander und nebeneinander – die technischen und gestalterischen Aufgaben im Produktionsgüterbereich: Meßinstumente, Kraftmaschinen, Werkzeuge, Werkzeugmaschinen und Verkehrsmittel werden zu ›Themen‹ der Entwurfsarbeit und müssen ihre ersten, originalen Lösungen finden, technisch wie ästhetisch.

Der Ingenieur entwirft ein Funktionsganzes. Auch der Mechaniker führt ein ganzes Werk aus. Bei den technischen Objekten der Zeit müssen komplizierte Einzelvorrichtungen ersonnen, gebaut und verbessert werden. Das ist Spezialarbeit mit einem besonderen Flair. Sie ist durch den abenteuerlichen Charakter des Experiments, durch die technische Rationalität und durch die unmittelbare Verwertbarkeit des Produkts bestimmt. Sein Warencharakter bleibt zurückhaltend. Dem Kunstcharakter dieser Arbeit entsprechen gewisse Freiheiten des Arbeitsverhältnisses. Erfinden kann man nicht auf Kommando, die Ingenieurtätigkeit ist selbstbestimmte Entwicklungsarbeit. Auch die Ausführenden sind nicht in ein industrielles Organisationsraster zu zwingen. Abwandern wie zur Gesellenzeit oder Blaumachen, später unter strenger Fabrikdisziplin strafbar, sind Zeichen einer freien Haltung zur Arbeit. Auch die Würde des Produkts wird in seiner gestalthaften Erscheinung von den Entwerfenden und Ausführenden selbst produziert. Es gibt dafür keine Designer, allenfalls Zeichner zur schönen Fassung der Pläne.

Schon in diese Pläne geht Ästhetisches, vorweggenommene Anschauung des Produkts ein, die weit über das Prinzip bloß technischer Zwecke hinausweist. Der Kunstcharakter technischer Entwicklungs- und Ausführungsarbeit wird bereits in der Zeichnung angemeldet. Man

8 Hochdruck-Dampfmaschine von Ernst Alban, 1840. Deutsches Museum München

9 Zeichnung zu einer Balancier-Dampfmaschine der fünfziger Jahre. Deutsches Museum München

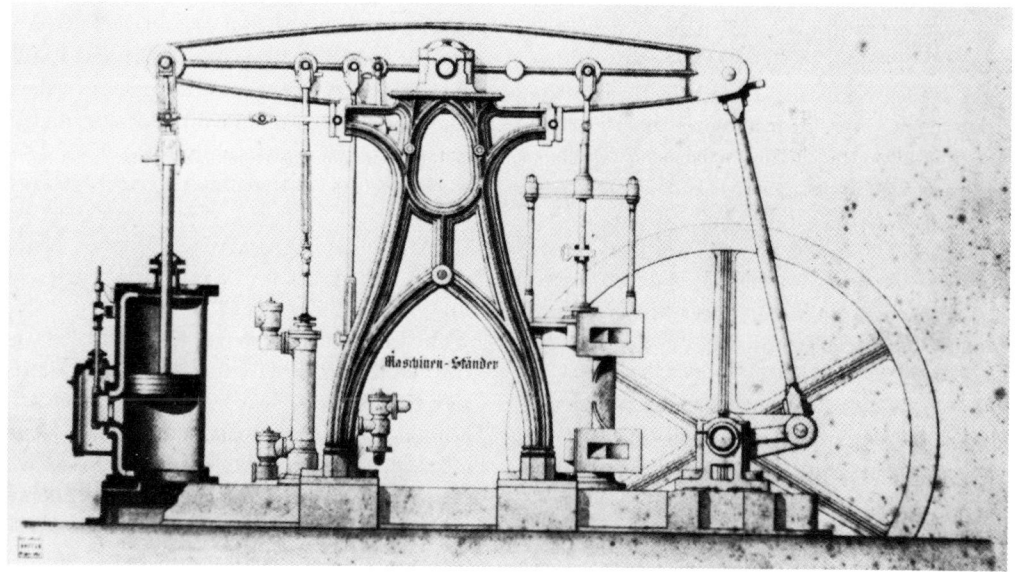

muß hier zwischen den schon genannten Brett-skizzen in Rötel oder Kreide (vgl. FELDHAUS 1953), an die der Schmied oder Mechaniker sein Werkstück vergleichend anlegen kann, und schön ausgeführten Studien und Rissen nach fremden Modellen oder eigenen Entwürfen unterscheiden (vgl. Ft. 1), die für die Augen der Auftraggeber, Kunden oder Kenner bestimmt sind. Der Erfinder oder Konstrukteur lernt entweder selbst, mit Reißzeug, Tusche und Farbe umzugehen, oder beauftragt einen spezialisierten Zeichner, die Anlage im Ganzen und in ihren technischen Details über die Werkskizze hinaus anschaulich-plastisch herauszuarbeiten. So zeugen die technischen Zeichnungen von Kunstverstand und ästhetischem Ausgestaltungswillen, entsprechend dem produktions- und rezeptionsästhetischen Selbstverständnis einer Zeit, die man zu Recht als Epoche der Maschinen-Kultur bezeichnen kann: »Die Faszination, die die frühen Dampfmaschinen auch in ästhetischer Hinsicht ausübten, drückte sich etwa in der Vorführung neuer Maschinen in Kunstvereinen aus. Die (...) Prager Zeitung beschrieb 1829 die erste englische Dampfmaschine in Böhmen als ›äußerst elegantes Kunstwerk‹. Die technische Zeichnung behandelte Maschinenkonstruktionen dieser Einschätzung entsprechend mit hoher künstlerischer Sorgfalt. In Plastizität erzeugender Lichtführung und abgestufter farblicher Behandlung, in der besonders der Reiz der blanken Metallteile herausgearbeitet wird, werden die Maschinen weit über die Zusammenhänge ihrer konstruktiven Funktionen hinaus um ihrer selbst willen gezeigt« (GÖTZ 1985, S. 624).

Kolorierte Maschinenzeichnungen aus der ersten Hälfte des 19. Jahrhunderts, heute Raritäten, zeugen vom hohen ästhetischen Anspruch. Man will, daß die Schönheit der Maschine sich schon über den Plan mitteilt und verstanden wird. Erst mit der Hochindustriali-sierung zieht das Zweckdenken in Form normgerechter Zeichentechniken ein (vgl. REDTENBACHER 1862; NEDOLUHA 1960). Die Arbeitsteilung im Maschinenbau fordert schließlich Pläne, die zuverlässige Detailausführung an jedem beliebigen Ort möglich machen. Die technische Zeichnung kann aber am künstlerischen Anspruch festhalten, bis die Rationalisierung den Entwurf auf eine Plansprache schrumpfen läßt, die in ihrer Abstraktheit nur Maschinenbau-Spezialisten verständlich ist, und bis Formspezialisten beginnen, die technischen Funktionen hinter Hüllen und Dekorationen verschwinden zu lassen, die sie extra zeichnen müssen.

Zeichnungen *und* realisierte Maschinenobjekte lassen den Kunstanspruch der Technik bis in die Anfänge der Hochindustrialisierung erkennen. Bei gotisierenden und antikisierenden Details handelt es sich nicht um nachträgliche Beigaben zur Konstruktion, vielmehr um einen selbstverständlichen Zusammenhang des Technischen und des Ästhetischen: Denn es »(...) ist die Gesamtanlage als vom Ingenieur-Konstrukteur gestaltetes und ›gewertetes Kunstwerk‹ zu betrachten, das technische und ästhetische Werte, Elemente und Motive zu einem homogenen Ganzen sinnvoll und augenfällig zusammenfügt« (SLOTTA 1981, S. 200). Das sagt schon ein Zeitgenosse: »Die Maschine selbst ist ein Kunstwerk, dessen Bau die Leitung eines vielseitig gebildeten Mannes erfordert, und alle Handwerke in Thätigkeit setzt« (LUDWIG HOFFMANN 1832, S. 59).

Der Ingenieur-Entwerfer ist nicht Auch-Künstler, der einer Maschine am Ende das gotische oder dorische Dekor appliziert, sondern Technik-Künstler, der sich die mechanischen Funktionen gleichsam in gußeisernes Maßwerk verspannt oder auf Säulenstützen aufruhend denkt. Er formt damit die ästhetische Ausdrucksgeste seiner Maschine und seiner eigenen

Anschauung von Technik. Im Anlagen- und Brückenbau, überall, wo das technische Werk sichtbar bleibt, behält er diese Kompetenz, während die Verantwortung für die Fabrikarchitektur und die Erscheinungsform der meisten Fabrikprodukte den Gestaltungsspezialisten, dem Architekten und dem Musterzeichner oder Designer, zufallen wird.

Zunächst aber bleiben Technik und Ästhetik als ein Ganzes vereint, das erst auseinanderfällt, als sich die Ingenieure in großen Konstruktionsbüros von der Werkstatt, von den Ausführenden und vom Produkt abgetrennt sehen und das Auftreten des Designers ihnen beweist, daß sie Nur-Techniker geworden sind. Die Epoche des Übergangs handwerklicher Qualifikation in industrielle Eigenschaften aber zeigt am Maschinenobjekt, wie dieses – quasi von selbst – zum Kunst-Werk geraten kann, weil Kopf und Hand aller Produzenten noch beieinander sind.

2 Gebrauchsgerät aus Handwerk und Manufaktur. SCHINKELS gewerbliche Musterentwürfe. Klassizismus als Ausdruck von Subjekt, Klasse und Staatsidee. Biedermeierformen als Symbole der Vertrautheit in der Epoche des Übergangs

Gebrauchsformen für den Konsum kommen im frühen 19. Jahrhundert aus dem überlieferten ästhetischen Kanon des Handwerks. Wo schon gehobene bürgerliche Ansprüche oder noch aristokratische Luxusbedürfnisse zu befriedigen sind, beispielsweise durch die Erzeugnisse von Textil-, Möbel- und Porzellanmanufakturen oder der städtischen Zentren des Kunsthandwerks, hat der »Dessinateur« oder Musterzeichner bereits seinen festen Platz. Wie PEVSNER (1968) mit englischen und französischen Beispielen illustriert, werden einzelne Entwerfer von großen Manufakturen im Ausland, die massenweise modische Güter erzeugen, manchmal auch besonders gut bezahlt.

Das moderne Konsumgüterdesign nimmt seinen Anfang in der manufakturellen Arbeitsteilung. Im Unterschied zu den Aufgaben im (kunst-)handwerklichen Meisterbetrieb handelt es sich bei dieser Entwurfstätigkeit schon um Teilarbeit entsprechend der Aufgliederung des gesamten Produktionsprozesses unter Rationalitätsgesichtspunkten der Manufaktur, die in dieser Hinsicht die Vorform der Fabrik darstellt. Die spezialisierte künstlerische Arbeit unterliegt selbst einer Differenzierung. So gab es (nach MEYER 1976) im Personalbestand der kurmainzischen Porzellanmanufaktur in Höchst kaum zehn Jahre nach ihrer Gründung 1746 schon eine Hierarchie der künstlerischen Funktionen vom Modellmeister, den Malern für Figuren und Tiere über die Landschafts-, Beiwerk- und Blumenmaler bis zu den Blaumalern in entsprechend abgestufter Besoldung. Deutlich darunter und abgespalten von der Entwurfstätigkeit arbeiteten die ausführenden Dreher, Bossierer, Schlämmer, Glasierer und Brenner. Kunst und Handwerk gehen in der Organi-

10 Bestecke aus einem lithographierten Katalog von Duncker & Maste in Iserlohn, um 1830 (nach HERWIN SCHAEFER 1970)

sationsform der Manufaktur auf, wobei sich die Trennung von Kopf- und Handarbeit vollzieht – eine der Grundvoraussetzungen industrieller Massenproduktion schlechthin.

Im selbständigen Kunsthandwerk wird in Konkurrenz mit den Manufakturen Kundenarbeit betrieben, der Sonderauftrag für das kunstvoll handgearbeitete Einzelobjekt oder die kleine Serie, deren Gestaltung auf Tradition und Können der Werkstatt beruht, ausgeführt. Freilich mag auch hier der Meisterentwurf schon seltener als die Ausführung von Repliken nach Mustern gewesen sein. Augsburger Silber, ein in ganz Europa bekanntes kunsthandwerkliches Spezialprodukt, entsteht schon Mitte des 18. Jahrhunderts arbeitsteilig. Aufträge werden bei Händlern durch Vorlage von Musterzeichnungen hereingeholt; Entwurfsarbeit und Ausführung liegen also nicht mehr selbstverständlich in einer Hand. Auch für Hausindustrie und Verlagswesen mag es gebräuchlich gewesen sein, Aufträge nach Mustervorlagen zu vergeben.

Gegenüber den Manufakturen, die sich künstlerische Spezialisten für den Entwurf leisten können, befindet sich der freie Kunsthandwerker mit kleiner Werkstatt im Nachteil. Der Rückgriff auf fremde Entwürfe in Form von Vorlageblättern wird daher im 19. Jahrhundert überall gebräuchlich, wo in Handwerk und Gewerbe Gestaltungsarbeit zu leisten ist und die Produzenten geschmacklich auf der Höhe der Zeit bleiben wollen. Man beginnt, auf den Bestand an veröffentlichten, das heißt in Gewerbezeitschriften in ihrem Herstellungsverfahren beschriebenen oder in Kunstgewerbe-Sammlungen nachzuvollziehenden oder in Vorlagen-Mappen abgebildeten Formen zurückzugreifen. An die Stelle der mündlichen Überlieferung und anschaulich-direkten Vermittlung des Handwerks tritt zunehmend die mediale und institutionelle Verbreitung ästhetischer und technologischer Information.

In Preußen sorgt der »Verein zur Beförderung des Gewerbefleißes« für den Import vorbildlicher englischer Mustermaschinen und die Veröffentlichung technischer Anleitungen und Daten. Die Publikationen kann jedermann nutzen; die Maschinen werden kostenlos an Fabrikanten zur Erprobung ausgeliehen. Überall in Deutschland gibt es einzelstaatliches Bemühen um die Gewerbeförderung; 1842 in Mainz und 1844 in Berlin finden erste Gewerbe- und Industrieausstellungen statt. Aber es ist eine zunächst zähe Entwicklung ohne rechten Durchbruch, wohl auch gegen Widerstände: »Das geistige Leben Deutschlands war von politischen, gelehrt-philosophischen und romantisch-künstlerischen Bestrebungen in Anspruch genommen, technische Betätigung war wenig geachtet, der Nationalwohlstand war gering, das private Kapital stand der jungen Industrie uninteressiert oder abwartend gegenüber« (BUXBAUM 1919, S. 105).

Neben der Produktivkraft Technik muß auch die Produktivkraft Design erst entwickelt werden; handwerkliche oder rein künstlerische Ausbildung reichen für die beginnende Massenproduktion, die über den Rahmen der Manufaktur hinausgeht, nicht mehr aus. Zunächst

11   Musterzeichnung eines silbernen Leuchters, Augsburger Goldschmiedewerkstatt, Mitte 18. Jahrhundert.
Haus der Bayerischen Geschichte München

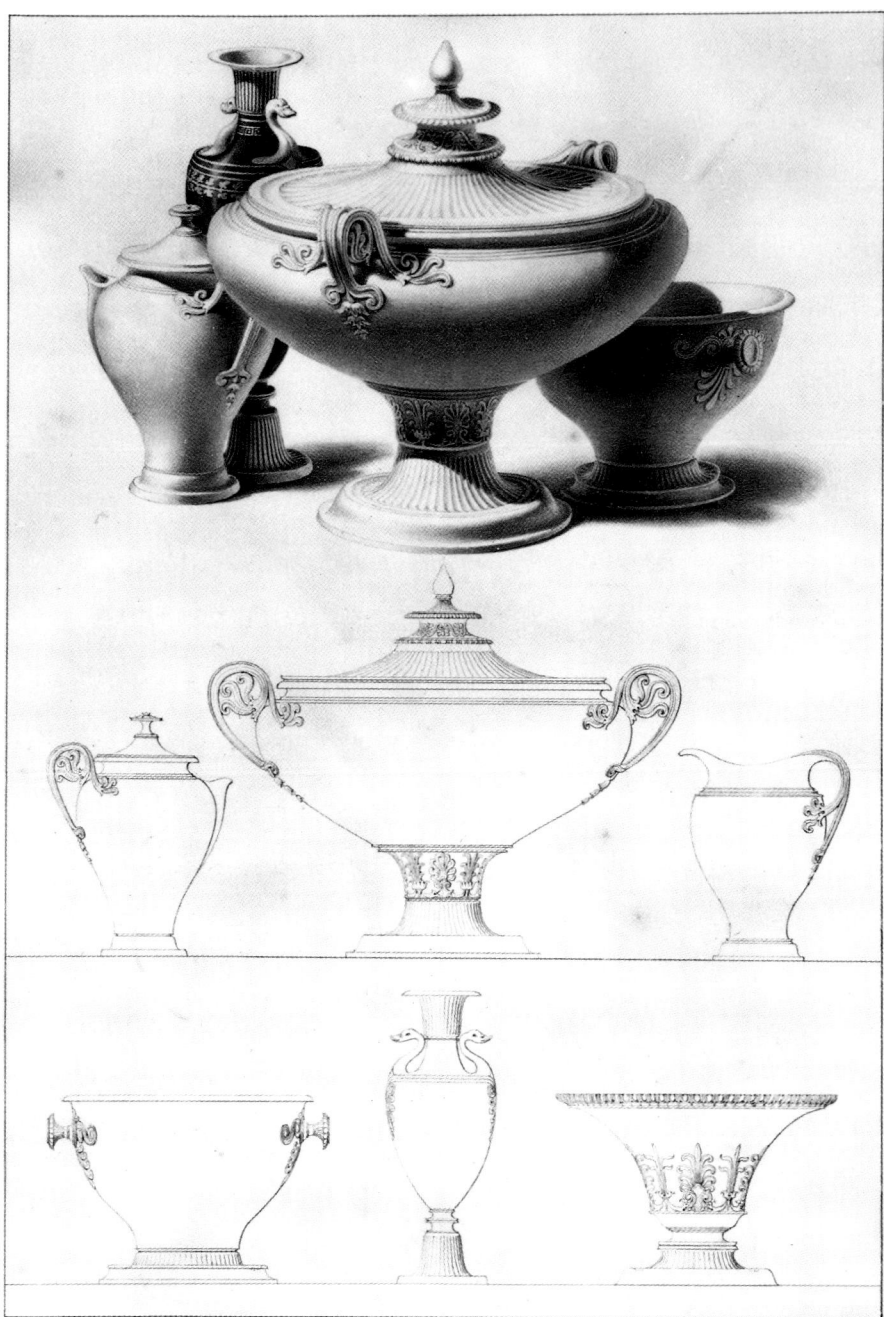

vermitteln neugegründete Kunstakademien ästhetische Qualifikationen, aus denen auch Entwurfsvermögen für angewandte Kunst in Form von Baugestaltung und Design abgeleitet werden kann. Spezielle Entwurfs-Zeichenschulen wie die um 1825 in Wien von CARL SCHMIDT betriebene gibt es kaum. Erst ab Mitte des Jahrhunderts wird die Frage der staatlichen Ausbildung von Musterzeichnern akut. Der Typus der Kunstgewerbeschule spaltet sich vom alten Akademietypus ab, oder das Lehrprogramm der Akademien wird den neuen kunstgewerblichen und kunstindustriellen Bedürfnissen entsprechend reformiert (vgl. MAI 1981). Noch bevor es zur Gründung von Kunstgewerbe-Museen und spezieller Bildungseinrichtungen für die Kunstgewerbepraxis kommt, wird das zunächst auf privaten Verlagsaktivitäten beruhende Vorbilderwesen staatlich gefördert; es werden historische Sammlungen zugänglich gemacht oder Mappenwerke mit Vorbildentwürfen publiziert. Dazu gehören die »Vorbilder für Fabrikanten und Handwerker«, die zwischen 1821 und 1837 in Berlin von PETER WILHELM CHRISTIAN BEUTH, dem Direktor der Technischen Deputation für die Gewerbe in Preußen, und KARL FRIEDRICH SCHINKEL, dem höchsten Baubeamten des Königs, herausgegeben werden. SCHINKEL greift darin auf vielseitige eigene Erfahrungen als Entwerfer für Möbelformen, Öfen, Keramik, Lampen, Glas und Textilien für Berliner Porzellan- und Seidenmanufakturen, die königliche Eisengießerei, private Kunst-Gießereien und andere Spezialwerkstätten zurück. So notiert FONTANE 1861: »Gab es eine neue Spontinische Oper, wer anders als

Schinkel konnte die Dekorationen, gab es ein fürstliches Begräbnis, wer anders als Schinkel konnte die Zeichnung zu Monument oder Grabstein entwerfen? Das ganze Kunst-Handwerk – dieser wichtige Zweig modernen Lebens – ging unter seinem Einfluß einer Reform, einem mächtigen Aufschwung entgegen. Die Tischler und Holzschneider schnitzten nach Schinkelschen Mustern, Fayence und Porzellan wurden schinkelsch geformt, Tücher und Teppiche wurden schinkelsch gewebt. Das Kleinste und das Größte nahm edlere Formen an: der altvätrische Ofen, bis dahin ein Ungeheuer, wurde zu einem Ornament, die Eisengitter hörten auf, eine bloße Anzahl von Stangen und Stäben zu sein, man trank aus Schinkelschen Gläsern und Pokalen, man ließ seine Bilder in Schinkelsche Rahmen fassen, und die Grabkreuze der Toten waren Schinkelschen Mustern entlehnt« (1966, Bd. 1, S. 118).

Eine Notiz FONTANES, man lebe noch immer »in dieser Welt Schinkelscher Formen« stammt von 1859; sie läßt vermuten, das SCHINKELS Musterentwürfe noch lange nach seinem Tode 1841 in die Breite gewirkt haben. SCHINKEL ist ein Sonderfall, doch auch exemplarisches Beispiel für Zwischenschritte im Wandel der Künstlerrolle im frühindustriellen Deutschland. Deshalb wird auf ihn hier besonders eingegangen. Preußen ist auf dem Wege unaufhaltsamer Industrialisierung. Die erste Berliner ›Industrieausstellung‹ datiert 1827, ihr folgt 1844 im Berliner Zeughaus eine Industrieausstellung des Preußischen Zollvereins, die diesen Namen schon eher verdient hat. Wie dekorative Vorbilder durch Maschinenarbeit massenhaft reproduziert werden, stellt die Londoner Weltausstellung 1851 unter Beweis. FONTANE könnte sich auf eine typische und allgemeine Entwicklung beziehen.

Sorgt zunächst der Einzelkünstler SCHINKEL im staatlichen Auftrag für eine ästhetische Basis

◁ 12   Entwurfszeichnungen für Gefäße. Karl Friedrich Schinkel, 1821. Aufgenommen in die »Vorbilder für Fabrikanten und Handwerker«. Staatliche Museen zu Berlin, DDR

der Anfänge der kunstindustriellen Massenproduktion – noch eingebunden in manufakturelle
Wirtschafts- und Produktionsstrukturen, die
sich zu verändern beginnen –, so übernimmt die
dafür gegründete Institution des Kunstgewer-
bemuseums diese Funktion, sobald die Industrie sich entwickelt hat und das Bedürfnis nach
Formvorbildern gestiegen ist. Das Berliner
Kunstgewerbemuseum wird 1867 eröffnet. Die
Institution als Sammlungsort aller Muster aus
der Geschichte löst damit folgerichtig den Einzelkünstler als Anbieter von Vorbildern für Fabrikanten und Handwerker ab. Das geschieht
in England und Österreich früher als in
Deutschland. Erst in den Siebziger und Achtziger Jahren übernehmen auch hier Kunstgewerbemuseen die breite öffentliche Belehrungs-
und Beratungstätigkeit (vgl. MUNDT 1974).

SCHINKEL und BEUTH können sich zwar
schon auf staatliche Institutionen stützen, aber
sie wirken noch durch persönlichen Einsatz
und einzelkünstlerisches Beispiel (vgl. BUD-
DENSIEG 1988). SCHINKEL tritt in dieser Eigen-
schaft den industriellen Werkstatt- und Unter-
nehmensgründern der Dreißiger und Vierziger
Jahre vergleichbar auf: Der Künstler als ›Grün-
der-Designer‹ an der Schwelle zum industriellen Entwurf. SCHINKELS Beispiel hat besondere
Bedeutung, weil sich in seinen Entwürfen Gestaltungsfragen der Zeit des Übergangs abbilden, in ästhetischer, kultureller und ökonomischer Sicht.

SCHINKEL ist als Baukünstler, Mitglied der
Technischen Oberbau-Deputation, Architek-
turlehrer, Mitglied des Senats der Akademie der
Künste und als Ausstatter des Königs und des
Adels verantwortlich für den preußischen Ge-
schmack der vor- und frühindustriellen Epo-
che. Die Mappe der »Vorbilder« enthält etwa 40
Blätter aus seiner Hand. Das »feingestochene
Tafelwerk« (WAENTIG 1909) wird in erstklassi-
ger Druckqualität reproduziert und an Gewer-

13 Sekretär nach einem Entwurf von Karl Friedrich
Schinkel, 1826. Aufgeklappt wird eine gotisierende Innengestaltung sichtbar. Staatliche Muse-
en zu Berlin, DDR

beschulen und interessierte Produzenten ver-
teilt, so daß jedermann sich der teils aus Antike
und Renaissance (oder bei Textilien aus orienta-
lischer Tradition) entnommenen, teils von
SCHINKEL selbst, teils von anderen Zeichnern
stammenden Muster freizügig bedienen kann.

Eine Ergänzung bildet die technologische
Entwicklungshilfe, die BEUTH mit der Gründung des Vereins zur Beförderung des Gewerbefleißes in Preußen seit 1821 und durch Preisausschreiben zur Lösung produktionstechni-
scher Probleme gibt: »Die staatliche Gewerbeförderung hatte (...) nicht nur Auswirkungen
auf technische Bildung, Betriebsorganisation
und maschinelle Ausrüstung, sondern auch auf
die Gestaltung der Produkte. Die erstaunliche

Formenvielfalt der Eisengußarbeiten aus preußischen Hütten belegt dies anschaulich« (KORFF 1981, S. 388). BEUTH und SCHINKEL hatten 1826 gemeinsam die obligatorische Technik-Bildungsreise nach England unternommen; der Technologie- und der Kunstfachmann ergänzen sich ideal.

Mit SCHINKELS Einsatz auf der Schwelle zum Industriezeitalter wird die Künstlerarbeit unmittelbar, ohne den Umweg über die Bindung an eine Manufaktur oder einen Einzelproduzenten, disponibles Produktionsmittel. Die Sammlung der »Vorbilder« ist in ihrer geschmackserzieherischen Absicht aber auch ein Versuch zur Verallgemeinerung ästhetischer Prinzipien über den ökonomischen Zweck hinaus; erstmals wird das Bemühen sichtbar, eine ganze Produktkultur nach Grundsätzen vorzustellen, die nicht mehr kulturwüchsig von selbst zu ihrem ästhetischen Ausdruck gelangen. Design wird erstmals zu einem kulturellen Programm, der Künstler wird in den Dienst nationalökonomischer *und* ideologischer Aufgaben

genommen. Noch im Vorfeld der Unterordnung von Entwurfsfähigkeit und Produktgestaltung unter Kapital und Klasseninteresse kündet sich eine Funktionalisierung des Entwurfsvermögens an, indem Fabrikation und Ästhetik früh, vermittelt über die Arbeit des Künstlers, eine Verbindung eingehen, in der sich ökonomische, kulturpädagogische und politisch-ideologische Interpretationen überlagern. SCHINKEL vertritt gleichsam das ›Offizialdesign‹ doppelt – so wie er repräsentativ, aber auch ganz schmucklos baut, je nach Anlaß und Zweck. Daneben existiert eine anonymen Vorbildern und stilistischen Strömungen verbundene Alltagsästhetik, die ohne bestellten Designer auskommt. In ganz Deutschland ist das bürgerliche Biedermeier zwar der klassizistischen Tradition elementar verpflichtet, aber es entsteht noch ohne direkte Hilfe des Künstlers aus der Tradition des Handwerks – eine vorindustrielle Situation. In den nicht vom berufenen Künstler entworfenen Alltagsformen spricht die Klasse der Produzenten für sich selbst, in den besonderen Entwürfen ist der Designer bereits als ihr ideologisch-ästhetischer Vormund zu ahnen.

SCHINKELS verantwortliches Mitwirken am preußischen Staatsklassizismus stützt Autorität und Würde der Monarchie unter der kollektiv verbindenden Idee eines Nationalstaates, die als Ausdruck der Interessen der Allgemeinheit gelten soll. Darin ist die gesellschaftliche Funktion des Entwurfskünstlers noch vorindustriell: Er sieht sich dieser vom Staat repräsentierten Allgemeinheit und nicht irgendeinem privatkapitalistisch abgespaltenen Einzelinteresse verpflichtet. SCHINKELS Funktion ist politisch-ästhetisch vermittelnd. Er erfüllt öffentliche und private Aufträge, er dient dem König wie dem Bürgertum. Mit den »Vorbildern« fundamentiert er ästhetisch bereits das Fabrikzeitalter. Zugleich weist sein Beispiel über die politischen und gewerblichen Interessen hinaus auf die Bedeutung

14   Kaffeekanne aus Steingut, um 1820. Badisches Landesmuseum Karlsruhe

ästhetischer Entscheidungen für ein Bewußtsein von Geschichte.

Er gehört einer ersten historisierenden Generation an, was sich in seinen Bemühungen um die Gotik ebenso wie in letztlich doch überwiegenden Neigungen zum ›klassischen‹ Formkanon spiegelt. Sein epochales Bemühen wirkt wie ein Versuch, kulturell und ästhetisch vor den großen Veränderungen noch einmal Fuß zu fassen; es ist eine sehr ernsthafte, keineswegs nur romantisch-ironische Rückversicherung in die Geschichte. SCHINKEL weiß von seiner Studienreise nach England, wo ihn das Panorama der Industriestädte überwältigt hatte, was bevorsteht. Seine Entscheidung zugunsten einer eher streng-klassizistischen als romantisch-gotisierenden Formgebung ist nicht eindeutig zu ergründen, aber es liegt nahe, sie als Bekenntnis aufzufassen: »Für Schinkel bedeutete die griechische und römische Antike ein Symbol des sittlichen und ethischen Handelns« (ZUCHOLD 1982, S. 381).

Klassizismus ist zu seiner Zeit Ausdruck einer historischen Absicherung schlechthin, der alten wie der neuen Gesellschaft. Das schließt gleichzeitiges Gotisieren nicht aus. Wiederbelebungsversuche historischer Stile und den Hang zu antikisierender Formgebung gibt es überall in Europa. In Deutschland entsteht nach der Romantik und den Freiheitskriegen ein besonderes Identifikationsbedürfnis mit nationaler Kultur und Geschichte. Gotisch kann mit deutsch gleichgesetzt werden, obwohl es als französisch hätte gelten müssen und es auch in England ein Gothic Revival gibt. Bei den Ingenieur-Entwürfen von Maschinenteilen im ›gothischen Stil‹ mag Hochachtung vor konstruktiven Leistungen des Spätmittelalters eine Rolle gespielt haben, auch daß Gußeisen zu Maßwerk auszugestalten war. Ein Grundzug zur Mystifizierung des Technischen, zu Symbol und Allegorie ist unverkennbares Merkmal der Zeit.

SLOTTA (1981) führt als Beispiel den »Kunstmeister« KARL HEINRICH MUMMENTHEY an, der in den späten Zwanziger Jahren die Anlage der hannoverschen Königshütte in Bad Lauterberg in Gestalt einer gotischen Kirche errichtet – kein Einzelfall.

Trotzdem setzt sich, nicht nur in Preußen, sondern weithin ein strenger Klassizismus durch, der bis in die Formen von Stuhlbein und Kaffeetasse alltäglich wird. Zwar kann kein Arbeiter, Tagelöhner, Soldat oder Bauer sich mit diesem ästhetischen Kanon ernsthaft im Sinne einer Suche nach kultureller und nationaler Identität befassen. Die unteren Schichten besitzen weder die geformten Gegenstände noch das Privileg, zu ihrem Genuß ausreichend gebildet zu sein. Aber dem bürgerlichen Subjekt muß der klassizistische Entwurf sehr nahe stehen, vor allem dort, wo aus dem herrschaftlichen Empire, der aristokratischen Tradition, ein bürgerlicher Stil durch Aneignung und Umwandlung entstehen kann. Empire – das ist der napoleonische Herrschaftsstil, der nach dem RHEINBUND (1806) auch in Deutschland Verbreitung findet, dessen Anspruch aber mit dem Sturz NAPOLEONS zweifelhaft wird. Der deutsche Biedermeier-Klassizismus kann sich auf dieses Vorbild nicht beziehen. Es entspricht nicht den bürgerlichen Lebensgewohnheiten, ist »zu imperial für eine Zeit voller freiheitlicher Ideen« (HIMMELHEBER 1973) und steht im Gegensatz zu Prinzipien der Selbstdarstellung des bürgerlichen Subjekts, zur Tendenz der nationalen Besinnung und zur ökonomischen Bescheidenheit der produktiven, aufstrebenden Klasse.

In Deutschland herrscht Armut; auch in bürgerlichen Schichten lebt man äußerst sparsam; die karge Einrichtung des durchschnittlichen Frühbiedermeier-Haushalts korrespondiert mit der betonten Würde des oft fast armseligen Mobiliars. In Tübingen soll man, wie HEILBORN

(1927) berichtet, lange von dem »reichen« Buchhändler COTTA erzählt haben, weil der schon ein Sofa in seiner Wohnung besaß. Die sprichwörtliche Sparsamkeit gilt nicht nur für Preußen. Wichtiger als Konsum sind geistige Genüsse und der Halt der Klasse in ihren ästhetischen und historischen Bezügen. Aus diesem Bewußtsein heraus entsteht das bürgerliche Biedermeier in seiner Betonung von Menschenwürde, schlichter Größe, Intimität, Sentimentalität und Privatheit.

Das Empire könne man »die haltungsgewährende, das Biedermeier die verzärtlichte Antike« nennen, meint HEILBORN (1927, S. 45). »Im Empire herrschte noch die alte Gesellschaft, im Biedermeier hat das Bürgertum Besitz ergriffen. Bleibt in aller Wandlung der Respekt vor der geraden Linie« (ebenda). Das bürgerliche Zeitalter meldet sich mit geschmacklichen Vorlieben an, die nicht bloß Musterblättern und Journalen entnommen werden, sondern auf eigener Ökonomie und Gesinnung, auf einem beginnenden Klassenbewußtsein gründen.

Erweiterter Bedarf an einfachen, gediegenen Gütern für den bürgerlichen Gebrauch fordert Ausdehnung der Produktion. So wachsen Handwerksbetriebe gelegentlich zu Manufakturen beträchtlicher Größe an. Der Tischler JOSEF DANHAUSER in Wien produziert 1808 seine Möbel mit über 130, der Berliner Töpfermeister TOBIAS FEILNER seine Kachelöfen um 1830 mit 100 Arbeitern. Wie bei kleineren Werkstätten gelten handwerkliche Verarbeitungsqualität und Formtradition; die klassizistischen Vorbilder erfahren unter den Umständen der Zeit auch in der massenhaften Adaption und Variation ihre Verbürgerlichung: »Mit dem steigenden Bedarf auf der einen Seite, der Zunahme der handwerklichen Produktion auf der anderen bildet der Möbelstil des Biedermeier bürgerliche, gleichsam demokratisch nivellierende Züge aus, die auch auf repräsentative höfische Einrichtungen und Einzelstücke übergreifen« (GEISMEIER 1979, S. 281). So kommen eher englische als französische Vorbilder zum Zuge und kann das ›Napoleonische‹ des Empire gebrochen werden. Dem aufwendigen und kalten Repräsentationsklassizismus antwortet ein Gegenentwurf. SCHINKEL nimmt auch hier eine vermittelnde Position ein: Der klassizistische Kanon läßt sich abwandeln – vom monumentalen Schloßbau zum bürgerlichen Haus, vom aristokratisch-steifen Dekor zum einfach-strengen Möbel und Hausgerät.

Es ist ein Kanon, der widersprüchliche Bedeutungen auf sich vereint – Ausdruck der

15 Teekanne und Schüssel. Wächtersbacher Steingut, 1842

Selbsterfahrung des bürgerlichen Subjekts und des Selbständigkeitsstrebens seiner Klasse, ebenso Ausdruck nichtbeseitigter alter Herrschaftsansprüche. Zwischen Revolution und Restauration mischen sich egalitäre und autoritäre Ausdrucksmomente am gleichen ästhetischen Prinzip der Schlichtheit, Strenge und Würde auf: »Der Klassizismus in Architektur und bildenden Künsten verband sich mit dem Neuhumanismus der Dichter und Gelehrten. Schinkel und Wilhelm von Humboldt, der Planer der 1810 gegründeten Berliner Universität, waren Freunde. Der Rückgriff auf die versunkene Kultur Griechenlands war ein ästhetisches Politikum. In humanistischer Bildung und klassizistischer Formung versuchte das Bürgertum sich der Freiheit der Republik und der Freiheit des Individuums zu vergewissern. Klassizisti-

16 Carl Wilhelm Gropius, Das Wohnzimmer des Künstlers, gemalt um 1830. Märkisches Museum Berlin, DDR

scher Stil war in Preußen jedoch auch Ausdruck eines Kompromisses zwischen den Herrschern und den gebildeten Oberschichten. Im Zwischenreich der Künste wurde die Übereinstimmung möglich, die das monarchische Prinzip im politischen Alltag nicht zuließ« (KORFF, S. 322).

Auf der einen Seite produziert das Bürgertum seine feinsinnig-nüchterne Privatheit, auf der anderen Seite bleibt in den antikisierenden Monumentalbauten die alte Herrschaft präsent. Das Königsschloß wird nicht zum Bürgerhaus. Hier bleibt die Form massig, lastend, beeindruckend selbst bei Zurückhaltung im Schmuck. In der Öffentlichkeit läßt sich der mit revolutionärem Schlichtheitspathos gesättigte Klassizismus, in dessen Rahmen das freie Denken des Vormärz geübt und das Scheitern der Revolutionsbewegungen registriert wird, auch für restaurativ-autoritäre Zwecke deuten.

Ursprünglich stiften die klassizistischen Formen im Gefolge der bürgerlichen Revolution in Frankreich den symbolischen Bezug auf die römische Republik. Doch auch ohne diesen bewußten Bezug ist der bürgerliche Lebensstil von der Romantik bis zur endgültig gescheiterten Revolution unaufwendig, betont einfach, auf Bildung im geistigen und künstlerischen Austausch angelegt; die ästhetische Identität des Bürgertums wird in Deutschland vor der politischen Macht und ökonomischen Reife der Klasse entwickelt und entsprechend ausgelebt.

Wo Bürgersinn deutlich die Grenze zur kühlen Pracht des Repräsentativen zieht, wird die eigene kulturelle Leistung sichtbar: Das »traute Heim von Menschen, denen Heimat nicht nur ein Wort oder Begriff war, sondern der gesetzmäßige künstlerische Ausdruck der Persönlichkeit in den Gegenständen der Häuslichkeit« (LUX 1906, S. 6). Hier entsteht der Gegenentwurf zur Feudalität des Empire ebenso wie zur allzu großen Feierlichkeit und Erhabenheit re-

17 Lübecker Dielen-Kleiderschrank, Rüster mit Ahorn-Intarsien und schwarz gefärbten Teilen, um 1815–20. Museum für Kunst und Kulturgeschichte der Hansestadt Lübeck

staurativer Klassizismus-Varianten in der typischen Biedermeierform, die aus der handwerklichen Regionaltradition, nicht vom Entwurfskünstler stammt: »Das Biedermeier ist ein rein bürgerlicher Stil, vom Bürger und für den Bürger geschaffen« (HIMMELHEBER, S. 86).

Diese Form entwickelt nicht nur eine neue Qualität der Zurücknahme des demonstrativen Gestus, sondern zeichnet sich durch einen Grundzug aus, der sie auf lange Sicht beständig macht. Der Rückzug ins Private, ins Familienidyll bringt ein Gebrauchswertbewußtsein ins Spiel, das sich gegen alle Herrschaft des Ästhetischen wendet. Hier adelt der persönliche Gebrauch die Dinge, nicht der gesellschaftliche Anspruch. Gewiß gibt es Mischformen von Zweckdenken, Intimität und Repräsentation,

47

wie man das auch auf der Palette der Möbelentwürfe SCHINKELS findet. Doch reicht das Grundanschauungsprinzip der schlichten kubischen Formen, knapp gegliederten Flächen, sparsamen Anspielungen auf antikes Dekor und die Verwendung einheimischer Hölzer weit über die stilgeschichtlich eng definierte Blütezeit des Biedermeier zwischen 1815 und 1830 hinaus. In Zweckbindung und Erscheinungsweise bilden sich Typen, die im Alltag lange Zeit Gültigkeit behalten: Der Stuhl, das Sofa, der Schreibsekretär, die Vitrine, der runde oder eckige Tisch – Gebrauchsnotwendigkeiten bürgerlicher Familienbehaglichkeit, in deren Gestaltreichtum bei wenig Aufwand sich Bescheidenheit, aber auch Selbstbewußtsein ausdrückt.

Noch gibt es – in Deutschland – keine laute, auftrumpfende Selbstdarstellung des Bürgertums. Sogar der frühe ›Capitalist‹ führt daheim das Leben eines Privatiers mit mäßigem Aufwand und maßvollem Mobiliar. Zurückhaltung, intellektueller und künstlerischer Anspruch, das Bekenntnis des bürgerlichen Subjekts zur stillen Größe und wahrhaftigen inneren Schönheit und eine ästhetisch überzeugend mitgeteilte Klassenmoral finden in der biedermeierlichen Schlichtheitsgebärde zusammen, so daß selbst der Adel sich bürgerlich kleidet und gibt.

Die intimisierte Ästhetik der Räume und Dinge spiegelt ein eigenes Wertbewußtsein; in ihrer Schlichtheit vergegenständlicht sich die zurückgezogene bürgerliche Identität. Tägliche Nähe des Umgangs mit schlichten Formen führt zu maßvoller Haltung und Gestik, die Proportion der Räume zum würdevoll-aufrechten Gehen und Sitzen darin. Die »feine Abwägung der einzelnen Raum- und Stimmungselemente« (LUX 1906) trägt zur Verfeinerung der Selbstwahrnehmung des bürgerlichen Subjekts bei. Auch SCHINKELS Tafelstuhl (dessen zwischen 1820–25 entworfene Varianten Berli-ner Schlösser zierten) könnte als beispielhaftes Objekt solcher ästhetischen Erfahrung gelten. Noch gibt es eine dauerhafte Beziehung zum Gegenstand. Bis an die Schwelle der Hochindustrialisierung beherrschen einfache Ensembles brauchbarer, nach Maß, Gewicht, Material, Handlichkeit und Ansehnlichkeit sorgsam durchgestalteter Gegenstände das bürgerliche Ambiente (vgl. Ft. 2). Sie kommen aus einer Produktion, die Handgeschicklichkeit und Kunst noch nicht beurlaubt hat. Ähnlich wie die frühen Maschinen-Entwürfe zeigen viele Biedermeiermöbel trotz ihrer einfachen Form in zahlreichen Varianten eine später nie wieder erreichte Individualität. Sie korrespondiert mit der Individualität der Beziehungen des Gebrauchers zum Gegenstand und zu seiner sozialen Umwelt. Die Wärme der handwerklichen Einzelproduktion und die Nähe des familiär-intimen Gebrauchs haften den Dingen an, dazu das Allgemeingültige der Schlichtheit.

Während die Werkstattgründer an der neuen Produktionsmaschinerie arbeiten, ja einzelne schon ›Fabrikherren‹ sind, während einer Zeit des Aufbegehrens und der Unterdrückung republikanischer Gesinnung, entwickelt sich in der Stille des privaten Lebens zwischen 1810 und 1850 eine bürgerliche Ästhetik des Alltags von eindringlicher Überzeugungskraft. Als Spiegel der Zeitbewegungen kann sie kaum gedeutet werden. Die Epoche des Biedermeier ist alles andere als ruhig. Während die politische Revolution mißlingt, erfüllt sich die industrielle. Sie dringt überall in Europa allmählich auch in das bürgerliche Heim ein, berührt Gegenstand und Gebrauch der privaten Intimität: »Dem Haushalt kamen denkbar mannigfache Erfindungen zugute. War schon 1802 der Gasometer (Pepys) erfunden worden, so wurden 1814 die ersten Gaslaternen in London angezündet (Winzler), im Jahre 1826 erhielt Berlin Straßenbeleuchtung mit Gas. Den Wohnzimmern kam zunächst die Erfindung der geflochtenen Kerzendochte (Cambacérès 1834) zugute, die die Lichtschere außer Dienst setzte, und die der Moderateurlampe (Franchot 1836), die der Großväterbehausung am abendlichen Tisch die sanfte Helle gab. Für Kochzwecke kam die Berzeliuslampe (1808) sehr bald in Betracht. Man lernte (1807) von François Appert das Einkochen bei luftdichtem Verschluß und die Sterilisierung durch Franz Ferdinand Schulze (1836), man mochte sich dabei des neu erfundenen Emaillegeschirrs (Pleischl 1836) bedienen. Die Zündhölzchen weisen eine lange Erfindungsgeschichte auf (1805 Chancel, 1832 Kammerer, 1848 Böttger), die Stecknadeln kamen aus Amerika (Hunt 1817), die Stahlfedern aus London (Perry 1830). Die Nähmaschine wurde 1836 von Madersperger vorerst mehr angeregt als erfunden, sie war von Howe (1847) gebrauchsfähig gemacht worden, die Plattstich-Stickmaschine hatte Heilmann (1828) konstruiert. Es gab seit 1817 (Struve) Selterswasser, seit 1833 Briketts (Ferrand und Marsais), seit 1844 war die Möglichkeit der Herstellung von Linoleum (Galloway) gewiesen. (…)

Eisenbahn, Dampfschiffahrt, Telegraph; das Entstehen größerer Fabrikbetriebe; die Intensivierung des Ackerbaus; die hellere Straße und das lichte Heim; die schnellere Feder und der billige Brief; Nähmaschine und Stecknadeln; Turnen und Kaltwasserhygiene – diese Zeit macht den Menschen beweglicher und verjüngt ihn, macht ihm den Boden ertragreicher und befreit ihn vom Zwang der Scholle, macht ihm sein Heim lichter und öffnet ihm die Welt, verwischt die Standesunterschiede und züchtet das Proletariat« (HEILBORN, S. 42 ff.).

So weisen die klaren und stillen Formen des Biedermeier auf ein letztes Innehalten vor dem Wechsel. Produktionsgeschichtlich stammen sie aus Handwerk und Manufaktur. Daher ist ihnen die Nähe zur produzierenden und ge-

18 Tafelstuhl. Entwurf Karl Friedrich Schinkel, 1823–24. Staatliche Schlösser und Gärten Potsdam-Sanssouci

brauchenden Hand geblieben. Selbst für heutige Betrachter ist handgreiflich, was an Materialsinnlichkeit, handwerklichem Können und Formsicherheit in den Biedermeierobjekten steckt und in welchem Einverständnis Produzenten und Gebraucher sich noch befunden haben müssen. In schön gemaserten Hölzern, in der Körperfreundlichkeit eines Sitzes, einer Lehne, im Symbol der Urne oder der Lyra als knappen Verweisen ins Erhabene trifft sich das Schönheitsempfinden der Hersteller mit den Erwartungen der Auftraggeber und Gebraucher. Es gelingt durchweg, die Nüchternheit der Zwecke und den Anspruch der Emotionen zu vereinen. Bürgerliches Denken und Empfin-

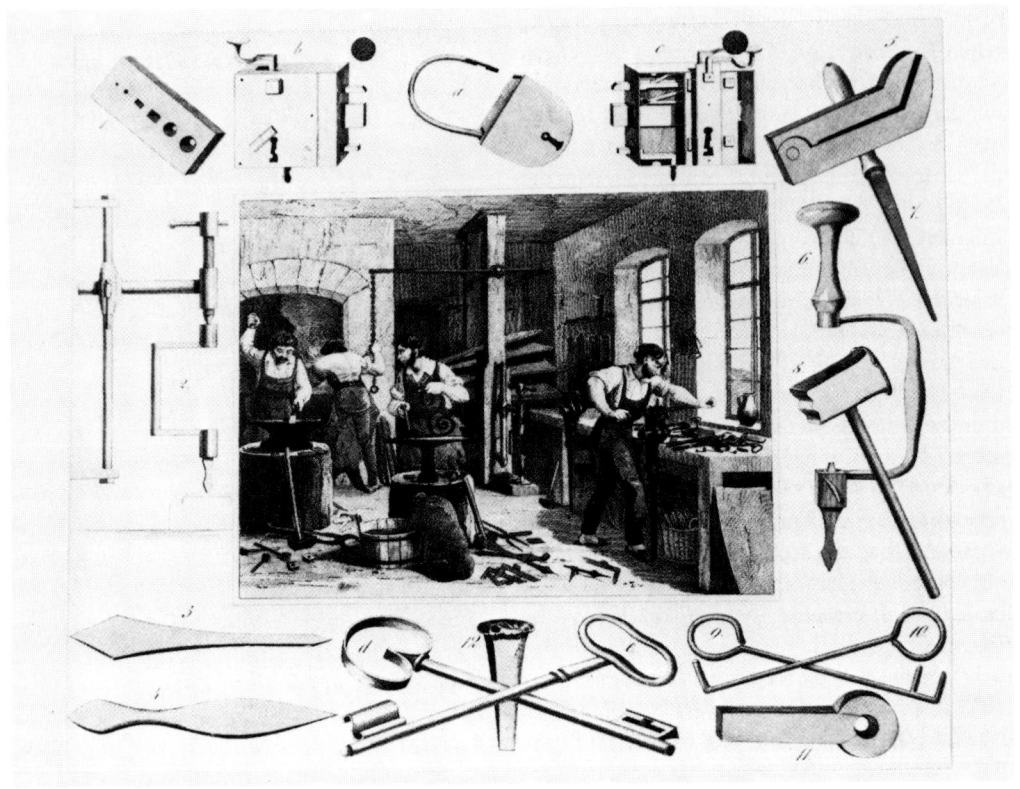

19 Schlosserwerkstatt mit Werkzeugen und Produkten, um 1840. Zeitgenössische Lithographie. Deutsches
    Museum München

den bilden eine Einheit in der Form – ›Haltung‹
und ›Verzärtlichung‹ auch in und gegenüber
den Dingen.

Darin verbinden sich die privatisierten Gebrauchsgegenstände mit der Kultur der Produktionsinstrumente draußen. Würde und
Schlichtheit, Maß und Empfindung zeichnen
auch die Werkzeuge aus, mit denen das Industriezeitalter herbeigearbeitet wird. So ist die
Versöhnung der Zwecke mit der Schönheit ein
Kennzeichen der frühindustriell-bürgerlichen
Produktkultur insgesamt. Noch gelingt die
Vereinigung des Ästhetischen und des Ökonomischen in einem ethisch abgesicherten Ge-

brauchswertbegriff, an den ›romantische‹ Öko-
nomielehren der Zeit (vgl. PRIDDAT 1986) fast
beschwörend erinnern.

Auf der Schwelle zum Industriezeitalter ist
gerade dieser Ausgleich von Zweckrationalität,
Moral und Schönheit nicht nur im Denken,
sondern auch in der Erscheinung der Gegen-
standswelt das verborgene Thema der Besinnung und Gestaltung schlechthin. Im Fort-
schreiten der Produktions- und Entwurfsgeschichte und in den Veränderungen der Sozialgeschichte des Gegenstandsgebrauchs soll der
Versuch bald nicht mehr gelingen, ja nicht einmal mehr gesellschaftlich denkbar sein.

III Maschinelle Produktion, Massendesign und Gegenstandserfahrung

1 Das Beispiel THONET. Warenöffentlichkeit und Design – Die neue Künstlichkeit der Gegenstandsbeziehungen / Veränderungen der Wahrnehmungs- und Aneignungsweise. Klassenanspruch und Dekor im wilhelminischen Historismus. Die Sozioästhetik der ersten modernen Massenproduktkultur

Der um die Jahrhundertmitte vollzogene Eintritt in das Industriezeitalter bedeutet nicht nur den Wechsel der Produktionsweise und das Auftreten von Massenprodukten, sondern bewirkt tiefgreifende Umstellungen im kulturellen Selbst bei Produzenten und Konsumenten. Eine ganze Ästhetik des Lebens wälzt sich um, nicht nur die sichtbare Gestalt der Dinge.

Daß die große Zeit der Musterzeichner für die Kunstindustrie, der maschinellen Nachahmung von Handarbeit, der Surrogat-Materialien, der Formung des Dekors in allen historischen Stilarten und der Ausdifferenzierung des Design für neue Klassen von Gebrauchern beginnt, verdeckt, wie dramatisch sich das Verhältnis der Zeitgenossen zu den Werkzeugen und Dingen und über die Werkzeuge und Dinge zu sich selbst verändert, einmal in der Arbeitswirklichkeit vor Ort in der Fabrik, am Reißbrett oder im Kontor, zum anderen im Gebrauch der Produkte daheim odere bei ihrer Wahrnehmung in der Öffentlichkeit.

Vor aller reizenden Wirkung der Warenform, *vor* aller Ausdifferenzierung klassenspezifischer Ausdrucksformen am Gebrauch und am Produkt verändert sich das industrielle Subjekt durch Wahrnehmung und Tätigkeit in einer Umwelt, in der auch die Dinge und Werkzeuge

zunehmend industrielle Funktionen darstellen. Dazu ein Beispiel. Es zeigt, wie ein austauschbares Massenprodukt über die Anmutung seiner Form zu einem bestimmten Gebrauch mithilft, den grundlegenden Wandel zu vollziehen. Es stimmt seine Massengebraucher gleichsam unauffällig in diesen Wandel ein.

Im Sitzen nimmt jeder, so glaubt man, eine ihm angemessen bequeme oder zweckmäßige Haltung ein. Doch zugleich ist dies eine gesellschaftliche Haltung, Sozialprodukt und sozialisierendes Produkt einer inneren und äußeren Lerngeschichte, die sich unauffällig, aber zwangsläufig an den Menschen vollzieht. Der Stuhl oder Sessel ist auch Träger gesellschaftlicher Formbestimmtheiten. Der Körper wird in ihm zu einer kulturellen Position gebracht, zu einer bestimmten und allgemeinen Haltung gezwungen wie durch eine Schale oder ein Korsett. Während wir auf einem Stuhl sitzen, modelliert dieses Instrument (und die Erfahrung seines allgemeinen Gebrauchs) unseren Körper als einen gesellschaftlichen. Das Hocken auf dem Boden, wie es in anderen Kulturen üblich ist, signalisiert eine andere Haltung zu sich selbst, zur Natur, zu den Mitmenschen; es entspricht einem anders vergesellschafteten Körper und einem anderen Körperbewußtsein.

Wozu ein Stuhl im bürgerlichen Privatalltag des beginnenden Fabrikzeitalters dienlich war, muß dem Schreiner, der ihn einst fertigte, gegenwärtig und selbstverständlich gewesen sein. Wer darauf saß, fand seinen angemessenen Halt nicht nur als Privatperson, sondern auch als Repräsentant einer Kultur. In den biedermeierlichen Stuhlformen scheint ein Einvernehmen von Körper und Gegenstand gleichsam naturwüchsig auf. Noch ist das neue Produktionsinteresse in der Ästhetik der Dinge nicht übermächtig; es läßt auch dem Körper eine besondere Haltung der Gelassenheit. Noch sind die Gegenstände individuell produzierter, individuell angeeigneter und gedeuteter Widerschein von Bedürfnissen, die sich aus dem Stand der gesellschaftlichen Produktivität und dem bürgerlichen Selbstbewußtsein speisen, das seinen Reproduktionsort unter anderem in der Werkstatt, im Warenlager, in der Familiengeselligkeit gefunden hat.

Auf solchen Stühlen saßen die künftigen Herren der Fabrik, die Kaufleute, Bankiers, die Staatsbeamten und die Intellektuellen, die Republikaner vor der gescheiterten Revolution. Ein durch und durch bürgerlicher Gebrauchertypus versammelte diese variantenreichen Möbelformen daheim um sich. Der von den Geschäften ausruhende Vater, die häusliche, kunstsinnige Mutter, die halbwüchsigen Kinder, die Gäste – mit Haltung und Anmut einander im Gespräch zugewandt – dieses Bild des belebten frühindustriell-bürgerlichen Interieurs bezeichnet in seiner Gegenständlichkeit und Beziehungsstruktur den Zustand des Noch-nicht und Doch-schon des neuen Zeital-

20 Lübecker Stühle aus der ersten Hälfte des 19. Jahrhunderts. Museum für Kunst und Kulturgeschichte der Hansestadt Lübeck

ters. Wie man auf solchen Stühlen mit vollem Körperschluß, fest und selbstbewußt-aufrecht, zugleich beweglich saß, das entsprach als äußere und innere Haltung ganz dem Körperbewußtsein, das die produktive, in die Zukunft gewandte Klasse an sich hervorbringen mußte. Gleichzeitig entsprachen die Instrumente dieses Sitzens noch einer Produktionsweise, die im sicheren Hintergrund der handwerklichen Tradition verankert war.

Zwischen Herstellern und Gebrauchern solcher Möbel muß stilles Einverständnis darüber geherrscht haben, daß ein ästhetischer Überschuß die Dinge individualisieren müsse. Auf ihre Weise sind alle diese Stuhlformen geschmückt, obwohl man doch den Schmuck im Sitzen nicht oder nur wenig wahrnahm. Offenbar konnten oder sollten solche Formen das bürgerliche Ich vom Stigma des bloßen Wirtschaftssubjekts befreien. Sie stützten ihm nicht nur physisch-real den Rücken, sondern hoben auch ein psychologisch wirksames Moment der Feierlichkeit hervor, in dem die kulturelle Bedeutung der Klasse angemessen zum Ausdruck kam. Und zum Körperschluß mit dem Ding trat der Seelenschluß mit seiner höheren Bedeutung, die ins Schöne und Moralische übertragene Sinnesempfindung des Einzelnen. Das bürgerliche Dekor, die historische Ökonomie und das private Bedürfnis erscheinen noch ausgewogen. Der Zustand spiegelt sich in der Erscheinung der Dinge, in ihrem Gebrauch und in der Deutung dieses Gebrauchs bis zum Ende des Biedermeier.

Im gleichen Augenblick aber, in dem die Industrialisierung einsetzt, werden neue Definitionen der Lebensweise, der Gegenstandsbeziehungen, der kulturellen Selbstdarstellung fällig. Das teilt sich auch der Form der Gegenstände mit. Als der Bopparder Schreiner MICHAEL THONET 1842 von der Wiener Hofkammer das Privileg verbrieft bekommt, »jede,

auch selbst die sprödeste Gattung Holz auf chemisch-mechanischem Wege in beliebige Formen und Schweifungen zu bringen« (MRAZEK) und die THONETschen Bugholzsessel in den Sechziger und Siebziger Jahren als patentierte Massenprodukte auf die Märkte dringen, wird in den Fabriken des Gründers nicht nur Holz nach modernen industriellen Fertigungsmethoden gebogen und verschraubt, es wird auch gleich eine veränderte Haltung, ein neues Bewußtsein mitentworfen und mitgeliefert, auf das die Zeitgenossen vorbereitet sind. Der neue Körper der Dinge entspricht den Erfordernissen des Produktionsinteresses an einen neuen Typus von Produzenten bis in dessen Leiblichkeit hinein. Was die maschinelle Produktionsweise den Stühlen antut, tun diese im unauffälligen Gebrauch ihren Nutzern an. Der große Sprung nach vorn in das Zeitalter der Mechanisierung, der Aktiengesellschaften und Weltausstellungen muß neue Gegenstandsbeziehungen, neue kulturelle Ausdrucksformen, neue Figuren der Aneignungsbewegung hervorrufen und vom frühindustriellen Gebrauchertypus wegführen.

Beispielhaft für den Beginn dieser neuen sinnlichen Zurichtung des Menschen im Gebrauch der Dinge sind Form und Nutzungsart des THONET-Modells Nr. 14, das 1859 als »billige Consumsorte« erstmals auf den Markt gebracht, dann in abermillionenfacher Auflage produziert worden ist. Dieser Stuhl ist nicht nur das Modell eines Pionier-Produzenten, sondern Vorbote der Produktionsentwicklung schlechthin, die sich kraft ihres Gesetzes die Gestalt neuer Produkte und neue Gebrauchsweisen schafft.

Aus Buchenstamm-Abschnitten lassen sich im Gatter gleiche Vierkanthölzer sägen, die auf der Schruppdrehbank nach Schablone zu Rundhölzern abgedreht werden. (Es handelt sich beim Modell Nr. 14 und seinen Verwand-

21 Modell Nr. 14 von Thonet, ab 1859 hergestellt.
    Gebr. Thonet AG Frankenberg/Eder

THONET hatte dieses Verfahren nach erfolgreichen Experimenten mit Schichthölzern entwickelt und seine Methode des Biegens massiver Hölzer zum Patent angemeldet. (Bei dessen Freigabe bedienen sich zahlreiche Konkurrenten der rationellen Methode, wobei JACOB & JOSEF KOHN eine Dampfkammer hinzuerfinden, in der die Hölzer schneller biegsam werden.)

In den Gewalten, die auf das Naturmaterial einwirken, ist der Bruch mit der handwerklichen Tradition der Materialbehandlung deutlich vollzogen. Auch die Wahl der Arbeitskräfte zeigt dies an; THONET beschäftigt meist Ungelernte, darunter viele Frauen. Um 1876 beträgt der Wochenlohn seiner Arbeiterinnen durchschnittlich (umgerechnet) 10 Mark (nach EXNER 1876). THONETs Betriebe sind früh industriell mechanisiert, obwohl ein Teil der Produktion Handarbeit bleibt. Für die Standorte der Fabriken ist das nüchterne Verwertungsverhältnis ausschlaggebend. Sie entstehen in Einzugsgebieten billiger ländlicher Arbeitskraft, vor allem aber in der Nähe der Rohstoffquellen. Hartes Rotbuchenholz ist Voraussetzung der Bugholzmöbel-Massenfabrikation. »Der Einfluß dieser Industrie auf die Waldrente ist (...) ein drastischer«, bemerkt EXNER (1876, S. 25). Nach seinen Berechnungen verschlang eine Jahresproduktion der THONETschen Fabriken etwa eine Million Kubikfuß (entsprechend 30000 Kubikmeter) Nutzholz.

Die Produktion entwickelt ihren industriellen Appetit. Aber auch der Gestus des Produkts gegenüber dem Gebraucher wird unverkennbar industriell. Nr. 14 ist Beispiel einer Überformung der Wahrnehmung im Gebrauch durch Übung des Körpers, Beispiel für die heimliche ökonomiegebundene Autorität, die ein Massenprodukt über das »Sinnenbewußtsein« (LIPPE 1987) der Zeitgenossen erringen kann. Dieser im höchsten Grade moderne Stuhl erfor-

ten nicht um gewachsene, sondern um maschinengedrechselte Rundhölzer.) Sie werden unter Heißdampfeinwirkung biegsam; dazu spannt man sie in eiserne Rahmen, quetscht und staucht sie in die gewünschte Biegung, fixiert die Form durch Schraubzwingen und nimmt nach dem Trocknen die Spannrahmen und Formbleche wieder ab.

dert das moderne Sitzen. Sowohl eine neue Ästhetik wie eine neue Moral des Sitzens scheinen hier im alltäglichen Nutzen auf. Sie drücken sich sinnbildlich in der Erscheinung des auf industrielle Rationalität, Effektivität und Elastizität ausgelegten Massenprodukts aus; sie drücken sich sinnlich ein durch ein Sitzen, das die gleichen Tugenden dem zufälligen Gebraucher abfordert.

So nimmt dieser Stuhl im Grunde vorweg, was später die Stahlrohrstuhl-Ideen aus dem BAUHAUS faktisch und symbolisch als Auftrag enthalten: Die Modellierung des Körpers als Instrument, als Funktionsorgan oder Maschine, die noch im zweckfreien Sitzen fern der eigentlichen Produktion zu einer Haltung gebracht wird, die als verinnerlichte Figur auf die Rationalität der industriellen Arbeit und des im weitesten Sinne darauf trainierten Menschen verpflichtet ist. Das Modell Nr. 14 steht am Anfang dieses Prozesses, in dem die neue Produktionsweise sich auch über den Weg der Produkte der äußeren und inneren Natur des Menschen bemächtigt. Wir sehen hier, daß dies noch ein Vorgang jenseits des glänzenden, warenästhetischen Fassadeneindrucks ist. Der Gegenstand ist – ganz gegen die wachsende Gepflogenheit wuchernder Dekoration in der zweiten Hälfte des 19. Jahrhunderts – auf Haut und Knochen einer ökonomischen Rationalität geschrumpft, die sich später in der funktionalen Glätte, Zweckmäßigkeit und Anonymität vieler Gebrauchsgüter, im modernen Design, ihren allgemeinen Ausdruck suchen wird.

So sollen die Stahlrohrstühle eines MARCEL BREUER oder MART STAM ein Menschenalter nach der Erfindung des THONETschen Grundmodells aus Holz zu Symbolen der industriellen Nüchternheit werden. Es sind zugleich Instrumente der sinnlichen Zurichtung von Menschen in ihren Lebensfunktionen nach den Erfordernissen der fortgeschrittenen Produk-

tionsweise. Da es von THONETs Modell unzählige Nachbauten gibt, kann man leicht die Probe aufs Exempel machen. Indem man länger darauf sitzt, spürt man, wie unbequem dieser Stuhl ist, würde man ihn etwa nach Biedermeierbrauch einen Abend lang ›besitzen‹ wollen. Weder Körperschluß noch Seelenschluß sind an diesem Instrument möglich oder erwünscht. Es ist ein der flüchtigen Ruhe in der Zerstreuung funktional dienstbarer Gegenstand, mit dem bezeichnenderweise Caféhäuser, Kegelbahnen

22 Einspannvorrichtung für das Rückenteil des Thonet-Modells Nr. 14 (nach EXNER 1876)

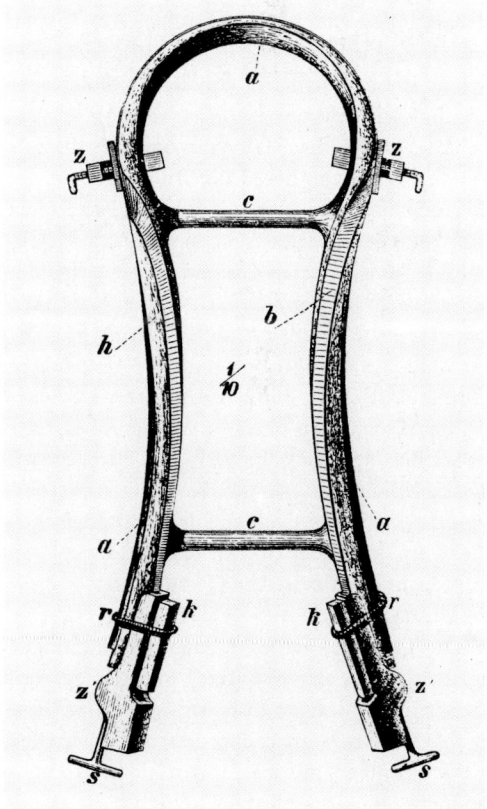

und sonstige Vergnügungsetablissements für den Massenverkehr eingerichtet werden.

Schon dieser THONET-»Sessel« (so heißt er original) ist ein Stuhl für das entfremdete, vorübergehende Sitzen unter vielen. Das heißt auch für ein Körpergefühl der raschen Trennung vom Gegenstand, der eindruckslosen Benutzung im beliebigen, wechselnden Gelegenheitsgebrauch. Der Stuhl ist mit einer Hand leicht umzuwenden und zu tragen, so daß sich Interaktionssituationen rasch herstellen und im Abwenden ebenso schnell wieder auflösen lassen. Es ist ein Ding, mit dem man flüchtigen Kontakt gewinnt, um Zufallsbekanntschaften zu schließen. Damit geht seine Schönheit im unauffälligen Funktionieren auf. Darin die höchste Tugend des neuen industriellen Design zu sehen, macht blind für die Tatsache, daß man selber diesem Entwurf von höchster Zweckdienlichkeit mit unterworfen wird. Andererseits scheint in der Materialökonomie, der zurückhaltenden Ästhetik, der Billigkeit und der Massenhaftigkeit gerade dieses historischen Entwurfs die Idee der Gleichheit für alle im Genuß der produzierten Güter auf, dazu eine demokratische Eleganz des anonymen Produkts, die eine neue gesellschaftliche Formierung der Ästhetik des Gebrauchens und der Teilhabe im fortgeschrittenen Industriezeitalter vorwegnimmt. Doch auch darin bleibt der Körper des Einzelnen ein gesellschaftlicher Körper; der sozialkulturelle Prozeß des Konsumierens entspricht dem verdeckten anthropologischen Entwurf der Lebenswerkzeuge, in denen sich die Macht des historischen Produktionsinteresses durchsetzt.

Die Tatsache, daß es in THONETs Katalogen viele dekorativ angereicherte Varianten des einfachen Bugholztyps gibt, widerlegt die These nicht. Es gibt ja auch den neuen industriellen Konsumententypus bald nicht in bloß einer, sondern in den klassengeschichtlich unterscheidbaren Erscheinungsformen mit unterschiedlichen Ansprüchen. Doch hinter allen schönen Verbiegungen des Holzes steht dieselbe Mechanik des Produzierens, derselbe Gesamtausdruck der Produktionsrationalität der Epoche. THONET arbeitet zwar, bevor er sich selbständig macht und zum industriellen Fabrikanten aufsteigt, am zweiten Rokoko für den österreichischen Adel mit. Von restaurativen Anklängen bei seinen Stühlen zu reden hieße aber, ein Oberflächenphänomen falsch zu deuten. Man muß den Schein des Design durchdringen, indem man ungerührt von aller Ästhetisierung die Mechanisierungstendenz im Auge behält. So ändert ein Schnörkel wenig an der Grundfigur der Handhabung, am tieferen Verständnis der Funktionen, das mehr als aller offene Sinn für üppige Dekoration von der stillen Vereinnahmung der Menschen durch den industriellen Gegenstand zeugt.

Befragt man neben der Form einzelner Gegenstände die Art der nun vermehrt auftretenden Produkte der Zeit auf Anzeichen für Veränderungen an der Natur des Menschen, kommen weitere Einflüsse der Produktionsgeschichte ins Bild. So dringt die Uhr als Objekt des Alltagsgebrauchs in das Leben aller Schichten vor. Das Zeit-Bewußtsein unterliegt einer Veränderung, während die Uhr scheinbar nur als industriell verbilligter Gebrauchswert auftritt.

Messen ist schon Voraussetzung zum Bau der Produktionsinstrumente in der Übergangsphase zur Industrialisierung gewesen, freilich ohne die planende und ausführende Tätigkeit selbst zu erfassen. Zu einer zeitlichen Reglementierung aller Lebensvollzüge und Arbeitsgänge kommt es erst durch die laufende Maschinerie. Die fabrikmäßige Produktion ist in ihrer Rationalität und Effektivität auf exakte Kalkulation und Koordination zeitlicher Abläufe angewiesen. Disziplin der Arbeit ist nicht zuletzt Disziplin der Zeit, das heißt Verfügung über die

meßbar in Arbeit verbrachte Lebenszeit. Die Uhr ist nun nicht mehr bloß technisches Meßinstrument, sondern Symbol der Arbeitsautorität und der Rationalität des Kalkulierens. Zu Fabrikuhr und Dampfsirene, die Anfang und Ende der mechanisierten Kooperation anzeigen, treten die Chronometer der industriellen ›Privatbeamten‹, der Meister und Aufseher, schließlich die Wecker, Küchen- und Taschenuhren der Arbeiter als unauffällig mitwirkende Produktionsinstrumente und Symbole aufgezwungenen industriellen Zeitbewußtseins. Noch die Regulatoren im maschinengedrechselten Holzgehäuse mit Erkern und Simsen, die in den Achtziger und Neunziger Jahren in die Gute Stube des Kleinbürgertums gelangen, zeugen nicht nur vom Sog der dekorativen Massenware, sondern auch von der unbedingten Herrschaft der Zeitökonomie über das Leben. Im Schwarzwald steigt die Zahl der Uhrenfabrikationsbetriebe von 1850 bis 1900 um das Doppelte. Allein die Firma JUNGHANS stellt 1893 eine Million Uhren her, nachdem amerikanische Werkzeugmaschinen aufgestellt worden sind (vgl. WENDORFF 1980, S. 428f.). Heute ist kaum vorstellbar, welchen Einschnitt gegenüber dem Lebensrhythmus vorindustrieller Epochen die Einführung geregelter Zeittakte bedeutet hat. Fabrikbetrieb und Eisenbahnverkehr erzwingen 1893 die Einführung einer »Normalzeit« im deutschen Reich, der nicht nur die Uhren, sondern auch die Menschen sich anbequemen müssen.

Die Hochindustrialisierung vollendet einen Prozeß, der mit dem Übergang von der inneren ›biologischen‹ Uhr, die im Einklang mit Natur Zeitrhythmen wahrnehmbar machte (Tag, Nacht, Hungergefühl, Müdigkeit usw.), zu den mechanischen Vorrichtungen des Zeitmessens geführt hat. Durfte Zeit einst mit dem Schatten des Zeigers der Sonnenuhr ›verstreichen‹ oder in der Sanduhr ›verrinnen‹, so wird sie über ›Unruhe‹ und mechanische Hemmung der Räderuhr in gleiche Teile zerstückelt, im absoluten Gleichmaß, das aus dem Gesetz der Mechanik kommt, taktmäßig zerhackt. Von langer Hand wird in der Funktionsgestalt der Zeitmessung etwas vorbereitet, was nun in Leben und Geschichte eingreift.

Wie die Geschichte der Uhrwerke mit der Geschichte der gesellschaftlichen Produktion zusammenhängt, so setzt – unter verschärften Bedingungen einer neuen Produktionsrationalität – der Zwang zur genauesten Regulierung der Zeit jenseits aller biologischen Bedürfnisse und kosmischen Verständigungen ein. Was einst die Erfindung der Räderuhr ausgelöst und über Jahrhunderte begleitet hat, wird nun übermächtig: Die Verpflichtung des Menschen auf ein abstraktes Regelmaß für alle Tätigkeiten in Kooperation. Ein Fabrikarbeiter kann sich nicht mehr wie ein Handwerker nach dem Sonnenstand richten, auch nicht nach irgendeiner Kirchturmuhr, schon gar nicht nach seinem körperlichen Befinden: »Die natürlichen Zeitmesser, die einst das menschliche Tun beherrschten, waren gütige und nachsichtige Meister. Der artifizielle Zeitmesser, der jetzt den Menschen des Industriezeitalters fast gänzlich in seine Abhängigkeit gebracht hat, ist ein totalitärer Fronherr« (BRUTON 1982, S. 8).

So greift die große Produktionsmaschinerie über ein ›Design‹ der Zeit in das Leben ein. Die Regulierung der Zeit vervollständigt das Zwangssystem einer Arbeitsorganisation, in der nicht mehr Geschicklichkeit und Zeitmaß des einzelnen Handarbeiters, sondern nur noch die auf Kommando funktionierende, koordinierte Gesamtarbeitskraft unausgebildeter Massen im Takt zerstückelter Teilausführung zur Wirkung gebracht werden soll. Viele Hände führen kurze, einzelne Bewegungen innerhalb eines unübersichtlichen Vorgangs der Gesamtproduktion aus, deren Zeitmaß von der

24 Blechverarbeitung in einer Flaschner-Werkstatt, zeitgenössische Darstellung um 1840. Münchner Stadtmuseum

Maschine bestimmt wird. Das ist neu, obwohl vorbereitet. Dem entspricht die von MARX grundlegend analysierte Beziehungslosigkeit der im kapitalistischen Produktionsprozeß arbeitenden Menschen zum Gegenstand ihrer Arbeit, der ihnen so wenig gehört wie ihre verausgabte, ausgebeutete Arbeitskraft.

Nicht weniger auffallend verändern sich Felder der sinnlich-gegenständlichen Wahrnehmung außerhalb der Produktion. Die Erfindung des Gaslichts und der elektrischen Beleuchtung – SCHIVELBUSCH (1983) spricht vom Zeitalter der »künstlichen Helligkeit« – beeinflußt die Wahrnehmung des aus der Abgeschlossenheit der Fabrik in die Warenöffentlichkeit tretenden Produkts. Man muß nicht gleich vom »Zerfall der Wahrnehmung« (ASENDORF 1984) reden, wenn die lebenswerkzeugliche Erfahrung unter ei-

25 Mechanische Presserei der Württembergischen Metallwarenfabrik, undatierte Darstellung

nem anderen Licht vollzogen wird. Doch folgt aus der Betonung des Visuellen vor der Probe tastender Handhabung ein Verlust an Erfahrungssicherheit. Das Gaslicht findet ab der Jahrhundertmitte zunehmend für die Straßen-, Geschäfts- und Arbeitsplatzbeleuchtung, auch für Wohnungen Verwendung, bis es in den Achtziger Jahren von der wirkungsvolleren elektrischen Bogenlampe und noch vor der Jahrhundertwende von der EDISONschen Glühlampe ersetzt wird. In den Glaspalästen der Industrie- und Weltausstellungen tritt die Lichterfülle in ihre eigentliche Funktion. Die visuelle Zentriertheit erlaubt das Hervorheben des Gegenstands als Ware und aller Produkte und

Funktionen als Warensammlung. Sie fällt unter dem neuen Licht einem neuen Massenkonsumenten ›ins Auge‹, dessen Gegenstandsbeziehung und Selbstwahrnehmung schon durch den Charakter industrieller Arbeit geformt wird. Nun wird die Wahrnehmung des Gebrauches nach anderen ›Gesichtspunkten‹ arrangiert als in vorindustrieller Zeit. Die Dinge erscheinen in einem helleren Licht gerade in dem Augenblick, als sie sich dramatisch zu vermehren und zu neuer, unsicherer Schönheit herauszuputzen beginnen. Die Wahrnehmung verlagert sich vom haptischen Gebrauchsvertrauen und der Griffnähe von Lebenswerkzeugen im Halbdunkel eines von Tageslicht oder Ölfunzeln und Unschlittkerzen dürftig erhellten vorindustriellen Produktionsalltags zur distanzierten Augenlust an einer in gleißendes Licht getauchten Warenöffentlichkeit, aus der jeder Produktionsvorgang ausgeblendet wird.

Man muß sich vergegenwärtigen, was das für die Gegenstandserfahrung heißt: Statt weniger vertrauter Gegenstände mit Werkzeugcharakter im sicheren Griff der arbeitenden Hand der Aufbau einer verdinglichten Kultur, jener riesigen Warensammlung der industriellen Epoche, die als Sammlung nicht mehr begriffen, geschweige als Werkzeug einer Hand geführt werden kann. Dazu die distanzierte Wahrnehmung durch das immer mehr herausgeforderte Auge, dem alles geboten wird, was die Epoche an illusionären Erfindungen aufbieten kann – vom Kristallpalast bis zum phantastisch dekorierten Interieur, das gleichsam die abgedunkelte Innenseite der neuen Warenöffentlichkeit darstellt.

Von welchem Pathos des Fortschritts und des menschheitsverbindenden, profitablen Austauschs diese neue Warenöffentlichkeit getragen wird, bezeugen die hochästhetisierten Inszenierungen der Weltausstellungen seit 1851 (vgl. die Zusammenfassung bei LESSING 1900). Der Faszination der Warenöffentlichkeit kann sich die Wahrnehmung nicht entziehen.

In ihr erscheinen alle Dinge zunächst in »körperloser Lichtgestalt« (ASENDORF). In der Hand des bürgerlichen Privatmannes schwindet jeder Werkzeugcharakter. Die Dinge selbst – der produktiven Prüfung entzogen – lösen sich auf, werden unkenntlich, täuschen etwas vor, verwandeln sich phantastisch. Die Illusion überwältigt das Gebrauchswertverständnis. In der Privatsphäre wird das Unbrauchbare brauchbar, das Brauchbare erscheint dürftig oder unbrauchbar. Nicht mehr vertraute Herkunft und vertrauter Gebrauch, sondern unvertraute Entfernung reguliert das Verhältnis des

26 Herstellung von Leuchtgas. Mittelstück einer von Nürnberger Künstlern 1863–67 hergestellten Glasmalerei für die Villa des Gaswerkbesitzers Emil Spreng. Germanisches Nationalmuseum Nürnberg

Wahrnehmenden zum Ding. Das ist nicht nur ein Perspektivenwechsel durch die massenhafte Gleichförmigkeit des gesellschaftlichen Produkts (oder seiner Vielgestaltigkeit) und durch den Tauschwertcharakter, der es als Ware kennzeichnet. Augenzauber beginnt den Beweis des Gebrauchswertes zu ersetzen, den immer nur die Hand im Umgang mit dem Ding führen kann. Unberührbarkeit und Ferne bei gleichzeitiger Helligkeit und Nähe – die typische Schaufenstersituation – markieren einen Wechsel allgemeiner kultureller Wahrneh-

mungsmuster. Die Menschen können nun beginnen, Wünsche zu entwickeln, die sie vorher
in der Nähe zu den wenigen begriffenen Werkzeugen ihres Alltags gar nicht verspürten.

Mit der »künstlichen Helligkeit« bricht die
Produktionssphäre auch in die Intimität bürgerlichen Wohnens ein. Zentrale Energiever-
sorgung von außen transportiert gleichsam die
Industrie als ein nicht mehr zu leugnendes Ereignis in den Salon. SCHIVELBUSCH (vgl.
S. 154 f.) leitet daraus das relativ lange Festhalten an Kerzen- und Petroleumlicht ab. In der
Tat wird das elektrische Licht für die bürgerliche Wohnung erst in der Brechung und farbigen
Dämpfung der blendenden Glühlampe erträglich. Mit ihr unter dem Lampenschirm erlischt
die Flamme als Symbol des Herdfeuers, an das
Gasflamme, Petroleumlicht oder Kerze noch
erinnern.

Zunächst und vor allem ist das neue technische Licht ein Element der Verkehrs- und
Warenöffentlichkeit. SCHIVELBUSCH bezeichnet es treffend als das »kommerzielle Licht« der
Ferne, es verwandelt die Außenwelt: »Bogen-
licht war hell wie Tageslicht. Es überwältigte
diejenigen, die es zum ersten Mal sahen, als
wenn die Sonne plötzlich zur Nachtzeit aufge-
gangen wäre« (ebenda, S. 58). Jenseits aller
Lampengestaltung kündet es von einem säkula-
ren Design der Wahrnehmung des Entfernten
durch das Auge und löst einen älteren Entwurf
der Wahrnehmungsnähe zum Gegenstand ab.
Diesem Vorgang entsprechen andere Umstellungen in der Handhabungserfahrung an den
Gegenständen des technischen Komforts, der
nun in die Haushalte und die öffentliche Umwelt einzieht. Vieles, das einmal der Vermittlung durch die Hand und des Umwegs über
Gebrauchsmühsal bedurfte, wird allmählich zu
einer mechanisch-technisch substituierten Bequemlichkeit. Das hat Folgen für die Gegenstandserfahrung mindestens in den Schichten,

die sich die neuen Bequemlichkeiten leisten
können. Die Tendenz ist deutlich – noch immer
werden Dinge als Werkzeuge zur Hand genommen, aber die Berührung geschieht auf eine
merkwürdig flüchtige Weise. Neue Formen
von Fremdheit und Ferne zwischen Subjekt
und Gegenstand treten bei aller räumlichen Nähe in Aktion: »Knipsen, Einschalten, Anlassen,
Knopfdrücken, ruckartiges Ziehen sind neue
Bewegungen der Moderne: sie sind, weder den
Personen noch den Dingen Zeit lassend,
künstlich wie ergiebig; das künstliche Licht, ein
Eingriff in den Rhythmus der Tage, verändert
den alten Arbeits- und Lebensrhythmus dramatisch. Ruckartige Bewegungen, unscheinbar
und mühelos die Dinge aus ihrer Ruhe heraus-
reißend, konzentrieren Leistung in einem Moment – eine Effizienz, für die davor eine ganze
Sequenz von Handlungsschritten notwendig
war. Das Anreißen des Zündholzes, um die
Jahrhundertwende erfunden, – eine Sekunden-
sache – betreibt blitzartiges Außerkraftsetzen
mühsamer Prozeduren. Die körperliche Bewegung kann so flüchtig werden wie der Gedanke,
der Körper nimmt es nahezu nicht einmal wahr,
daß er anknipst oder schaltet. Die Bewegungen
verlieren ihre Dauer – das heißt jenes für die
Individuen erforderliche Maß an Muße und
Verweildauer, um die Körper der behandelten
Dinge zu begreifen« (RITTNER 1976, S. 44).

Es bereitet sich also etwas Ähnliches wie in
der Produktionssphäre vor, wo Teilarbeit den
Blick auf das Ganze einschränkt und die Erfahrung zusammenhängenden Produzierens ver-
hindert, indem immer nur etwas Kurzes oder
Wiederholtes getan wird. Die sinnliche Erfahrung in der Produktion, aber auch am Universum der Produkte wird fragmentiert.

Die angedeuteten Umstellungen kultureller
Wahrnehmung, Verarbeitung und Erfahrung
müssen berücksichtigt werden, wenn man sich
den Produktformen der Epoche der Hochindu-

27 Blick in die Internationale Elektrotechnische Ausstellung in Frankfurt am Main, 1891. Zeitgenössisches Foto. Deutsches Museum München

strialisierung nach der Reichsgründung 1870/71 zuwenden will. Die ästhetische Differenzierung des neuen Reichtums an Gebrauchswerten ist nun so weit fortgeschritten, daß man hinter den üppigen Warenformen zwar die sozialästhetischen und ideologischen Verwicklungen ahnt, aber die anthropologisch bedeutsame Grundgestaltungstendenz schon vergißt. Kulturelle Erfahrung am Gegenstand scheint nur noch in mehrfacher Brechung der Werkzeugfunktionen möglich. Kaum ein Ding im privaten Gebrauch tritt mehr als das in Erscheinung, was es ist und wozu es dient. Es wird auch nicht mehr dafür entworfen und produziert, sondern für Sekundärfunktionen hergestellt und ange-

boten, sei es in ausdrücklicher Übertreibung der Dekoration, sei es in der gewollten Täuschung über seine materiell-tatsächliche Funktion. Die Orientierung der Dingwelt an produktiven Lebensvollzügen wird aufgegeben, das heißt ihre Orientierung an der Erscheinung des Gegenstands ist kaum noch möglich. Die Gründe sind komplex und reichen in unterschiedliche Tiefen; sie sind zu suchen in einer anderen Ausstattung der Gegenstände durch Entwurf und Interesse an der Ware, einer anderen Erwartungshaltung der Gebraucher gegenüber ihren Gegenständen und deren demonstrativen Funktionen, im Aufkommen von Ersatz- und Kunststoffen für billige Massenfabrikation, im Einsatz von Maschinen, die ›alles können‹ und Imitationen ›wertvoller‹ Handarbeit möglich machen, im Verständnis von Kulturgeschichte als Musterbuch und in der Angst vor der nackten, geradezu als obszön empfundenen Funktionsform, die ohne das verhüllende Dekor zu einem Erschrecken vor den industriellen Tatsachen führen könnte. Das Verhältnis zum Gegenstand ist gestört.

Auch wie man zum Entwurf der Formen kommt, wer sie entwirft, spielt in das neue Gegenstandsverhältnis hinein. Die Dinge kommen nicht mehr aus der Werkstatt oder aus der Tradition der Manufakturen, die künstlerische und ausführende Arbeit verband. Sie stammen vom Musterzeichner, der sich mit fortschreitender Arbeitsteilung auch in der Ausbildung und Zielsetzung des Berufs vom Künstler und vom Ingenieur unterscheidet. ›Freie‹ und ›angewandte‹ Kunst trennen sich:

»Die bereits seit dem Ende des 18. Jahrhunderts zu beobachtende Tendenz, auch die bis dahin einzige Ausbildungsstätte für künstlerischen Nachwuchs, die Akademie der Schönen Künste, aufzuspalten in Schulen für freie und Schulen für angewandte Kunst, in Akademien, Kunstgewerbeschulen und technische Hoch-

63

28 ›Gotischer‹ Sessel. Entwurfszeichnung, um 1865

zeichnen und Anregungen exemplarischer historischer Modelle in Neuentwürfen zu verarbeiten« (PILZ 1974, S. 64).

Was früher noch von einem Künstler beherrscht werden konnte, der wie SCHINKEL zugleich Maler, Architekt und Entwerfer war, verlagert sich an der Schwelle zur Hochindustrialisierung auf Spezialisten. Diese »Emanzipation der Produktgestaltung von der Kunst« (PILZ) schafft eigene Verantwortlichkeiten, aber auch Freiheiten für das Design. Entwurfsfähigkeit wird vollständig disponibel, die Moral des Musterzeichners ebenfalls. Er ist der Mann der neuen Kunstindustrie, der dem Handwerker die Schau stiehlt. Das Design, endlich ein industrielles, verleugnet seine Herkunft. Es ist nun zwar Ergebnis spezialisierter Entwurfsarbeit im industriellen Produktionsprozeß, erweckt aber den Anschein, es sei die Frucht handwerklicher Tradition. Es abstrahiert von den Gegenstandsfunktionen und vergrößert den Abstand des Gebrauchers zum Objekt durch Überlagerungen seiner ohnehin schon wirksamen industriellen Fremdheit mit absichtsvollen Täuschungen über Art und Funktion des ästhetischen Aufwands. Es beginnt, sich den Konturen der Klassengesellschaft entsprechend auszudifferenzieren, ohne die ideologisch-ästhetische Grundhaltung historisierender Dekoration, die alle vereinen soll, aufzugeben. Dabei ist der deutsche Historismus in seinen originalen handwerklichen Produkten durchaus qualitäts- und traditionsbewußt, eine ernstzunehmende Kunstleistung (vgl. Ft. 4), bei der sich in Einzelstücken das Bewußtsein einer Rückwendung in die Geschichte keineswegs nur auf imitativem Wege (vgl. z. B. MUNDT 1973; 1981. BRIX/STEINHAUSER 1983) vergegenständlicht. Das gilt nicht für die Kunstindustrie, die billige Kopien fertigt.

Der amtliche Katalog der deutschen Abteilung auf der Wiener Weltausstellung 1873 führt

schulen wird jetzt entschieden vorangetrieben und durch Neugründung einer Vielzahl von Kunstgewerbe- und Handwerkerschulen besiegelt. Und neben das Kunstmuseum tritt das Kunstgewerbemuseum. (...) Wo nicht eine dem Museum angeschlossene Kunstgewerbeschule bestand, richtete man in dem Museum selbst Zeichenkurse oder -klassen ein, in denen gelehrt wurde, nach Ausstellungsstücken zu zehn Kunstgewerbemuseen auf, die dort Einblick in ihre Arbeitsweise mit Mappenwerken und Vorbildsammlungen geben. Die Exponate deutscher Hersteller reichen in der Sektion Bau- und Möbeltischlerarbeit vom Pflanzenkübel aus der Küfnerei bis zum ›Phantasiemöbel‹ aus der »Fabrik für Möbelornamente« mit »Dampfsäge- und Fraiseanstalt«. Technischer Fortschritt und Rationalisierung machen es inzwischen möglich, jede Menge ungelernter Arbeitskräfte für billige Massenproduktion einzusetzen. Hier ist die Entwurfstätigkeit von der Ausführung vollständig abgekoppelt. Die Maschine braucht nur das zu reproduzierende Modell, nach dem das Werkzeug hergerichtet wird, dann ersetzt sie Handarbeit. Wurden im Flaschnerhandwerk früher einzelne Stücke mit dem Treibhammer aus dem Blech herausgearbeitet, vernietet oder gelötet, so läßt sich bereits an der Drehbank über ein Holzfutter beim Blechdrücken rascher arbeiten. Wo aber erst maschinell gestanzt, gepreßt oder tiefgezogen werden kann, ist die Stückzahl nur noch von der Laufdauer der Maschinen abhängig. Aus Blech ist dann vom Spielzeug bis zu Haushaltswaren und Baufertigteilen alles massenhaft und billig herzustellen, ohne daß man dazu einen Handwerker braucht; er wird nur noch zum Drehen oder Gießen der Formwerkzeuge nach der Vorzeichnung oder dem Modell benötigt. In der holzverarbeitenden Industrie dienen Bohr-, Fräs-, Drechsel- und Schnitzmaschinen zur ›kunstvollen‹ Nachahmung von Handwerksformen. Die Reliefkopiermaschine erlaubt Musterzeichnern und Herstellern von Vorlagenwerken die beliebige Reproduktion plastischer Ornamente und deren Variation in Größe und Proportion. Der Apparat tastet das Oberflächenrelief ab und überträgt es in eine grafische Form, so daß »Künstler sich darauf verlegten, reiche Auswahlen von allerhand praktisch verwendbaren Zierstücken zu ent-

29 ›Renaissance‹-Stuhl, um 1875/80

werfen und Kopien davon zum Verkauf zu stellen« (ZÖLLNER 1876, S. 534).

Trotz der Arbeit von Museen, Kunstgewerbevereinen und Fachzeitschriften sinkt die Qualität der kunstindustriellen Erzeugnisse. »Schneller als geahnt wußte die moderne großindustrielle Technik sich der neuen Formen zu bemächtigen. Es entstand eine ›Renaissance von der Maschine Gnaden‹, die als krasse Karikatur

30 Preispokal. Silber getrieben, vergoldet, Figuren oxydiert. 1893 veröffentlichter Entwurf von Peter Bruckmann jr.

ihres edlen Urbildes bezeichnet werden mußte« (WAENTIG 1909, S. 270).

Weshalb die gotisierenden Muster (vgl. z. B. UNGEWITTER 1851), auch Neo-Barock und zweites Rokoko ebenso wie der Klassizismus, von Renaissance-Formen abgelöst werden, läßt sich aus Zuweisungen der Kunst- und Kunstgewerbeliteratur nach der Reichsgründung erklären. (Zur stilgeschichtlichen Entwicklung mit ihrer verwirrenden Vielfalt und häufigen Überschneidungen vgl. MUNDT 1981.) Im deutschen Renaissancestil liege »ein Element ächt nationaler Anschauung, Sitte und Kultur«, dazu »deutsche Art« und »anheimelnde Wärme«, schreibt WILHELM LÜBKE 1882 im Vorwort seiner Geschichte der deutschen Renaissance, die erstmals 1873 erscheint. Eine andere Quelle ist der »Formenschatz der Renaissance« von GEORG HIRTH (1877). Die Neigung für diesen angeblich deutschen Stil wird vor allem durch die industrialisierte Innenraumgestaltung angeheizt und ausgebeutet.

Das Bedürfnis nach kultureller Identifikation und sozialästhetischer Repräsentanz wird für die bürgerlichen Schichten im deutschen Reich BISMARCKscher Prägung von einem Warendesign eingelöst, das sich zunehmend von allen handwerklichen Tugenden entfernt und ›Geschichte‹ hemmungslos ›zitiert‹. Dennoch wäre es verfehlt, Geschmackskritik an der Keksdose, die wie eine Schmuckschatulle, am Wohnzimmer, das wie ein fürstliches Gemach auszusehen beginnt, anzubringen. Dies *ist* der überzeugte Geschmack einer Klasse, die endlich industriell-unternehmerisch zu Ansehen, Reichtum, schließlich auch zu ihrer politischen Bedeutung kommt. Der industriell produzierte Historismus ist die nationale Kultur für alle – vom Unternehmer bis zum sozialdemokratischen Funktionär; das Kaufkraftgefälle wird vom differenzierten Warenangebot einkalkuliert, dem die historischen Stilmittel von der

Pseudo-Gotik bis zum falschen Rokoko frei zur Verfügung stehen (vgl. Ft. 3). Dabei werden »die ethischen Implikationen des Stilbegriffs (…) ausgeklammert« und es entfällt »die von einem Schinkel noch apostrophierte handlungsorientierende Funktion des Ästhetischen« (BRIX/STEINHAUSER 1978, S. 267). Das heißt, es entfällt jenes im ästhetischen Gebrauchswert aufgehende, gemeinsame Interesse an schlichter Formgebung, die einst den inneren Reichtum des bürgerlichen Subjekts zum Ausdruck bringen sollte. Es gibt keinen klar umrissenen kulturellen und ästhetischen Kanon, keine ›Moral‹ der Alltagsästhetik mehr. Das Design des Historismus ruft für alle Industrienationen gleichsam die erste ›Postmoderne‹ aus, indem es Kunstgeschichte zum Steinbruch für Gestaltungsideen erklärt und eine Art ästhetischen Manchester-Liberalismus betreibt, der den ökonomischen und sozialen Selbstdefinitionen der deutschen Industriebourgeoisie nach dem Sieg über Frankreich und der Epoche des Gründerzeitwachstums bis über die Aufhebung des Sozialistengesetzes 1890 hinaus voll entspricht. Mit dem Verzicht auf eine Ethik des Gestaltens und Gebrauchens, die das vorindustrielle Bürgertum noch an die schlichte Monumentalität des Klassizismus und die in sich gekehrte Form des Biedermeier band, übernimmt das Design ähnliche Darstellungsaufgaben wie die Architektur der Epoche, die ebenso anspruchsvoll wie überladen wirkt.

Dabei ist Historismus ursprünglich ein Orientierungsversuch. Man findet ihn in der deutschen Romantik, in der Generation SCHINKELS, bei Bestimmungsversuchen einer noch nicht eingelösten, die politischen Verhältnisse übergreifenden Idee von Nationalkultur, bei Integrationsversuchen der modernen Technik in eine ästhetische Tradition. Historismus zeugt ursprünglich von der Suche nach einer kulturellen Identität des neuen industriellen

31 Buffet-Schrank. Musterzeichnung, um 1895

das Kultivieren des Illusionären abgebrochen. Die Funktion der am Gegenstand angewandten Kunst ist vor allem dessen Auflösung zur phantastischen Inszenierung; die Gegenstände werden zu verdinglichten Illusionen des Zeitalters von seinen geschichtlichen Bezügen.

Dieses Prinzip des Illusionären, das an die Stelle von gelebtem und reflektiertem Geschichtsbewußtsein tritt, beschreibt am farbigsten immer noch EGON FRIEDELL: »Es ist die Ära des allgemeinen und prinzipiellen Materialschwindels. Getünchtes Blech maskiert sich als Marmor, Papiermaché als Rosenholz, Gips als schimmernder Alabaster, Glas als köstlicher Onyx. Die exotische Palme im Erker ist imprägniert oder aus Papier, das leckere Fruchtarrangement im Tafelaufsatz aus Wachs oder Seife. Die schwüle rosa Ampel über dem Bett ist ebenso Attrappe wie das trauliche Holzscheit im Kamin, denn beide werden niemals benützt; hingegen ist man gern bereit, die Illusion des lustigen Herdfeuers durch rotes Staniol zu steigern. Auf der Servante stehen tiefe Kupferschüsseln, mit denen nie gekocht, und mächtige Zinnhumpen, aus denen nie getrunken wird; an der Wand hängen trotzige Schwerter, die nie gekreuzt, und stolze Jagdtrophäen, die nie erbeutet wurden. Dient aber ein Requisit einer bestimmten Funktion, so darf diese um keinen Preis in seiner Form zum Ausdruck kommen. Eine prächtige Gutenbergbibel entpuppt sich als Nähnecessaire, ein geschnitzter Wandschrank als Orchestrion; das Buttermesser ist ein türkischer Dolch, der Aschenbecher ein preußischer Helm, der Schirmständer eine Ritterrüstung, das Thermometer eine Pistole. Das Barometer stellt eine Baßgeige dar, der Stiefelknecht einen Hirschkäfer, der Spucknapf eine Schildkröte, der Zigarrenabschneider den Eiffelturm. Der Bierkrug ist ein aufklappbarer Mönch, der bei jedem Zug guillotiniert wird, die Stehbar das lehrreiche Modell einer Schnell-

Subjekts. Geschichte wird aber in der zweiten Jahrhunderthälfte so gesehen, wie das industrielle Subjekt die Natur behandelt – als ein Bereich, über den man ausbeuterisch verfügt. Das Geschichtsbewußtsein erleidet so gerade im weitergeführten Historismus entscheidende Einbußen. HABERMAS spricht von einer »unsteten, vor sich selbst fliehenden Gegenwart«, die sich durch eine »Kostümierung in geliehene Identitäten« verausgabt habe, und zeichnet nach, wie auf der Suche nach »einem neuen synthetischen Baustil« noch in der ersten Hälfte des 19. Jahrhunderts »durch eine reflektierte Aneignung der Geschichte« ein »eigener Weg« (HABERMAS 1985, S. 13) gefunden werden sollte. Dieser Versuch wird auch im Design durch zugslokomotive, der Braten wird mittels eines gläsernen Dackels gewürzt, der Salz niest, und der Likör aus einem Miniaturfäßchen gezapft, das ein niedlicher Terrakottaesel trägt. Pappendeckelgeweihe und ausgestopfte Flügel gemahnen an ein Forsthaus, herabhängende kleine Segelschiffe an eine Matrosenschänke, Stilleben von Jockeykappen, Sätteln und Reitgerten an einen Stall. Diese angeblich so realistische Zeit hat nichts mehr geflohen als ihre eigene Gegenwart« (FRIEDELL 1931, S. 358f.).

Es ist das Zeitalter der vollzogenen Trennungen, in dem man sich mit Ersatz behilft. Erstens der unwiderruflichen Trennung der Produktion von der Privatsphäre, die sich räumlich durch Einkapseln in das Interieur und psychisch in der Abschottung des Familienlebens gegen jede Öffentlichkeit spiegelt. Zweitens der Trennung der Klassen, die sich sogar noch quer durch dieses Interieur zieht, Dienstboten und Familie anders als in frühbürgerlichen Zeiten separiert. Drittens der Trennung von aller lebendigen Natur, die sich in der konsequenten Künstlichkeit des Interieurs dokumentiert, die zur zweiten Natur wird. Viertens der Trennung der Geschichte von einer Gegenwart, die geschichtssüchtig alles falsch zitiert und dabei sich selbst verliert. Fünftens die Trennung von der Wirklichkeit der Dinge durch den »Kultus der Draperien« (ASENDORF 1984), der Warenöffentlichkeit und Wohnräume zu Bühnen macht, auf denen der Orientierungssinn sich verwirrt und die Realbeziehung zu den Dingen und Materialien sich in täuschenden Ersatzstoffen und kaschierten Funktionen verliert.

In der dämmrigen Atmosphäre des Interieurs lebt eine Klasse, deren steife Umgangsregeln und entkörperlichte Lebensformen offenbar eines Dekors bedürfen, das mit allen diesen Trennungen versöhnen und das gestörte Selbstbewußtsein als intakt zur Schau stellen soll. Man könnte von einem Entschädigungsdesign

32 Tisch-Aquarium mit Springbrunnen. Illustration von 1888

und gleichzeitig von einem Demonstrationsdesign sprechen, in dem das bürgerliche Interieur der zweiten Jahrhunderthälfte zu seiner ausgeprägten Form gelangt. Während draußen Industriegeschichte gemacht wird, scheint drinnen die Zeit stillzustehen.

Dies ist der sichtbare und monströse Teil der gesellschaftlichen Produkt- und Rezeptionskultur der zweiten Jahrhunderthälfte. Im Stillen existiert ein anderes Design, wo unbemerkte Gegenstände für den täglichen Gebrauch ihren Werkzeugcharakter wahren. Es sind Formen, in denen sich lange Erfahrung des Handhabens und nüchterne, alltägliche Zwecke begegnen, die einfach unentbehrlich sind und funktionieren müssen: Küchengeräte, Handwerkszeug,

Kleidungsstücke usw. Sie werden zwar häufig vom Dekorations- und Illusionszwang der Zeit erfaßt, überleben aber als Formkonstanten und schaffen so einen den Historismus still unterlaufenden Traditionsstrang industrieller Sachlichkeit.

Die Bezeichnung »verborgene Vernunft« (Titel einer Ausstellung der Neuen Sammlung in München 1971) trifft den Sachverhalt, insoweit Traditionen des Zweckdenkens, der Bequemlichkeit und der Beständigkeit kultureller Muster in den Nischen des bürgerlichen Gebrauchsalltags der Verpflichtung zum Illusionären trotzen. Es gibt keine Epoche der Designgeschichte, die frei von solchen Überlagerungen oder Unterwanderungen alter und neuer, in sich widersprüchlicher Formen und Funktionen bliebe. Fast möchte man von einer zweiten, geheimen Designgeschichte sprechen, die hinter den Fassaden der neuen Klassenkultur, die den Aufwand beansprucht, gerade eben noch sichtbar bleibt. Denn solche werkzeuglich-einfachen Dinge werden vielfach von den technischen Neuheiten verdrängt, die sich gleichzeitig dekorativ verkleiden. Erfindungen und Weiterentwicklungen des mechanisierten Komforts beginnen sich in rascher Folge abzulösen. Beim Durchblättern von Zeitschriften oder Real-Lexika aus den Achtziger und Neunziger Jahren meint man, in einen Basar für technische Scherzartikel zu geraten. Freilich muß man sich daneben Versandhauskataloge von heute ansehen. Der Trend ist ungebrochen. Die Tradition eines Design, das sich auf Kopien, Imitate und Mustervariationen verlegt, ist gut ein Jahrhundert alt, das Prinzip der unverzüglichen Aufbereitung technischer Innovationen ebenfalls; der Begriff der ›Neuheit‹ wird spätestens in den Achtziger Jahren des 19. Jahrhunderts zum Wert an sich.

Die Überlagerung der Funktionen durch ästhetischen Aufwand, die vollgestopften Räume, der bombastische Kram, das überflüssige, alles inkrustierende Ornament, die spitz zustoßenden Kanten, die gedrechselt-gewundene Unbequemlichkeit, das billige Material, die muffige Atmosphäre um das sinnlose Ding, dessen eigentliche Unbrauchbarkeit trotz hohem technischen Aufwand, der falsche, lächerliche Anspruch – das ist damals so ›normal‹ wie heute.

Vielleicht ist der zwingendste Grund, die Funktionssachlichkeit zu verleugnen, auf der auch damals das tägliche Leben im Grunde beruhte, eine Haltung der unbewußten Abwehr der industriellen Mächte gewesen, die da mit neuen Funktionen unabweisbar ins Haus standen. Das Verbergen alles Technischen bis zur Unkenntlichkeit und die wuchernde Gestaltungsphantasie, die jeden Zweck unter Dekorationen verschwinden läßt, könnte man auch als Schutzmaßnahme gegen den Einbruch der industriellen Kultur in das Leben deuten, obwohl dazu die begierige Aneignung aller ›Neuheiten‹ im Widerspruch steht. Es sind Formen, in deren Phantastik sich Furcht und Faszination untrennbar vermischen.

Auf den ersten Blick scheint das historisierende Design für alle bürgerlichen und kleinbürgerlichen Schichten eine ideologische Übereinkunft im demonstrativen Gebrauch zu schaffen, zumal sich zwischen Interieur und Exterieur Beziehungen entwickeln, deren gemeinsamer Nenner die Inszenierung ist. Vom stillen Umgang miteinander und mit den Dingen wie im Biedermeier und von dessen intimer Genußkultur bleibt wenig. Der Alltag im Deutschen Reich wird allenfalls in der engen Familie leise gelebt und schon von der Ausstattung der Wohnung übertönt.

Der Auftritt der Mächtigen draußen findet seine Opernbühne der demonstrativen Festlichkeiten und auftrumpfenden Repräsentationsarchitekturen. Die autoritäre und nationa-

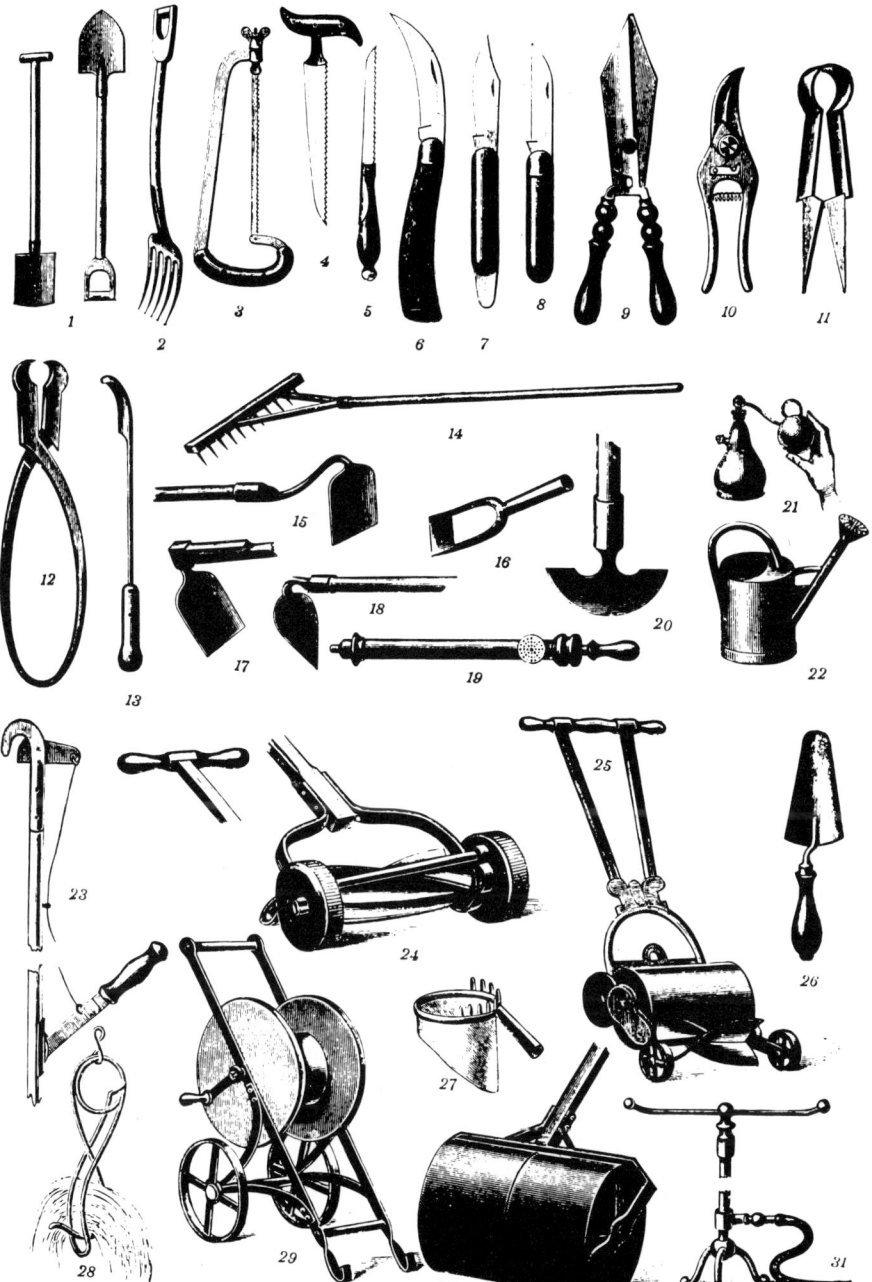

1 2 3 4 5 6 7 8 9 10 11 12 13 14 15 16 17 18 19 20 21 22 23 24 25 26 27 28 29 30 31

listische Attitüde wird vom Design aufgenommen und ins Innere der Wohnung transportiert. Jedes Möbelstück erscheint als Sockel für eine Germania, ein Niederwalddenkmal aus Gußeisen, Gips oder Pappmaché geeignet. Alles bewußt Ästhetische erfüllt einen gemeinsamen Anspruch, faßt unter seiner ideologischen Klammer kulturelle und soziale Positionsunterschiede zusammen, die in Wahrheit unüberbrückbar sind.

Der verdeckte Widerspruch herrscht nicht nur zwischen Reich und Arm, Mächtigen und Untertanen, sondern auch – mitten im privilegiertesten Genuß und Gebrauch – zwischen der Welt der niederen Zweckfunktionen und der ästhetischen Selbstwahrnehmung. Das Interieur ist geteilt, es muß schützen und gleichzeitig nach außen gekehrt etwas zeigen. Das bürgerliche Mietobjekt hat eine Hausteinfassade und ist hinten doch bloß aus Backstein. Das Eßbesteck braucht nur versilbert, die Bronzeplastik im Salon darf aus Gips oder eine galvanoplastische Reproduktion sein, sie hat nur zu wirken. Die Auflösung der Grenze zwischen

34 Patent-Nußknacker. Darstellung 1888

Sein und Schein ist die eigentliche Kulturleistung der wilhelminischen Epoche. Wie durch eine unsichtbare Mauer erscheint die bürgerliche Wohnung in eine nach außen gewandte, gesellschaftliche Zone und in eine nach innen abgewandte Zone der intimen lebenspraktischen Bedürfnisse geteilt. Schlafzimmer, Küche, Kinderzimmer und Dienstbotenkammern bleiben jenseits der Grenze zur Öffentlichkeit. Ähnlich trennen sich draußen die Bereiche der Ökonomie und der Repräsentation. Der Abstand zwischen Fabrik und Villa signalisiert mehr als nur ökologisch-hygienische Trennung des Privatlebens von der Produktion. Der Gründer der mechanischen Werkstatt hatte einst oft unter demselben Dach gearbeitet und gewohnt. Einen sozialen Sicherheitsabstand zu seiner Fabrik kannte er auch später nicht. Haus und Einrichtung blieben unaufwendig, im Gebrauch transparent, die Grenzen zwischen Darstellung nach außen und den alltäglichen Lebensfunktionen wurden weder ängstlich noch zwanghaft gezogen. Im Zeitalter der Hochindustrialisierung ändert sich dieser Gestus; nun wird die Öffentlichkeitszone des bürgerlichen Wohnens üppig dekoriert, die nichtöffentliche der Lebensfunktionen den Blicken entzogen, gleichwohl nach dem neuesten Stand der Technik modernisiert. Badezimmer und ›Closet‹ nach englischem Muster werden installiert. Im Geheimen der Hygiene dringen funktionale Muster vor. Auch gibt es in der Küche den Gasherd und bald erste elektrische Hilfen, während Herrenzimmer und Damensalon noch mit imitierter Nürnberger ›Renaissance-Täfelung‹, pseudo-orientalischer Textilkunst oder falschem Rokoko eingerichtet sind. Der Kronleuchter harrt der zweiten oder dritten Umrüstung von Petroleum auf Gas oder auf Elektrizität.

Es ist eine Innenraum-Kultur der Brüche. Den Bruch zwischen Kunst und Technik verklebt die Dekoration. Den Bruch zwischen Le-

35 Tisch-Telefon. Darstellung in einer Illustrierten, 1888

ben und Natur heilt die Kunst des Illusionären. Das berüchtigte MAKART-Bouquet und allerlei Gesteck aus trockenen und künstlichen Pflanzen kommt aus einer speziellen Dekorationsindustrie. Es deutet das wiederisprüchlichste Verhältnis zur lebendigen Natur an, das man sich denken kann.

Aber unaufhaltsam dringen Gas, Elektrizität, Wasserversorgung und -entsorgung und Zentralheizung in die Wohnung ein, auch Fahrrad, Nähmaschine, Telefon greifen als kaum ästhetisierbare Funktionsformen der Moderne in den bürgerlichen Lebenshaushalt über. Gleichzeitig bilden sich im preisgegebenen Interieur durch Verdoppelung des Motivs unzugängliche Klein-Innenräume in Gestalt burgartiger Schränke und Buffets, in deren Verliesen der

»Silberhort des Hauses«, wie WALTER BENJAMIN erinnert, aufbewahrt wird. Schwer wie die Stahl-Geldschränke in Banken und Bureaus symbolisieren diese Formen die Unangreifbarkeit bürgerlichen Besitzes und die Zwänge des Ausschließens unberechenbarer Gefahren.

Aber der wilhelminische Späthistorismus ist als legitime und legitimierende Ausdrucks- und Mitteilungsform für die verbindliche Lebensweise und Ästhetik der herrschenden Klassen nicht erschöpft. Vor allem in den Achtziger und Neunziger Jahren im Zuge der Hochindustrialisierung, der Wanderungsbewegungen und des Städtewachstums bildet sich die Struktur der industriellen Klassengesellschaft immer deutlicher ab. In ihr entfaltet das industrialisierte Design des Alltags seine eigenen Wirkungen nach neu entwickelten sozialästhetischen Gesetzmäßigkeiten. Die wilhelminische Klassengesellschaft stellt sich nicht nur durch neuen Reichtum auf der einen und neue Armut auf der anderen Seite dar, sondern weist auch differenzierte Mittelschicht-Positionen aus, von denen die des Bildungsbürgertums bald besondere Bedeutung gewinnen soll.

Zur größten Berufsgruppe steigen zwischen 1850 und 1914 die Industriearbeiter auf, 1907 umfaßt ihr Bevölkerungsanteil 20 Millionen und macht etwa ein Drittel der Gesamtbevölkerung aus (vgl. CONZE 1976). Dabei ist dies keine homogene Klasse im Sinne eines durch gleiche Stellung im Produktionsprozeß, verbindliche Ideologie und Kultur sowie gleiche Lohn- und Lebensverhältnisse geeinten Proletariats. Nur in Facharbeiterhaushalten kann der Lebensstandard durch Erwerbstätigkeit aller arbeitsfähigen Familienmitglieder gehalten oder ein wenig angehoben werden, obwohl sich die industriellen Reallöhne zwische 1871 und 1913 verdoppeln (vgl. BORCHARDT 1972). Die Zahl der Angestellten in den Berufen für Industrie, Handel und Verkehr vervierfacht sich zwischen

36   Bürgerliche Familien- und Wohnszene, um 1895

1887 und 1907. Trotz abhängiger Stellung und geringem Einkommen ist die soziologische Figur des Angestellten mit einem starken Abgrenzungswillen gegenüber proletarischen Lebensformen und einer Orientierung an der Kultur der nächst höheren Schichten verbunden. Auf der einen Seite reicht diese Figur bis in den ›Mittelstand‹ hinein, der nach SCHMOLLER (vgl. bei CONZE) um 1895 etwa 12 Millionen Haushalte im Reich umfaßt, auf der anderen Seite grenzt die Lebenshaltung dieses neuen Kleinbürgertums an proletarische Verhältnisse. Durch klassenspezifische Anspruchsdifferenzierung entsteht eine neue designgeschichtliche Situation. Erstmals sind die ästhetisch-kulturellen Werte der Führungsschichten, vergegenständlicht in der Form des Massenprodukts, nahezu allen

Klassen verfügbar. Die Kunstindustrie reproduziert die verbindliche Ästhetik des wilhelminischen Späthistorismus quasi ›für alle‹ und betreibt damit, im eigenen ökonomischen, aber auch in einem höheren ideologischen Interesse, eine Art Demokratisierung der produktkulturellen Werte. Jeder kann nach seinen Kräften an der herrschenden Ästhetik durch Konsum teilhaben – eine wirklich neue Situation, mitverursacht durch eine lange Periode relativ erschütterungsfreier Prosperität und gewisser Zugeständnisse der Herrschenden in der »sozialen Frage«.

Die Villen der nach der Reichsgründung ökonomisch tonangebenden Spitzenschicht, die mit dem Adel konkurriert, die Häuser der Großaktionäre, Unternehmer und Konzernherren, der Kommerzienräte und Bankiers werden in den Siebziger und Achtziger Jahren mit teuren Einzelanfertigungen nach Künstler- und Architektenentwurf pompös ausgestattet. Die Fabrikware zieht wenig später – abgestuft in Ausführung und Preis – in die Häuser und Mietetagen des Mittelstandes ein und findet ihren Weg in das bescheidenere Heim der Angestellten und kleinen Staatsbeamten. Sie dringt schließlich über die kleinbürgerliche Gute Stube bis in obere proletarische Randschichten ein. Tendenziell erfaßt der historisierende Entwurf am Ende alle Konsumenten; noch in den billigsten Varianten des ästhetischen Grundprinzips kann das Vorbild aufscheinen und sich vermitteln. Das Design wird fortan seine faktische und ideologische Gegenwart im Alltag aller Klassen behaupten und immer wieder neu durchzuset-

zen versuchen. Das trifft sich mit der Pflicht zur Aneignung der ›höheren‹ Kultur durch alle.

So kommt, daß das, was wie ›Renaissance‹ aussieht und massenhaft in Fabriken hergestellt und in Möbelmagazinen, den Vorläufern heutiger Möbel-Discountmärkte, feilgeboten wird, schon bald ein Design mit Merkmalen eigenartiger sozialer Ausdrücklichkeit wird. Es ahmt nach und ist – für sich – doch unnachahmlich. Es soll alle ästhetisch vereinen, aber es trennt doch unverkennbar nach jenen »feinen Unterschieden« (BOURDIEU 1982), die sich gerade in einer modernen Massenproduktkultur als Abbild der sozialen Struktur unausweichlich entwickeln.

In der imitierenden Geste wirkt diese soziale Ausdrücklichkeit durchweg kleinbürgerlich, und je mehr die Dekoration verbilligt und der

37   Kleinbürgerliches Sofa mit abnehmbaren Seitenlehnen, um 1895

38 Gasherd mit integriertem Heizungsteil. Lexikondarstellung von 1894

und aus schlechterm Stoff hergestellt und ahmt wirklichen Reichtum nach. Die Thüren tragen Supraporten, aus Holzstoff gepreßt, die Blattranken und Eierstäbe vergoldet. Die Decken zeigen Stuck, der meterweise gekauft und mit Schrauben befestigt wird. Verzeichnete Engel und Fabeltiere, erstere mit knallroten Backen und großen Vergißmeinnichtaugen, schweben oben in den verzwicktesten Stellungen herum. Es verschlägt nichts, wenn dann ein langer Zapfen, in den das Gasrohr für einen Kronleuchter mündet, aus dem Bauche irgend eines Himmelsbewohners heraushängt. Die meisten Stockwerke enthalten zwei Wohnungen von 3 bis 4 Zimmern, Küche, und jetzt auch meistens Badestube. Das Wort ›Stube‹ ist allerdings mit Vorsicht aufzunehmen, denn neben der Wanne hat nichts anderes Platz; zuweilen in ihr auch nur sehr schlank gebaute Menschenkinder. Aber immerhin ist das schon ein großer Fortschritt, den man der neuesten Zeit verdankt.

Die Preise dieser Wohnungen schwanken zwischen 600 bis 850 Mark (Jahresmiete, Anm. G. S.). In dem 4. und 5. Stock ist derselbe Raum oft zu drei Wohnungen verwendet. Im Verhältnis zu den ›feinern‹ Vierteln kann man in diesem Stadtviertel um 20 bis 50 Prozent billiger wohnen. Am geringsten ist der Preisunterschied bei den ganz kleinen Wohnungen, die zumeist in die Hinterhäuser verlegt sind (...)

Die Bewohner setzen sich aus verschiedenen Schichten zusammen, nur die obersten und die untersten fehlen. Die besseren Wohnungen haben mittlere und kleine Beamte der Post, der Steuer oder der Stadt inne; daneben finden sich einige Offiziere im Ruhestand; kleinere Kaufleute, die den Tag über in der Stadt thätig sind; bescheidene Rentner; hier und da ein Schriftsteller oder Maler. Sehr stark sind Gewerbetreibende aller Art vertreten, deren Wohnungen neben den Läden im Erdgeschoß liegen. Den größten Teil der Bewohner bilden aber besser

Aufwand für Material-, Arbeits- und Maschinenkosten daran vermindert wird, um so massenhafter verbreiten sich die Formen im sozialen Gebrauch auch nach unten. Heute sind Vertiko, Plüschsofa und der steife Billigstuhl mit Flechtwerk im Sitz Antiquitäten – durch neue Mittelschicht-Konsumenten angeeignet und geadelt. Damals bilden sie Bestandteile einer Anpassungskultur, die einer genaueren Untersuchung bedarf.

Ein Zeitgenosse beschreibt das um 1890 entstehende Moabit: »In den Häusern hat die Baukunst nicht gerade Siege gefeiert, wenigstens nicht was die Ausbildung der Stirnseite betrifft. Man freut sich, wenn der Baumeister sich begnügt hat, seinen vier- oder fünf Stock hohen Kasten einfach hinzustellen und auf jeden weiteren Schmuck, als auf schlichte, vorgeschobene Erker und einfache Balkone zu verzichten. Dort aber, wo er seiner Einbildungskraft die Zügel hat schießen lassen, sind schauerlichste Kunstwerke entstanden (...)

Eine Art billiger Luxus ist in den Wohnungen der untern Stockwerke der Vorderhäuser fast überall zu finden. Es wird ja alles im Großen

39 Nähmaschinen-Typen für Hausgebrauch und Gewerbe. Lexikondarstellung von 1894

gestellte Arbeiter aller Zweige, Werkmeister, Monteure, Former usw. Hier herrscht schon stark die Sozialdemokratie; noch mehr ist das jedoch auf dem benachbarten Wedding der Fall« (Leixner 1894, S. 77 ff.).

Der Bericht bezieht sich auf das Beispiel eines Bauhandwerkers und einer Näherin, die sich dort in einem Hinterhaus Stube und Küche einrichten: »Beider Ersparnisse genügten, um auf einen sogenannten ›Leih-Kontrakt‹ eine größere Anzahlung zu leisten und die Wohnung einzurichten. Diese billigen Möbel werden in Mengen erzeugt; obwohl aus ziemlich schlechtem, weichem Holz gemacht, ahmen sie Ahorn oder Nußbaum nach und zeigen nicht ungefällige Formen. Der Preis jedoch ist stets zu hoch, weil die Hersteller die Zinsen für die Stundung aufschlagen (im Durchschnitt 16 bis 18 Prozent des bei Barzahlung geforderten Preises)« (ebenda, S. 193). Der »Leih-Kontrakt« bedeutet bei Zahlungsunfähigkeit, alle Möbel und das angezahlte Geld zu verlieren, da der Verkäufer das Eigentumsrecht bis zur vollständigen Abzahlung beansprucht.

Möbelmagazine sind nicht nur Bezugsquellen für das komplette kleinbürgerliche Einrichtungsimitat, sondern liefern auch Halbfertigfabrikate (Holzornamente, Möbelfüße, Beschläge) für Schreinerwerkstätten, die sich ihrerseits auf das Imitieren der Industrieformen verlegen, um konkurrenzfähig zu bleiben (vgl. Deneke 1985). Der Unterschichtenkäufer erwirbt sein Mobiliar teilweise im Magazin oder auch aus noch billigeren Quellen: »Neben dem Magazin und den vor 1900 aufblühenden Abzahlungsläden boten in München vornehmlich noch die Tandler Wohnungseinrichtungen an; sie waren ursprünglich mit dem Verkauf von gebrauchten Möbeln beschäftigt und übernahmen später neben dem Althandel mit den häufig reparierten Stücken, in fließendem Übergang komplette Einrichtungen und Brautausstattungen, aber auch den Verkauf von Einzelstücken, von Stühlen, Tischen, Anrichten und Schüsselrahmen, die oft primitiv aus rohen Hölzern zusammengefügt wurden« (ebenda, S. 595).

In den Neunziger Jahren heißt Wohnen für die Unterschichten nicht, sich mit schönen Gebrauchsformen auszustatten, sondern in möglichst billigen Quartieren zu überleben. (Zu den Wohnverhältnissen d. h. Wohnungsgrößen, Belegdichten, Mieten usw. vgl. Wurm 1892, S. 49 ff.) Mit den paar neuen oder gebrauchten Sachen kommt ›höhere‹ Kultur ins Haus, aber nur als deren schwacher Abglanz; das Haus ist weder ein eigenes, noch ein bürgerliches. Selbst im Wiedergebrauch solcher Möbel heute wird die einstige Brauchbarkeit und der karge Komfort für kleine Leute von damals spürbar. Vom Munde abgespart, auf Abzahlung oder vom Trödler gekauft, müssen die dekorativen Formen eines Billigsofas oder eines dunkel-vornehm gebeizten Schrankes aus Weichholz mit maschinengedrechseltem Zierat im Haushalt eines Straßenbahners oder Maurers fast auf den nackten Gebrauchswert schrumpfen. 1895 verdiente ein Jalousiemacher in Berlin 30 Mark die Woche, eine Näherin 12 Mark (nach Hirschberg 1897). Was konnte man sich außer Nahrung, Heizung, Miete, Kleidung dafür kaufen? Ein wenig Teilhabebewußtsein am Reichtum der herrschenden Kultur mag an jedem Gegenstand gehangen haben, dazu Besitzerstolz, wohl auch Identifikation mit einer Ware, die sich bloß den Glanz der kulturellen Werte borgte. Aber es gelingt im mühsamen Aneignungsakt nicht nur die Anbindung der Lebensweise an die ›falschen Dinge‹, sondern auch deren Einbindung in die von der eigenen sozialen Lebenswirklichkeit geprägte unverwechselbare Daseinsform. Aneignung und Gebrauch der Dinge verweisen auf die Stellung im Produktionsprozeß, den sozialen Status, auf das Einkommen und das Herkommen

40   Petroleum-Deckenlampe mit Milchglas-Schirm,
     um 1890

schlaggebend ist. Die Kommode ist nicht nur zum Aufbewahren von Habseligkeiten da, eine Schublade dient vielleicht auch als Kinderbett. Je bürgerlicher der erreichbare Komfort des Lebens, um so aufnahmebereiter mag sein Nutznießer für Üppigkeit der Ausschmückung gewesen sein. Anpassung an die Normen der bürgerlichen Produktkultur des späten 19. Jahrhunderts heißt nicht für alle dasselbe. Schon im Hinterhaus ist das Buffet nicht mehr das Safe des Familiensilbers (weil man solches nicht besitzt), sondern Behältnis von Kram neben dem Notwendigen an Wäsche und Geschirr.

Nicht nur Preis, Material, Schönheit und Gebrauchswert – ganze Möbeltypen werden zu Zeugnissen differenzierter Lebensstile, die sich nur oberflächlich gleichen. Die verbohrt-kleinbürgerliche Pflegehaltung (die man im bürgerlichen Haushalt auf Dienstboten abwälzen kann) ist nicht nur Ausdruck neurotischen Verhaltens, sondern auch Antwort auf den Zwang, die teuer erworbenen Güter lange zu schonen. Jede Klasse von Gebrauchern antwortet auf die Bedingungen ihrer Lebensweise mit besonderen Tugenden und Deformationen, mit einer eigenen Qualität des Verhältnisses zum kulturellen Gegenstand.

Das heißt, mit Massenproduktion und Massenkonsum des historisierenden Industriegeschmacks kommt nicht nur die Vereinnahmung von oben, es kommt auch die Aneignung von unten, die den Gebrauch auf ihre Weise sozial abgrenzt. Dem Gewähren und Vereinnahmen von oben stehen das Umnutzen und Sich-Behelfen unten entgegen. Fortan muß die Designgeschichtsschreibung mit zwei rezeptionsästhetisch bedeutsamen Kräften rechnen – der Gewalt, mit der das Massenprodukt im Namen der herrschenden Kultur in das Leben eindringt, und mit dem Widerstand der dieser Gewalt Unterworfenen, die, wenn auch mühsam, ihre eigenen Gebrauchskulturen behaupten. Es macht

aus Bereichen der kulturellen Erfahrung, die schon klassifizieren. Unter einem scheinbar einheitlichen ästhetischen Gesamtgestus der wilhelminischen Klassengesellschaft entwickeln sich daher eigene kulturelle Wirklichkeiten von spezifischer Qualität, kleinbürgerliche und proletarische so gut wie mittelständisch-bürgerliche, jede auf ihre Weise geprägt von der umfassenden Produktsprache des Historismus. Sie bilden ein System der Einheit des Verschiedenen ab. Was bürgerlichen Konsumenten aus der Seele spricht (und auch bezahlbar ist), bleibt schon kleinbürgerlichen Nutzern unerreichbar, letztlich auch fremd, trotz Ähnlichkeit im Aussehen der Dinge. Je eingeschränkt-proletarischer die Lebensweise und Daseinsform, um so rücksichtsloser muß über das Dekor hinweggegangen werden, weil der reine Nutzen aus-

41 Freischwinger-Uhren. Abbildungen im Katalog des Einbecker Versandhauses August Stukenbrok, 1912

einen wahrnehmbaren Unterschied, wer sich welches Buffet in welche Wohnung stellt – der Werkmeister oder der Regierungsrat. Es ist nicht dasselbe Buffet. Es ist nicht dieselbe Lebens- und Familienwirklichkeit, in der es gebraucht wird. Es sind zweierlei Dinge, von unterscheidbaren sozialen und kulturellen Standpunkten aus wahrgenommen. Lange vor der Jahrhundertwende beginnt, was für uns heute schon selbstverständlich ist: Das Produkt wird aus unterschiedlichen Sozialtraditionen der Nutzung, ja der ganzen Lebensweise bedeutend gemacht und beurteilt. Als ästhetisches Objekt vermittelt es mit der epochalen Gesamtkultur, aber es differenziert sich in jedem Gebrauch sofort aus und wird erst dadurch ein integrierter, erfahrener Gegenstand mit eigenem gebrauchskulturellen Erfahrungshorizont.

So bildet der industrialisierte Historismus der wilhelminischen Ära als soziales und kulturelles Codierungssystem eine kompliziert gegliederte Einheit des Verschiedenen ab, die schon Strukturen und Funktionen der modernen Konsumkultur sichtbar werden läßt. Gerade im rezeptionsästhetischen Widerspruch von kultureller Anpassung und sozialem Eigensinn zeigt sich dieses erste industrielle Design in seiner gesellschaftlichen Funktionalität ausgereift, nicht mehr und nicht weniger als das Massenprodukt unserer Gegenwart.

80

2 Motive der deutschen Kunstgewerbe-Reform um 1900. Künstler-Entwurf zwischen Mäzenat, Werkstätte und Fabrik. Unterschiede zur ARTS & CRAFTS-Bewegung. Die zweite Ästhetisierung des bürgerlichen Privatalltags durch Stilkunst und die zeitgenössische Kritik des Industrie-Jugendstils

Als die Kritik am Historismus und am Massenfabrikat auf eine Erneuerung der Form aus der Tradition des Handwerks drängt und junge Künstler die Einheit freier und angewandter Kunst in einer ästhetischen Durchdringung des bürgerlichen Alltagslebens anzustreben beginnen, wirken unterschiedliche Motive auf eine allgemeine Reform der Produktkultur hin. Zum Teil reichen sie weit zurück.

Im Vordergrund steht – seit der Londoner Weltausstellung – die Klage um die mangelnde Konkurrenzfähigkeit deutscher Waren auf dem Weltmarkt. Ein zeitgenössischer Beobachter schreibt schon 1851, an die Stelle würdiger Aufmachung der Exponate sei bei den Produkten des Zollvereins »die edle Einfachheit deutscher Jahrmarktsbuden, graues Packleinen und nacktes, kaum gehobeltes Tannenholz« getreten (BUCHER, S. 176). Außer »Regierungsporzellan« (aus fürstlichen Manufakturen), Zündnadelgewehren und einer Kanone von KRUPP und dessen »kolossalen stählernen Walzen« (S. 198) sei alles »ohne Charakter«. Insgesamt qualifiziert GOTTFRIED SEMPER die Ausstellung als »verworrenes Formengemisch oder kindische Tändelei« (SEMPER 1852, S. 11) ab; die Produkte der 34 deutschen Kleinstaaten müssen einen besonders schlechten Eindruck hinterlassen haben.

Auf der Weltausstellung 1867 sei die »ganze deutsche Section, Preußen mit inbegriffen, die uninteressanteste und langweiligste Abtheilung« (FALKE 1868, S. 40) gewesen. Derselbe Autor bezeichnet dort einen Raum mit Schwarzwälder Uhren als »chamber of hor-

rors« mit Stücken im »rohest(en), wildeste(n) Naturalismus« (S. 41). Auf der Wiener Weltausstellung 1873 befinde sich das deutsche Kunstgewerbe »in arger Zerfahrenheit« (LESSING 1874); man erkenne, wie »gute Erfindungen heimischer Künstler verstümmelt« worden seien, »um möglichst bequem massenhaft hergestellt werden zu können« (ebenda S. 232). Schließlich spricht FRANZ REULEAUX, der offizielle Berichterstatter der Weltausstellung 1876 in Philadelphia von der »schwersten Niederlage« Deutschlands infolge der Devise »billig und schlecht« und der »bataillonweise aufmarschierenden Germanien, Borussen, Kaiser, Kronprinzen, Bismarcke« usw. aus allerlei Materialien, dazu der »killing machines« (der KRUPPschen Kanonen). Fazit: »Deutschlands Industrie muß sich von dem Prinzip der bloßen Konkurrenz durch Preis abwenden und entschieden zu demjenigen der Konkurrenz durch Qualität oder Werth übergehen« (REULEAUX 1877, S. 94). Noch auf der Ausstellung in Chicago 1884 findet JULIUS LESSING diese Qualität nur bei ausländischen Herstellern; zehn Jahre später verbindet GEORG FUCHS Gedanken über eine Reform der Kunstgewerbeschulen mit der mangelnden »Konkurrenz-Fähigkeit unserer künstlerischen Feinbedarfs-Industrie gegenüber der amerikanischen« (FUCHS 1903/04). Die Kritik hat Tradition und wird immer wieder nationalökonomisch begründet.

Dennoch kann dies kein hinreichender Grund für die ästhetisch-programmatische Umorientierung gewesen sein, die um 1895 spürbar wird. Der Wandel vollzieht sich zu-

J. PILTERS—KREFELD.
Motto: »Jup«.

P. RÖSSLER—MÜNCHEN.
Motto: »Hellbrenner«.

J. PILTERS—KREFELD.
Motto: »Deutsch«.

A. HANSEN—HAMBURG.
Motto: »Freie«.

F. RIESE—FRANKFURT A. M.
Motto: »Hoffentlich«.

F. STANGER—KARLSRUHE.
Motto: »Questa«.

42 Entwurfszeichnungen für einen Lampen-Wettbewerb der Zeitschrift »Deutsche Kunst und Dekoration«, 1899

nächst nicht an den industriellen Massenprodukten, sondern bei kunsthandwerklichen Einzelerzeugnissen. Industrielles Interesse an einer Formerneuerung kommt erst auf, nachdem sich die kunsthandwerkliche Avantgarde im Elitekonsum durchgesetzt hat und die modernen Formen verkäuflich werden – um die Jahrhundertwende und später.

Was sich seit Mitte der Neunziger Jahre an neuem Verständnis der Gestaltung des Alltäglichen zeigt, entsteht durch Zusammenarbeit von Künstlern mit kleinen Werkstätten, wobei sich die Entwerfer entweder kunsthandwerkliche Techniken oder zumindest Grundkenntnisse der Bearbeitung aneignen, so daß sie in der Lage sind, material- und verarbeitungsgerechte Entwürfe anzufertigen. Die Umstellung erfolgt überall, wo der historisierende Formgestus von fortschrittlichen bürgerlichen Schichten als veraltendes Ausdrucksprinzip empfunden wird – im viktorianischen England früher als im wilhelminischen Deutschland. Die Wiedergeburt des Kunsthandwerks, verbunden mit einer Neuaufwertung der Rolle des Einzelkünstlers, der wieder zwischen freier und angewandter Kunst vermittelt, wirkt in der Hochindustrialisierungsepoche jedoch auffallend unzeitgemäß. Es muß dafür sozialpsychologische Motive gegeben haben, nicht nur ökonomische.

ALEXANDER KOCH spricht 1905 zwar von den »wirtschaftlichen Segnungen der praktischen Durchsetzung des modernen Stils«, aber er muß als Propagandist der kunsthandwerklichen Erneuerungsbewegung ihren ökonomischen Erfolg betonen. Ebenso wie der hessische Großherzog sein Land durch die Reformbestrebungen der DARMSTÄDTER KÜNSTLERKOLONIE ›blühen‹ sehen will, soll VAN DE VELDE in Weimar das heimische Kleingewerbe durch Modellentwürfe beleben. Wirtschafts- und Gewerbepolitik ist im Spiel, Hoffnung auf Exportgewinne. Doch als OLBRICH auf der Weltaus-

stellung in Paris 1900 einen Grand Prix errungt und das deutsche Kunsthandwerk endlich 1904 in St. Louis den ersehnten internationalen Erfolg hat, ist die Exportindustrie davon noch nicht berührt.

Für den Anfang rückt das Streben nach individualkünstlerischer Durchdringung der kunstgewerblichen Produktion im Sinne nationalkultureller Selbsterneuerung in den Vordergrund, was auch dem besonderen Ausdrucksbedürfnis und den ästhetischen Genußerwartungen wohlhabender Gebildeter und ihrem Verständnis einer verfeinerten deutschen Nationalkultur entspricht. Sie fühlen sich von den alten Formen nicht mehr repräsentiert und beginnen daher, gemäß der ihnen in der wilhelminischen Gesellschaft zuwachsenden Rolle, den politisch und ökonomisch führenden Schichten gleichsam die kulturelle Verantwortung abzunehmen. Schon 1898 regt GEORG FUCHS nicht nur »Wettbewerbe für einfache aber zugleich künstlerisch werthvolle Erzeugnisse unseres nationalen Kunstgewerbes« zur Vorbereitung der Pariser Weltausstellung an, sondern auch zu dem Zweck, »damit (...) unser gebildeter Mittelstand mehr als bisher Gelegenheit findet, wahre Kunst in seinem Heime zu entfalten« (FUCHS 1898, S. 231 ff.).

Ein Doppelfaden der Argumentation durchzieht die Kunstgewerbeliteratur der Zeit: »Individuelle deutsche Kunstsprache« (A. KOCH 1898) soll mit den Schöpfungen der jungen Stilkünstler etabliert, zugleich soll »dem Auslande Achtung vor der deutschen Kunst« (ebenda) abgerungen werden. Die Zeitschrift »Deutsche Kunst und Dekoration« verbindet mit der Vorstellung der DARMSTÄDTER KÜNSTLERKOLONIE 1899 den Aufruf an die »Gebildeten aller Stände (...) und die wohlhabenden Kreise«, sich ihrer »Pflichten« zu erinnern und der Kolonie Aufträge zu erteilen. Als Gegenleistung wird »gediegene Ausschmückung und individuelle

Durchbildung der Wohnräume und Gebrauchsgegenstände« versprochen. Das eigene Heim werde nach dem Bemühen der Künstler »eine gewisse Eigenart und persönliche Poesie, wenn auch in schlichten Formen« zum Ausdruck bringen (DKuD IV, 1899, S. 418 ff.).

Die Reform verspricht den Künstlern Aufträge und ein neues Selbstverständnis, den gewerblichen Produzenten neue Kunden und Gewinne, der Kunstindustrie Weltmarktanteile, der Nationalkultur Weltgeltung und den Gebildeten eine neue Ästhetik der Innerlichkeit. »Wahre Kunst« im Alltag des Besitz- und Bildungsbürgertums erfordere »wirklich große Künstler für die – Kleinkunst« (KOCH 1898). Diese Feststellung trifft sich mit dem künstlerischen Selbstbefreiungsinteresse aus der Dumpfheit des Historismus und der Abhängigkeit von der Industrie. Noch 1907 glaubt HENRY VAN DE VELDE, der »Gedanke der Einführung eines neuen Stils« sei »befreiend« (bei CURJEL 1955, S. 146). Sie trifft sich aber auch mit dem Lebens- und Kulturreform-Interesse moderner bürgerlicher Schichten, die als Auftraggeber oder Abnehmer für die neue Stilkunst des Alltags in Frage kommen. Erstmals erscheint die künstlerisch hochqualifizierte, individuelle Arbeit neu zu sich selbst befreit. Die ersten deutschen Jugendstil-Künstler sehen eine Chance, der industriellen Sinnkrise zu entgehen, die aus der bisher zwangsläufigen Bindung der angewandten Kunst an die Fabrik und die gewöhnliche Warenproduktion entstanden ist und für die meisten unabweisbar wäre, sofern sie sich überhaupt am Entwurf von Gebrauchsgegenständen beteiligen wollten. Der Künstler ist auf diesem Gebiet ja längst als ›Musterzeichner‹ industriell vereinnahmt.

KARL SCHEFFLER beschreibt, wie die Mehrheit der Künstler um die Jahrhundertwende ihr Auskommen suchen muß: »Die einen haben in Textilfabriken Entwürfe in allen historischen Stilen bis zum modernen, nach Sammelwerken zusammengepaßte Neuheiten anzufertigen. Andere zeichnen ein ganz langes Leben in lithographischen Anstalten Postkarten mit Ansichten, Adressen, Diplome, Plakate; sie müssen die ganze Welt abkonterfeien können. Noch andere entwerfen nur Etiketten zu Zigarrenkisten oder lernen methodische Gehirnverrenkungen, um konkurrenzfähige Metallverzierungen hervorbringen zu können, oder bemalen die Decken der Wohnhäuser mit Engeln und Blumen im Tagelohn. Die besten und talentvollsten sind Spezialisten für dies und das, für Plakate, Konfektion und Schmiedeeisen zugleich. Das geht Tag für Tag: Kunst, Kunst, immer neue Kunst!« (SCHEFFLER 1902, S. 37 f.).

Dieser Zwang scheint endlich aufhebbar. Teile der Künstlerschaft entwickeln daher ein starkes Interesse an Neubestimmungen der eigenen Rolle in der Mitgestaltung der gegenständlichen Kultur. Ihnen kommt die traditionelle Kritik an den industriellen Formen entgegen, die lange vor der Stilkunst-Wende begonnen hat (vgl. FALKE 1888). So gibt es auch für das Künstlerbewußtsein eine Tradition des aufschließend-vorbereitenden Denkens:

»Die hohe Bedeutung des Kunstgewerbes ergiebt sich ganz von selbst zunächst aus dem Wesen desselben. Worin besteht dieses? Die Maschinen unserer Tage können lediglich die zweckmäßige Form und zwar immer nur einen und denselben Typus herstellen (...). Die Maschinen erreichen das Schöne nur insoweit, als sie die Elemente der Ordnung, Regelmäßigkeit, Symmetrie, also die rein formellen Momente des Schönen wiedergeben können; aber sie sind unfähig, den Stoff wirklich zu vergeistigen oder irgendeinem Gebilde das Gepräge des Individu-

43 ›Zimmer eines Kunstfreundes‹. Entwurf Richard Riemerschmid für die Vereinigten Werkstätten für Kunst im Handwerk in München, Weltausstellung Paris 1900

44   Zeichner und Lithographen bei der Vorbereitung eines Warenkatalogs der WMF, um 1900

ellen, des Ureigenthümlichen, des Unnach-
ahmlichen zu verleihen« (PORTIG 1883,
S. 29 f.).

Solche Auffassung bereitet die Wiedereinset-
zung des Künstlers als eigenverantwortlichen
Formschöpfer vor. Im Grunde ist dies Indu-
striekritik – nur später und weniger radikal
formuliert als in England. Freie Entwurfsarbeit
in Kooperation mit dem Kunsthandwerk verspricht Entlastung vom industriellen Produk-
tionsverhältnis, zugleich Einlösung jenes Versprechens der Selbstverwirklichung in quali-
tätsbewußter Gestaltungsarbeit, das man aus
den englischen Vereinigungen von Künstlern
zu Werkstatt-Gemeinschaften kennt. Der

Schritt bedeutet die bewußte Regression auf
frühere Stufen der gesellschaftlichen Produktivität unter Aufwertung der künstlerischen
Qualifikation, die schon verfallen schien. Im
kulturellen Führungsanspruch, in der Offen-
heit für eine ›moderne‹ Ästhetik des bürgerlichen Lebens und im Mißtrauen gegenüber der
industriellen Entwicklung, dem Massenkonsum, stimmen die Künstler mit den Grundhal-
tungen und Einstellungen ihrer Kunden und
Mäzene überein. Das wilhelminische Bildungsbürgertum ist eine eigenartige, widersprüchlich
in die Struktur der Machtverhältnisse eingebun-
dene, sich von der alten Bourgeoisie teilweise
abspaltende, neue kulturelle Bedürfnisse und

Bündnisse entfaltende Schicht, die Führungsansprüche im Ästhetischen und Kulturellen um so mehr erhebt, je weniger sie an den tatsächlichen Machtentscheidungen in Politik und Wirtschaft partizipiert. Die Übereinstimmung der Künstler mit Teilen dieser Schicht macht Erfindung und Aufnahme eines modernen Ornaments möglich, das eine eigene Psychologie der Einhüllungen und Abgrenzungen, auch der Elitebildung entwickelt.

Ziel der handwerklich realisierten Einzelentwürfe des deutschen Jugendstils ist die Durchdringung des komfortablen bürgerlichen Daseins mit Kunst auf einer hohen Stufe der Materialbeherrschung, formalen Schlüssigkeit und dekorativen Reife, die zugleich Ausdruck einer neuen, strengen Entwurfs- und Gebrauchsmoral werden soll. Ermutigt durch englische Vorläufer in der ARTS & CRAFTS-Bewegung, begleitet von publizistischem Zuspruch und unterstützt durch ein teils aristokratisches, teils bürgerliches Mäzenatentum, können führende Stilkünstler ihre Tätigkeit als wertschaffend, kulturell bedeutsam und individuell befriedigend begreifen. Ihre Ausdrucksmittel verweisen auf die internationale Moderne, die sich etwa gleichzeitig in Glasgow, London, Brüssel, Paris, München, Darmstadt und Wien entwickelt. Was als L'Art Nouveau in Frankreich, als Sezessionsstil in Österreich, in Deutschland (angelehnt an die ab 1896 erscheinende Zeitschrift »Jugend«) als Jugendstil bezeichnet wird, umfaßt unterschiedliche Erscheinungsweisen der neuen ästhetischen Einheit von Raum, Gegenstand und Mensch.

Darin werden die Hüllen, Dinge und Menschen selber zum Ornament. Anders als im Historismus, wo das Dekor dem Produkt am Ende industriell aufgeklebt wurde, bringen die Entwürfe nun neue, überraschende, individuelle Wendungen aus der Form organisch hervor: »Auch so eng zweckgebundene Dinge wie Möbel nehmen als Ganzes ornamentale Gestalt an. Ein Stuhl wird etwa im Sinne pflanzlichen Wachstums interpretiert, als bestünde er aus stengel- und knospentreibenden Substanzen (...)« (SCHMUTZLER 1962, S. 9).

Dies gilt nicht nur für die verschlungene Bewegtheit pflanzlicher Motive, sondern sinngemäß auch für die geometrisierend-strengen Varianten der neuen Form, die eher den Knochenbau als die Haut der Dinge betonen. Beide Erscheinungsweisen der Stilkunst deuten auf das Motiv der Naturnähe hin.

Auch in Deutschland handelt es sich um programmatische Entwürfe einer Ästhetik des Organischen und damit um ein Prinzip, das Trennungen aufhebbar erscheinen läßt – Trennungen zwischen Mensch und Natur, Aneigner

45   Empfangstoiletten (1896) und Stuhl (1898). Entwürfe von Henry van de Velde

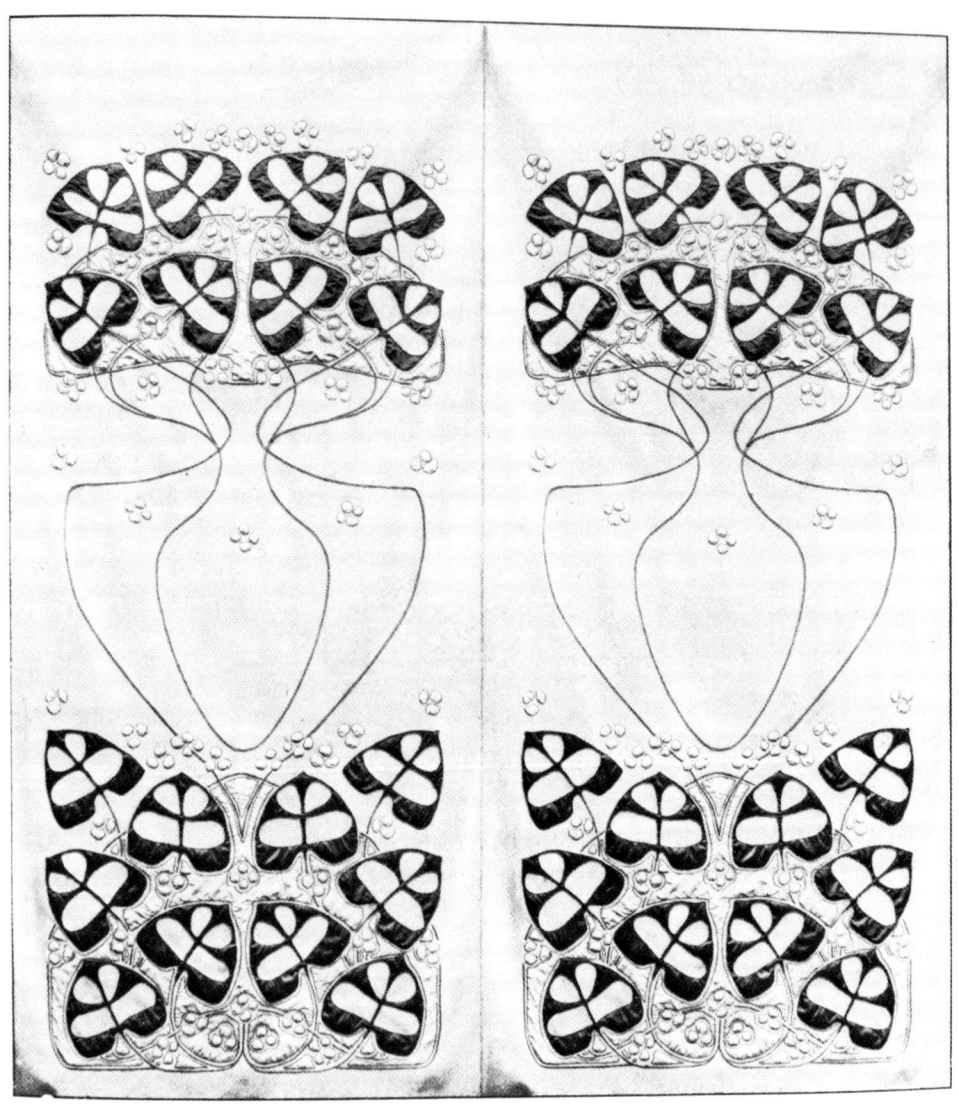

46   Zweiteiliger Vorhang mit Applikation. Stickereiwerkstatt der Hofmöbelfabrik Glückert
      in Darmstadt nach Entwurf von Joseph Maria Olbrich, Weltausstellung Paris 1900

und Gegenstand, auch zwischen Bewußtsein und Realität; man lebt in der industriellen Klassengesellschaft, zugleich im blumigen Dekor wallender Naturmystik oder in strenger Feierlichkeit. Die Anfänge der Stilkunst, das »Schlingwerk der Ornamente von 1896« (STERNBERGER 1956), zeigen diesen Widerspruch besonders eindrucksvoll. Eine luxurie-

47   Silbernes Kaffee- und Teeservice. Bruckmann & Söhne, um 1901

48   Lederwaren von Hochstädter & Bergmann. Nach Entwürfen von Patriz Huber, vor 1902

rende, zwischen raffinierter Einfachheit und überschießender Phantasie wechselnde Überformung macht Gegenstände und Räume zu besonderen ästhetischen Ereignissen. In der Rückbesinnung auf die Einheit von Kunst und Handwerk steckt daher weit mehr als nur ausgelebte Sensibilität für materiale Wirkungen und die Einmaligkeit der Form. Über allen

Selbstbeweis von Genußfähigkeit und geschmacklicher Verfeinerung hinaus umfaßt dieser Vorgang eine Rehabilitation künstlerischer, kultureller und sozialer Werte, die im Industrialisierungsprozeß verlorengegangen oder bedroht sind. Die Künstler machen gleichsam den Versuch, der Produktionsgeschichte einen Riegel vorzuschieben und Naturnähe, Ruhe und Schönheit wiederzugewinnen. Das ist ein Kerngedanke der englischen Bewegung, in der die Wiederbelebung des alten Kunsthandwerks (mit seinen von RUSKIN und MORRIS in der Gotik vermuteten Wurzeln) als Mittel verstanden wurde, »den Ausdruck des menschlichen Glücks und der davon abhängigen Schönheit wieder herzustellen« (LUX 1908, S. 39).

Dieser Ausdruck wird im Jugendstil mit ästhetischem Totalanspruch gesucht: »Vom Hausbau bis zum Buchschmuck, vom Theaterbau bis zum Frisiersalon, vom Möbel bis zum Eßbesteck, zur Teekanne, zur Gürtelschnalle, vom Wandbehang bis zum Porzellangeschirr, zur Typographie, zur Werbegraphik« wird »schlechterdings alles umkonstruiert, zurechtgeknetet, alles in den Wirbel seiner Erneuerung hineingerissen« (STERNBERGER 1965). Was hier nur VAN DE VELDES Tätigkeit bezeichnet, gilt auch für stilkünstlerische Gesamtentwürfe, die sich nicht der Freiheit des neuen Ornaments hingeben, sondern ›einfacher‹ bleiben wollen. Auffällig ist die bevorzugte Art des Produzierens fern aller industriellen Tätigkeit. Der Gegenstand, seine Ästhetik und seine Herstellung werden individualisiert, was das Verhältnis der Künstler und der Ausführenden ebenso wie das der Gebraucher zum Gegenstand berührt. Es wird gleichsam ent-industrialisiert – letztlich ein illusionäres Unterfangen.

Das Organisch-Umhüllende, Umschlingende, Einsaugende und Abgrenzende des Jugendstilornaments ebenso wie die feierliche ›konstruktive‹ Tektonik der Sezessionisten treten als ästhetische Phänomene inmitten der entwickelten Industriekultur auf. Städtewachstum, Bevölkerungsexplosion (60 Millionen bis 1900) und ein nach dem Fall des Sozialistengesetzes mit der erstarkten Sozialdemokratie politisch legalisiertes, gleichwohl in seiner eigenen Kultur nicht wahrgenommenes Industrieproletariat, dazu Massenproduktion, Technisierung des Alltags, Reklame, Warenhäuser – das ist die gesellschaftliche Wirklichkeit, die bewußt oder unbewußt durch Ästhetisierung und Intimisierung des bürgerlichen Lebens überspielt wird.

Eine der großen Illusionen der Epoche besteht in der Hoffnung, die neue ästhetische Kultur werde helfen, soziale Gegensätze auszugleichen und den Klassenkampf stillzulegen, wenn es nur gelänge, den »kunstsozialen« Gedanken zu verwirklichen, möglichst alle an den Segnungen der Reform teilhaben zu lassen. »Den Lehren der Sozialdemokratie den Boden unter den Füßen wegziehen« (LANGE 1895) ist innigster Wunsch vieler durch die politisch-ökonomische und soziale Entwicklung beunruhigter Gebildeter. Schon PORTIG (1883) hatte erwartet, die »Blüthe des Kunsthandwerks« werde ein »unschätzbarer Beitrag zur Lösung der socialen Frage« sein.

In den Siebziger und Achtziger Jahren galt trotz herber Kritik am ästhetischen Standard deutscher Industrieprodukte und an der Promiskuität des historisierenden Geschmacks unbestritten das Recht auf freie Aneignung der industriellen Kulturgüter. Das sollte jetzt ein Ende haben. Erstmals kann man im vollen Wortsinne von einer repressiven ästhetischen Erziehung von Konsumenten sprechen. Das Bildungsbürgertum nimmt sich dabei selbst nicht aus, das heißt, wenn man einer These von ELIAS folgt, wird jeweils jener Bezirk des Verhaltens intensiv durchmodelliert, dessen Funktion für die betreffende Schicht von zentraler Bedeutung ist. Das ist für die Gebildeten unverkenn-

49   Waschgeschirr. Entwurf Joseph Maria Olbrich für die Wächtersbacher Steingutfabrik, um 1904

bar der private Wohnbereich, entsprechend ihrer tatsächlich vollzogenen Abtrennung von der
unmittelbaren Produktion. An der schon be-
kannten Grundtendenz des bürgerlichen Rückzugs ins Private ändert sich nichts. Auch das
Interieur des Reformbürgers ist mit Fetischob-
jekten gefüllt wie die Salons der älteren Generation. Häufig bleibt die Grenze fließend, aber
man nimmt erwartungsvoll eine neue Erfahrung oder ein Wunschbild vorweg: »Da wird es
schön, da wird es heiter und ernst zugleich, da
bietet Freude am Schönen die Farbe und Form.
Edel und rein stimmt sich der Mensch zu Edlem
und Reinem, das ihn umgibt. Viel Glück spinnt
dort durch Thür und Fenster, wo einfache

Schönheit den nüchternen Zweck adelt« (OLB-
RICH 1900, S. 366 f.).

Diese private Glückserwartung kann nur in
einer eigenartig gestalteten Wohnumwelt eingelöst werden, in der die Form der Dinge und
deren Nähe ersetzt, was an historischen Wirk-
lichkeitskontakten verlorengeht (vgl. Ft. 6).
Das Hauptmotiv des Einzelentwurfs ist daher
die ästhetische Verdichtung genußvollen Für-
sich-Seins. STERNBERGER nennt solche Räume
»irreguläre schalen- oder muschelhafte Gebilde, deren Wände die Möbel gleichsam fest an
sich gesaugt zu haben scheinen und worin die
Nutzformen ebenso wie die Zierformen (...)
wie Höhlung und Abdruck der Lebewesen wir-

ken, denen sie bestimmt sind« (STERNBERGER 1965). An anderer Stelle heißt es, »(...) einer elastischen Blase nicht unähnlich, umgibt solches Heim den Menschen ringsum« (STERNBERGER 1956, S. 22).

So entwickelt sich auch der deutsche Jugendstil nicht nur als Ausdruck einer hedonistisch-bürgerlichen Moderne, sondern zugleich als Abdruck ihrer inneren sozialpsychischen Verfassung. Ein hochgespannter Ästhetizismus feiert sich selbst und eine schmale Auftraggeberschicht in Wien, Darmstadt, München und überall, wo die Fusion von Kunst und Handwerk gelingt und ein Markt für künstlerisch durchdrungene Luxusformen entsteht. Die Auftraggeber begnügen sich nicht mehr mit dem repräsentativen Gestus; ihr Reichtum wendet sich mehr nach innen. Das Gemeinsame der streng-geometrisierenden Stilvarianten und der ausschweifend pflanzlichen Formen ist der Wille zur umfassenden Gestaltung einer teils intimen, teils festlichen Atmosphäre. Erst jetzt entsteht die überzeugende Form jener Zurückgezogenheit in das bürgerliche Interieur, das WALTER BENJAMIN ein »Etui des Privatmannes« genannt hat. Die durch die Form symbolisch bekräftigte Innerlichkeit wird Thema eines Gesamtkunstwerks, durch das der Alltag seine Banalität verlieren soll. Dies zu einer Zeit, da draußen der Wilhelminismus, der Weltmachtanspruch und der beginnende Wirtschaftsimperialismus herrschen, von denselben Schichten bejaht, die sich in die organische Hülle des kunstvoll gestalteten Interieurs zurückziehen. Es privilegiert das Recht auf stille Abgeschiedenheit des ästhetischen Selbstgenusses und den Schutz vor der lauten, industriellen Welt, in der sich gefährliche Veränderungen vorbereiten. Es umhüllt und verzaubert auch heute noch den Betrachter solcher Räume.

Wenn man GASTON BACHELARDs phänomenologisch-psychologische Studien über das Haus, das Nest und die Muschel zu Rate zieht (vgl. BACHELARD 1975), ahnt man, was sich hinter den Jugendstilformen verbirgt. Die Verwandlung einer Gebrauchsform, zum Beispiel eines Stuhls, in ein organisch anmutendes Gebilde von sichtbarer Anschmiegsamkeit und stützender Tektonik verheißt neue, vertraute Leibnähe zum Gegenstand (vgl. Ft. 5). Nun werden die Dinge ganz nah herangeholt und in einem Innenraum versammelt, der Objekt und Gebraucher miteinander feierlich verschmelzen läßt. Die Befreiung der Form und des Ornaments aus der Enge bürgerlicher Repräsentationskulturen zu einer neuen Vereinigung des Gebrauchswerts mit der Schönheit ist ein Schritt nach vorn. Doch im gleichen Zuge geraten das alles überwuchernde Ornament oder die allzu steife Feierlichkeit zu Mitteln einer Auflösung der Grenzen von Wirklichkeit und Traum. Zwar ist diese zweite Ästhetisierung des bürgerlichen Privatalltags im Gegensatz zur historisierenden ersten im Sinne gestalterisch-formaler Befreiung geglückt. Dies ist kein Interieur mehr, in dem sich der neureiche Parvenü zuhause fühlt, sondern der zur ästhetischen Sensibilität gelangte fortschrittliche Teil der Klasse. Die ›junge‹, zwischen Strenge und Beschwingtheit vermittelnde Gestaltung der privaten Lebensräume vollzieht aber den Bruch mit dem Design des Historismus nur oberflächlich und bleibt bei aller Neuheit der Einfälle und Muster doch der Tradition des Ausschmückens verpflichtet.

BÖHME (1973) bezeichnet jenen Abschnitt um 1900, in den die Ausarbeitung und Vollen-

---

50 Wasserkanne mit Ständer und Spiritusbrenner für ein Teeservice, Silber und Elfenbein. Entwurf Henry van de Velde, ausgeführt von Hofjuwelier Th. Müller in Weimar, um 1906. Hessisches Landesmuseum Darmstadt

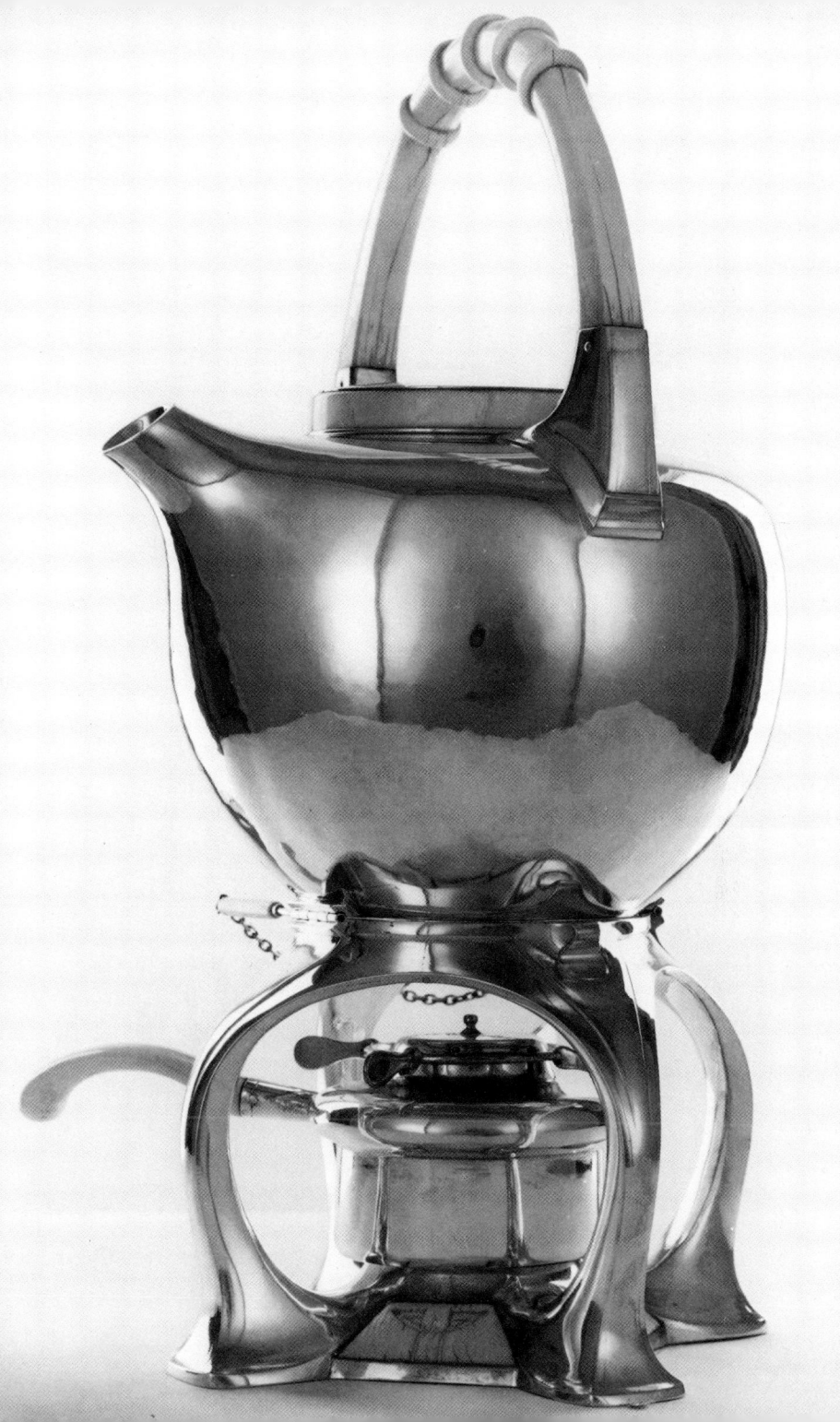

dung des Stilkunst-Gedankens fällt, abgesehen von kleineren Krisen, als wirtschaftlich »glanzvoll, ungetrübt«. Die Kapitalkonzentration in deutschen Aktienbanken beläuft sich 1900 auf über 2700 Millionen Mark. Zwischen 1890 und 1900 ist das Nationaleinkommen (vgl. HOFFMANN/MÜLLER 1959) im Deutschen Reich von 22 auf 48 Milliarden Mark gewachsen. Die Entwicklung des deutschen Jugendstils fällt in eine nur durch geringe konjunkturelle Schwankungen getrübte Aufschwungphase. Machtexpansion in Wirtschaft und Politik steht der ästhetischen Verinnerlichungs- und Absonderungstendenz der Gebildeten, der »Gesellschaftsschicht im Schatten der Macht« (HOLLWECK 1976) gegenüber, auch die »soziale Frage« bleibt ungelöst: 70 Prozent der preußischen Bevölkerung müssen mit weniger als 900 Mark im Jahr auskommen; 67 Prozent der Erwerbstätigen im Königreich Sachsen zählen zur »unbemittelten Klasse« mit 300 bis 800 Mark Einkommen im Jahr (nach WURM 1898). Eine anständige bürgerliche Familie kann mit etwa 23 000 Mark Zinsen aus Vermögenswerten ein kommodes Leben führen (vgl. LEIXNER 1894). Der gebildete ›Staatsdiener‹ mit etwa 5500 Mark Jahreseinkommen muß sich und seine Familie schon knapp halten. Aber er liegt immer noch unerreichbar über der Lebensführung zum Beispiel eines Gießereiformers mit 1700 Mark Jahreslohn. Eine Enquete zwischen 1907–11 weist durchschnittliche Wochenlöhne für Metallarbeiter zwischen 30 und 40 Mark auf (vgl. KOCKA 1974). Der Markt für Luxusartikel, aber auch der Absatz von Qualitätsprodukten insgesamt ist im Deutschen Reich noch weitgehend auf die wohlhabenden bürgerlichen Schichten beschränkt. Auf diesen Hintergrund

muß man die Ansprüche der führenden Stilkünstler und ihrer Auftraggeber projizieren. Sie bewegen sich in einem Sonderbereich handwerklicher Kundenarbeit für Luxusbedürfnisse *neben* der industriellen Produktion, die unbeeindruckt von den neuen ästhetischen Leitbildern Massenansprüche auf hergebrachte Weise weiter befriedigt oder die neuen Stilmittel verwertet und popularisiert.

Die Künstler durchlaufen binnen weniger Jahre die produktionsgeschichtliche Spanne zwischen Mäzenat und Fabrik. Sie berühren dabei noch einmal alle Produktionsverhältnisse, in die künstlerische Arbeit geraten kann, zum Beispiel in der Entwicklung der Werkstätten für das Kunstgewerbe. Der Einzelentwurf, nicht selten dem Inhaber einer kleinen Spezialwerkstatt kostenlos überlassen oder manchmal, wie bei Keramik oder Stickerei, selbst ausgeführt, wird abgelöst vom bestellten Entwurf auf Honorarbasis, über den ein Werkstattunternehmer verfügt. Schließlich wird der Künstler als Entwerfer von Programmen oder Serien herangezogen, sobald aus der Werkstatt ein industriell organisiertes Unternehmen geworden ist, das größere Stückzahlen maschinell fertigen kann.

RICHARD RIEMERSCHMID, BRUNO PAUL und BERNHARD PANKOK erleben so als Individualkünstler den Aufstieg der 1897 gegründeten MÜNCHENER WERKSTÄTTEN FÜR HANDWERKSKUNST mit. KARL SCHMIDT, der 1898 mit zwei Gehilfen in Dresden eine Möbeltischlerei gründet und 1910 in Hellerau über eine großzügige Fabrikanlage und über ein Vertriebsnetz mit Verkaufsstellen in ganz Deutschland verfügt, stellt seine Produktion schon ab 1906 auf »Typenmöbel« und die noch einfacheren »Maschinenmöbel« um. BRUNO PAUL und RICHARD RIEMERSCHMID, vor kurzem noch Erfinder individueller Formen für eine Werkstatt in München, werden durch solche Aufträge zu Industriedesignern.

51 Im Düsseldorfer Warenhaus TIETZ. Architekt und Einrichter Joseph Maria Olbrich, 1907/08

Für einzelne Mitglieder der DARMSTÄDTER KÜNSTLERKOLONIE kommt der Wandel fast ohne Übergang. Nur wenige Jahre nach ihrem Start als Einzelkünstler für die Bau- und Innenausstattung 1899 auf der Mathildenhöhe sind JOSEPH MARIA OLBRICH und PETER BEHRENS außerhalb ihres privilegierten Produktionsverhältnisses zum Mäzen für Handel und Industrie tätig. OLBRICH entwirft 1906 Automobilkarosserien für OPEL und baut 1907 kurz vor seinem Tod ein Warenhaus der TIETZ AG in Düsseldorf; BEHRENS nimmt 1907 seine umfassende Tätigkeit als Firmendesigner für die AEG in Berlin auf. Gemessen an Art und Volumen dieser Tätigkeit wirkt seine einzelkünstlerische Werkbiografie in Darmstadt fast wie eine Episode. Der zur Lampe stilisierte bronzene Frauenkörper mit dem wallenden Gewand und dem Baldachin aus Opaleszentglas von 1902 oder die feierlich-stilisierte Bronzetür des eigenen Hauses auf der Mathildenhöhe und die für die AEG entworfenen technischen Objekte sind in Herstellungsweise und Erscheinungsbild nicht mehr vergleichbar. Wie unter dem Brennglas der Produktionsgeschichte werden die Entwerfer in gesellschaftliche Funktionen zurückgeholt, die sie für die kurze Hochblüte des handwerklichen Jugendstils verdrängen konnten. Die Eigendynamik der industriellen Produktionsgeschichte entreißt die Künstler der Idylle und verändert das Bewußtsein der bisher tragenden Auftraggeberschicht.

Mit entwickelten Produktionsstrukturen, mit einer neuen Unterordnung der Künstlerarbeit unter Bedingungen der Großwerkstätten und der technischen Gebrauchsgüterindustrie tritt auch ein neuer Abnehmer der Formen auf. Es ist nicht mehr der reiche Mäzen, sondern der durchschnittlich verdienende Gebildete, der als neuer Gebraucher in Frage kommt. Er ist kein Auftraggeber mehr, sondern nur noch Käufer von Formen, die mehr und mehr aus der Industrie stammen. Eine zweite produktkulturelle Reform deutet sich an, nun auf das Massenobjekt bezogen.

Zunächst aber schließen sich Kunstleistung und industrielle Umsetzung aus. Es gibt Stimmen, die vor jedem industriellen Engagement warnen. Die Enttäuschung der Künstler ist offensichtlich, nachdem die Wiederbelebung des Kunsthandwerks zu bedenkloser Imitation der Formen durch die Kunstindustrie geführt hat. Erste Zeugnisse des Industrie-Jugendstils gibt es schon um 1900; den Künstlern fehlt jeder Gebrauchsmusterschutz. VAN DE VELDE (vgl. CURJEL 1955) klagt, die Schöpfungen der Künstler würden »auf die denkbar niederträchtigste Weise verdorben«, wo sich Fabrikanten die Modellkosten und Entwurfshonorare sparen. Noch 1907 antwortet ein Einsender auf die Frage, »welche Mittel hat der für das Kunstgewerbe entwerfende Künstler, um den Absatz seiner Zeichnungen zu steigern und sich vor wirtschaftlichem Schaden zu bewahren?«: »Studiert wohl die Fabrikation, aber nur die handwerksmäßige, nicht aber die fabriksmäßige! Leistet keine Fabrikware!!« (DKuD XIX, 1906/07, S. 473). Die Wiederannäherung von Kunst und Industrie wird vom Ausbeutungscharakter des Verhältnisses überschattet. Mit dem ursprünglich handwerklich-stilkünstlerischen Bemühen enden auch Hoffnungen, die Industriekultur unterlaufen zu können.

Schon 1908 stellt SOMBART den Verlust der »Intimität« zwischen Künstler und Auftraggeber fest. Sie war Ausdruck des Einverständnisses, das Einzelkünstler und Einzelgebraucher zusammenschloß. Der Verlust, den die Künstler ein knappes Jahrzehnt nach dem Beginn der Kunstgewerbereform empfinden, muß die Enttäuschung vergrößern; dazu schrieb OLBRICH: »Endlich eine begeisterte arbeitsfreudige Gesellschaft, in einer Stadt, die so glücklich ist, weder Glaspalast noch Akademie zu besitzen, doppelt glücklich daher, weil damit auch die beengenden Normen und Paragraphen für unsere schöne Kunst fehlen. Das habe ich mir immer gewünscht! Den freien Rasen, das blumige Feld, ein Land, wo nur vom Hören-Sagen das große Wehen einer neuen Kunst gekannt war (...)« (OLBRICH 1900, S. 366).

Die Enttäuschung resultiert letztlich nicht nur aus der Ohnmacht des Einzelkünstlers gegenüber industrieller Ausbeutung und gegenüber dem Verlust an Nähe zum Gebraucher seiner Entwürfe. Es rächt sich jetzt auch ein ideengeschichtliches Versehen oder Mißverstehen. LUX betont schon 1908 in seiner Geschichte der Kunstgewerbereform den Gegensatz zwischen dem ästhetischen Akzent des kontinentalen Jugendstils und dem ethischen Grundzug der englischen Vorläufer-Bewegung. Die deutschen Jugendstilkünstler nehmen die sozialistisch-utopischen Elemente der künstlerischen Selbstbefreiung in England kaum wahr und interessieren sich für die Produkte einzelner englischer Kunsthandwerker-Gemeinschaften, für die ästhetische Innovation mehr als für Politik und Kultur in deren Hintergrund. Auch die genossenschaftliche Idee wird in letzter Konsequenz nicht übernommen, in Deutschland sind es Unternehmer, selten Künstler, die Werkstätten gründen. Gildenartige Vereinigungen wie in England gibt es nicht: »Die Werkstättenorganisation ist zwar nicht die Verwirklichung des Morris'schen Ideals, das den Künstler auch zum ausführenden Handwerksmann machen wollte, aber es ist doch die Umsetzung dieser Wünsche in eine kapitalistisch mögliche Form. Der Künstler ist der leitende Geist, der die Herrschaft übt über die Technik, die Materialien und die ausführenden Menschen« (WESTHEIM 1911, S. 105).

Die Werkstätten-Unternehmen werden privatwirtschaftlich organisiert, die Arbeitsteilung bleibt hierarchisch. In der 1903 von JOSEF

52 Tapeten-Entwurf von William Morris, 1877. William Morris Gallery, Walthamstow

HOFFMANN, KOLOMAN MOSER und dem Industriellen FRITZ WAERNDORFER gegründeten WIENER WERKSTÄTTE ist es zwar kurze Zeit üblich, daß Künstler-Entwerfer *und* ausführende Handwerker die Objekte signieren. In der Regel aber bleiben ausführende und entwerfende Tätigkeiten getrennt und privatkapitalistische Organisationsformen der Betriebsführung obligatorisch.

Die englische Reformbewegung hingegen, in der Industrie- und Kapitalismuskritik des utopischen Sozialimus verwurzelt, formuliert die Unvereinbarkeit stumpfsinniger Fabrikarbeit mit kooperativ-kreativer Handarbeit weit radikaler als die Kunstgewerbetheorie in Deutschland. Die englischen Reformer erproben genossenschaftliche Alternativen; Kunst und Arbeit bleiben in Theorie und Praxis als menschliches Grundvermögen zur Einheit – mindestens der Idee nach – verklammert. Die sinnerfüllte Produktion und der schöne Gegenstand verweisen hier aufeinander.

Für JOHN RUSKIN (1819–1900) war schon der Londoner Kristallpalast mit seinen für schnelle Montage genormten, vorfabrizierten Elementen ein Symbol des Verfalls der Qualität menschlicher Arbeit und Kunstfertigkeit durch die industrielle Organisation: »Den Grad der Erniedrigung des Arbeiters kann man so mit einem Blick feststellen, indem man nur darauf achtet, ob die Teile des Gebäudes gleich ausfallen oder nicht. (...) Entweder du machst aus der Kreatur ein Werkzeug oder einen Menschen. Du kannst nicht beides haben. Den Menschen war es nicht vorbestimmt, mit der Genauigkeit von Werkzeugen zu arbeiten und präzise und perfekt in allen ihren Hantierungen zu sein. Wenn du ihnen diese Präzision abverlangst und ihre Finger wie Zahnräder greifen und ihre Arme abgezirkelte Bewegungen vollziehen läßt, dann mußt du sie entmenschlichen« (zitiert nach KEMP 1983, S. 175).

Kritisiert wird die unausweichliche Folge im »Übergang von der Handkunst zum Maschinenprinzip« (SCHLESINGER 1917), die später alle Reformideen der industriellen Gestaltung beeinflussen wird. Aus dem Studium gotischer Architektur folgert RUSKIN, daß nur die freie Arbeit des Handwerkers im tradierten Sinne von Kunstfertigkeit und seine Nähe zum Arbeitsgegenstand zu schönen und überzeugenden Formen, in denen eben diese Qualität der Arbeit sich spiegelt, führen kann.

WILLIAM MORRIS (1834–1896), Kunstgewerbe-Theoretiker und radikaler Sozialist, nimmt in seiner Kritik am massenhaft produzierten Schund und an der entfremdeten Arbeit selbst, die nichts anderes zustande bringen kann, RUSKINS Wendung gegen die industriell organisierte Warenproduktion auf und verstärkt sie durch kämpferische Absage an die kapitalistische Kultur insgesamt. Obwohl er selbst eine kunstgewerbliche Firma mit Lohnarbeitern betreibt, gilt sein Einsatz lange Jahre politisch revolutionären Zielen mit bemerkenswerter Problemoffenheit. MORRIS kämpft für die Rechte des englischen Industrieproletariats ebenso wie für die Erhaltung alter Gebäude oder Bäume – ein früher, entschieden linker ›Grüner‹.

In »News from Nowhere«, dem in »The Commonweal« (einer von ihm selbst herausgegebenen sozialistischen Zeitschrift) 1890 veröffentlichten utopischen Roman, beschreibt er, wie auf dem Lande oder in einer Art Gartenstadt-Landschaft in kleinen, assoziierten Produktionsgenossenschaften gearbeitet werden soll: »Die Gegenstände, die wir verfertigen, werden gemacht, weil wir sie brauchen; man macht sie ebensogut für seinen Nächsten als für sich selbst und nicht für einen unbestimmten Markt, von dem man nichts weiß und über den man keine Kontrolle hat. Und da es kein Kaufen und Verkaufen gibt, würde es reiner Unsinn sein, Güter ins Blaue hinein zu verfertigen, auf die bloße Möglichkeit hin, daß sie vielleicht gebraucht werden; denn jetzt gibt es niemand mehr, der gezwungen werden kann, das Zeug zu kaufen. (...) Alle Arbeit, die schwer mit der Hand zu verrichten wäre, wird mit außerordentlich verbesserten Maschinen gemacht, und alle Arbeit, die mit der Hand herzustellen ein Vergnügen ist, wird ohne Maschine angefertigt (...)« (MORRIS 1891, S. 126).

Arbeit als »Vergnügen«, als sinnstiftender Zusammenklang menschlicher Fähigkeiten und Schönheitsempfindungen im Produkt, wird bei MORRIS der Entfremdung des Produzenten in der Warenproduktion entgegengesetzt. In seiner Vorstellung menschlicher Arbeit ist die Einheit von Kopf und Hand wiederhergestellt. Deshalb die Orientierung am Handwerklichen, während die Maschine als Produktionsmittel auf planvolle Weise beherrscht wird. Die Arbeit

53 Henry van de Velde mit Handwerkern seiner Brüsseler Werkstatt, um 1897. Bibliothèque Royale de Belgique, Brüssel

ist selbstbestimmt, auf Lustgewinn und Notwendigkeit, Nutzen und Schönheit ihres Gegenstandes gerichtet; sie wird kooperativ im individuellen und allgemeinen Interesse vollzogen. Produktionskultur und Produktkultur sind darin untrennbar vereint. Das utopische Ziel ist eine Ästhetik der Arbeit und des Genusses ihrer Früchte unter Entfaltung der Fähigkeiten und Bedürfnisse aller. Nie ist der »kunstsoziale« Gedanke eindringlicher formuliert worden als im Denken dieses frühmarxistisch geprägten, selbst seine Fähigkeiten vielseitig

entwickelnden Künstler-Handwerkers, der nach einer Praxis als präraffaelitischer Maler beginnt, sich der Gestaltung alltäglicher Gebrauchswerte zuzuwenden, um damit ein Beispiel zu geben.

Für MORRIS ist Umweltgestaltung ein Ganzes von Arbeit, Miteinander, Gegenstand und Ästhetik, dazu ein Vorgang, der sich in Harmonie mit der äußeren und inneren Natur vollzieht. Sein Roman zeigt deutlicher als die theoretischen Schriften, worauf er hinauswill: Nicht auf ein wiederhergestelltes Mittelalter, nicht auf bloß schöne Handwerksformen für Begüterte und Gebildete, sondern auf einen postindustriellen, schönen Alltag des klassenlosen Miteinanders im Glück gestaltender Arbeit aller für alle. Morris errichtet gleichsam die kulturelle Utopie über dem theoretisch begründeten Marxismus und gestaltet sie aus.

Darin ist er zwischen 1890 und 1918 in Deutschland gewiß nicht verstanden worden. Rezeptionsgeschichtlich scheint erwiesen, daß seine deutschen Bewunderer von den Entwürfen für Tapetenmuster und Beispielen der Buchkunst beeindruckt waren, das politische Engagement aber ausgeblendet haben (vgl. Kirsch 1983, S. 279 ff.). Der Wiedergewinn kunstvoller Handfertigkeit wird in Deutschland nicht als kulturpolitisches Programm einer Humanisierung des Lebens aller *in* der Arbeit, sondern als Basis für die Produktion neuer, elitärer Genußwerte, für eine von der gesellschaftlichen Arbeit abgetrennte Produktästhetik verstanden, die man der industriellen entgegensetzen kann. Das ist ein fast programmatisches Mißverständnis der englischen Reformbewegung. Die Sozialutopie der erfüllten Arbeit und des kultivierten Genusses für alle, wie sie ursprünglich in der Lehre von Morris kulminiert, schrumpft in der Stilkunsttheorie und -praxis auf das Ziel einer Veredelung der Produktkultur für Kenner und Privilegierte. Das ist Morris zum eigenen Leidwesen mit den Erzeugnissen seiner Firma in London auch passiert, obwohl deren Gründung mit den Künstlerfreunden Burne-Jones, Rosetti, Maddox-Brown und Webb als »Versuch einer Kunstkommune« (Kirsch) angesehen werden kann, der kapitalistischen Produktions- und Produktkultur die eigene Kraft entgegenzusetzen.

In der deutschen Kunstgewerbereform ist dieses Modell der Künstlergemeinschaft während der Gründungsphase der Werkstätten zwar noch spürbar, aber das Ziel der Ver-

54   Schlafzimmer. Entwurf Charles Rennie Mackintosh, 1903

menschlichung der Arbeit für alle in einer neuen Produktionskultur entfällt bereits. Es wird nur noch in der gelungenen Selbstverwirklichung der einzelnen Künstler sichtbar.

Bei Morris und seinen Nachfolgern in den in England aufkommenden kunstgewerblichen Gilden und Werkstätten ist die kooperative Produktion ein kulturelles und politisches Programm: »(...) wir nennen derlei Betriebe nicht mehr Fabriken, sondern Vereinigte Werkstätten, das heißt Plätze, an denen Leute zusammenkommen, die gemeinschaftlich miteinander arbeiten wollen« (Morris a. a. O., S. 80).

Ruskin steckte noch Geld in die Guild of St. George, die mit Weberei und Landwirtschaft ihr Auskommen suchte. Die später unter dem Einfluß von Morris nach Gesichtspunkten handwerklich-manufaktureller Spezialisierung auf Kunstgewerbe in genossenschaftlicher Selbstorganisation vollzogenen Zusammenschlüsse von Künstlern und Handwerkern zeigen mehr Erfolg. Sie werden über Ausstellungen und Berichte in kunstgewerblichen Zeitschriften auch auf dem Kontinent bekannt. Charles Rennie Mackintosh mit seiner Gruppe The Four tritt unmittelbar nach dem

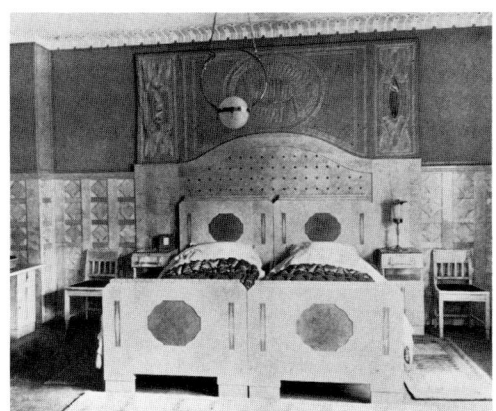

55 Schlafzimmer. Entwurf Johann Vincenz Cissarz, 1904–05

Tode von MORRIS an die englische Öffentlichkeit, wird 1898 von der Zeitschrift »Deutsche Kunst und Dekoration« vorgestellt und beeinflußt Wiener Künstler. Über einen Bericht von HERMANN MUTHESIUS, der sich lange in England zum Studium der Architektur- und Kunstgewerbereform aufhält, wird CHARLES ROBERT ASHBEE, der 1888 die GUILD AND SCHOOL OF HANDICRAFTS gründet, die zunächst in London, dann auf dem Land unter schwierigen Bedingungen als Produktionsgemeinschaft arbeitet, auch in Deutschland bekannt. Der junge Großherzog von Hessen, mit dem englischen Königshaus verwandt, läßt bereits 1897/98 von BAILLIE SCOTT Empfangs- und Frühstückszimmer für das neue Darmstädter Palais entwerfen; das Empfangszimmer wird bei ASHBEE in London, das Frühstückszimmer in der GLÜCKERTschen Möbelfabrik in Darmstadt angefertigt. So kommt die unmittelbare Verbindung der englischen Reform mit einem Zentrum des deutschen Jugendstils zustande, wo 1898 bereits eine Ausstellung mit Stilkünstlern wie HANS CHRISTIANSEN, OTTO ECKMANN, AUGUST ENDELL, MAX LÄUGER, KARL KÖPPING und EMILE GALLÉ stattgefunden hat.

In Belgien, wo VAN DE VELDE arbeitet, im Wien der SECESSION, an vielen Orten in Deutschland werden auf Betreiben von Künstlern Werkstätten gegründet, in denen die Entwerfer gemeinsam mit Kunsthandwerkern und Spezialarbeitern Einzelobjekte oder ganze Einrichtungen auf Bestellung verwirklichen können. Dabei wird an gewissen produktionsästhetischen Erwartungen festgehalten, die MORRIS formuliert und die die ARTS & CRAFTS-Bewegung teilweise eingelöst hatte. Das ästhetische Produkt kann und soll auch im deutschen Kunstgewerbe aus der denkend-gestaltenden Hand des Künstlers *und* der mitdenkend-ausführenden Handgeschicklichkeit des Spezialarbeiters kommen. Aber von Wien bis Dresden nennt man ›Werkstätten‹, was Manufaktur ist, im Einzelfall bald Fabrik sein wird wie die späteren DEUTSCHEN WERKSTÄTTEN von KARL SCHMIDT-HELLERAU, der schon 1907 – nach einer Fusion unter »starker Kapitalassoziation« (LUX 1908) – 300 Facharbeiter beschäftigt und eine Reihe erstklassiger Entwerfer unter Vertrag hat.

Der ehemalige Schreiner MICHAEL THONET wäre nie auf die Idee gekommen, seinen industriellen Status zu verleugnen, auch seine Söhne nicht, die schon 1876 in ihren Bugholzmöbelfabriken 4500 Arbeiter beschäftigten. Jeder Inhaber einer gutgehenden Dampfmöbelfabrik hätte das noch zu Beginn der Stilkunstepoche als Selbstverleugnung empfunden. Nannte man früher Fabrik, was gerade über eine Werkstatt hinausgedieh, so verkleinert man jetzt Betriebe, die längst maschinell und seriell produzieren, durch die vielversprechende Bezeichnung als Werkstätte. Zu Beginn können die Künstler den Werkstatt-Inhaber, seine Arbeiter und die technischen Einrichtungen als ihr Instrument betrachten, das der Entfaltung und Verwirklichung neuer Gestaltungsideen dienstbar ist. Da die Werkstätten ganze Inneneinrichtungen produzieren, reicht die Palette der kunsthandwerklichen Techniken von der Möbeltischlerei bis zur Polsterei, von der Silberschmiede bis zum Weben und Sticken, von der Herstellung von Gläsern, Keramik, Tapeten und Beleuchtungskörpern bis zu Leder- und Buchbindearbeiten. Das vielseitige Produktionsmittel garantiert die Vielseitigkeit des Künstlerentwurfs. Hinzu kommt die Nähe zu den Ausführenden und zu dem in Handarbeit entstehenden Produkt nach Entwürfen, die während der Arbeit geändert werden können oder in die Vorschläge der Handwerker einfließen. Diese Form der Kooperation ändert sich bald; Arbeitsteilung ist unerläßlich. Die kapitalistische Wirtschaftsform spiegelt sich im Status von Werkstätten als Aktiengesellschaften. Nur in der Bezeichnung bleibt ein schwacher Abglanz von RUSKINS Abscheu vor der Industriekultur und MORRIS' Kritik der entfremdeten, nutzlosen und häßlichen Arbeit erhalten.

Noch stärker unterscheidet sich die Organisationsform der Künstlerkolonie von den vorbildhaften Werkstättenvereinigungen der englischen ARTS & CRAFTS-Bewegung. War dort die genossenschaftliche Form des Lebens, Wirtschaftens und Gestaltens angestrebt, ist hier die vorübergehende Nachbarschaft eigensinniger Einzelkünstler das Ziel.

In Darmstadt beruft der Großherzog ERNST LUDWIG 1899 PETER BEHRENS, HANS CHRISTIANSEN und JOSEPH MARIA OLBRICH für drei Jahre in die Mitgliedschaft der Kolonie und zieht weitere (RUDOLF BOSSELT, PAUL BÜRCK, PATRIZ HUBER, LUDWIG HABICH) nach. In ihren Entwürfen für zum Teil eigene (selbstfinanzierte) Häuser auf der Mathildenhöhe setzen sie Beispiele für eine neue Formeinheit von Architektur und Innenausstattung. Die Ausführung übernehmen ortsansässige Firmen und Werkstätten, die sich wie die Künstler Erfolge auf den in Darmstadt veranstalteten Ausstellungen

erhoffen. Während einiger Jahre bleibt Darmstadt ein Brennpunkt der Entwicklung, vergleichbar mit den Werkstattzentren München und Dresden, aus denen sich – zukunftweisender als aus dem Koloniemodell – ein neues Innenraum-Design entwickelt.

Während die englische Reformbewegung in ihren Organisationsformen und Produktionszielen »kunstsozialen« Vorstellungen verbunden bleibt, wirkt die Durchdringung des Alltags mit Kunst in Darmstadt – trotz mancher gegenteiliger Absichtserklärung – wie eine letzte elitäre Privatisierung des Schönen. Alles Wirkliche und Gesellschaftliche wird durch »ästhetische Kultvorstellungen« (KRUFT 1977) überhöht oder – wie bei der Eröffnung der Ausstellung »Ein Dokument Deutscher Kunst« 1901 – weihevoll-theatralisch aufgelöst. Wer Texte von BEHRENS aus dieser Zeit liest, sieht sich an einen heiligen Ort versetzt, dem Alltag der Geschichte enthoben.

Die Feierlichkeit des Jugendstils fordert Zeitgenossen zu Spott und Kritik heraus; auch zeichnen sich früh Vorbehalte gegenüber der wuchernden Gebrauchskunst ab, die nicht für alle die angestrebte Verwirklichung der produktkulturellen Reform bedeutet. Als MUTHESIUS mit dem Jugendstil scharf ins Gericht geht, zielt er teils auf grundsätzlich falsches Beginnen, teils auf die unbeabsichtigte »Popularisierung der neuen Kunst durch die Industrie«. Nach seiner Meinung ist der industrielle Jugendstil »die peinlichste Verhöhnung« des ursprünglichen Reformgedankens (MUTHESIUS 1906, S. 5).

Damit bezeichnet er das Dilemma, in das die Reform der Produktkultur durch ein erneuertes Kunsthandwerk geraten ist. Entwürfe von höchster Qualität sind wenigen Auftraggebern zum Gebrauch und Genuß vorbehalten. Sobald sich die Kunstindustrie bemüht, die neuen ästhetischen Errungenschaften verbilligt und

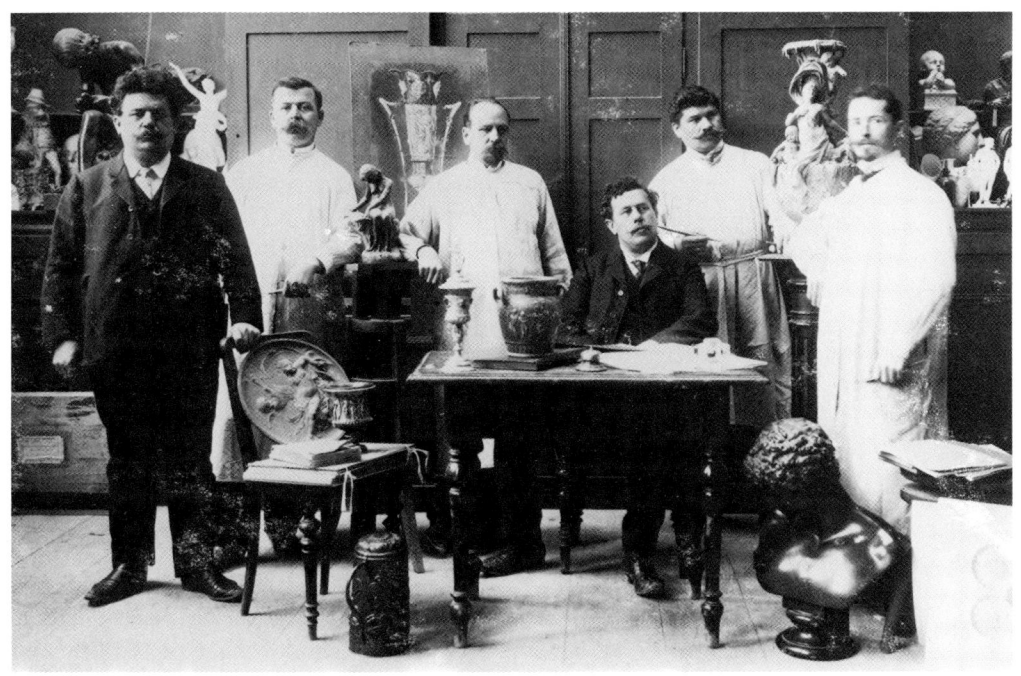

56   Angestellte Firmen-Entwerfer der WMF. Das ›Atelier Albert Mayer‹, um 1907

massenhaft zu reproduzieren, verflüchtigt sich die vorbildliche Einheit von Form, Material, Verarbeitung und Zweckdienlichkeit: »In allen Industrien ist dieser moderne Schund zu sehen« (GRAUL 1901).

MUTHESIUS' Urteil zielt auf den »gelenkigen Musterzeichner«, der fremde Entwürfe im Auftrag geschäftstüchtiger Fabrikanten kopiert. Es gibt im manufakturellen und industriellen Jugendstil selten Objekte, die den Vergleich mit handwerklichen Einzelstücken bestehen. Unternehmen, die traditionell Massenartikel und daneben auch Qualitätsprodukte herstellen, nehmen die neuen Formen in ihr Programm auf. Dabei arbeitet das ›Atelier‹ (die Designabteilung) nach der Kunstgewerbeliteratur und nach Vorbildern, die man auf den großen Ausstellungen studieren kann. Der Kunstindu-

strielle PETER BRUCKMANN beschreibt die »Fabrikateliers«:

»Dort sitzen die ›Künstler‹ wie sie sich selbst nennen und wie sie mit Stolz von ihren Prinzipalen genannt werden. Die kamen, nachdem sie eine praktische Lehrzeit bestanden, sehr oft aber auch ohne eine solche, als junge Leute auf die Kunstgewerbeschule oder Fachschule (…) und von da an in den Betrieb. Sie sind, wie jeder Kontorangestellte, Angestellte des Betriebs, sie haben den Weisungen des Fabrikanten in technischen und künstlerischen Fragen zu folgen und sie sind ihm um so mehr wert, je mehr sie in ihren Entwürfen das treffen, was das Publikum will, was der neuesten Mode entspricht. (…) Mit diesen Fabrikateliers und in ihrer intensiven Ausnützung glaubt ein großer Teil der Kunstindustrie gegen alle Anforderungen von Seiten

103

57 Entwurfsskizze für eine Schale, 1896. Archiv der
WMF Geislingen

neuen ästhetischen Leitvorstellungen in den
Massengebrauch und werden dort über die alltägliche Wahrnehmung und Aneignung assimi-
liert. Nicht nur die Sonderentwürfe, auch und
gerade ihre Popularisierungs- und Abwand-
lungsformen machen Designgeschichte, das
heißt, sie bilden die ästhetische Kultur der Epoche ab. In den Musterkatalogen zeitgenössischer Kunstindustrien findet man die zahlreichen Varianten des gewöhnlich Schönen in der
Vermischung von Historismus und Jugendstil.
Trotz aller Verwertungs-, Entfremdungs- und
Warenkritik muß man daher die anonyme Entwurfsarbeit für Kunstgewerbe und Industrie
auch als einen Beitrag zur Vermittlung hoch-
kultureller Normen in die Niederungen des
Alltags und als Anreize zur Verwirklichung ab-
geleiteter Produktkulturen verstehen, in denen
es um die Sicherung oder Auflösung von Traditionen und Geschmacksvorlieben, das heißt um
soziale Unterscheidungs- und Identifikations-
bedürfnisse geht.

In den Neunziger Jahren beginnt mit der
wachsenden Teilhabe bisher kaum konsumfähi-
ger Schichten am Reichtum der gesellschaftlichen Produktion ein Ausdifferenzierungspro-
zeß sozialer Kulturen von bisher kaum bekannter Breite. Der Industrie-Jugendstil ist zum Teil
auch Antwort auf die neue konsumsoziologische Situation, in der auch die unbekannten und
geringgeschätzten ›Musterzeichner‹ neue Aufgaben erhalten. In der Regel wird ihre Leistung
mit Schweigen übergangen, obwohl ihre Vorschläge sich oft lange im Angebot halten. In den
Musterkatalogen beispielsweise der WMF
Geislingen bilden Haushaltsgeräte und Zierge-
genstände über Jahrzehnte hinweg die Kon-
stanz ästhetischer Massenbedürfnisse ab.
Formkonstanz aber ist ein Indiz des Widerstands gegen raschen ästhetischen Verschleiß.

Historisierende und ›moderne‹ Elemente beginnen sich im anonymen Massenprodukt zu

des kaufenden Publikums gewappnet zu sein«
(BRUCKMANN 1908, S. 93 f.).

Schon MUTHESIUS’ Kritik ist beeinflußt
von den Versachlichungstendenzen der WERK-
BUND-Ära, die das Ende einzelkünstlerischer
und handwerklicher Bemühungen unter dem
Zwang der industriellen Produktionsrationalität objektiv und unwiderruflich fordern muß.
Seine Kritik läßt aber unberücksichtigt, daß die
meisten Künstler als anonyme Musterzeichner,
Modelleure oder Grafiker nicht die Privilegien
ihrer berühmten Kollegen genießen und ebenso
entfremdet arbeiten müssen wie alle, die an der
Maschine die billigen Entwürfe massenhaft
produzieren. Das ist der Normalfall der Ent-
wurfs- und Produktionswirklichkeit. Ihr entspricht eine breitgefächerte, ebenfalls von den
elitären Stilkunst-Kriterien abweichende Mas-
senkonsumkultur. Durch Vervielfältigung und
Variation im industriellen Entwurf gelangen die

einem eigenen, gegen zudringliche geschmacks-
erzieherische Forderungen resistenten Bestand
alltäglicher Schönheiten für viele aufzumi-
schen. Vom Historismus beeinflußte Gegenstände gewährten die Chance der Teilhabe an
der bürgerlichen Kultur. Mit der ›Erfindung‹
des Industrie-Jugendstils gelingt die Teilhabe
an der Moderne. Hier wird die Herrschaft des
Banalen, das eben noch das Erhabene war, etabliert. Kultur von oben und Kultur von unten
arbeiten sich aneinander im Massenprodukt ab
– so deutlich wie um 1900 hat es das noch nicht
gegeben. Die Massenproduktkultur erweist
sich als Feld eigenständiger Interpretationen
und Wertbeweis im Gebrauch; Banalisierung
ist auch eine Form authentischer Aneignung.
Dabei können die Dinge in ihrer Schönheit und

ihrem Nutzen oft realistischer definiert werden
als in der führenden Hochkultur. Vom Standpunkt neuer Massenkonsumenten aus gesehen
entwickeln sich Sekundärgebrauchswerte in der
kleinbürgerlichen Übernahme und in der proletarischen Aneignungsgeschichte des Massen-
Schönen. Freilich kann man sich das Gekröse
und Geschlinge des industriellen Jugendstilornaments in Arbeiterhaushalten schlecht vorstellen. Hierhin gelangt nie die neueste Mode, eher
das vernutzte alte Zeug. Ihr industrielles Ende
findet die Stilkunst-Idee daher bei den Schichten, die über die unmittelbare Lebenserhaltung
hinaus (pseudo)bürgerliche Ansprüche unter
Beweis stellen müssen und das modische Zeug
anschaffen können. Modern aber ist weniger
die billige Eleganz des industrialisierten Ju-

58   Briefkästen aus Eisen- und Messingblech. Angebot im Berliner Kaufhaus WERTHEIM, 1905

gendstils als das neue Verhältnis des Banalen zur künstlerisch vorbildlichen Form, das die eigenartige Spannung zwischen der bürgerlichen Offizial- und Reformkultur und den sozialen ›Subkulturen‹ bezeichnet.

Die Gesamtheit der Erscheinungsfomen wird nun vom Prinzip der Gleichzeitigkeit des Ungleichzeitigen charakterisiert. Altes und Neues, das Banale und das Besondere, sozial ausgrenzende, zugleich einbindende Entwürfe existieren seither als Teilabbilder eines komplizierten, in ständiger Wandlung begriffenen Systems soziokultureller Strukturen nebeneinander her. Diese Gleichzeitigkeit des Verschiedenen unter dem Firnis der ›Stile‹ oder Modeströmungen wird für alle Zukunft als designgeschichtliches Faktum hinzunehmen sein.

3 Versachlichung des Entwurfs durch die Großindustrie. Peter Behrens bei der AEG / Richard Riemerschmid und die Dresdener Werkstätten für Handwerkskunst. Bündelung der Interessen im Deutschen Werkbund zwischen 1907 und 1914. Bildungsbürgertum und zweite Kunstgewerbereform. Arbeiterwohnung und Arbeitermöbel bis 1918

Zwischen 1890 und 1914 wächst die deutsche Gesamtbevölkerung um 34 Prozent – was nicht ohne Folgen für die Massennachfrage bleibt, zumal Konjunktur herrscht. Der wirtschaftliche Strukturwandel führt zu Zusammenschlüssen in Großunternehmen und Konzernen; neue Industrien wie die elektrotechnische erzielen enorme Zuwachsraten. Der erreichte Stand der Produktivität und die sich erweiternden Möglichkeiten des Massenkonsums rufen neue ästhetische und kulturelle Interpretationen des Produkts hervor. Ihre Tendenz heißt Versachlichung oder genauer, Anpassung des Gegenstands in seiner Erscheinungs- und Handhabungsweise an die technologisch und ökonomisch begründete Effektivität der massenhaften maschinellen Produktion und an ein kulturelles Bild dieser Produktion, das der fortgeschrittene Industriekapitalismus mit Hilfe eines neuen Gestalters seiner Produkte, dem Designer, von sich selbst entwirft. Denn Sachlichkeit hat ihr originales Motiv nicht in der subjektiven Entscheidung, sondern in der objektiven, neuen Maschinen-Beziehung des Entwurfskünstlers, in der und durch die hindurch sich die versachlichte Produktionswirklichkeit im Produkt einen eigenen ästhetischen Widerschein schafft und im Künstlerbewußtsein eine neue ästhetische Ethik begründen hilft.

In der Abkehr bedeutender Entwerfer vom Jugendstil und im Hervorheben funktional betonter Produktformen durch die zeitgenössische Designtheorie kommt scheinbar nur die Überzeugung zum Ausdruck, daß der Stilkunst-Entwurf veraltet und den Künstlern selbst in der massenhaften Imitation entfremdet ist. Der tiefere Grund des Wechsels liegt aber in einer Änderung ökonomisch-technologischer Entwurfsvoraussetzungen. Das Verhältnis, das die Künstler zu kunstgewerblichen Großpro-

59   Elektrische Kochgeräte, abgebildet im AEG-Katalog 1897

duzenten und zur technischen Konsumgüterin-
dustrie eingehen, versachlicht sich im gleichen
Maße wie die Produktion, deren Gesetzen die
Gestaltung sich unterzuordnen hat.

    Wenn THEODOR FISCHER folgert, daß nun
»neben der Maschine und durch sie (...) es die

Massenproduktion und die Arbeitsteilung
(sind), welche die Gestaltung der Produkte beeinflussen« (FISCHER 1908, S. 15), und FRIED-
RICH NAUMANN feststellt: »In aller Maschi-
nentechnik liegt ein Zug zur Präzision, zur formalen Akkuratesse« (NAUMANN 1904, S. 325),

klingen theoretische Legitimationen der neuen Form an. Ornamentaler Aufwand, dekorative Vereinzelung – das sind Absichten, die dem effektiv hergestellten Industrieprodukt im Grunde fremd gegenüberstehen. Es sind gleichsam Überhänge einer produktionsgeschichtlich längst überwundenen Ästhetik des Gegenstands in seiner Planung und Fertigung, folglich auch seines Gebrauchs, die es zu beseitigen gilt.

Dank der Bestandssicherung von Materialien zur Geschichte der ALLGEMEINEN ELECTRIZITÄTS-GESELLSCHAFT (AEG) von BUDDENSIEG, ROGGE, u. a. (1977, 1979, 1981) läßt sich die ästhetische Wandlung exemplarischer Produkte ebenso wie die Verwandlung des Künstlers in einen Designer modernen Typs auf produktionsgeschichtlicher Grundlage an einem großen Modellbeispiel verfolgen. Der kleinere Modellfall ist die fabrikmäßige Organisation der DEUTSCHEN WERKSTÄTTEN VON KARL SCHMIDT, wo sich vergleichbare Rationalisierungstendenzen am Produkt und in der Entwerferarbeit abbilden. Die personifizierten Beispiele heißen PETER BEHRENS und RICHARD RIEMERSCHMID – beide aus der Geschichte der handwerklichen Jugendstilproduktion wohlbekannte, profilierte Einzelkünstler.

Während RIEMERSCHMID der Werkstätten-Entwicklung auf allen ihren Stufen seit seinen Münchener Anfängen verbunden ist, stellt BEHRENS' Eintritt als »künstlerischer Berater« in das Großunternehmen der RATHENAUS in Berlin einen dramatischen Bruch mit der Arbeitsweise des früheren Stilkünstlers dar, der sein Werk als Maler begonnen hat. BEHRENS übernimmt zwischen 1907 und 1914 die Verantwortung für die Neugestaltung aller Produkte der AEG, der Fabriken, der Werbemittel und des Markenzeichens; er entwirft Ausstellungsbauten, Verkaufsstellen und Arbeiterwohnungen. Unsere Aufmerksamkeit gilt zunächst weniger dem Sonderfall dieser ästhetischen Total-

60 Elektrischer Wasserkessel der AEG. Entwurf Peter Behrens, um 1908

verantwortlichkeit, als den speziellen Funktionen des Produktgestalters.

BEHRENS findet veraltete Produktformen vor, im Widerspruch dazu eine höchst moderne Produktionsstruktur. Er hat dieses Gefälle auszugleichen, einmal unter Aspekten innerbetrieblicher Rationalisierung, zum anderen unter Gesichtspunkten des Marketing, schließlich im Sinne einer Firmenideologie, die sich ästhetisch im Gesamtbild manifestieren soll.

Ein derart entwickelter Produktionsapparat wie bei der AEG erzwingt die äußerste Ökonomie des Einsatzes von Arbeitszeit, Maschinen, Werkzeugen und Material für Produkte, die über möglichst viele austauschbare Teile eine rentable Bandbreite der Differenzierungsmöglichkeiten ihrer Funktionen aufweisen müssen.

Eine Art Baukastenprinzip der Teile, wie wir es heute aus der Automobilindustrie kennen, ist von Ingenieuren der AEG bereits entwickelt, als BEHRENS dort seine Arbeit aufnimmt. Er wird also in den Rationalisierungsprozeß durch Vorgaben einbezogen, die schon aus der strukturellen Ökonomie des technischen und betriebswirtschaftlichen Organisationsdenkens entstanden sind. BUDDENSIEG zitiert einen Vortrag, den M. VON DOLIVO-DOBROWOLSKY 1912 über »Die moderne Massenfabrikation in der Apparate-Fabrik der AEG« gehalten hat. Dieser Ingenieur war Direktor eben jenes Betriebes, aus dem auch die von BEHRENS gestalteten Bogenlampen und Ventilatoren stammen. Im Kern wird eine in der AEG konsequent praktizierte Theorie referiert, nach der die Qualität der Massenprodukte gerade in der präzisen Reproduzierbarkeit eines Objekts durch die Maschine bei genauer Qualitätskontrolle, also in der Ausschaltung aller Zufälle der Handfertigung liegt und das Produktsortiment einer »Normalisierung der Bestandteile« (vgl. bei BUDDENSIEG, 1981, S. 39) – später wird man Normierung sagen – unterzogen werden kann. Am Beispiel elektrischer Schalter oder Uhrenzeiger wird deutlich, wie das Prinzip der Austauschbarkeit einzelner Teile innerhalb einer sehr differenzierten Produktpalette gedacht ist. Der Ingenieur-Beitrag zur Ökonomie der Teleproduktion und der Lagerhaltung impliziert neue Voraussetzungen für ein Design der Sachlichkeit und Vereinheitlichung.

BUDDENSIEG (S. 40) betont als Folge für den Entwurf »die weitgehende Ablösung der Außenform eines Produkts von seiner Mechanik«. Einerseits seien die »gefährlichen interna« des elektrischen Geräts durch eine Hülle vor dem Gebraucher und umgekehrt dieser vor jenen zu schützen. Andererseits werde die gesamte Mechanik der Apparate den Prinzipien funktionaler Ökonomie und der Verantwortlichkeit der

61   AEG-Luftbefeuchter. Entwurf Peter Behrens, um 1909 (nach BUDDENSIEG/ROGGE 1981)

Ingenieure unterworfen und dem gestalterischen Zugriff entzogen. Schon der zeitgenössischen Designtheorie scheint immerhin bewußt gewesen zu sein: »Nur die Qualität der Form hängt vom Künstler ab. Die Arbeits- und Materialqualität ist von anderen Faktoren bestimmt, die nicht in seiner Gewalt sind« (LUX 1908, S. 81).

Nicht nur der Arbeiter an der Maschine hat keinerlei Einfluß auf Strukturprinzipien des Produkts, auch dessen Hüllengestalter, der Designer, soll mit der durchrationalisierten Mechanik, die reine Ingenieurplanung bleibt, nichts zu tun haben. Genau besehen wird der Künstler hier aus der Funktionsverantwortlichkeit für den Gegenstand, die er neben der gestalterischen Verantwortung in der handwerkli-

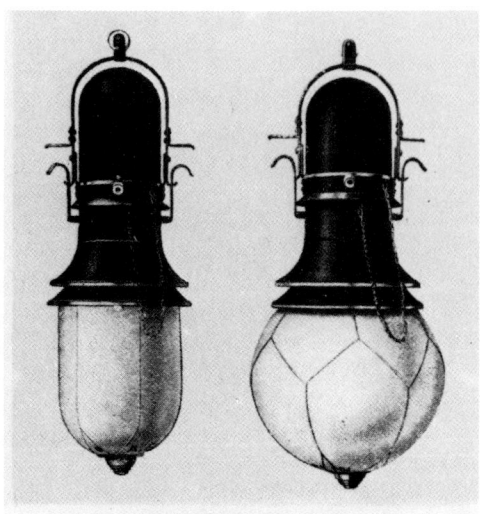

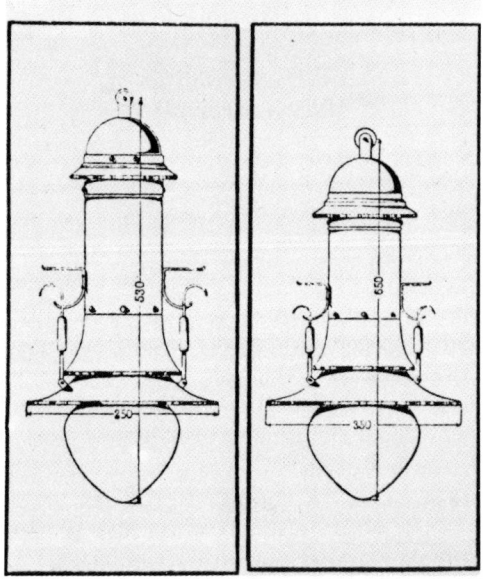

62/63 Differential-Bogenlampen und Entwurfszeichnungen für Sparbogenlampen der AEG
von Peter Behrens, 1908/09 und 1907 (nach
BUDDENSIEG/ROGGE 1981)

chen Stilkunstproduktion hatte, entlassen. Sein
Tätigkeitsfeld wird auf die ästhetische Arbeit
am Äußeren des Gegenstands, der ihm technisch ausgereift vorgesetzt wird, begrenzt. Im
Prinzip hat diese Arbeitsteilung schon für die
Musterzeichner gegolten, die vor BEHRENS die
historisierenden Hüllen technischer Geräte entwarfen. Auch hier ging es schon um den Schutz
der technischen »interna« nicht nur aus Gründen des Funktions- und Unfallschutzes, sondern auch, weil die technische Apparatur das
der Gestaltung über- und vorgeordnete Prinzip
darstellte. Daran hatten die Hüllengestalter
nicht zu rühren.

Die Trennung von Funktion und Hülle ist
also nichts neues in der Arbeit von PETER BEH-
RENS, wohl aber, daß der funktionale Korpus –
das technische Innenleben der Apparate – und
dessen ästhetische Einkleidung oder Haut auf
frappante Weise miteinander zu verwachsen
scheinen, obwohl sie produktionslogisch voneinander getrennt sind. Die äußere Hülle ist
nun nicht mehr dekorativ beliebig geformt,
sondern tritt – indem sich das gestalterische
Empfinden dem funktionalen Denken des Inge-
nieurs anschmiegt oder es symbolisch zum
Ausdruck bringt – neu, gleichsam in technoider
Schlankheit, in Erscheinung. Die exakt geformten, knappen Blechhülsen, die die Mechanik
der Bogenlampen verdecken, entsprechen einer
ästhetisch möglichen und glaubhaften Unter-
stützung technischer Funktionsprinzipien, die
zur Anschauung zu gelangen scheinen, indem
BEHRENS das Gestaltbild der Apparate aus elementar reduzierten, ausgewogen proportio-
nierten Körpern und geometrisch gekurvten
Profilen klar konturiert zu einer charakteri-
stisch ›technischen‹ Form aufbaut (vgl. Ft. 7).
Wir finden ähnlich überzeugende ästhetische
Analogien zwischen Funktion und Apparate-
form in den frühen, sachlichen Ingenieurent-
würfen des 19. Jahrhunderts. Dort allerdings

begründet in der Einheit technischen und künstlerischen Denkens, in der noch untrennbaren Verantwortung für das Ganze.

Mit BEHRENS beginnt eine neue Tradition industrieller Sachlichkeit. Doch zeigt sich an den Apparate-Entwürfen, daß die tatsächlichen Funktionen nur vorschlagsweise abbildbar sind – elektrische Energie ist ein ästhetisch schwierig zu vermittelndes physikalisch-technisches Phänomen, Hülle bleibt letztlich Hülle – auch bei den Bogenlampen. Zweitens zeigt sich eine neue Form der Abhängigkeit des Entwurfs. Diese Nüchternheit kommt nicht aus dem Künstler selbst, schon gar nicht aus der Erfahrung, die BEHRENS aus der DARMSTÄDTER KÜNSTLERKOLONIE mit ihrem Individualismus und ihrer Formphantasie mitgebracht haben kann. Es ist die versachlichte Entwurfshaltung, die aus dem Charakter des neuen Auftragsverhältnisses und dem Bekenntnis zur Maschinenwelt kommt, ja die dieses geradezu erzwingt. Für die zeitgenössischen Gebraucher ist das ein Schock, so wie die Nacktheit der »Maschinenmöbel« RIEMERSCHMIDS, die zur gleichen Zeit entstehen, eher ein Hindernis für ihre Vermarktung als eine Verkaufsempfehlung dargestellt haben mag. Die zunehmende Bedeutung der Werbung hat daher ihren Ursprung unter anderem auch darin, daß die neuen sachlichen Formen gegenüber Wiederverkäufern und Konsumenten einer überzeugenden Begründung bedürfen. Alle Welt war ja gewohnt, die modernen technischen Artikel in reich dekorierten Hüllen und nicht im kargen Blechkleid wahrzunehmen. Ebenso hatte es kaum ein Möbelstück gegeben, das bloß ›funktionierte‹ wie RIEMERSCHMIDS einfache Stühle. Für unser Auge wirken Wasserkessel, Tischventilatoren und Bogenlampen von BEHRENS nicht kalt, eher ist ihnen ein Rest Stilkunst-Feierlichkeit, dazu formale und farbige Delikatesse abzuschmecken. Auf manche Zeitgenossen aber haben diese Formen ernüchternd gewirkt. Der Eindruck vermittelte indirekt ihren verdeckten Ursprung in der industriellen Ökonomie als einer fremden, überwältigenden Macht. Neu, vielleicht auch beunruhigend ist nicht die weitgehende »Ablösung der Außenform eines Produkts von seiner Mechanik« (BUDDENSIEG) – danach handeln ja auch die Musterzeichner des ausgehenden Jahrhunderts –, sondern die strikte Anbindung der Produktform an eine der Maschine und betrieblichen Ökonomie angemessene oder diese zum Ausdruck bringende Ästhetik des Rationellen.

BUDDENSIEG (vgl. S. 46) stellt zwar fest, daß selbst die nüchternen Bogenlampen mit gewissen ästhetischen Eigenheiten letztlich »nicht dem Diktat von Zweck und Material« allein folgen. Die Entwürfe weisen über die reine Zweckfunktionalität der Geräte hinaus und etablieren industrielle Symbolfunktionen in ihrer Erscheinungsweise. Die Analyse deckt aber nicht auf, wo BEHRENS sich in Formgebung, Proportionierung und Details von der Ökonomie der Fabrikation löst und wo er ihr – unbewußt oder willentlich – nachgibt. Das heißt, man erfährt nichts von den Bearbeitungstechniken, sondern kann nur voraussetzen, daß Blechröhren wie bei den ›Hüllen‹ der Bogenlampen schon vor BEHRENS nicht mehr in der Flaschnerwerkstatt gebogen, genietet oder gelötet und die Wölbungen, Wülste und Kehlungen nicht mehr handwerklich mit dem Treibhammer oder halbmechanisch an der Drückbank herausgearbeitet wurden, sondern daß sie ihre Präzision und massenhafte Gleichförmigkeit einer sinnreichen, äußerst effektiven Anordnung von Maschinenarbeitsgängen verdanken.

Bezeichnenderweise geht der Ingenieur DOLIVO-DOBROWOLSKY gerade auf diesen Punkt ein und berichtet: »Der äußere Mantel der Bogenlampe (...) wird meist aus starkem Eisenblech teils in Ziehpressen, teils in Drückmaschinen vorgeformt. Diese Armaturteile werden bei uns weder verlötet, noch verschraubt oder genietet, sondern mittels elektrischer Schweißung miteinander verbunden« (in: BUDDENSIEG 1981, S. 318). BEHRENS muß diesen Vorgang genau gekannt haben. Tiefziehen oder Drücken erfordern teures Werkzeug, die Verschweißung der gepreßten oder gezogenen Bleche an besonderen Maschinen (bei der AEG Frauenarbeit) setzt möglichst glatte Anschlüsse voraus.

Man müßte in Erfahrung bringen, welche Vorgaben der konkrete Herstellungsprozeß dem Entwurf machte. Welche Werkzeugmaschinen und -formen waren zur Herstellung der Röhren- und Schirmteile einer Bogenlampe der AEG erforderlich? Welche Teile wurden gedrückt, welche tiefgezogen, welche Dichte oder Abfolge von Kerben und Wulsten forderten oder erlaubten Werkzeug und Material? Welche Oberflächenbehandlungen mußten eingeplant werden und beeinflußten den Entwurf, um – wie bei den Wasserkesseln – rentable Produktdifferenzierung zu treiben? Wo mußte BEHRENS sich den technologischen und kalkulatorischen Voraussetzungen beugen, wo nutzte er ihre Rahmen als Spielraum für gestalterische Entscheidungen? Wie groß oder wie klein ist dieser Spielraum überhaupt gewesen?

Das ist heute kaum rekonstruierbar. Nur auf diesem Wege ließe sich beurteilen, wie weit die »mechanisch bedingte Ablösung der Hülle auf der ästhetischen Ebene als eigene Notwendigkeit der Form vollzogen, die Rationalität des technischen Geräts in die Souveränität einer Komposition übersetzt« (BUDDENSIEG, S. 47) oder wo die Form von einer Maschine diktiert worden ist. Man hätte genauer zu unterscheiden, wer dem Entwerfer letztlich die Hand geführt hat: Die technische Ökonomie als äußerer Zwang oder der künstlerische Antrieb zur freien Entscheidung für eine sachliche Struk-

64–66 Wandlungen eines Firmen-Signets. Entwürfe von Franz Schwechten (1896); Otto Eckmann (vor 1900); Peter Behrens (1907) (nach BUDDENSIEG/ROGGE 1981)

turierung der Form. BEHRENS' Leistung würde dabei nicht geschmälert, sondern nur ins rechte Licht gerückt; denn das Problem der produktionsästhetischen Einschränkung aller Freiheit des Entwerfens in der Praxis wird in seinem Beispiel erstmals grundlegend aufgeworfen und von ihm zugleich auf höchstem gestalterischen Niveau gelöst.

»Bei allen Gegenständen, die auf maschinellem Wege hergestellt werden, sollte man nicht eine Berührung von Kunst und Industrie, sondern eine innige Verbindung beider anstreben. Eine solche innige Verbindung wird erreicht werden, wenn jede Imitation, sowohl die der

Handwerksformen wie auch der alten Stilformen vermieden, dafür aber das Gegenteil, die exakte Durchführung der maschinellen Herstellungsart, angewandt wird und künstlerisch zum Ausdruck kommt, um so in jeder Beziehung das Echte hervorzuheben und vor allem diejenigen Formen künstlerisch zu verwenden und auszugestalten, die aus der Maschine und der Massenproduktion *gewissermaßen von selbst* hervorgehen und ihnen adäquat sind« (BEHRENS 1910, in: BUDDENSIEG 1981, S. D 284 – Hervorhebung G. S.).

Das zentrale designtheoretische Bekenntnis deutet an, wer die Impulse zur präzisen Ausgestaltung gibt. Mindestens ist die Maschine stiller Teilhaber; sie gestaltet durch ihr Gesetz und ihre Rentabilität die Form des Produkts mit – zwingender als je ein handgeführtes Werkzeug. Das gestalterische Vermögen wäre ohne die Tiefziehpresse oder die Bördelmaschine und das Wissen um ihren ökonomisch-effektiven Einsatz im industriellen Entwurf dieser Lampen wertlos, ohne Anwendungsbezug. Nun wird der Bruch mit aller handwerklich-manufakturell gebundenen Tradition des Entwerfens vollzogen, indem die technologisch-ökonomische Rationalität die künstlerischen Freiheiten zu überlagern beginnt. Der Designer wird, ob er will oder nicht, ein Agent der industriellen Rationalität, indem er sie in seinem Bewußtsein und seiner Arbeit realisiert und im Endergebnis den Gebraucher mit einem System von Formen konfrontiert, das ein Spiegelbild der Struktur, der Logik oder ›Sprache‹ der entwickelten Produktionsweise ist. Damit übernimmt er indirekt Funktionen des Künstlers früherer Zeiten, über die Zwecke hinaus Ausdrucksformen der Epoche zu gestalten; ihm obliegt die Apotheose der Maschine, des technischen Fortschritts und der industriewirtschaftlichen Rationalität, die es noch in der Gestalt ihres Einzelprodukts in der Masse darzustellen gilt.

Gerade diesen Auftrag erkennen Zeitgenossen im Werk von BEHRENS. Er ist auch in der Fabrikarchitektur ein Meister des Metiers, wie das vielzitierte Beispiel seiner Turbinen-Montagehalle von 1909, die allerdings auch traditionell-monumentalisierende Elemente zeigt, beweist. Einem der AEG-Läden in Berlin wird 1911 der »Eindruck einer höheren, geistigen Nacktheit« und die »Kälte einer messerscharfen Rechnung«, der »ungemilderte Rhythmus der Notwendigkeit« bescheinigt. Der Kritiker (wahrscheinlich ROBERT BREUER) vermeint Anklänge an die (spartanische) Antike zu spüren, um sich dann auf die in dieser Architektur ausgedrückten Grundzüge technoider Produktionsästhetik zu besinnen: »Man empfindet bewußt die eiserne Gegenwart, man erwartet und sucht die Maschinen.« BREUER spricht von »straffer Reinlichkeit« und »geschliffener Präzision« als der einzig überzeugenden Möglichkeit, »die Kraftgefäße und Werkzeuge der Elektrizität zur Schau zu stellen« (DKuD XXVII, 1910–11, S. 492).

Die Rezeptionsgeschichte der ersten industriesachlichen Produkte ist nicht erforscht; es ist wohl vor allem die theoretische Entwurfsinterpretation, die sich der Tatsache bewußt wird (und sie begrüßt), daß »die Zwangsjacke der mathematischen Exaktheit auch in unserer Produktion« (FISCHER 1908) unvermeidlich geworden ist. Vom Gebraucher und seinen Reaktionen ist hier noch nicht die Rede.

Hintergrund der neuen Formsachlichkeit ist die Vereinnahmung des Designers durch die ökonomische Rationalität und produktive Effektivität der großen Industrie, bei der jeder Zehntelmillimeter Materialstärke zuviel, jeder zusätzliche Arbeitsgang an der Maschine, jedes zu komplizierte Werkzeug, jeder vermeidbare Aufwand im Fluß der Fertigung und jede Form von Inkompatibilität der Teile oder Produkte einen Verstoß gegen die immanente Moral in-

67 Produktionsfeld einer Großmaschinen-Fabrikationshalle der AEG, 1899 (nach ROGGE 1983)

dustriekapitalistischen Produzierens insgesamt und gegen die Regeln betriebswirtschaftlicher Berechnung im Einzelfall bedeuten. Die Knappheit des schlanken Blechkleides der Bogenlampen von BEHRENS in regelmäßiger oder rhythmisch abgesetzter Röhrenform ist ein ökonomisch-technologisches Design der Maschine so gut wie ein ästhetisch-philosophischer Entwurf des Künstlers, der neu zu vermitteln hat. Die sachliche Form ist eine Funktion von Produktionsökonomie *und* Produktionsästhetik. Allerdings ist es der Maschine gleich, ob man mit ihr einen glatten oder – mittels entsprechender Werkzeuge – einen dekorierten Blechkörper preßt oder tiefzieht, auch dem Arbeiter an dieser Maschine ist das gleichgültig. Vorkalkulation und Marketing befinden darüber, was billiger und rationeller ist nach Erfordernissen der Herstellung und der Verkäuflichkeit des Produkts. Wo der Aufwand der gleiche wäre, würde das Argument der Arbeitszeiteinsparung, der Minimierung der Material- und Werkzeugkosten und der Maschinenzeit für die Entscheidung keine Rolle spielen. In diesem Fall müßte nicht gleich ein glattes, einfaches Produkt herauskommen. Wenn es doch geschieht, dann ist die Entscheidung nicht auf der kalkulatorischen, sondern auf der ästhetisch-ideologischen Ebene gefallen. Dann *soll* ein Produkt sachlich wirken, ohne unmittelbaren Zwang: *Sachlichkeit* wird zum *Prinzip der Produkterscheinung* erhoben.

Dabei würde kulturelle Selbstwahrnehmung zur Form drängen, weniger Wirtschaftlichkeitsdenken. Die Produktionsweise selbst kann dann am Produkt zu ästhetischem Ausdruck und ästhetischer Wirkung gelangen. In den sachlichen Formen des Massenprodukts wird die Rationalität des industriellen Produzierens und der kapitalistischen Wertschöpfung dingfest; der Modernität des Produzierens entspricht die neue, gestalthafte Modernität des Produkts.

Indirekt strahlt diese Modernität auf das Bild des Unternehmens in der Warenöffentlichkeit zurück; die Entscheidung für eine sachliche Funktionsform kann sich als ›Werbemaßnahme‹, die auf ideologisch-kultureller Ebene erfolgt, auch ökonomisch auszahlen. Unternehmen wie die AEG ziehen aus ihrer stilistischen Präsenz auf dem Markt Nutzen. Zugleich zeigt das Auftreten solcher Güter den historischen Riß zwischen alter und neuer Produktionswirklichkeit, zwischen der ersten, von kunsthandwerklichen Kriterien bestimmten und der zweiten, von industriellen Kräften veranlaßten Reform der Produktkultur an. Von diesem Augenblick an wirkt unabweisbar rückständig, was sich gegen das funktionsästhetische Prinzip richtet.

Freilich läßt sich Blech schneiden, kanten, stanzen, bördeln, prägen, pressen, tiefziehen oder hämmern und dabei maschinell zu Ornamenten verformen, die üppiger ausfallen als die BEHRENSschen Wülste, Kehlungen und Stauchungen glatten Materials. BEHRENS selbst liefert aus Gründen warenästhetischer Differenzierung auch dekorative Entwürfe für die Massenfertigung bei der AEG. Aber er bringt es fertig, die dekorativen Varianten streng zu »normalisieren«, indem er die Form- und Oberflächenunterschiede auf ein effektives Minimum beschränkt und bestimmte Teile in unveränderter, austauschbarer Form beibehält. Solange die Vorkalkulation der Arbeitsgänge, der Werkzeugherstellung, des Maschineneinsatzes und der Lohnkosten dies erlaubt, dürfen auch Verzierungen gegen das Rationalitätsprinzip gesetzt werden. Sonst aber hat die sachliche Form den ökonomischen Vorrang und zugleich die Abbildfunktion einer höheren Rationalität. Durch sie erhält der Designer, anders als zu Zeiten seiner einzelkünstlerischen Verbindlichkeit gegenüber Gebraucherindividuen und Gesellschaft, eine neue ideologische Verantwortung.

Dem Zug der Zeit folgend, äußert sie sich in der ästhetischen Grundüberzeugung des beginnenden Funktionalismus. Sie gipfelt in ADOLF LOOS' Aufsatz »Ornament und Verbrechen« von 1908, in dem die Material- und Arbeitsökonomie zu einem ethischen und sozialen Prinzip – über alle Ästhetik hinaus – erhoben wird. LOOS stilisiert die Sachlichkeit schließlich zu einem kulturgeschichtlich fälligen Entwicklungsergebnis: »evolution der kultur ist gleichbedeutend mit dem entfernen des ornaments aus dem gebrauchsgegenstand« (LOOS 1962, I, S. 277). Demnach wäre der AEG-Konzern ein kräftiger Arm dieser Evolution gewesen.

Die Entwürfe von BEHRENS sind in der Mehrzahl offensichtlich vom Prinzip der Materialökonomie und der Rationalisierung der Bearbeitungsvorgänge bestimmt. Lohnkosten spart man durch Einsatz von Ungelernten und Frauen, Herstellungskosten senkt man unter anderem durch »Normalisierung« der Teile und der gesamten Produktpalette; die Neugestaltungskosten durch BEHRENS sind eine Investition, die sich nicht nur warenästhetisch auszahlen soll, sondern die auch von der Produktionsrationalität verlangt und getragen wird. Die Entwürfe bleiben ihr gerade dadurch untergeordnet, daß sie nicht in das Funktionsschema der Apparate eingreifen, sondern es auf eine besonders ökonomische und dazu ästhetisch angemessene Weise nur noch ›darstellen‹. Was sich unter dem Formkleid verbirgt, ist das Ergebnis rationalistisch-ökonomischen Ingenieurdenkens, das sich um die Außenform nicht kümmern muß. BEHRENS hat diesen Widerspruch in delikaten ästhetischen Lösungen aufgefangen und erträglich gemacht. Dies geschieht nicht zufällig in einer Zeit explosiver wirtschaftlicher Machtentfaltung der Elektroindustrie. Zusammen mit SIEMENS & HALSKE hat die AEG auf dem Weltmarkt nur die amerikanische GENERAL ELECTRIC COMPANY als

Konkurrenten, mit der es schließlich zu Absprachen kommt. Es entstehen Kartelle auf dem Glühlampenmarkt; es gibt frühe Hinweise auf ein trustartiges Zusammengehen von AEG, SIEMENS & HALSKE, SCHUCKERT, UNION, LAHMEYER, HELIOS und KUMMER und einer Annäherung an die GENERAL ELECTRIC, um bei der Teilung des Weltmarktes Konkurrenzverluste zu vermeiden (vgl. KRELLER 1903).

Nach ROGGE (1983) erreicht die AEG »durch konsequente Durchsetzung einer neuen Technologie und die offensive Geschäftspolitik, mit der man sich auf alle Bereiche der Elektroindustrie ausweitete«, kurz nach 1900 ihre Monopolstellung. Das Unternehmen produziert zur Zeit von BEHRENS' Eintritt nahezu alle Arten elektrotechnischer Investitions- und Konsumgüter von der Kraftwerk-Turbine bis zur Glühlampe. 1907/08 liegt der Gesamtbeschäftigungsbestand aller Fabriken der AEG bei 32 000; das Aktienkapital erreicht schon 1905 den Stand von 100 Millionen Mark.

Umgekehrt wie zur Zeit der Frühindustrialisierung reisen nun ausländische Manager und Techniker an, um die generalstabsmäßige Organisation und die Technologien dieses riesigen deutschen Unternehmens zu studieren. ROGGE belegt, wie sich die durchgreifende Rationalisierung auch auf die Planung neuer Fabrikhallen auswirkt, die sich mit dem Einzug des Elektromotors und dem Fortfall der Transmission einer zentralen Kraftquelle auf die Einzelmaschinen größer dimensionieren, zweckmäßiger aufteilen und nach außen wirkungsvoller gestalten lassen.

Die Indienstnahme des Künstlers erfolgt nicht nur unter warenästhetischen Gesichtspunkten der Neugestaltung aller Einzelprodukte, sondern auch aus dem Rationalisierungs- und Selbstdarstellungsinteresse des Unternehmens, das den Zenit seiner Macht erreicht. BEHRENS tritt als künstlerischer Berater bei der

ELEKTRISCHE TEE- UND WASSERKESSEL
NACH ENTWÜRFEN VON PROF. PETER BEHRENS

Messing glatt, matt achteckige Form				Kupfer flockig gehämmert achteckige Form				Messing vernickelt, glatt achteckige Form			
PL Nr	Inhalt ca. l	Gewicht ca. kg	Preis Mk.	PL Nr	Inhalt ca. l	Gewicht ca. kg	Preis Mk.	PL Nr	Inhalt ca. l	Gewicht ca. kg	Preis Mk.
3588	0,75	1,75	20,—	3589	0,75	0,75	22,—	3587	0,75	0,75	19,—
3598	1,25	1,0	22,—	3599	1,25	1,0	24,—	3597	1,25	1,0	22,—
3608	1,75	1,1	24,—	3690	1,75	1,1	26,—	3607	1,75	1,1	23,—

ALLGEMEINE ELEKTRICITÄTS-GESELLSCHAFT
ABT. HEIZAPPARATE

68   Werbung für AEG-Wasserkessel. Objekte und Grafik von Peter Behrens, 1908

AEG genau in dem Augenblick ein, da an Produktionsinstrumenten und Produkten einerseits höherer Aufwand an Planungsrationalität und funktionaler Perfektion getrieben wird, andererseits Forderungen nach höherer Formbeherrschtheit, machtvoller Eindrücklichkeit und sachlich-heroischer Attitüde sich tendenziell aus der Situation entwickeln: »Durch seine künstlerischen Gestaltungen sollten die Produkte und die Werbung einen auf ästhetische Qualität gerichteten Stil erhalten und sich damit gegenüber den Konkurrenzprodukten unverwechselbar abheben. Was als Designauftrag an den damaligen Direktor der Düsseldorfer Kunstgewerbeschule begonnen hatte, um bei dem zu dieser Zeit verwirrend vielfältigen Angebot verschiedenster Bogenlampen die eigenen durch die Qualität ihrer Form gegen die Vielzahl anderer abzuheben, das weitete sich in kürzester Zeit auf die gesamte Erscheinungsform der AEG aus, bis hin zur Gestaltung ihrer Fabriken. Hier trafen sich künstlerische Interessen und Geschäftspolitik. Behrens, der als Autodidakt zum Architekten geworden war und in seinen Kreisen als ›kecker Umstürzler‹ galt, wäre zu dieser Zeit schwerlich an traditionelle Bauaufgaben herangekommen. Bei den Fabriken aber, die der offiziellen Architektur damals als Gegenstand baukünstlerischer Gestaltung kein Thema waren, konnte er sein Konzept, den Versuch einer Synthese von Kunst und Technik, auch architektonisch umsetzen. Gleichermaßen mußte für die Firma, über die Wirkung des schöneren Produkts hinaus, wie Behrens es in einem Aufsatz mit dem programmatischen Titel ›Werbende künstlerische Werte im Fabrikbau‹ beschrieb, ›der Eindruck der Herstellungsstätte und des ganzen Unternehmens‹ als Wertausdruck und Qualitätsindiz von Bedeutung sein. Nach seinen Gestaltungsprinzipien (...) erreichte die Firma über ihre unbestrittene ökonomische und technische Macht hinaus eine Nobilitierung, die ihr – vor allem durch die Mittlerrolle bürgerlicher Kreise, in denen die Berufung eines Künstlers in die Industrie größte Erwartungen geweckt hatte – zur Selbstdarstellung auch auf kultureller Ebene verhalf« (ROGGE 1983, S. 32 f.).

PETER BEHRENS wird insofern zu Recht der erste moderne Industriedesigner genannt, weil in seiner Figur dessen Funktionalität erstmals voll ausgeleuchtet erscheint. Er ist das perfekte Beispiel der vollzogenen Vereinnahmung des Künstlers unter ein industrielles Kalkül der Wertproduktion, das alle Planung, Ausführung und Bestimmung des Produkts durchdringt und sich daran – ästhetisch verallgemeinert und verallgemeinernd – zum Ausdruck bringt.

Wie Produktionsökonomie und -ästhetik zusammenwirken, zeigt auch das zweite Beispiel. RIEMERSCHMID kommt zu seinen kargen »Maschinenmöbeln« aufgrund einer großbetrieblichen Werkstattorganisation, die auf rationelle Fertigung, Kombinierbarkeit der Einzelprodukte und Massenabsatz drängt. Gegenüber dem AEG-Konzern ist die Hellerauer Möbelfabrik unbedeutend. Aber die Organisation von Entwurf und Ausführung folgt den gleichen Prinzipien, die auch dort zur Versachlichung der Produkterscheinung führen. Holzverarbeitung ist schließlich nur eine der Spielarten industriellen Maschinen- und Materialeinsatzes. Auch dabei ist die Ausdifferenzierung der sachlichen Produkterscheinung nicht bloß Folge einer moralisch-ästhetischen Programmentscheidung, sondern Folge des Primats der

Produktionsökonomie und -ästhetik über das künstlerische Gestaltungsinteresse. So geraten die Wohnzimmer-Maschinenstühle RIEMERSCHMIDS (der einmal ein Meister des Ausgleichs konstruktiv-funktioneller und organisch-dekorativer Formeigenschaften im Einzelentwurf war; vgl. Ft. 5) zu nüchtern-steifen Prototypen des billigen, seriellen Küchenmöbels schlechthin. Sehr anschmiegsam und wohnlich wirken sie bis heute nicht. Nur ein asketischer Gebrauchertyp, den die biedermeierlichen Anklänge einiger Werkstätten-Möbel mit dem Eindruck allzu großer Schlichtheit versöhnen, wird sich zur Anschaffung der immer noch recht teuren Serienprodukte entschieden haben.

Die DEUTSCHEN WERKSTÄTTEN differenzieren ihr Programm in begrenzten Serien entsprechend der Nachfrage zwischen Dekor und Sachlichkeit, aber im Prinzip gelangt der gleiche Rationalisierungszwang wie in der großen technischen Gebrauchsgüterindustrie zum Ausdruck. KARL SCHMIDT, der »schöngesinnte Unternehmer« (LUX 1908), baut seine 1898 gegründeten DRESDNER WERKSTÄTTEN FÜR HANDWERKSKUNST über eine Fusion mit den seit 1902 bestehenden WERKSTÄTTEN FÜR WOHNUNGSEINRICHTUNG MÜNCHEN von KARL BERTSCH und eine ebenfalls im WERKBUND-Gründungsjahr (1907) vollzogene Verbindung mit den VEREINIGTEN WERKSTÄTTEN FÜR KUNST IM HANDWERK in München binnen zehn Jahren zu einem Großbetrieb aus, der sich in Hellerau unter dem Namen DEUTSCHE WERKSTÄTTEN eigene neue Fabrikanlagen und eine Wohnsiedlung nach englischem Gartenstadt-Vorbild schafft. Über firmeneigene Verkaufsstellen im ganzen Reichsgebiet werden einfache und anspruchsvolle Gebrauchsmöbel angeboten; herausragende Entwerfer sind BRUNO PAUL mit seinen »Typenmöbeln« und RICHARD RIEMERSCHMID mit noch einfacheren

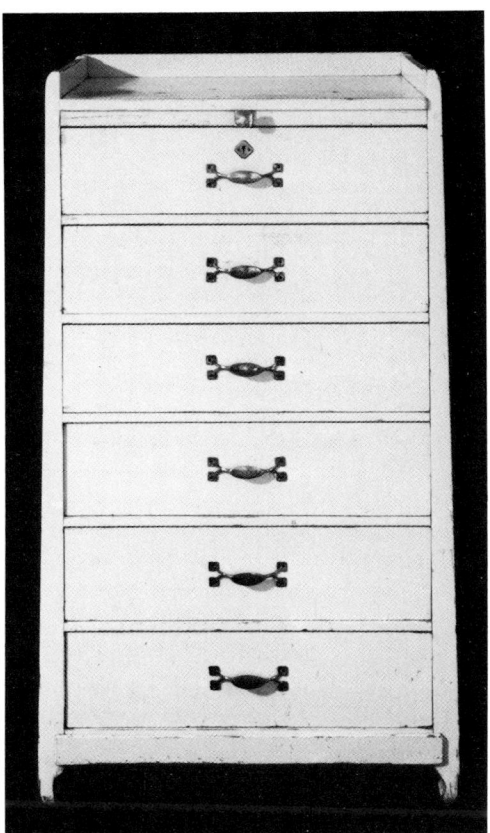

69 Kommode, weiß lackiertes Fichtenholz mit Messingbeschlägen. Dresdner Werkstätten für Handwerkskunst. Entwurf Richard Riemerschmid, um 1907 (nach Hans Wichmann, Aufbruch zum neuen Wohnen, Basel 1978)

»Maschinenmöbeln« – beide Serienprogramme sind nach Preis, Material und Ausführungsqualität gestaffelt. Riemerschmid ist auch der für das Erscheinungsbild der Hellerauer Fabrikbauten verantwortliche Architekt, so daß sich Parallelen zu Behrens bei der AEG ziehen lassen.

Die Hellerauer Typen- und Maschinenmöbel sind das Gegenstück zu den versachlichten Haushaltsgeräten der AEG. Auch ihnen sieht man noch gewisse ästhetische Zugeständnisse an die Gebraucher-Erwartungen an. Nur wenige Möbel erscheinen in völliger Nacktheit der rationalisierten Maschinenform. Doch was daran wie individualisierendes Dekor wirkt, muß sich dem Effektivitätskriterium der Maschinenarbeit unterwerfen. Mehr als Behrens mit seinen technischen Geräten stellt sich den Möbelentwerfern das Problem, die Maschinenarbeit in ein noch akzeptables, nicht allzu karges Produkterscheinungsbild umzusetzen. Man erwartet von einem Schrank oder Stuhl zu dieser Zeit mehr als die Funktion eines Behältnisses oder bloß anatomisch zweckmäßigen Sitzens. Trotzdem schlägt der industrielle Zwang vor allem in den einfacheren und billigeren Formen unverkennbar auf die Gestalt der Dinge durch. Gerade in den Maschinenstühlen Riemerschmids kommt – im Vergleich etwa zu Schinkels Tafelstuhl von 1825 oder zu Riemerschmids eigenen Jugendstilformen um 1900 – die Verwandtschaft mit Thonet-Produkten ein halbes Jahrhundert früher zutage. Nun schrumpft der Stuhl zum zweckdienlichen Gerüst, zum Symbol einer epochal gültigen, typischen Haltung im Massengebrauch wie einst das Modell Nr. 14.

Daneben dient die ökonomisch motivierte Maschinen-Sachlichkeit Zwecken der kulturellen Legitimation des Unternehmens, weil »sich ein sozialer, pädagogischer, organisatorischer, ja sogar städtebaulicher, insgesamt also ein kulturpolitischer Aspekt hinzugesellt« (Wichmann 1978, S. 14). Die Hellerauer Fabrik macht sich – wie die AEG – nach dem Selbstverständnis des Unternehmens und seiner Interpreten um die gesamte Produktkultur der Zeit verdient und versteht sich als sozial- und kulturpolitisch wirksame Einrichtung. Der Firmenstolz wird durch eine Kette von Ausstellungserfolgen im In- und Ausland schon in der Phase der Vermarktung von Stilkunst-Einzelentwürfen, später durch erfolgreiche Expansion in die Typenproduktion und durch einen »kometenhaften Aufstieg« (WICHMANN) begründet. Nach dem Katalog der Brüsseler Weltausstellung von 1910 ist die Belegschaft auf 500 Mitarbeiter angewachsen. Produziert wird nach Entwürfen namhafter Künstler alles zum gepflegten Mittelschichten-Wohnen Benötigte. Schon 1906 auf der Kunstgewerbeausstellung in Dresden werden die ersten Maschinenmöbel RIEMERSCHMIDS gezeigt – das Einfachste, was es derzeit überhaupt gibt. Bei Aufbau und Fusion handelt das Unternehmen gemäß dem Grundsatz: »Durch zweckmäßige Organisation der Arbeit werden sich die allgemeinen Unkosten verringern« (zitiert nach WICHMANN). Diesem Grundsatz sind letztlich die Maschinenmöbel-Programme zu verdanken, deren sachliches Erscheinungsbild mit der Umwandlung des Unternehmens 1913 in eine Aktiengesellschaft (Grundkapital 1 759 000 Goldmark) korrespondiert.

Ein solches Unternehmen muß Arbeitsökonomie, maschinelle Serienfertigung und Marktstrategien zu einer komplizierten Übereinstimmung bringen. Die einfachste und billigste Zimmereinrichtung aus lackiertem Fichtenholz gibt es für 250 Mark. So entstehen aus ökonomischem Zwang, vermittelt durch die Entwurfsfähigkeit eines RIEMERSCHMID, Möbelformen von hohem minimalästhetischen Reiz, freilich auch von allzu strenger Kargheit für die Masse der Zeitgenossen. Gegenüber den historisierenden Magazinmöbeln und den Wucherungen des industrialisierten Jugendstils zweifellos ein Fortschritt und eine gebrauchskulturelle Alternative. Aber es ist auch die zum Ausdruck gebrachte Herrschaft der Maschine über den Menschen: »So wird durch den Unternehmer hindurch die Maschine zum Erzieher des Geschmacks« (FRIEDRICH NAUMANN, zitiert bei WICHMANN, S. 61). Vom Entwurfskünstler

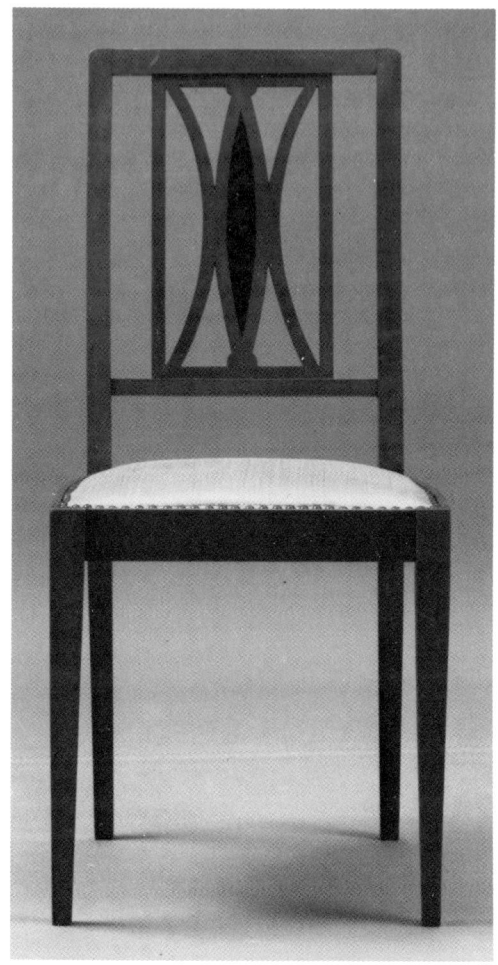

70   Salonstuhl der Dresdner Werkstätten für Handwerkskunst. Entwurf Bruno Paul, vor 1906 (nach FUCHS/BURKHARDT 1985)

ist keine Rede mehr, er hat sich selbst versachlicht und unsichtbar gemacht. Seine individuelle Geste wird vom konstant reproduzierten Ausdruck des maschinellen Serientyps abgelöst.

RIEMERSCHMID gelingt es zwar ähnlich wie BEHRENS, in der Rationalität der Maschinenform noch den eigenen ästhetischen Anspruch,

71 Stuhl aus einem Maschinenmöbel-Programm der Dresdner Werkstätten für Handwerkskunst. Entwurf Richard Riemerschmid, 1906 (nach FUCHS/BURKHARDT 1985)

die Künstler-Entscheidung mitwirken zu lassen. Gleichwohl zielt das Prinzip, dem er sich unterzuordnen hat, über seine Person und die einzelnen Objekte hinaus. Die Industriekultur realisiert sich auch im hölzernen, verschraubten Stuhl, in der glatten Schranktür. An diesen kargen Formen beginnt man zu begreifen, wie bri-

sant die Diskussion pro und contra Sachlichkeit und Typus damals gewesen sein muß. Sie wird zwar erst 1914 im WERKBUND ausdrücklich geführt, ist aber mit dem ersten Auftreten dieser neuen Formen programmiert. Schon wird der Graben sichtbar, der sich produktionsgeschichtlich durch die Ästhetik der Objekte und parallel dazu durch die gesellschaftlichen Rollendefinitionen des Entwurfskünstlers zieht, der industriell voll vereinnahmt wird.

Das Sachlichkeitsethos, dem die fortschrittlichen Entwerfer der Nach-Jugendstilepoche verpflichtet sind, hat also auch eine Schattenseite. Es verhilft ökonomischen Zwängen zur kulturellen Legitimation. Aktiengesellschaften und Konzerne beherrschen das Bild der deutschen Wirtschaft schon vor dem Ersten Weltkrieg. Allein in der Elektroindustrie steigt die Zahl der Beschäftigten von 26000 (1895) auf 142000 im Jahr 1907 (nach BORCHARDT 1972). Auch wenn es hier keine unmittelbaren Zusammenhänge zwischen Wachstumsraten und Designleistungen gibt, wird doch erkennbar, daß der Prozeß der Rationalisierung des Kapitaleinsatzes von zunehmender Sachlichkeit der Produktformen begleitet wird, wobei durchaus deren Gebrauchswert steigen kann. In der deutschen Rüstungsindustrie gibt es dafür ein spätes, aber prägnantes Beispiel im Entwurf des Stahlhelms, der ab 1916 das Erscheinungsbild der kaiserlichen Armee, nach 1918 der Reichswehr und schließlich der Wehrmacht bis 1945 unverwechselbar gemacht hat. Formfindung und Entwicklung zur Produktionsreife zeigen noch einmal, daß Sachlichkeit vor allem Forderung und Ergebnis entwickelter techno-imperialistischer Produktionsbedingungen sein kann – unabhängig vom je einzelnen Produkt und seiner Verwendungsfunktion, ein Prinzip, das seine beliebige Vergegenständlichung in Funktion und Ästhetik findet, wo immer effektiv produziert wird.

Schon zu Beginn des Krieges erweisen sich die ledernen Pickelhauben als unzureichender Schutz gegen Kopfverletzungen, die französischen und englischen Helme aus Eisenblech zeigen sich trotz starker Mängel (Weichheit, Verformbarkeit) überlegen. Das ist der Anlaß für den Ingenieur FRIEDRICH SCHWERD, einen Helm aus einem einzigen Stück gehärteten Chromnickelstahl zu entwickeln. Im Kriegsministerium, das durch die hohen Verluste beunruhigt ist, wird bereits ein Modell diskutiert, das nach Art mittelalterlicher Eisenhauben oder des Kürassierhelms der Vorkriegszeit aus drei Blechteilen besteht – ein aufwendiger, wenig tauglicher, auch ›unsachlicher‹ Entwurf. Anders die Neuerfindung. SCHWERD weiß höhere Beanspruchbarkeit des Produkts und den höheren Effektivitätsgrad der Produktion auf einen Nenner zu bringen:

72 Zeichnungen zur Entwicklung des deutschen Stahlhelms 1915/16 durch den Ingenieur Friedrich Schwerd (nach DEUTSCHE TECHNIK 1936)

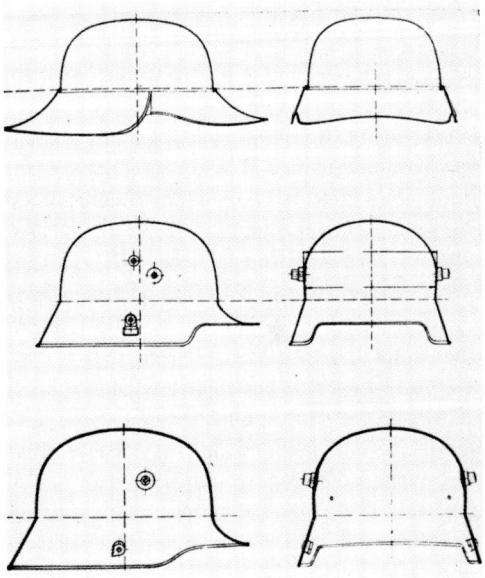

»Die Gestalt des Helms gleicht im oberen Teil der Gestalt des steifen schwarzen Hutes, an dem sich vorn ein Augenschirm und seitlich und hinten ein Nackenschutz anschließt, das Ganze aus einem Stück. Im Gegensatz zum englischen Helm war der deutsche Helm am Rande gebördelt, um Verletzungen durch die scharfe Blechkante zu vermeiden, vor allem aber, um eine der wichtigsten Werkstoffproben in die Fertigung selbst zu verlegen. Die Horizontalschnitte des Kopfteiles des Helms sind Ellipsen mit nach dem Scheitel zu abnehmender Exzentrität, um die Bearbeitung der Preßwerkzeuge auf der Ellipsendrehbank zu ermöglichen« (SCHWERD 1936, S. 474).

Die Form fällt hier noch rationeller, endgültiger und ›sachlicher‹ aus als bei den BEHRENSschen Bogenlampen mit ihrem schlanken, funktionalen Blechkleid. Beim Stahlhelm ist aller ästhetischer Überschuß, jeder vermeidbare Aufwand eliminiert; die nackte Funktionsform entsteht für einen vollkommen außerästhetischen Zweck aus der Logik des Produzierens. Silizium erhöht die Federeigenschaften des Stahls; Stirnschild und Innenpolsterung werden entwickelt, bis der Helm den ›Probeschuß‹ erfolgreich besteht. Er kommt bei insgesamt zwölf Herstellern in die Massenproduktion, als der Krieg in das Stadium der Material- und Vernichtungsschlachten eingetreten ist. Anlaß, Zweck, technische Formfindung und produktionslogische Verwirklichung des Objekts verbinden sich zu einer Beispieldemonstration von Rationalität. Der Stahlhelm wird nach den gleichen Prinzipien des Form-Findens und Form-Gebens für die Massenproduktion entwickelt wie irgendein Kochtopf, an dem Gebrauchszweck und Herstellungsbedingungen in Beziehung gesetzt werden. Die hydraulische Presse, der zur Verfügung stehende Spezialstahl, das unter betriebswirtschaftlichen und technischrationellen Gesichtspunkten herstellbare

Werkzeug, die Akkordarbeit stehen im Zusammenhang der Verwertung von Kapital und der Organisation von Produktivität.

Dieses Stadium ist bei der AEG schon 1908 erreicht. Der Konzern führt seine Privatkriege auf den Schauplätzen des Weltmarkts mit den strategischen Mitteln der Effektivierung des Arbeits- und Kapitaleinsatzes, durch innerbetriebliche Rationalisierung und außerbetriebliche Formrepräsentanz im Namen einer Sachlichkeit, zu der Ingenieure wie Designer beitragen müssen. Die Erfindung des Stahlhelms ist nur ein weiteres Beispiel wertfreier Sachlichkeit. Es spiegelt die gleichen Vorgaben, die gleichen Planungsprozesse, die gleichen Argumente der gesamtkapitalistischen Strategie der Effektivierung. Der Krieg ist nur eine andere Form der Verwirklichung imperialistischer Ziele. Und wie die Lampen und Apparateformen der AEG vor 1914 einen höheren Symbolwert des techno-imperialistischen Bewußtseins verkörpern, gerät der Stahlhelm zum Markenzeichen. Für Generationen wird die militärische Zweckform, die ein Produkt der Maschinerie und des gebündelten Effektivitätsdenkens ist, zum Sinnbild der Heldenhaftigkeit deutscher Armeen.

Ihren theoretischen und propagandistischen Rückhalt findet die epochale Versachlichungstendenz im DEUTSCHEN WERKBUND. Dieser Interessenverband, dem Industrielle, mittelständische Unternehmer, Werkstattinhaber, Künstler, Publizisten, Politiker und Pädagogen angehören, wirkt wie eine Klammer widersprüchlicher Standpunkte und Erwartungen. Der Bund wird 1907 (auch personell an die schon beschriebene Entwicklung angelehnt) ausdrücklich unter dem Motto der »Veredelung der gewerblichen Arbeit im Zusammenwirken von Kunst, Industrie und Handwerk, durch Erziehung, Propaganda und geschlossene Stel-

73 Abbildung aus dem »Deutschen Warenbuch« der Werkbund/Dürerbund-Gemeinschaft, 1916

lungnahme«, wie die Satzung fordert, gegründet.

Kunstsoziale, ästhetisch-kulturelle und erzieherische Fragen der Zeit werden vor dem Hintergrund einer industriellen Entwicklung diskutiert, die so unlösbare Widersprüche hervorgetrieben hat wie die ausgebeutete Fabrikarbeit und den Wunsch nach einem sinnerfüllten Leben. Es gehe dem WERKBUND u. a. darum, »die Menschen dazu zu bringen, daß sie im Großbetriebe doch wieder Menschen sind und zwar Menschen, die an ihrer Arbeit ein eigenes Vergnügen haben und mit in die Höhe kommen«, bekräftigt FRIEDRICH NAUMANN (1908, S. 69). Wie wenig das gelingen kann, wissen Kunstindustrielle genau: »Die Arbeiter an der Maschine führen mechanisch aus, was ihnen zugestellt wird« (BRUCKMANN 1908, S. 92). Zwischen Mehrwertschöpfung und Arbeitsfreude klafft ein unüberwindlicher Graben.

Der WERKBUND will gleichzeitig Sprachrohr industrieller Interessen und ein Organ sein, das die Industrie zu humanisieren und zu kultivieren hilft. Mehr als jede andere Institution versteht er es, die neue Produktionsästhetik und die versachlichten Produkte ethisch abzusichern. Daß »zweck- und materialgerechte Gestaltung eine Tat der Wahrhaftigkeit, eine sittliche Leistung« darstelle, wie FERDINAND AVENARIUS 1910 als Herausgeber des »Kunstwart« im Sinne führender WERKBUND-Theoretiker formuliert, ist letztlich aber nur die ideologische Bestätigung von Designtendenzen, die sich aus der Ökonomie des industriellen Produzierens ohnehin zwangsläufig ergeben. Durch sie wird aber auch die Möglichkeit greifbar, billige Gebrauchswerte für alle, dazu solche, die ihre eigene Schönheit entwickeln, massenhaft zu produzieren. Auf diese Schönheit der Produkte, die von der Wirklichkeit der Arbeit an der Maschine abstrahiert, richtet sich alle Hoffnung im WERKBUND. Zweckmäßigkeit, Langlebigkeit und Gediegenheit treten als verpflichtende Werte hinzu.

Doch das Ziel einer Versöhnung von Kapital und Arbeit wird verfehlt. Die Hebung der Arbeitsfreude wird als Voraussetzung der »Qualitätsarbeit« – ein Schlüsselbegriff des WERKBUND-Denkens – angesehen. Die Formel bezeichnet die Güte des Produkts, das am Ende – wie auch immer – aus der Arbeit entsteht. In dieser Akzentverschiebung ist die Entfernung vom Ideal der Aufhebung entfremdeter Arbeit durch kunsthandwerkliche Qualifikation, wie sie MORRIS forderte, leicht zu erkennen. Denn gerade die stumpfsinnig-reproduzierende Arbeit an der Maschine ist Voraussetzung der neuen, vielversprechenden Produkte für alle. Es wird zwar darüber nachgedacht, unter welchen Bedingungen die eigentlichen Produzenten für die geforderte »Qualitätsarbeit« befähigt und beflügelt werden könnten. WAENTIG (1908) spricht von der »technischen und geistigen Ausbildung eines veredelten Arbeiterstandes« beispielsweise in den Hellerauer Werkstätten. Doch schimmert durch jede zeitgenössische Diskussion um die Verbesserung der Arbeitsbedingungen in der Kunstindustrie deren eigenes Interesse allzu deutlich durch.

GEORG KERSCHENSTEINER, der als Reformpädagoge staatsbürgerliche Erziehungsziele und Industrieinteressen verbindet, versucht, das Auseinanderfallende unter ein Programm zu bringen: »Wenn wir die Arbeiter an die Interessen unseres Gewerbes und unserer Industrie fesseln wollen, so werden wir auch ihre Lebenserwartungen ins Auge fassen müssen. Wir können nicht tüchtige Menschen in Gewerbe und Industrie festhalten, wenn wir nichts geben, als ein Menschenalter hindurch mechanische Arbeit vom frühen Morgen, bis zum späten Abend. (...) Wir müssen auch der Freude am Leben und zwar am gesunden Leben gewisse Konzessionen machen. (...) Es wird und muß möglich sein, die Arbeitszeiten und die allgemeine Bildung des Arbeiters so zu gestalten, daß, wie hart und gleichförmig auch die Tagesarbeit sei, die darauf folgende Musezeit den Menschen im Arbeiter wieder auftauchen läßt (...)« (KERSCHENSTEINER 1908, S. 141).

Schon in der Ausbildung soll der Lehrling zur »Arbeitsfreude« hingeführt werden. Aber wie sie in der lebenslänglichen Fabrikarbeit erzeugt oder erhalten werden könnte, spart KERSCHENSTEINER aus. Dafür entwirft er ein Musterbeispiel staatsbürgerlicher Angepaßtheit in dem Ziel, »wie wir unseren Lehrlingen zum Verständnis bringen, daß die Wahrung der Interessen der Arbeitgeber in gewissen Fällen zugleich die beste Wahrung der Interessen des Arbeitnehmers ist« (ebenda, S. 142).

74 Abbildungen aus einem Buch zur Geschmackserziehung (Lux 1910)

Die »Wirtschaft zur Kultur emporbilden« (Waentig 1909) kann nur in der Ästhetik ihrer Produkte gelingen, so wie der Werkbund es fordert – nicht in der Form der Arbeit, durch die das geschieht. Als Institution zu schwach, um in den industriellen Organisationsprozeß einzugreifen und den kunstsozialen Gedanken dort zu verwirklichen, wo er hätte verwirklicht werden müssen – in der Kultur der Arbeit –, reiht sich der Werkbund daher den reformerischen Bemühungen ein, die an Folgeerscheinungen kurieren: Am ›unkultivierten‹ Massenkonsum, am ›schlechten‹ Geschmack, an den mühsam angeeigneten Sozialtraditionen des alltagsästhetischen Verhaltens, die zum Ärgernis

für Gebildete und zum Hindernis für den Absatz der reformierten Produkte werden.

Erziehung zu einer neuen gegenständlichen Kultur war vereinzelt schon vor der Stilkunstreform und vor dem Werkbund angesagt. Mit einem erneuerten Kunstgewerbe könne »auch der schlichte Bürger geistig so verwachsen, daß er allmählich zur Beurtheilung auch höherer künstlerischer Leistungen fähig« werde, und »auch das Auge des armen Mannes soll fortwährend auf einfachen, aber irgendwie schönen Gebilden ruhen; auch sein Geschmack soll gebildet werden, damit er eine Art von aesthetischem Gewissen oder Takt sich aneigne« – so heißt es schon bei Portig 1883 (S. 32, 33). Im

Ergebnis werden spätere Auffassungen förmlich vorweggenommen: »Endlich aber würde die Blüthe des Kunsthandwerks ein nicht zu unterschätzender Beitrag zur Lösung der socialen Frage sein«, weil das »Können des Einzelnen« und die »Menschenwürde im Arbeiten« neue Anerkennung fänden (vgl. ebenda, S. 36). An diese Tradition des Denkens knüpft der WERKBUND an.

Doch die Veränderung der Arbeitsverhältnisse und des Charakters der Arbeit bleibt ein Wunsch, den die Werbung für das qualitätvolle Produkt übertönt. Mit seinen geschmackserzieherischen Postulaten dringt der WERKBUND ohne Rücksicht auf konsumsoziologische und sozialgeschichtliche Bedenken in den Wirkungsbereich des Massengeschmacks ein. Die Gebraucher des Industrie-Historismus und des Industrie-Jugendstils müssen sich sagen lassen, daß ihre Aneignungserfahrungen und ihr gegenständlicher Besitz schlecht, billig, wertlos, ohne Geschmack und Kultur sind – möglichst umgehend durch anderes zu ersetzen: Durch die neue sachliche Industrieform, die aus dem Strukturwandel und der ökonomischen Rationalität des Produktionssystems kommt.

Es ist eine andere Sachlichkeit als jene der »verborgenen Vernunft«, die über Jahrzehnte hinweg in einigen alltäglichen Lebenswerkzeugen durch stilles Vorhandensein und selbstverständlichen Gebrauch vertraut war. Die neue Sachlichkeit wird zelebriert und postuliert, für die alte bedurfte es keiner Propaganda. Die neue ist traditionslos, eine industrielle Innovation, die alte war die Fortsetzung kultureller Erfahrungsgeschichte im Alltag. In der WERKBUND-Ära soll daher gleichsam der Rest an Naivität des Gebrauchens verlorengehen; alle älteren Formen der Gebrauchspraxis fallen der Kritik anheim, die ›moderne‹ und zweckmäßige Form verlangt mehr Aufmerksamkeit als ihr gebührt. Dabei unterschlägt das WERKBUND-

Denken nahezu alle ästhetischen Sozialtraditionen in ihrem Eigenwert. Die neuen Waren sollen auf ein gereinigtes Bewußtsein treffen und einen neuen kulturellen Zusammenhang stiften. Aber am Versuch, Kunst und Industrie, Kultur und Geschäft zu versöhnen, zerbricht der WERKBUND beinahe. Weder gelingt es, in der gebrauchskulturellen Wirklichkeit diese einzige Kategorie von Gestaltung durchzusetzen, noch die Interessengegensätze in den eigenen Reihen dauerhaft zu verklammern, obwohl der Versuch dazu gemacht wird, Industrie und Handwerk gleichermaßen gerecht zu werden: »In künstlerischer Auffassung kann die Industrie fruchtbar, veredelnd und schöpferisch wirken, eine Fülle von neuen Formideen mit der größten Raschheit und auch in verhältnismäßig guter Ausführung in die Welt setzen, den kleinsten Haushalt mit sachgerechten, anständigen Dingen versehen, das Leben ihrer Arbeiter (...) auf eine ungeahnte Höhe bringen, gleichsam Armut in ihrer drückenden und peinigenden Form abschaffen, aber sie wird niemals den künstlerischen Geist der beseelten Handarbeit ersetzen. Und wir werden, je vollkommener, geschmackvoller und kulturreicher die Industrieerzeugnisse werden, mit ebenso großer Sehnsucht nach den künstlerischen Leistungen der Handarbeit verlangen« (LUX 1908, S. 133).

»Meisterkleinwerkstätten« sollen neben der großen Kunstindustrie besondere Aufgaben wahrnehmen. Doch schon 1914 bricht die Illusion einer kulturellen Verklammerung von Kunst, Handwerk und Industrie zusammen. Es gibt zwar noch immer handwerkliche Kleinproduzenten und Künstler-Entwerfer, aber die Spannung zwischen den Befürwortern einer Reform der Maschinenarbeit durch Typisierung und den Anhängern der künstlerischen Individuation der Form wächst mit den Fortschritten der Rationalisierung in der Industrie und in den Großwerkstätten bis zum Konflikt

WOHN·ZIMMER·N⁰ 45   ENTWURF·H.TESSENOW

75   Zeichnungen von Heinrich Tessenow für die Deutschen Werkstätten Dresden-Hellerau, 1911/12 (nach Hans Wichmann, Aufbruch zum neuen Wohnen. Basel 1978)

im berühmten Thesenstreit zwischen VAN DE VELDE und MUTHESIUS auf der WERKBUND-Tagung 1914 in Köln. Die Exponenten stehen nicht nur für Parteiungen im WERKBUND, sondern spiegeln in ihren Überzeugungen die Standpunkte einer veralteten und der modernen Form des Produzierens.

MUTHESIUS: »Nur mit der Typisierung, die als das Ergebnis einer heilsamen Konzentration aufzufassen ist, kann wieder ein allgemein geltender, sicherer Geschmack Eingang finden.« VAN DE VELDE: »Solange es noch Künstler im Werkbund geben wird, und solange diese noch einen Einfluß auf dessen Geschicke haben werden, werden sie gegen jeden Vorschlag eines Kanons oder einer Typisierung protestieren« (vgl. Leitsätze in: Zwischen Kunst und Industrie 1975, S. 96 f.).

Der Stil-Künster prallt auf den Industriefunktionär, der als Architekt eher konservativ baut. Zugleich wird die Unvereinbarkeit der beiden Auffassungen von Design und Produktion sichtbar. Die »van-de-Velde-Leute« überzeugen die Mehrheit (vgl. POSENER 1970); aber damit werden fällige Entscheidungen nur in die Zukunft – bis in das BAUHAUS – verlagert. Historisch sollte MUTHESIUS recht behalten. Er argumentiert auf der Höhe der Zeit, das heißt nach Maßgabe des entwickelten Standes der materiellen und ästhetischen Produktivkräfte. Teilhabe für alle an der Kultur der Gebrauchswerte kann nur aus der rationell produzierenden Industrie kommen; doch so rückständig wirken die Argumente der Künstler-Fraktion im WERKBUND heute nicht mehr. Sie verteidigt nicht nur die eigene Position, sondern bestreitet

76 Zeppelin-Luftschiff, Rumpler-Taube und Maffei-Schnellzuglokomotive. Abbildungen aus den Jahrbü-
chern des Deutschen Werkbundes 1912–14

der industriellen Rationalität indirekt das
Recht, sich ihren industriellen Menschentyp
rücksichtslos über die Ästhetik der Arbeit *und*
über die Sachlichkeit des Produkts zu gestalten.
Heute ahnt man die Tragweite dieser letztlich
nie zu Ende gebrachten Diskussion. VAN DE

VELDE war kein Feind der Maschine, er wollte
ihr etwas Menschliches entgegensetzen, sich
und seine Arbeit ihr nicht völlig unterordnen.
Er bezweifelte auch, ob der Gestalt des Produkts und dessen kulturellem Gebrauch willige
Unterordnung nur förderlich sein würde. Der

Protest behält seinen Stachel, so sehr man die Einsichten von MUTHESIUS für unbestreitbar richtig halten muß. Der historische Thesenstreit von 1914 kann daher als ein Sichtbarwerden von Grundwidersprüchen innerhalb der Ausgestaltung der Industriekultur betrachtet werden, die über Designfragen hinaus bis in die Gegenwart alltäglicher Funktionszusammenhänge reichen.

Damals zeichnen sich erstmals die Konturen des modernen Industrie-Alltags erkennbar ab. Aeroplane, Zeppeline, Schnellzuglokomotiven, große Passagierdampfer werden zu Symbolen des technischen Zeitalters. Automobil und Fahrrad leiten die alltägliche Beweglichkeit ein, die Wohnung wird zum Feld technischer Installationen, die Arbeitsumwelt ist in der Maschinenhalle und im Großraumbüro weitgehend durchrationalisiert. Designer gestalten neben den Ingenieuren die kleinsten und die größten Dinge, Ozeanriesen, Straßenlaternen oder mechanisch-elektrische Küchenhilfen. Das WERKBUND-Denken kulminiert in der Ausrufung einer Ästhetik der Moderne, die Kultur des 19. Jahrhunderts scheint tatsächlich durch eine befreitere und schönere abgelöst. Doch schon trifft darauf eine Diagnose zu, die erst späteren Stadien gilt: »Wir haben es (...) mit einer überorganisierten, übermechanisierten, überreglementierten und überbestimmten Kultur zu tun« (MUMFORD 1974, S. 746). Das Vorspiel dieser Einsicht kulminiert im WERKBUND-Streit, der nicht von den Designern, sondern von der Produktionsgeschichte entschieden wird. Die Verdienste des WERKBUNDS konzentrieren sich in der Gründungsphase vor allem auf den Rückhalt, den gebrauchswertbewußte Entwerfer durch berufsständische Organisation und Anerkennung ihrer Leistungen erfahren. Sie konzentrieren sich auf die epochale Einsicht, daß Maschinenarbeit, Massenfabrikat und hohe Gebrauchswertquali-

tät sich nicht ausschließen, sondern daß gerade das industrielle Produkt zum überzeugenden Ausdruck einer Formkultur der zweckgerichteten Schönheit gelangen kann. Darin ist das WERKBUND-Denken zukunftsgerichtet.

Trotz der Herrschaft der Produktionsbedingungen über alle Gestaltung erreicht die moderne Designgeschichte in diesem zweiten produktkulturellen Reformversuch um 1908 ihren ersten Scheitelpunkt. Bei aller Zuspitzung der Widersprüche scheint die Möglichkeit einer Produkt- und Gebrauchskultur für alle, wie sie im BAUHAUS weitergeträumt werden soll, schon einmal kurz auf. Dann gehen Kapitalinteresse und Produktionsrationalität zur Tagesordnung über, bis die Konsequenzen der imperialistischen Politik jeden Reformversuch Lügen strafen. Rückfälle ins Ornamentale oder in die neo-klassizistische Erstarrung untermalen das chauvinistische Pathos. Vom kunstsozialen Standpunkt ist bald kaum noch die Rede. Der Qualitätsgedanke entpuppt sich als Instrument kapitalistischen Wettbewerbs und als sozialer Besitzstand jener Klassen, die ihn immer als erste für sich beanspruchen konnten. Letztlich scheitert der WERKBUND nicht nur an den Widersprüchen seines Programms, sondern auch an den politischen und ökonomischen Interessenwidersprüchen seiner Mitglieder. Monopolkapital und Mittelstand sind nicht auf einen Nenner zu bringen. Die Institution wird zum Organ der stärkeren Interessen. Als endlich von der »Weltmachtstellung des deutschen Geschmacks« (JESSEN 1912) die Rede ist, haben innerer Kulturanspruch und äußerer Imperialismus gleichgezogen. »Tatsächlich war der Werkbund im Jahr 1914 – in ästhetischer Hinsicht klassizistisch, in wirtschaftlicher und soziologischer Hinsicht verbürgerlicht und nationalistisch – nur noch die Verzerrung seiner Gründungsimpulse«, stellt SEBASTIAN MÜLLER (1969, S. 124) fest.

Neo-klassizistische Formen sind schon auf der Dritten Deutschen Kunstgewerbeausstellung 1906 in Dresden zu sehen. Daß sie sich später gegen alles Sachlichkeitsdenken in Kunstgewerbe und Innenarchitektur auch im Bauen für Industrie, Handel und Gewerbe durchsetzen können, kennzeichnet das gewandelte Selbstverständnis so hervorragender WERKBUND-Mitglieder wie BRUNO PAUL oder PETER BEHRENS. Aus dem kulturkritischen Elan der zweiten produktkulturellen Reform werden Strategien der ästhetischen Organisation wirtschaftlicher Interessen. Verkaufsförderung ist von Kulturpolitik nicht mehr zu unterscheiden; der WERKBUND wird zum Fürsprecher des deutschen Markenprodukts im Zeitalter der Großkonzerne und ersten Warenhausketten (vgl. FRIEMERT 1975).

Als ideologieproduzierende Institution trägt der WERKBUND dazu bei, auseinanderfallende Interessen scheinbar auf eine gemeinsame kulturelle Orientierung einzuschwören. Erstmals kann ›Sachlichkeit‹ zu einem gesellschaftlichen Formprinzip erhoben werden, weil die Produktion selbst nur noch dieses Prinzip anerkennt. Doch weshalb haben die in der Gründungsphase vertretenen Ideale der »Qualitätsarbeit« traditionsbildend gewirkt? Auf welcher soziologischen Basis entwickeln sich die Aktivitäten?

Im WERKBUND formiert sich eine der Spitzen bildungsbürgerlichen Bemühens, im zweiten Anlauf nach dem gescheiterten Stilkunst-Experiment in der Kultivierung der Formen neue Identität und Überzeugungskraft zu gewinnen. Nur daß der zweite Versuch auf einer breiteren gesellschaftlichen Front und mit dem Rückenwind industrieller Tendenzen erfolgversprechender beginnen kann als der erste.

Das Anspruchsniveau paßt sich um 1908 den neuen Bedingungen an – künstlerische Kulturerneuerung ist immer noch Hoffnung und Ziel, aber sie darf auf dem Wege der Typenmöbel oder industrieller Produkte ins bescheidene Haus oder in die Mietwohnung kommen. Breitenwirkung ist angesagt und aussichtsreich. Denn der sozialkulturelle Hintergrund der zweiten Reform schließt zwar noch die Träger der ersten ein, öffnet sich aber und füllt sich durch jene Teile des Bildungsbürgertums, die an der elitären Stilkunstbewegung praktisch noch keinen Anteil nehmen konnten. Die gebildeten Mittelschichten stellen einerseits mit ihrer Kaufkraft einen ökonomischen Zielgruppenhintergrund dar, andererseits sind sie das ideologisch-pädagogische Potential der angestrebten Kulturreform. Ihnen wird die neue Schlichtheit auf den Leib entworfen, jene Mischung aus regressiver Innerlichkeit, Ideologisierung industrieller Nacktheit, völkisch-nationalistischen Parolen und der Stilisierung industrieller Dutzendware zur neudeutschen Form.

LICHTWARK hatte schon für die kunsthandwerkliche erste Reform einen besonderen Vermittler in der Kombination des deutschen Professors mit dem deutschen Lehrer und Offizier vorgesehen (vgl. LICHTWARK 1901). Dem Schlichtheitsethos der WERKBUND-Ära ist also mit ideologiekritischer Vorsicht zu begegnen. Allzu leicht überwuchern fragwürdige Deutungsversuche die Idee der Läuterung des Gebrauchswerts. Die Kampagnen für den besseren Geschmack verbinden sich mit der starken »Identifizierung von Bildungsbürgern mit der deutschen Imperialität« (HAMPE 1976), mit teilweise schon rassistischen Vorstellungen und einer chauvinistischen Rechthaberei, die in ästhetischen Fragen geradezu einmalig genannt werden kann. Selbst Zeitgenossen nennen die massive Geschmackspropaganda »Künstler-Kolonialpolitik« und »Kultur-Revolution von oben herab« (SCHÖLERMANN 1910).

Am Ende gipfelt die Wahrnehmung der neudeutschen Industrieform weniger in den schlichten Kochtöpfen, die das von der DÜRER-BUND-WERKBUND-GENOSSENSCHAFT herausgegebene »Deutsche Warenbuch« (1916) abbildet, als in den Torpedobooten und im Schlachtschiff-Design des Flottenbauprogramms. Es sind zwar oft dieselben Autoren wie in der Stilkunst-Ära, die die Ästhetik-Diskussion bestimmen. Aber nun tritt soziologisch und ideologisch der bisher stummgebliebene Teil des Bildungs-(Klein)Bürgertums mit in Erscheinung, dessen Lebensökonomie den bescheidenen Konsum verlangt und die ästhetische Askese fördert. Seine Konsumerwartungen richten

sich auf das im »Kunstwart« propagierte pseudobiedermeierliche Heim. Dort gibt es lauter Gegenstände mit symbolischem Charakter, das schlichte Mobiliar (Werkstättenfabrikat), das DÜRER-Bild in einer guten Reproduktion, im Bücherschrank NIETZSCHE, LANGBEHN und SCHULTZE-NAUMBURGS »Kulturarbeiten«. Das Zentrum des Lebens bildet die Kleinfamilie. In das, was sie an Verhalten, Emotionen und geschmacklicher Kultur produziert, reden zwar immer mehr Professoren, Publizisten und Vereine hinein. Aber es ist die eigene Verhaltensnorm, die Identität mit sich, die hier zum Aus-

77   Küchen-Einrichtungsvorschlag von H. E. Mieritz für ein Preisausschreiben der Krupp AG, Essen, und des Rheinischen Vereins zur Förderung des Arbeiterwohnungswesens, 1901 (nach S. GÜNTHER 1984)

druck kommt. Äußere Beschränktheit wird durch inneren Reichtum ausgeglichen. Mehr sein als scheinen heißt die das Selbstwertgefühl und die geistigen Führungsansprüche stützende Devise. Feldzüge gegen Schmutz und Schund, gegen den ›Kitsch‹ und die Auswüchse der kapitalistischen Warenkultur werden mit sektiererischem Eifer geführt. Geschmackserziehung gilt nahezu jedem Gegenstand und Alltagsbereich, dem Wandschmuck zu Hause und in der Schule, der Wohnungseinrichtung, der Unterhaltungsliteratur, dem Spielzeug, der Hausmusik, der Fotografie usw.

Der Sinn dieser zweiten bildungsbürgerlichen Kulturreform liegt in der Hoffnung auf die Macht der Form. LANGBEHN hatte das Programm früh formuliert: »Bescheidenheit, Einsamkeit, Ruhe, Individualismus, Aristokratismus, Kunst – das sind die Heilmittel, welche der Deutsche auf sich anwenden muß (...)« (LANGBEHN 1890, S. 356).

Es ist ein Programm, mit dem der deutsche Bildungsbürger sich voll identifizieren kann. »Der beamtete Bildungsbürger war (...) ohnmächtig und mächtig zugleich. Als Bürger angesehen, seinen Einfluß und seine Einflußmöglichkeiten in seinem ›Wirkungskreis‹ (d. h. am Arbeitsplatz) wohl spürend, konnte er sich als ›Arm der Gerechtigkeit‹ (...) oder die Weisheit in Erziehung und Wissenschaft überhaupt fühlen. Da er sozusagen gar nicht zum kapitalistischen System gehörte, konnte er in besonders unbefangener Weise seine Identität wahren« (CLAESSENS 1973, S. 220).

Den institutionellen Hintergrund bilden Vereine wie die GESELLSCHAFT FÜR ETHISCHE KULTUR (1892), der GOETHEBUND (1900), der DÜRERBUND (1902) und der MONISTENBUND (1907). Die »Wiedereroberung einer harmonischen Kultur« (F. SCHUMACHER 1907 vor dem WERKBUND) wird ein Ziel der Gebildeten-Reformbewegung. Sie hat die zerstörte Natur und

die gestörte Kultur des Hochkapitalismus vor Augen, spürt die soziale Verunsicherung.

SCHULTZE-NAUMBURGS vielbändiges Werk »Kulturarbeiten« (1901–17) ruft zur Wachsamkeit gegenüber den zerstörerischen Folgen des Industriekapitalismus und der Kulturbarbarei in Baukunst und Landschaftsgestaltung auf. Man beklagt das »Verschwinden der Traulichkeit des deutschen Hauses«, die »Verunstaltung der Straßenbilder durch Reklameschilder«, das »Aussterben alter Waldbestände«, die »Schädigung der Landschaft durch Eisenbahnen«, die »Zerstörung natürlicher Wasserläufe durch Elektrizitäts-Anlagen« und fordert sogar die »Einschränkung fabrikmäßiger Betriebe« (RUDORFF 1901). Trotzdem wird der geschmackspädagogisch aktive Bildungsbürger zum Agenten industrieller Sachlichkeit, deren Niederschlag in einfachen Gestaltungen der alltäglichen Dinge er nicht nur als Ausdruck deutscher Qualitätsarbeit, sondern als kulturellen Wertbeweis schlechthin begreifen kann. Er unterdrückt gleichsam die regressiven Tendenzen der Selbstverteidigung gegenüber der Industriekultur durch deren Aneignung und Beförderung im Sinne einer Identifikation mit dem Aggressor. So wird die Sachlichkeit adaptiert, zur eigenen Sache gemacht und für andere pädagogisiert.

Aus Unkenntnis der Gesetze des Kapitals, der Bedingungen industrieller Massenproduktion, und aus der Erfahrungsferne der Gebildeten zu allen Sozialkulturen des Gegenstandsgebrauchs außer der eigenen wird die Schlichtheit der Form auch zum Maßstab für alle anderen Konsumenten erklärt. Dieser Ein-Kulturen-Standpunkt verengt nicht nur die pädagogische Perspektive oder blendet die Wahrnehmung anderer Kulturen des gegenständlichen Umgangs aus. Er legt nach Maßgabe der Erfahrung des eigenen ›vergeistigten‹ Umgangs mit schönen Dingen nahe, daß darin auch das Glück für andere liegen müsse und daß diese Haltung allgemein als Gegenmittel zur industriekulturellen und kapitalistischen Entfremdung empfohlen werden könne. Im Grunde ist die zweite bildungsbürgerliche Kunstgewerbe-Reform also nur eine Fortsetzung der ersten mit anderen, nämlich industriellen Mitteln. Diese zweite Reform wird nicht mehr nur von ›führenden‹ Künstlern und Publizisten getragen, sondern von Managern und Funktionären. Dennoch bleibt der Anspruch, »das Bedürfnis, zu veredeln, um das Leben innerlicher und es geistig reicher zu machen« (MUTHESIUS 1911, S. 26), bestehen. Indem MUTHESIUS die »höhere, durchgeistigte Form« den niederen Bedürfnissen und Zwecken voranstellt, ist er dem bildungsbürgerlichen Selbstverständnis sehr nahe, zugleich kennt er aber auch den eben von diesem Selbstverständnis nicht durchschauten Außenzwang: »In der modernen sozialen und wirtschaftlichen Organisation ist eine scharfe Tendenz der Unterordnung unter leitende Gesichtspunkte, der straffen Einordnung jedes Einzelelements, der Zurückstellung des Nebensächlichen gegen das Hauptsächliche vorhanden. Diese soziale und wirtschaftliche Organisationstendenz hat aber eine geistige Verwandtschaft mit der formalen Organisationstendenz unserer künstlerischen Bewegung« (MUTHESIUS 1911, S. 25).

Die Herrschaft der Form ist zugleich die Herrschaft der Produktionsweise über die Menschen. Diese nüchterne Erkenntnis hätte der Gebildeten-Reformbewegung den Boden unter den Füßen wegziehen müssen. Aber FRIEDRICH NAUMANN erklärt, es sei das »deut-

78 Wohnzimmer in einem der Arbeiter-Musterhäuser auf der Hessischen Landesausstellung 1908 in Darmstadt. Entwurf Joseph Maria Olbrich

79   Arbeiterwohnstube mit abgestelltem Fahrrad. Foto aus der Wohnungsenquete der AOK Berlin, 1911/12

sche Zukunftideal«, ein »künstlerisch durchgebildetes Maschinenvolk« zu werden, und fordert dazu den »neuen deutschen Stil«. Dieser verdanke sich der Industrie; denn »die Maschinen sind die ersten und tiefest wirkenden Erzeugnisse des neuen deutschen Geistes« (NAUMANN 1904, S. 231).

NAUMANN war es auch, der im Jahr der »geräuschvollen Einweihung« des KAISER-WILHELM-Kanals 1895 (CONZE 1965), einer symbolischen Selbstdarstellung des in die Weltmachtpolitik strebenden Reichs und der innenpolitischen Selbstbekräftigung, den NATIONALSOZIALEN VEREIN gründete, der erheblichen Einfluß auf das bildungsbürgerliche Denken gewann, wie schon der 1894 gegründete ALL-

DEUTSCHE VEREIN: »Mit seinem überspannten Nationalismus, der sich alsbald mit Darwinismus und Rassenideologie verband, war er (...) ein Spiegelbild des optimistisch expandierenden Kapitalismus« (CONZE, S. 29). Dies wird auch die zweite Kunstgewerbereform; in ihr treten die schon im ersten Reformansatz der Stilkunst-Ära programmatisch angelegten Allianzen deutlicher hervor, zum Beispiel die Verbindung des nationalkulturellen Sendungsbewußtseins mit den Weltmarktinteressen der Großindustrie. In diesem Sinne sollen »die Deutschen tonangebend werden, weil, wenn sie der Welt ihre Form aufprägen, sie auf Jahrhunderte hinaus Kunden gewinnen können« (NAUMANN 1908, S. 65).

An der deutschen Form, an der »Formkultur der spätbürgerlichen Sachlichkeit« (Pollak 1971), will man selbst, ja soll die Welt genesen. Die Verbindung von Nationalismus und Kultur, Geist und Geschäft, Führerattitüde und Kollektiv-Therapie prägt erstaunliche Denkstrukturen in den Köpfen Gebildeter aus; dies alles in Übereinkunft mit einer Warenproduktion, die sich um ihre Interpretationen keine Sorge machen muß. Karl Ernst Osthaus ruft 1913 den »Ladenbesitzer als Volkserzieher« aus; im Werkbund-Verständnis sind die industriellen Unternehmer, die aufgeklärten Geschäftsleute und die Reformpädagogen und -publizisten dazu berufen, eine Art Kulturdiktatur über den Gebrauch der Dinge und den alltäglichen Geschmack auszuüben: »Die Mas-

sen künstlerisch zu machen, ist ein aussichtsloses Geschäft. (...) Die Masse kann nur erträglich gemacht werden, wenn ihr schlechte Produkte vorenthalten und schließlich Gutes gereicht wird. Sie darf nicht befragt werden, denn sie hat kein Urteil« (Lux 1908, S. 109).

Der wirksamste Hebel dieser ästhetischen Sozialfürsorge für Ungebildete und Benachteiligte verspricht die Wohnungsversorgung zu werden, die schon lange zu einem sozialpolitischen Problem geworden ist. Das Wohnungselend in den Ballungsgebieten und die Bindung von Arbeitskräften bewegt schon vor 1900 große Unternehmen, im Arbeiterwohnungsbau selbst aktiv zu werden. Private und institutionelle Bemühungen um beispielhafte Formen von Hausbau und Einrichtung für Minder-

80   Küche einer Berliner Arbeiterfamilie. Foto aus der Wohnungsenquete der AOK Berlin, 1911/12

bemittelte, Wettbewerbe und Ausstellungen eröffnen die Möglichkeit geschmacklicher Einflußnahme. Neubauten, Werksiedlungen, neue Billigmöbelformen eignen sich auf ideale Weise, das reformiert-sachliche Design in vorbildlichen Ensembles auch Arbeitern bekannt zu machen. Nicht zuletzt in der Hoffnung, neue Absatzmärkte für Serienprodukte zu gewinnen, beteiligen sich zahlreiche Designer und Werkstätten an der Entwicklung besonders ausgewiesener Arbeiter-Möbel. Auf Ausstellungen werden nicht nur Mustermöbel gezeigt, sondern häufig auch Häuser- und Wohnungstypen, in denen sie Verwendung finden sollen. Der Höhepunkt dieser Aktivitäten fällt mit der ästhetischen Versachlichungsperiode zusammen. Es gibt zwar eine weiter zurückreichende Geschichte der Bemühungen um die Arbeiterwohnung (vgl. SONJA GÜNTHER 1984) seit der »Volksthümlichen Ausstellung für Haus und Herd« 1899 in Dresden, wo erstmals »Nutzkunst« für den Mann aus dem Volke vorgeführt wird. Aber zwischen 1906 und 1912 häufen sich die Versuche und Entwürfe. Gemeinsamer Nenner ist die Gediegenheit der Form; das bildungsbürgerliche Schlichtheitsideal beherrscht die Szene. Doch was heute zum Beispiel an den 1911–12 im Berliner Gewerkschaftshaus gezeigten Entwürfen namhafter Künstler als schöne, sauber verarbeitete Form gefällt, würde Konsumenten mit anderer Bildungsgeschichte und traditionellem Geschmack vielleicht immer noch irritieren. Damals kollidierten die gutgemeinten Angebote mit verbreiteten Geschmacksvorstellungen des Massenkonsumenten und mit mangelnder Kaufkraft: 1908 verdiente ein Buchhalter selbst in Berlin kaum über 2000 Mark im Jahr, ein Facharbeiter meist weniger. Da blieb neben dem dringendsten Lebensunterhalt kaum etwa übrig, was in Einrichtungsgegenstände investiert werden konnte. Möbel waren im Verhältnis zu den Löhnen

auch in der Prosperitätsperiode vor 1914 sehr teuer, im Krieg ging aller Konsum auf ein Minimum zurück, ein Zustand, der nach 1918 bis in die Stabilisierungsphase der Weimarer Republik anhalten sollte.

Außerdem blieben Gewohnheit und Bedürfnis immer noch auf die traditionellen Imitate der pseudobürgerlichen Üppigkeit, auf das »Muschelmöbeldreckzeug der Ramschbasare« (HEUSS 1963) gerichtet. Gebildete Sozialdemokraten mochten sich vorgestellt haben, daß den modern-sachlichen Möbeln die Befreiung vom kleinbürgerlichen Denken im Sinne eines ästhetisch geläuterten Klassenbewußtseins gelingen könnte. Die Troddelsofas und Vertikos sollten deshalb klaren und einfachen Formen weichen. Dabei übersah man, daß das Schlichtheitsideal ganz und gar bürgerlichen Ursprungs war. Seine Quelle liegt im frühindustriellen Kapitalismus, als der Erwerbsbürger sparsam lebte und seine Moral in schlichten Formen ausgedrückt sah. Die Biedermeier-Zitate im Berliner Gewerkschaftshaus wirken deshalb deplaziert. Es gibt keinen Beweis dafür, daß Arbeiter jemals, außer unter dem Diktat der Not, sich freiwillig für einen kulturellen Code der Kargheit entschieden hätten. Dies ist eine bildungsbürgerliche Entscheidung, so wie die Maschinenmöbel oder das gediegen verarbeitete Serienfabrikat 1912 in die Lehrer- oder Pfarrerwohnung, kaum in Arbeiterhaushalte gelangten. Solche Formen mußten eher als symbolische Zurückweisungen verstanden werden. Einfach und sparsam lebte man als Arbeiter selbst bis zum Überdruß. Trotz materieller Einschränkung und imitativer Haltung ist das Arbeiterwohnen vor 1914 bereits Teil einer ausdifferenzierten Massenproduktkultur, in der alle Ob-

81 Schrank für eine Arbeiterwohnung. Entwurf ▷ Hermann Münchhausen, 1911. Hessisches Landesmuseum, Darmstadt

jektkategorien spezifisch-soziale Darstellungs-
absichten und kulturelle Erfahrungen abbilden.
Jedes Ensemble hat schon seine Tradition, spiegelt eine Sozialgeschichte des Gebrauchs, ist sozial signifikant für den gelebten gesellschaftlichen Augenblick. Mit der zweiten produktkulturellen Reform der Sachlichkeit findet das Bildungsbürgertum zwar eine neue Vermitt-
lungsebene für den eigenen kulturellen Führungsanspruch. Dieser Anspruch löst ältere
Modelle der »legitimen Kultur« (BOURDIEU)
weitgehend ab. Aber in seiner Projektion nach
unten wird das Spektrum traditioneller Verhal-
tensmöglichkeiten für Unterschichten-Gebrau-
cher eingeengt. Dort stößt der Reformversuch
auf Widerstand; die Produkte werden nicht verstanden, ja abgelehnt. Den Bevormundungs-
versuchen antwortet ein für die wohlmeinenden
Reformer unverständlicher Trotz des Festhaltens am Billigimitat (vgl. GÜNTHER 1976).
NAUMANNS Wort von der Maschine, durch
die der Unternehmer den Massengeschmack er-
zieht, hat also nur eingeschränkte Gültigkeit.
Während das moderne Design seine stumme
Herrschaft über die Gebraucher auszudehnen
beginnt, werden auch sozialkulturell bestimmte

Formen von Widersetzlichkeit oder Aneig-
nungsträgheit in der Rezeptions- und Gebrauchsgeschichte sichtbar – trotz aller Versuche zur Konsumentenerziehung.

Letztlich bleiben die sozialen Grenzen über
1914 hinaus auch ästhetisch scharf gezogen.
Man erreicht weder die Unterwerfung und Angleichung der ›Subkulturen‹ an die als führend
ausgewiesene, moderne bürgerliche Produktkultur, noch gelingt es, die »vom ›kapitalistischen Geiste‹ bewirkte Zerspaltung der nationalen Gemeinschaft« (KRATZSCH 1969) durch
eine ästhetische Reform zu überbrücken. Es
gibt keine neue Schönheit des deutschen Alltags
aller Klassen. Die Produktkultur wirkt zerfalle-
ner denn je. Doch bleibt die Verweigerung zur
Übernahme ästhetisch und funktional verbesserter Gebrauchswerte durch die Massen, denen sie zugedacht sind, ein widerspruchsvoller
Akt. So berechtigt das sture Festhalten an den
angeeigneten Kulturformen ist, so deutlich ist
auch Rückständigkeit in der Verweigerung zu
spüren. Das Richtige und das Falsche, beides
geht – wie so oft in der Designgeschichte – im
gleichen Produkt und im gleichen Aneignungsakt ineinander auf.

IV Entwurf und Wirklichkeit der Moderne – Entwicklung und Deutung der gegenständlichen Kultur zwischen den Weltkriegen

1 Revolution und Utopie – Neubestimmung der Aufgaben von Kunst, Architektur und Design in der Gesellschaft. Die BAUHAUS-Entwicklung. Das Neue Frankfurt. Probleme der kulturellen Standardisierung von Funktion und Ästhetik für den Alltag der Massen

ADOLF BEHNE schreibt im August 1918 von der »Wiederkehr der Kunst« wie von einer alten Menschheitsutopie: »Die Kunstform, vor unserem menschlichen Dasein aufgerichtet, kann immer nur die eine, gleiche sein. Was verschieden ist in der Erscheinung der Gestaltungen nach Ort und Zeit, ist nicht in der Vollkommenheit des Ideals gelegen, sondern in den unzureichenden Mitteln, es zu erfüllen. Das Ideal, eben die Form, ist unveränderlich, und deshalb kann die Kunst sich nicht ›entwickeln‹, sie kann nur *wiederkehren*. Und sie kehrt wieder dort, wo eine große Gemeinschaft schöpferisch-lebendig wird, über den Zustand eines zufälligen, sinnlosen und daher häßlichen Massengetriebes hinausarbeitet, sich die Ruhe eines in sicheren Bahnen schwingenden Kosmos-Abbildes verschafft. Ist dieser seltene und schöne Ruhezustand erreicht, in welchem der Lärm und die Ziellosigkeit des ›Funktionierens‹ kleiner und kleiner werden, bis endlich die so lange verschüttete, stille und gleichmäßige Arbeit des Herzens – fast wie ein Wunder! – sich aus dem verstummenden Chaos an unser Ohr hebt, leise und doch gewaltig und anschwellend ein neues Leben einführend, indes das alte, das alles einst mit Unruhe erfüllte, versinkt, dann ist die

Kunst zugegen. Dann blüht sie auf. Dann kehrt sie wieder. Weil dann die Form gefüllt wird.« (BEHNE 1973, S. 36).

Das BAUHAUS-Gründungsmanifest von 1919 wird von einem Holzschnitt LYONEL FEININGERS illustriert, der mit ikonographischer Unzweifelhaftigkeit eine Kathedrale unter einem Sternenhimmel darstellt. Das Motiv setzt in der splittrig-spätexpressionistischen Ausdrucksgebärde die Assoziation des ›Gotisierens‹ frei. So wirkt das Blatt wie ein programmatischer Versuch, durch einen Griff, ein einziges Symbol, die Mittelaltersehnsucht RUSKINS mit der verstörten Sprache der Moderne für einen Augenblick der vorausgestalteten Zukunft auf ein Drittes, Neues zu verpflichten.

Die Zeit nach Kriegsende ist voll Aufbruchstimmung und Hoffnung. Architekten und Künstler mit unterschiedlichen Gestaltauffassungen, die man dem Expressionismus zurechnen kann (vgl. PEHNT 1973), sammeln sich zu einer geistigen Gemeinschaft, die ihren Zusammenhalt in Friedensphantasien, im Entwurf neuer Lebensformen und in einer ausgeprägten Neigung zur utopischen Umweltgestaltung findet. Der ARBEITSRAT FÜR KUNST organisiert 1919 eine Ausstellung »unbekannter Architek-

82 Holzschnitt von Lyonel Feininger für das Bauhaus-Manifest, 1919. Bauhaus-Archiv, Museum
für Gestaltung, Berlin (West)

ten«; BRUNO TAUT regt den enthusiastischen
Briefwechsel der GLÄSERNEN KETTE an, deren
Mitglieder, ähnlich jenen des ARBEITSRATES
oder der NOVEMBERGRUPPE, an die gesell-
schaftsformende Kraft zukünftigen Bauens
glauben und dessen Formen als Fantasy-Archi-
tekturen frei von realen Zwängen zeichnerisch
und literarisch vorwegentwerfen. In der von
TAUT herausgegebenen Zeitschrift »Frühlicht«
(1920–22) werden die Entwürfe der Freunde
publiziert (vgl. TAUT 1963). Die monumental-
transparenten Glasarchitekturen, die auf die
Ebene oder ins Hochgebirge projizierten Land-
schaftsbebauungsentwürfe oder die Ausrich-

tungen des Baugedankens auf organisch-umhüllende Funktionen verfolgen als gemeinsames Ziel die neue, ästhetisch-utopisch imagi-
nierte Form des Zusammenlebens von Menschen im Einklang mit der Natur. Damit tauchen die fiktiven Gartenstädte und sozialistischen Lebens- und Produktionsgemeinschaften
wieder auf, die WILLIAM MORRIS 1890 in
»News from Nowhere« sich an die Stelle des
hochindustrialisierten, natur- und menschen-
ausbeutenden Kapitalismus geträumt hatte.
Überall beleben sich Beziehungen zum Sozialismus und seiner umfassend-utopischen Dimension der Ästhetik des Lebens.

So wird HEINRICH VOGELER, der einst vom
Großbürgertum wegen feinsinniger Jugendstil-
Interieurs und seiner Märchen-Malerei gefeier-
te Einzelkünstler, Mitglied des örtlichen Arbei-
ter- und Soldatenrats und gründet auf seinem
Worpsweder Barkenhoff eine landwirtschaftli-
che Produktionskommune und sozialistische
Arbeitsschule. In radikalisierter Form steht der
alte Werkstätten- und Genossenschaftsgedanke
wieder auf. Mit dem für die Künstler erkennbar
notwendigen Konkurs aller bürgerlichen Werte, mit dem Bewußtsein der Kriegskatastrophe,
die man gerade durchlitten hat, und mit der revolutionären Situation vor Augen, gelingen
Öffnungen des künstlerischen und entwerferi-
schen Denkens und Wollens, die historisch lange vorbereitet sind.

Dabei sind die Ausgangspositionen so re-
volutionär-utopisch wie phantastisch-offen.
Während LEBERECHT MIGGE in direkter Nachbarschaft zu den »Barkenhoff-Kommunisten«
seine Siedlerschule mit Gartenbau betreibt,
zeichnet anderenorts HERMANN FINSTERLIN vi-
sionär-organismische Architekturen, die sich
zu Naturformen aufzulösen scheinen. Die ab-
strakteste Kunstutopie existiert zeitgleich neben handfester Praxis des Überlebens. Es gibt
zu dieser Zeit der Not und des Aufbruchs keine

Aufträge an Künstler außer ihren eigenen, keine Bauaufgaben, keine Nachfrage nach neuem Design. Noch ist auch nicht abzusehen, daß die Republik mit dem Erbe der ökonomischen, sozialen und kulturellen Strukturen des Kaiserreichs nicht brechen wird. Wie während eines Moratoriums kann die Produktivkraft Kunst sich frei fühlen, neue Bindungen und Aufgaben einzugehen, freier als jemals zuvor oder danach in Deutschland. Die Geschichte macht gleichsam Atempause und erlaubt Neudispositionen des Künstlerbewußtseins von der Wurzel her. So entstehen radikalutopische Programme zwischen links-grünen Einstiegsversuchen in die projektierte neue Gesellschaft und theoretischen Gemeinschaftsentwürfen einer Integration zukünftiger Künstlerarbeit in diese Gesellschaft im Werden.

In BRUNO TAUTS Idee einer »Auflösung der Städte oder die Erde eine gute Wohnung« (vgl. TAUT 1980, S. 187) stellt Architektur eine Synthese aller Arbeit und Kunst durch Bauen schlechthin zu einer Kultur des Zusammenlebens dar. In den Vorstellungen, wie sie sich im ARBEITSRAT FÜR KUNST zwischen 1918 und 1921 vereinigt zeigen, ist ein hochgespanntes Pathos der Versöhnung von Menschheit, Natur und Kosmos zu spüren, die sich in einer Kultur der klassenlosen Gesellschaft vollziehen soll. Der ARBEITSRAT versteht sich als vorbereitende Gruppe für eine Art ›Kulturparlament‹, das spirituell-religiöse, politisch-kulturelle und künstlerische Bemühungen unter Aspekten des sozialistischen Lebens- und Gesellschaftsentwurfs zusammenfassen und das künstlerische Schaffen sowie die Ausbildung dazu regulieren soll. Das Programm (vgl. ARBEITSRAT 1980) geht von einer genossenschaftlichen Kooperation aller Kulturschaffenden, einem Orden oder einer »Bruderschaft auf Leben und Tod« (ADOLF ALLWOHN, ebenda) aus, in die jeder Neuaufgenommene zunächst als ›Arbeiter‹ ein-

tritt. Die Ziele sind anarchisch-utopisch. Eine aus der Anstrengung aller erwachsende Gemeinschaft des neuen Geistes und der sozialistischen Kunst soll entstehen, deren »Beratungsräume« – von »absolutester Einfachheit und Schlichtheit« – so gebaut sein sollen, »als wäre gar kein Staat da« (BEHNE, in: ARBEITSRAT a. a. O., S. 20). BEHNE deutet alltägliche Aufgaben des Gestaltens auch darin an, daß Künstler gegen den Tageslohn von Arbeitern im Auftrag von Arbeiterräten und Gewerkschaften Ausstattungsaufträge und das Ausmalen von Arbeiterwohnungen übernehmen sollen.

In den »Stimmen des Arbeitsrates für Kunst« (1919) liegt ein Zeitdokument vor, das den Vergleich mit parallelen Neubestimmungsversuchen der Künstlerarbeit in der Sowjetunion nahelegt, wo mit der revolutionären Definition des »Produktionskünstlers« und in der Proletkult-Bewegung ähnlich hohe Erwartungen an

83 Monument für die III. Internationale. Entwurfszeichnung von Wladimir Tatlin, 1920

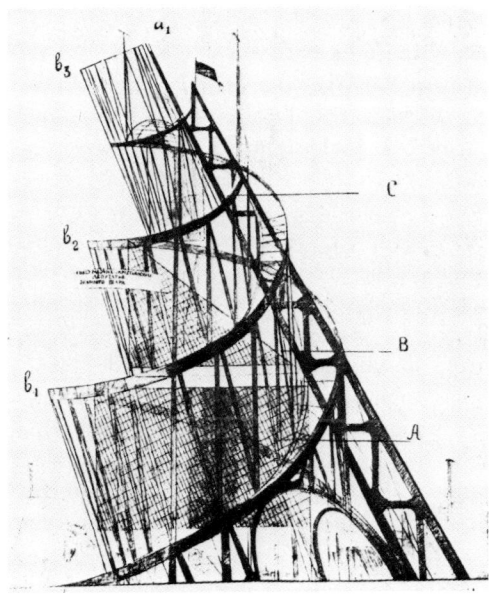

die gesellschaftsintegrierte und -integrierende Funktion der Kunst entwickelt werden. In der Sowjetunion geht es, der historischen Zurückgebliebenheit der industriellen Produktivkräfte entsprechend, vor allem um den Anschluß der Künste an die Industrialisierung oder um die Avantgardefunktion des Künstlers beim Aufbruch in die sozialistische Industriegesellschaft (vgl. ERLER 1978; GASSNER 1977; GASSNER/ GILLEN 1979).

WLADIMIR TATLINS Turmentwurf für ein Denkmal der III. Internationale von 1920 setzt das Kathedralenmotiv in einer gleichsam säkularisierten, industriell-dynamisierten Variante ebenso um wie der gotisierende Holzschnitt FEININGERS zum BAUHAUS-Manifest oder die gläsernen Türme BRUNO TAUTS.

Die »Kathedrale des Sozialismus« (OSKAR SCHLEMMER 1922) ist zu verstehen als Überbau einer Idee vom Bau als einem der Gesellschaft dienenden, die Gemeinschaft aller Schaffenden ausdrückenden Ganzen, als Synthese von Kunst, Leben und Gesellschaft in Gestalt gebauter, gegenständlich gewordener Kultur, deren Wurzeln im BAUHAUS sehr weit zurückreichen sollen: Über das Handwerk als Prinzip wertbildender Kooperation am Bau bis zurück auf die Dombauhütte, in der dieses Prinzip erstmals – einem höheren, gemeinsamen Ziel des Werks verpflichtet – verwirklicht worden ist. Das Gründungsmanifest von WALTER GROPIUS spricht daher von einer »Wiedervereinigung aller werkkünstlerischen Disziplinen« in einer Baukunst von sozialer Bedeutung für alle Beteiligten, die aus einer »neue(n) Zunft der Handwerker ohne die klassentrennende Anmaßung« der besonderen Rolle des Künstlers entstehen soll. Die religiöse Färbung des Gedankens einer Einheit aller Handwerke und Künste am Bau, der ein »kristallenes Sinnbild eines neuen kommenden Glaubens« werden soll (vgl. WINGLER 1962, S. 39), berührt gerade bei GROPIUS merk-

würdig; hatte er doch vor dem Krieg mit dem Bau der FAGUS-Werke (1911) das überzeugendste Frühdenkmal der industriellen Funktionsmoderne gesetzt, obwohl er im WERKBUND die Position von VAN DE VELDE vertrat. Aber die religiös-utopisierende Wendung ist so authentisch und zeitgeistgebunden wie das Bekenntnis zum Handwerk, in dem die Wurzeln der Kunst und der nützlichen Produktion für alle gesucht werden. Nach GROPIUS muß die »nur zeichnende und malende Welt der Musterzeichner und Kunstgewerbler (...) endlich wieder eine bauende werden« (in: ARBEITSRAT 1980, S. 31), indem der handwerkliche Grund allen Gestaltens wiedergefunden wird: »Architekten, Bildhauer, Maler, wir alle müssen zum Handwerk zurück« (ebenda).

Neben der epochalen Neudefinition der Künstlerrolle fließen Tendenzen in das BAUHAUS-Programm ein, die aus der deutschen Kunstschulreform vor 1914 und dem WERKBUND-Denken stammen. Das Studienprogramm (vgl. WINGLER, S. 41) scheint sich in seinem dualen Konzept auf ein im WERKBUND lange vor dem Krieg diskutiertes Modell zu beziehen, das RUDOLF BOSSELT 1908 erarbeitet hatte. Damals handelte es sich um einen Ausbildungsvorschlag für Designer und Facharbeiter in der (Kunst-)Industrie, der die Entwerfer technik- und verarbeitungskundig, die Ausführenden ästhetisch mitempfindungsfähig machen sollte. In Lehrwerkstätten unter Leitung eines Werkmeisters und eines Künstlers sollte eine durch Unterricht im Zeichnen und Modellieren ergänzte Handwerkslehre durchlaufen werden, ehe der Übertritt in Klassen nach Art der alten Kunstgewerbeschule erfolgen könnte. Schon BOSSELT spricht der Architekturausbildung die dominierende Rolle zu, weil alle Einzelentwürfe letztlich im Bau oder Innenraum ihre Anwendung finden. Er nimmt das BAUHAUS-Konzept auch darin vorweg, daß dieser Schule mit ihren Lehrwerkstätten Klassen für die ›hohe Kunst‹ angegliedert sein sollen, die es den handwerklich-technisch und kunstgewerblich-praktisch ausgebildeten Schülern ersparen, eine Kunstakademie zur weiteren Vervollkommnung ihrer Entwurfsfähigkeiten besuchen zu müssen (vgl. BOSSELT 1908).

BOSSELT faßt damit Reform-Gedanken zusammen, die – nicht nur im WERKBUND – schon mit Beginn der kunstgewerblichen Bewegungen verstärkt diskutiert wurden (vgl. z. B. die Übersicht bei WICK 1982, S. 54 ff.). Eine Ent-Akademisierung künstlerischer Ausbildungsgänge, die Betonung handwerklicher Komponenten und die Berücksichtigung kunstindustrieller Interessen deuten sich tendenziell schon lange vor der BAUHAUS-Gründung an.

Doch während das ältere Programm von 1908 auf die Industrietätigkeit des Designers zielt, greift GROPIUS 1919 bis in die Vor-Diskussionsphase der kunsthandwerklichen Reformbewegung zurück, auf den »großen Bau, das Einheitskunstwerk« im Sinne der Bauhütte, deren Bild handwerklicher Produktions- und Kooperationsformen seit RUSKIN und MORRIS die Kritik am Kapitalismus, an der industriellen Arbeitsteilung, an der Massenproduktion und an der Entfremdung wie eine utopische Konstante begleitet hatte.

So beginnt das BAUHAUS seine Arbeit an den Wurzeln einer Tradition, die es in seiner kurzen Geschichte zwangsläufig überwinden lernen muß. Inneres Thema ist und bleibt – besonders in den Jahren des Weges zu einer Schule der Industriekultur schlechthin – der Widerspruch zwischen den notwendigen und fälligen Integrationsversuchen menschlicher Bedürfnisse und Fähigkeiten in die sich ›versachlichende‹ Gegenständlichkeit der industriellen Moderne und der eigenmächtig-gewaltförmigen Funktionalität der industriellen Strukturen über alles menschliche Maß hinaus, die darin als histori-

84/85 Erstes Bauhaus-Signet. Entwurf Peter Röhl, 1919, und das 1922 von Oskar Schlemmer entworfene Siegel. Bauhaus-Archiv, Museum für Gestaltung, Berlin (West)/Jaina Schlemmer

sche Tendenz angelegt ist. Das BAUHAUS wird weltweit die erste Institution, die sich dieser Herausforderung praktisch stellt und den visionären Aufbruch von 1919 in einen permanenten Umbruch der Idealkonzepte nach-bürgerlicher

Umweltgestaltung verwandelt. Dabei scheint heute weniger die Rekonstruktion aller Einzelleistungen wichtig als der Nachvollzug der Ansätze und Brüche in der Entwicklung, die von einer einzigen großen Frage beherrscht wird: Ist die Industriekultur mit den Mitteln der Gestaltung gestaltbar? Ist die industrielle Umwelt zu einem Ausdruck der zugleich befreiten wie in soziale Bezüge eingebundenen Produktivkräfte zu machen? Gibt es ein symbolisch-ästhetisches Ausdrucksmuster, das gerade diese Funktion aller Funktionen befördert?

Auf dieser Ebene sind die BAUHAUS-Konzepte zwischen Weimar ab 1919 und dem gewaltsamen Ende in Berlin 1933 zu diskutieren. Das heißt, jenseits kunsthistorischer und designpädagogischer Analysen ist nach dem Widerspruchs- und Problembewußtsein der BAUHAUS-Theorie und -Praxis zu fragen, nach den Wegen und Umwegen bis zur Konsolidierung als industriekulturelle Institution.

Der Prozeß hat seine Spuren hinterlassen. Das erste Signet oder Siegel, von 1919 bis 1921 im Gebrauch, ist ein graphisches Zeichen voller Anspielungen auf den handwerklichen Bau, getragen von einer stilisierten Figur, teils als Menschenwesen, teils als Balkenwerk deutbar, umgeben und überzeichnet von zünftischen Symbolen; auch der Stern als kosmisches Zeichen in der Kreisform der Schrift fehlt nicht. Von der BAUHAUStypischen Geometrisierung zeigen sich erste Vorboten (das dreieckige ›Dach‹, die Schwarzweiß-Verwerfung beider Hälften des ›Kopfes‹, die Senkrechte, die Gerade, die Winkel); dennoch überwiegt der Eindruck des Organischen bis hin zu einer typographisch noch nicht durchgearbeiteten ›Handschrift‹ im Text. So versammeln sich im Signet der Gründungs- und Frühzeit die symbolischen Elemente tektonischer Ordnung und organischen Wachstums nicht feindlich, aber auch nicht harmonisiert, sondern im gebundenen, halbgeklärten Chaos

des Anfangs, in dem schon alle Widersprüche sichtbar angelegt sind. Man könnte dieses erste Siegel als Schülerarbeit und Zeugnis einer noch nicht artikulierten Typographie betrachten. Aber es bringt das anfängliche Selbstverständnis der Einheit der Künste und der schaffenden Menschen unter dem leitenden Begriff vom ›Bau‹ zum Ausdruck, zugleich den ungeklärten Zustand des Lehr- und Gestaltungsbewußtseins der frühen Weimarer Jahre, als JOHANNES ITTEN noch eine tragende Rolle als Meister spielen konnte. Er schreibt, Ziel seines Unterrichts im Vorkurs sei »der mensch selbst, als ein aufzubauendes, entwicklungsfähiges wesen« gewesen, dessen »möglichkeiten, anlagen, denkweisen, empfindungsarten und schöpferische kräfte« im Mittelpunkt gestanden hätten (vgl. ITTEN 1930, S. 141).

Das zweite, von OSKAR SCHLEMMER entworfene, ab 1922 gültige Signet zeigt die Kreisform exakt, eine konstruierte Schrift umfassend, die abgetreppte, spannungsreich rhythmisierte Senkrechte des ›Profils‹ – das Zeichen für den Menschen, immer noch eine Mitte bedeutend machend, aber nun als ›Kopf‹ mit quadratischem ›Auge‹. Das konstruktivistische Formrepertoire klingt erstmalig an, der Gestus des Zeichens ist ›modern‹, das Bezeichnete wirkt geschichtslos – keine Andeutung von Mittelalter mehr, das Ganze ist schon eine Einheit mit klaren Bezügen; die Reduktion signalisiert Konsequenz, Entscheidung. Das Geometrisierte hat das Organische abgelöst, aber das Zeichen kann immer noch ›kosmisch‹ verstanden werden, sei es als Sonnenscheibe, sei es als Medaillon oder Tondo mit dem Menschen in der Mitte: Nicht mehr aufbauende Tätigkeit, sondern ein ruhender Zustand, Ordnung, wird symbolisiert.

86 Plakat zur Bauhaus-Ausstellung 1923. Entwurf Joost Schmidt. Bauhaus-Archiv, Museum für Gestaltung, Berlin (West) ▷

Kein Siegel, aber ein in größerem Maßstab vergleichbares, zu einem komplexen Zeichen zusammengerafftes Ausstellungsplakat von JOOST SCHMIDT zeigt 1923 die schon ausdifferenzierte Geometrisierungstendenz der diagonal dynamisierten Komposition aus roten und schwarzen Flächen: Kreis, Rechteck, Quadrat, jeweils in idealer Linie auf der Grundfläche vervollständigt weiterzudenken. Das Zeichen des Kopfes ist hier in eine maschinenhafte Abstraktion eingebunden, aus dem Zentrum herausgerückt, dazu eine montierte, kompositionsintegrierte Schrift, das Ganze spannungsgeladen wie ein konstruktivistisches Bild (LISSITZKY und VAN DOESBURG sind 1923 in Weimar): Räderwerkassoziationen, Dynamik, die Auflösung des Widerspruchs von Mensch und Technik in der ästhetisch gereinigten, hypersymbolischen Form – zwischen dem ersten Signet und dieser Plakatgrafik klaffen Welten und liegen doch bloß vier Jahre BAUHAUS-Entwicklung.

Die Synthese von Kunst und industrieller Realität ist angedeutet. Aber der »Versuch der Synchronisierung der Künste mit der Modernisierung« (LETHEN 1986) muß zunächst am entgegengesetzten Ende des Wissens und Könnens der Hand aus der Kunst begonnen und auf der Suche nach einem neuen Standpunkt geschichtlichen Vermitteltseins mit dem Stand der Produktion eingelöst werden. Das BAUHAUS erlebt dabei die Abtrennungen eher als die Synthese, die es sich nach anfänglichen Klärungen noch in Weimar versprochen haben mag. ITTENS Fortgang 1923 signalisiert eine erste Krise, zugleich eine beschleunigte Entwicklung, die vom Handwerksprinzip zur industriellen Orientierung drängt. GROPIUS notiert 1922 (in: WINGLER, S. 62), er suche »die Einheit in der Verbindung, nicht in der Trennung dieser Lebensformen«. Später, vermutlich 1924, schreibt er von einer »neuen Einheit« von Kunst und Technik (vgl. WINGLER, S. 90). Aber die Kunst eines

KANDINSKY oder KLEE läßt sich auch später in Dessau nicht in ein Architekturstudenten-Kollektiv hinein vermitteln, von den Vorübungen eines ITTEN sind Auswirkungen auf Design und Bauen kaum zu behaupten, seine Nachfolger ALBERS und MOHOLY-NAGY mögen sich manchmal darin wiedergefunden haben. Bei zunehmender Annäherung der Lehre und Praxis an die industrielle Produktionswirklichkeit werden die individuellen Kunstleistungen zugunsten einer Tendenz zur formalen Strenge, zur Reduktion der Mittel, zur Entsinnlichung der Form ins Abseits gedrängt.

RYKWERT (1982) bezeichnet gerade diesen Weg als die »dunkle Seite« der Institution, weil die Gleichsetzung der industriellen Moderne mit dem geistigen Fortschritt im BAUHAUS allzu glatt gelingt. Der ursprüngliche Gedanke einer Besinnung auf die Sinne der Hand und den ganzen Menschen, auch der von GROPIUS ins Auge gefaßte Ausgleich in der Einheit handwerklicher und industrieller Prinzipien und Ziele der Gestaltungsarbeit, tritt immer mehr zurück. Wenn ITTEN seinen praktischen Einführungen in die Gestaltungslehre noch das Motiv unterlegte, »daß unserem nach außen gerichteten wissenschaftlichen Forschen und Technisieren ein nach innen orientiertes Denken und die Seelenkräfte das Gegengewicht halten müssen« (ITTEN 1963, S. 11), so befindet HANNES MEYER 1929 endgültig: »kunst ist keine affektleistung. kunst ist ordnung« (MEYER 1980, S. 51).

Die kühle Nacktheit der Stahlrohr-Formen MARCEL BREUERS und das funktionsorientierte Prinzip einer Baulehre als »Mittel objektiver Ordnungen der Gesellschaft« oder »Lehre von den Ordnungsprozessen« (MEYER) zeugen nicht nur von einem fortgeschrittenen Entwurfsbewußtsein, sondern auch von freiwilliger Unterordnung unter eine Rationalität, die unverdächtig, ja willkommen erscheint, ob-

87 Teakholz-Tür für das Haus Sommerfeld. Schnitzerei Joost Schmidt; Buntglasfenster Josef Albers, 1921/22. Zeitgenössisches Foto. Bauhaus-Archiv, Museum für Gestaltung, Berlin (West)

wohl sie Wahrnehmungen und Bedürfnisse ausklammert und verdrängt, die ursprünglich zur Lehre des Bauhauses zählen. Dabei sollen die neuen Formen allen Menschen dienen, die Menschen sollen in ihnen wohnen, von ihnen zu leben lernen. Dies zunächst als Vorgriff auf die Problemgeschichte.

Annäherungen an die Entwicklungsgeschichte des Bauhauses haben immer wieder zu einer Einteilung in ›Phasen‹ nach unterschiedlichen Gesichtspunkten geführt. Wick (1982) faßt sie zusammen, um sich dann für jene von Kröll (1974) zu entscheiden, die von einer Gründungsphase 1919–1923, von einer Konsolidierungsphase 1923–1928 und von einer Desintegrationsphase 1928–1933 spricht. Eine mehr formale Bezeichnung stellen die Einteilung nach Standorten (Weimar 1919–1925, Dessau 1925–1932, Berlin 1932–1933) oder nach direktorialen Perioden (Gropius 1919–1928, Hannes Meyer 1928–1930, Mies van der Rohe 1930–1933) dar.

Das Modell von Herzogenrath (1978) unterscheidet nach kunsthistorischen Gesichtspunkten insgesamt fünf Phasen und erfaßt ein differenzierteres Bild der ästhetischen Entwicklung. Herzogenrath benennt eine erste Phase 1919–1921, die vom handwerklich bestimmten Künstler-Individualismus eines Itten oder Schreyer bestimmt ist, dann eine zweite formalästhetisch-elementarisierende unter dem Einfluß der Stijl-Bewegung und der Lehre van Doesburgs 1922–1924; eine dritte Phase der Entwicklung funktionaler Prototypen für die industrielle Fertigung 1924–1928 mit besonderen Beiträgen von Moholy-Nagy und Breuer, schließlich eine vierte Phase der Versachlichung des Entwurfsdenkens 1928–1930 unter Hannes Meyer und eine Schlußphase unter Mies van der Rohe bis 1933, in der formalästhetische Momente wieder stärker hervortreten.

Dieses Fünf-Phasen-Modell läßt sich in ein inhaltliches, das heißt Theorie und Praxis auf dem gesellschaftsgeschichtlichen Hintergrund interpretierendes Entwicklungsmodell umsetzen. Demnach beginnt das Bauhaus seine Lehre unter regressiven Zielen eines handwerklich-künstlerischen Wiederanknüpfens an reformutopische Traditionen der Industrie- und Kapitalismuskritik, was dem Diskussionsstand im Arbeitsrat für Kunst 1919 entspricht. Zu dieser Zeit ist die innere Entwicklung der Schule noch so offen wie das Schicksal der ersten Republik. Es ist die Phase des ›ganzheitlichen‹ Elementar-Unterrichts von Itten mit seinem idealistisch-humanistischen Glauben an das künstlerisch zu sich befreite Subjekt, die Zeit der handwerklichen Möbel mit Schnitzwerk, der Ausstattung des Hauses Sommerfeld und der Schmuckformen aus der Metallwerkstatt, bevor Moholy deren Leiter wird. Praktisch ist

88 Gerrit Thomas Rietveld, Sessel ›Rot und Blau‹, 1918. Kunstgewerbemuseum Zürich

es die Phase der Wiederaufnahme kunstgewerblicher Traditionen und der Suche nach einer neuen Formensprache zwischen Anleihen bei primitiven Kulturen, Monumentalisierung der Handwerksform und beginnender Vereinfachung im Sinne transparenter Funktionen.

Solange das Weimarer BAUHAUS sich mit dem eigenen Aufbau beschäftigt und die Wirtschaftsstruktur der Republik labil bleibt, kann es sich in einer zweiten Phase mit forcierten formalästhetischen Experimenten ohne Rücksicht auf die Erfordernisse industrieller Fertigung entwickeln. Was nun als neue Form entsteht, immer als kunsthandwerkliches Unikat, ist im Grunde noch ›expressionistisch‹, freilich mit neuen stilistischen Mitteln. Auch im sowjetischen und niederländischen Konstruktivismus werden künstlerische Überholmannöver der gesellschaftlichen Tatsachen, Projektionsleistungen einer Kultur, die es im Alltag noch gar nicht gibt, entworfen, nicht Massengebrauchswerte.

Die besondere Nähe zur Stijl-Bewegung (vgl. WIESE 1981) erklärt sich aus Gründen unmittelbarer Berührung wie im Fall VAN DOESBURG; zur revolutionären Kunstdebatte in der Sowjetunion entstehen Beziehungen über Briefwechsel (GROPIUS-LUNATSCHARSKI), Ausstellungen russischer Konstruktivisten (z. B. in Berlin), über den Dadaisten- und Konstruktivisten-Kongreß 1922 in Weimar, über die Künstler EL LISSITZKY, MOHOLY-NAGY und KANDINSKY, auch MALEWITSCH. In Theorie und Praxis des Stijl lassen sich gesamtkünstlerische Ansprüche wiedererkennen, die der deutschen Kunstgewerbe-Bewegung seit 1900 vertraut sind. Auch de Stijl ist Entwurf einer Lebens- und Kulturform durch das Gesamtkunstwerk einer ästhetisch vorweggenommenen Moderne. Vom abstrakten Bild bis zum kubisch vereinfachten Haus und zur geometrischen Strenge hochstilisierter Möbelformen darin soll das Bekenntnis

zur Maschinen-Moderne eines neuen Zeitalters zum Ausdruck kommen. Die Stijl-Mitglieder verhalten sich dieser Idee entsprechend konsequent. Basis ihrer Entwürfe ist eine strenge Elementarästhetik der Grundformen und Grundfarben, die alle künstlerischen und alltäglichen Traditionsreste überwinden soll. Schon 1917 erscheint die erste Nummer der programmatischen Zeitschrift »De Stijl«. Gründungsmitglieder der Gruppe sind THEO VAN DOESBURG, PIET MONDRIAN, VILMOS HUSZAR, J. J. P. OUD, ANTONY KOK, GINO SEVERINI, JAN WILS, BART VAN DER LECK, ROBERT VAN'T HOFF, GEORGES VANTONGERLOO: Maler, Bildhauer, Architekten, Schriftsteller, die sich mit dem Ziel vereinigen, eine neue Beziehung zwischen Kunst und moderner Gesellschaft zu schaffen (vgl. JAFFÉ 1965; BÄCHLER/LETSCH 1984). Der Tendenz zur radikalen Geometrisierung der Formen in der ästhetischen Praxis der Stijl-Mitglieder entspricht eine ausgedehnte Theorieproduktion, die in den von Subjektivität gereinigten strengen Formprinzipien eine Antwort auf die Rationalität der industriellen Welt sieht.

Die von künstlerischem Sendungsbewußtsein, intellektueller Unduldsamkeit und Technik-Pathos erfüllte Lehre VAN DOESBURGS findet im BAUHAUS 1921 und 1922/23 fruchtbaren Boden. Obwohl VAN DOESBURG nicht die erhoffte Berufung in ein Lehramt erhält und ›neben‹ dem BAUHAUS eine Art private Gegenschule betreibt, erscheinen später in der Reihe der BAUHAUSBÜCHER grundlegende Veröffentlichungen der Stijl-Mitglieder MONDRIAN, VAN DOESBURG und OUD. Die Zeitschrift »De Stijl« redigiert VAN DOESBURG von 1921 bis 1923 in Weimar. Faszinierend mag vor allem das Versprechen der Stijl-Theorie gewesen sein, daß der Künstler an der Spitze der gesellschaftlichen Produktion mitwirken kann. In dieser Hoffnung sieht das BAUHAUS seine Gründungserwartungen bestätigt. In einer Erklärung des Stijl schreiben die Unterzeichner VAN DOESBURG, LISSITZKY und HANS RICHTER 1922: »Die Kunst ist ebenso wie Wissenschaft und Technik eine Organisationsmethode des allgemeinen Lebens. (...) Die Kunst ist allgemeiner und realer Ausdruck der schöpferischen Energie, die den Fortschritt der Menschheit organisiert, das heißt, sie ist Werkzeug des allgemeinen Arbeitsprozesses« (in: De Stijl 1984, S. 57 f.).

Hier ist die Stijl-Theorie den Integrationstheorien künstlerischer Arbeit in den gesellschaftlichen Produktionsprozeß bei den sowjetischen Konstruktivisten verbunden. Für die Lehre im BAUHAUS bedeutet die Aufwertung der Kunst zu einer »Organisationsmethode« des Lebens die Bestätigung des mit künstlerischen Mitteln eingeschlagenen Weges einer Überformung und Stilisierung der Dinge des Alltags nach strengen ästhetischen Prinzipien. Die Lehren des Stijl verlangen geradezu nach Unterwerfung der banalen Zwecke unter Gesichtspunkte künstlerischer Ordnung, die den alten (handwerkskünstlerischen) Individualismus zugunsten einer neuen, kollektiv verbindenden Formkunst der modernen technischen Welt aufhebt. Aber dem Formalismus der zweiten Weimarer Phase fehlt praktisch jede produktionslogische und gebrauchsgeschichtliche Basis außerhalb der Mauern der Institution. HANNES MEYER kann sich später leicht über die »konstruktivistelnden« Künstlerentwürfe dieser Jahre lustig machen, über das rote Quadrat, den blauen Kreis und den Würfel in den Grundfarben mit Schwarz, Weiß und Grau für den verspielten »Bauhaus-Snob« (vgl. MEYER 1930). Was VAN DOESBURG als Ablösung von der »expressionistischen Verwilderung« der Eingangsphase betrachten kann, ist für die später gewonnenen Standpunkte schon wieder überholt, weil nun klar wird, daß es in dieser zweiten Phase allenfalls um künstlerische Inter-

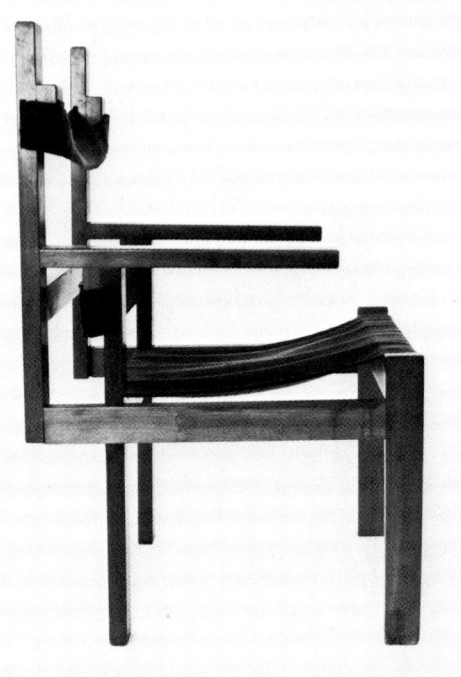

89   Marcel Breuer, Holzlattenstuhl mit Stoffbespannung, 1922. Bauhaus-Archiv, Museum für Gestaltung, Berlin (West)

pretationsversuche des technischen Zeitalters, nicht um Anbindungen an die gesellschaftliche Produktionswirklichkeit gegangen ist. Die Dinge sehen in ihrer übertriebenen Geformtheit und konstruktivistischen Stilisierung bloß so aus, *als ob* sie dem industriellen Zeitalter entsprungen wären. Tatsächlich sind sie konstruktivistische Kunstwerke, die sich als Designobjekte ausgeben, als ideale Prototypen einer gedachten Durchformung der Welt. Der Einfluß der Stijl-Ästhetik gipfelt in der verabsolutierten Geometrisierung; Kreis, Quadrat, Rechteck beherrschen die Fläche; Kugel, Würfel, Zylinder den Raum; die Farbigkeit wird elementar reduziert wie in FARKAS MOLNÁRS »rotem

Würfel«, einem Stijl-verbundenen Einzelhaus-entwurf; das Gebrauchsmöbel gebärdet sich konstruktivistisch wie in Breuers an Rietveld erinnerndem Holzstuhlmodell von 1922.

Auch in der Sowjetunion eilt die Sprache der Künste der Sprache der Technik voraus, die ihre Materialisation im Produktionsprozeß erst finden muß. Gassner (1977) spricht von einer »Laboratoriumsphase des russischen Konstruktivismus« zwischen 1915 und 1921, in der eine neue formale Grammatik und deren philosophische Begründung (vgl. z. B. Malewitsch 1962, 1980) gelingt. Im Übergang von den Mitteln der Flächenkunst zu räumlich-konstruktiven Gebilden vergegenständlicht sich zwar die Idee des Konstruktivismus als Bruch mit aller darstellenden Tradition von Kunst und als Entwurf einer neuen Raum- und Gegenstandser-

91   Teekannen-Entwurf von Kasimir Malewitsch (1918) für die Staatlichen Porzellanwerkstätten in Leningrad

90   Holzrelief mit vernickeltem Türgriff und -schloß. Lehrlingsarbeit aus der Metall- und Holzwerkstatt am Bauhaus (Metallarbeit Naum Slutzky), 1921. Bauhaus-Archiv, Museum für Gestaltung, Berlin (West)

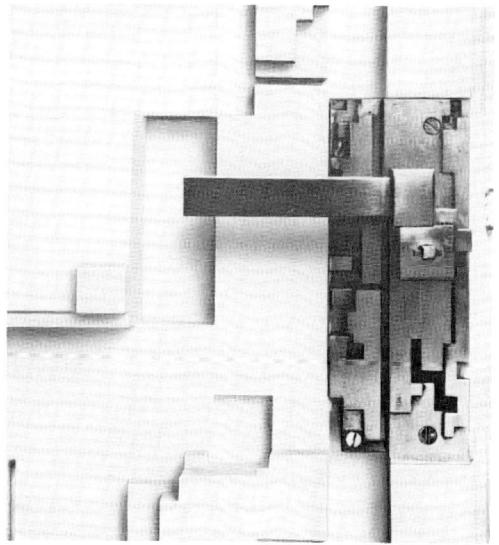

fahrung, die Arbeit des Künstlers bleibt aber vom Alltagsleben noch ebenso abgetrennt wie in der Praxis der Stijl-Bewegung. Erst das Ende der theoretischen und praktischen Laboratoriumsphase bringt eine Annäherung an die industrielle Produktion mit dem Einsatz von Künstlerarbeit für die unmittelbare, materielle Gebrauchswertproduktion. Was an Entwürfen für Gebrauchsgegenstände vor diesem Umbruch entsteht, ist nicht minder formalistisch wie manche Form am Bauhaus um 1922/23, nur daß die »suprematistischen« Vorschläge sowjetischer Künstler bereits modelliert sind, als das Bauhaus erst den Anschluß an die Stijl-Ästhetik sucht.

Neu und in einem nicht mehr nur ästhetischen Sinne avantgardistischer als jede Position im Bauhaus ist in der Sowjetunion schließlich die vereinzelt in die Tat umgesetzte Forderung nach Integration des Künstlers in die Produktionsprozesse der Fabrik, um »nicht nur auf die Gestalt des Produkts Einfluß zu nehmen, sondern auch auf die Tätigkeit der Arbeit selbst« (Gassner, S. 60). Die Gründung der Wchute-mas 1920, der höheren künstlerisch-technischen Werkstätten, einer BAUHAUSähnlichen, für das Design und die neue Architektur in der Sowjetunion wegweisenden Institution, erfolgt im Zusammenhang mit der realistischen Wende des revolutionären Konstruktivismus. Erst Bestandteile des Entwurfsdenkens und der Praxis der vierten BAUHAUS-Phase unter HANNES MEYER wird man mit Theorie und Praxis der WCHUTEMAS, wo RODTSCHENKO, LISSITZKY und TATLIN lehren, vergleichen können. (Über mögliche frühe Einflüsse der sowjetischen Kunstdiskussion auf Gründungsgedanken des BAUHAUSES und über vergleichbare Entwicklungen im BAUHAUS und bei den WCHUTEMAS vgl. WICK 1982, S. 59ff.; zu Parallelitäten im Lehrprogramm vgl. SCHÄDLICH 1976 und 1980; CHAN-MAGOMEDOV 1980; GRÖNWALD 1981; SHADOWA 1981; STEPANOW 1983.)

In der zweiten Weimarer BAUHAUS-Phase ist man vom politischen und ästhetischen Pragmatismus einer »Produktionskunst« noch weit entfernt. Die Bemühungen gelten einer formalen Grammatik, von industrieller Formgebung ist noch nichts zu sehen. Dieser Schritt der Annäherung wird erst in der dritten, wohl wichtigsten Phase durch funktionsästhetische Abklärung der Entwurfslehre und -praxis vollzogen. Nun gelingt die tatsächliche Verarbeitung der Bedingungen industriellen Produzierens.

In den mechanisierten Ballettfigurinen SCHLEMMERS mit ihrer zur Planimetrie und Stereometrie ›exakt‹ bewegter Körper geschrumpften Choreographie wird dieser dritte Schritt künstlerisch schon 1923 ahnungsvoll vorweggenommen, während er sich in Prototypen für Gebrauchsformen aus den Metall-Werkstätten vorbereitet. Von der ausziehbaren Wandlampe von KARL J. JUCKER mit ihren direkten Fabrikzitaten von absichtsvoller technischer Rohheit bis zu der zusammen mit WILHELM WAGENFELD entwickelten Tischlampe von 1923/24 ist nur ein Zwischenschritt der Vermittlung von Technik und Design zu vollziehen. Diese berühmte ›BAUHAUS-Lampe‹ wird in Varianten und kleiner Stückzahl manuell produziert, aber sie ist schon ein ›industrieller‹ Entwurf.

BREUERS Stahlrohrmöbel von 1925/26 (vgl. Ftn. 10 und 11) markieren bereits den Reifezustand des Ausdrucks industrieller Sachlichkeit. In diesen Jahren nähert das BAUHAUS sich der gesellschaftlichen Entwicklung an. Der industrielle Standpunkt wird mit der Stabilisierung des Wirtschaftslebens der Republik – während eines Rationalisierungsschubes draußen – auch innerhalb der Institution gefunden. Oder Rationalisierung, Konjunktur, Stabilisierung wirken zwingend auf die Institution ein, die wie ein Seismograph auf die veränderten gesellschaftlichen Bedingungen reagiert. Es beginnt die Zeit der realistischen Verarbeitung und Vermittlung industriekultureller Fakten in den sachlich-kühlen Funktionsformen der Moderne, die es in dieser Konsequenz vorher nicht gegeben hat. Der »forcierte Technikoptimismus der Epoche« (KARIN HIRDINA 1981) erfaßt die Grundkonzeption des Gestaltens am BAUHAUS nun ganz real und nicht mehr bloß symbolisch wie in der zweiten Phase.

Als die Stahlrohrstühle, die Lampen und die moderne Gebrauchsgrafik erfunden und veröffentlicht sind, ist der Höhepunkt dieser Phase schon überschritten. Nun folgt, was nach der politischen und ökonomischen Stabilisierung der Republik unabweisbar geworden ist, die Anbindung des Entwurfs der neuen Gebrauchswerte an den sozialen Bedarf, wenigstens der Versuch dazu (die tatsächlichen Sozialleistungen werden dann weniger vom BAUHAUS als von der Praxis der kommunalen Massenwohnungsversorgung erbracht).

In dieser vierten Phase muß der alte kunstsoziale Gedanke, der im ARBEITSRAT FÜR KUNST und im Gründungsprogramm radikal-utopisch

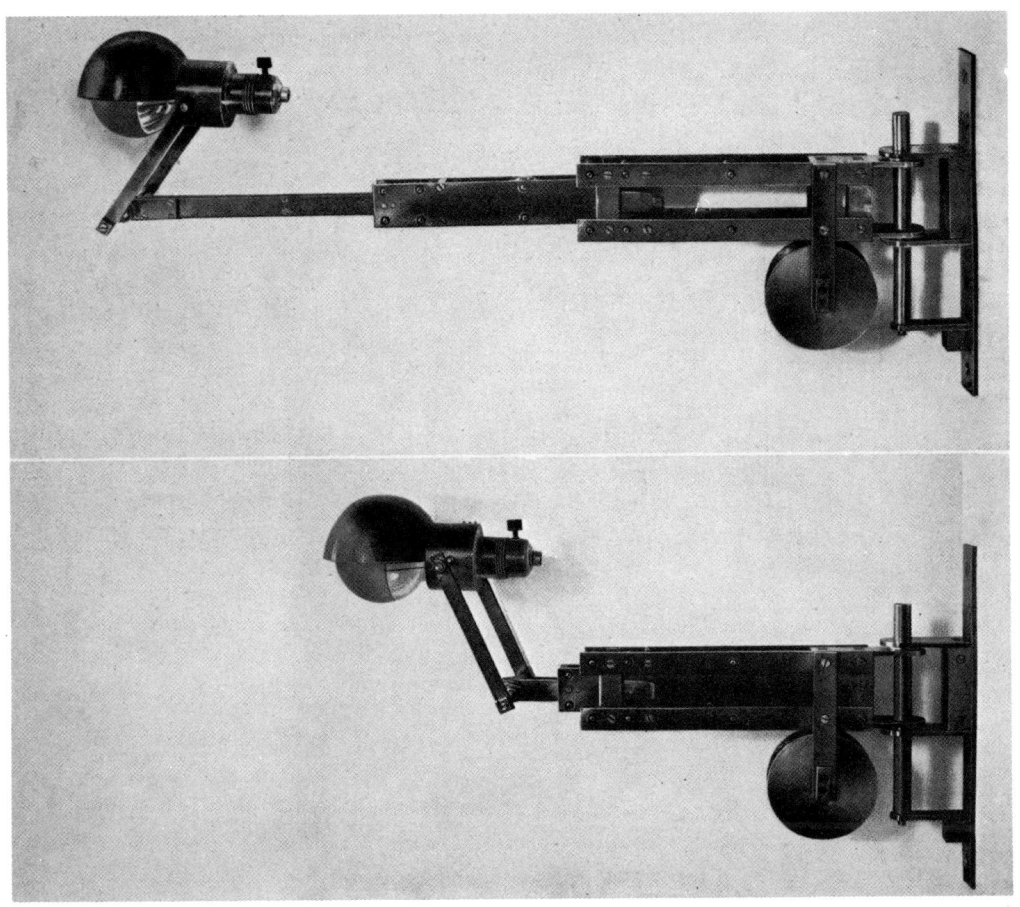

92   Ausziehbare Wandlampe, Eisen, Messing vernickelt. Bauhaus-Lehrlingsarbeit von K. J. Jucker, 1923.
     Bauhaus-Archiv, Museum für Gestaltung, Berlin (West)

wiederbelebt worden war, für den ›Volksbedarf‹ der Republik aktualisiert werden. Für die erst 1927 eingerichtete Bauabteilung unter HANNES MEYER und die ihr zuarbeitenden Ausstattungswerkstätten bricht die Zeit des sozialästhetischen Engagements an, nachdem die Versuchssiedlung Dessau-Törten bereits 1926 unter der Leitung von GROPIUS begonnen worden war. Eines der sozialen Versorgungsprobleme der Weimarer Republik, die Wohnungsbeschaffung, dahinter auch die Frage nach einer

neuen demokratischen Alltagskultur, bestimmen die Ziele dieser vierten Phase am BAUHAUS so stark, daß man von einer Umschichtung der inhaltlichen Akzente sprechen muß. Die Entdeckung der sozialen und politischen Verantwortung des Architekten und Designers gibt dem BAUHAUS in der Ära MEYER noch einmal neuen Aufschwung und Bedeutung. Ohne diese Bindung an ein altes Problem hätte sich die Lehre wahrscheinlich nach 1928 im Ausdifferenzieren von Entwürfen für die Industrie erschöpft.

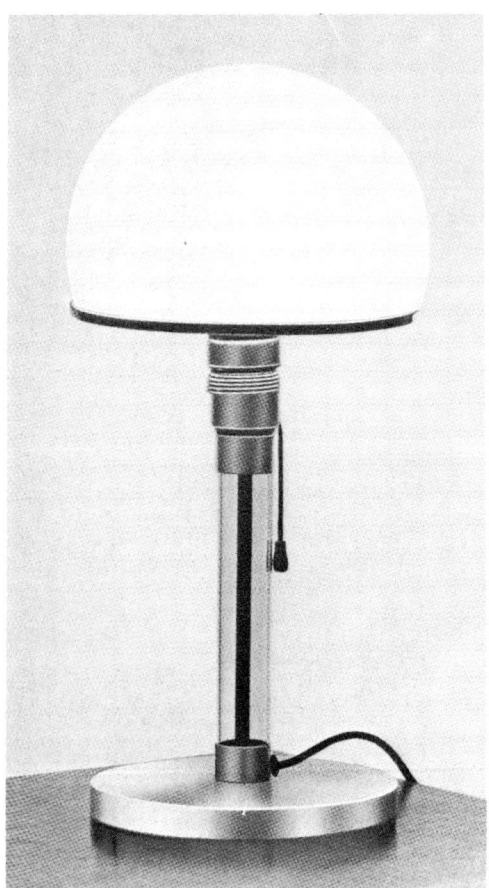

93 Tischlampe von K. J. Jucker und Wilhelm Wagenfeld. Variante mit Glasschaft, 1923/24. Bauhaus-Archiv, Museum für Gestaltung, Berlin (West)

Unter HANNES MEYER herrscht der Realismus der Zeit; es muß so billig und so viel wie möglich gebaut werden – in Dessau wie in anderen Städten der Republik; und es wird am BAUHAUS nach eigenen ›wissenschaftlichen‹ Methoden der Funktionsanalyse entworfen und gebaut, die einerseits auf ein verändertes Bild vom Menschen Bezug nehmen, andererseits dieses schon veränderte Bild der menschlichen Be-

dürfnisse den Bedingungen der Zeit anverwandeln. Denn nun verschärfen sich die Widersprüche zwischen typisierendem Entwurf und lebendigem Bedürfnis in der Gleichsetzung physiologischer und psychologischer ›Funktionen‹ des Lebens mit Ablaufdiagrammen, architektonischen Bedarfsrastern, funktional bereinigten Raumstrukturen und geometrisierten Wahrnehmungsmustern. Die unumgängliche Rationalität industrialisierten Bauens und der Massenversorgung findet in einer rationalistischen Entwurfstheorie ihren Niederschlag, die Anspruch erhebt, kollektive Bedürfnisse gerade in ästhetischer Kargheit und reiner Zwecksetzung zu erfüllen und zu gestalten.

Diese vierte Phase der politischen und sozialen Funktionsbestimmungen des Design für den Volksbedarf findet ihr Ende in der Krise der Republik, als Massenarbeitslosigkeit herrscht, mit Notverordnungen regiert wird, der Druck von rechts zunimmt (der letztlich auch zur ›Säuberung‹ des BAUHAUSES von erklärten Marxisten wie HANNES MEYER beiträgt) und die Kommunen in Finanznot geraten, so daß großangelegte Projekte zur Wohnungsversorgung wie in Frankfurt schon ab 1930 Einbußen erleiden. (Eine Übersicht der Ereignisse im Zusammenhang mit der Entlassung von HANNES MEYER 1930 und der Schließung des zuletzt nach Berlin verlagerten BAUHAUSES unter MIES VAN DER ROHE geben MEURER/VINÇON 1985, S. 144 f. und HAHN 1985.) Die fünfte und letzte Phase spiegelt die Rücknahmetendenz sozial- und kulturpolitischer Ziele im Alltag der Republik, aber auch Besinnungen und Sicherungsbedürfnisse im BAUHAUS, das unter MIES VAN DER ROHE zu einer beruhigten Entwerfer- und Architektenschule wird, eher angepaßt und schon ein wenig konventionell denn avantgardistisch im ästhetischen oder sozialpolitischen Sinne. Doch wirkt schon MIES VAN DER ROHES nobler Pavillon von 1928/29 für die Weltausstellung in

Barcelona durch seine Materialästhetik und ausgewogene Proportionierung wie eine Tempelarchitektur der künstlerisch beherrschten Produktivkraft der Moderne. Der Entwurf ist eine Zusammenfassung, fast ein Schlußstrich um ein Bemühen, den am BAUHAUS seit dessen Gründungsprogramm ideell vorgestellten ›Bau‹ wieder als Zentrum einer Lehre ahnbar zu machen, die sich von der allzu restriktiv-funktionalistischen Architekturgebärde abwendet und einen Ausgleich von Funktion und Ästhetik auf anderer Ebene sucht. Freilich wird nun die Politik aus dem Schulbetrieb, notfalls mit autoritären Maßnahmen des neuen Direktors (vgl. HAHN 1985) herausgehalten und flacht das soziale Engagement ab.

Auch wenn man die früh (schon in Weimar) beginnenden Angriffe von rechts und die Anträge der Nationalsozialisten in Dessau, dem BAUHAUS die Mittel zu streichen und es buchstäblich abzureißen, nicht verdrängen darf (nach GRETE DEXEL gehörte das BAUHAUS »zu den bestgehaßten Institutionen des neuen Deutschland«), so ist die innere und äußere Entwicklungsgeschichte auch ein Spiegel der politischen und kulturellen Verhältnisse in der Republik zwischen dem Ende des Weltkriegs, den politischen Hoffnungen, der vorübergehenden Stabilisierung und dem Übergang in den Faschismus. Erstes Anzeichen des Übergreifens nicht beherrschbarer gesellschaftlicher Entwicklungen auf den symbolisch-ästhetischen Bereich, den das BAUHAUS für die Moderne deutend besetzt, ist die Trennung des Prinzips der Sachlichkeit von sozialpolitischen und sozialkulturellen Programmen des Entwerfens. Diese Tendenz deutet sich schon in der technoästhetischen (dritten) Phase an, ehe sie nach der Entlassung von HANNES MEYER endgültig vollzogen wird. Mit der Selbstauflösung des inzwischen zur Privatschule umgewandelten BAUHAUSES in Berlin, das 1933 den Pressionen der

94 Ecke am Bauhaus Dessau. Architekten: Walter Gropius mit Carl Fieger und Ernst Neufert, 1925/26

neuen Machthaber nicht mehr standhalten kann, ist in gewisser Weise auch historisch das Ende einer Entwicklungsgeschichte erreicht, die den Gang der Industriegesellschaft in der Republik pädagogisch und politisch mit allen Chancen und Gefährdungen mitvollzogen hat.

Allein diese wie in einem Brennspiegel zusammengefaßte Parallelität würde das BAUHAUS als kulturelle Institution zu einem unvergleich-

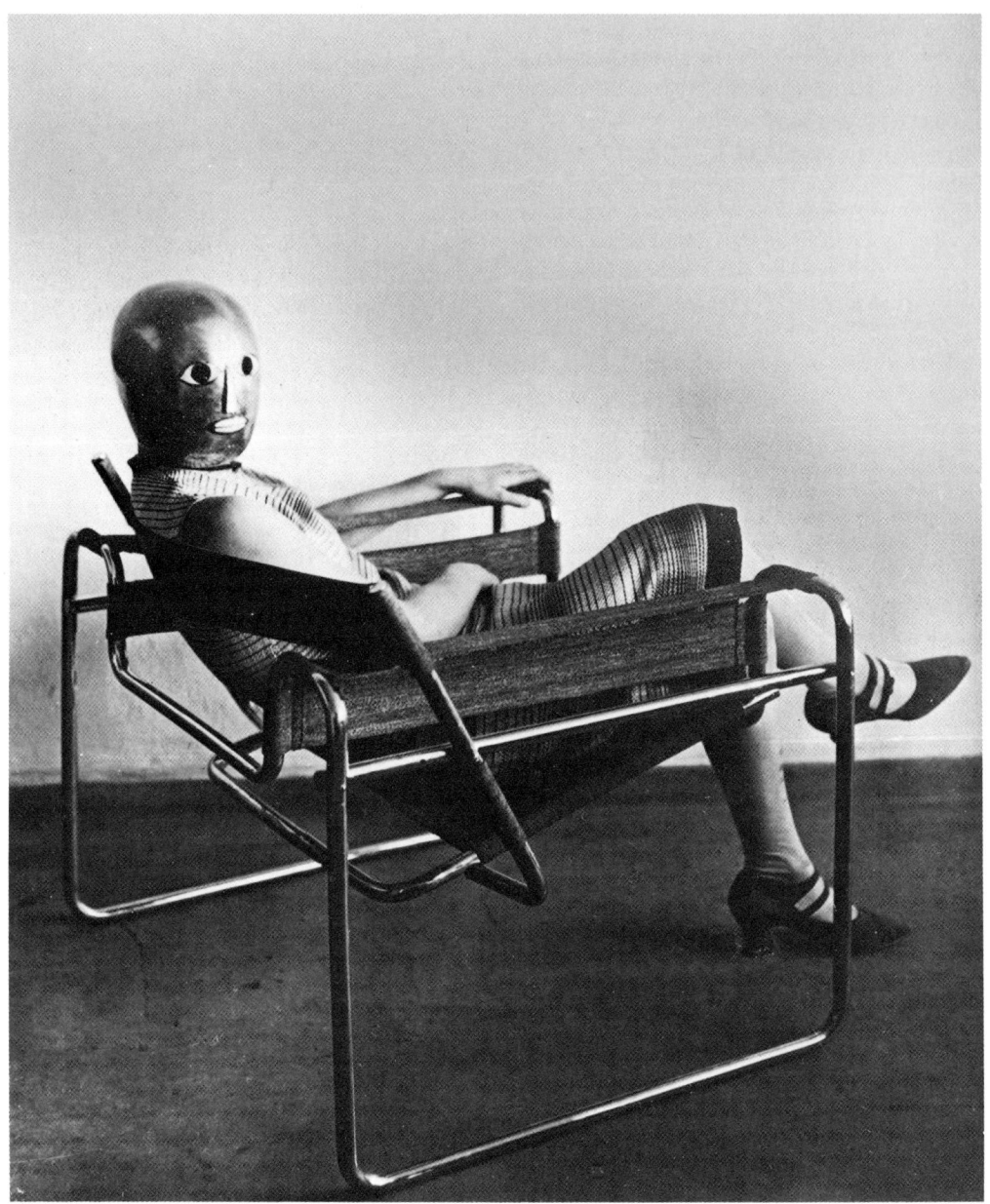

95 Marcel Breuer, Stahlrohrsessel (wie Farbtafel 10, noch ohne durchgehendes Rückenlehnenstück), 1925. Oskar Schlemmer, Maske aus Metall. Zeitgenössisches Foto. Bauhaus-Archiv, Museum für Gestaltung, Berlin (West)

lichen Studienobjekt der ästhetischen Geschichtsforschung machen. Aus der Distanz betrachtet und bezogen auf seine Auswirkungen auf die Geschichte des Entwurfs alltäglicher Gegenstände, hat das BAUHAUS mit der dritten Phase bereits den absoluten Höhepunkt erreicht. Im Durchbruch zur Techno-Ästhetik der Moderne läßt die Schule den künstlerischen Formalismus hinter sich und dringt in Entwürfen von materialer, funktionaler und ästhetischer Rationalität zu einem Ausdruck des industriellen Produkts vor, der als Ausdruck der modernen Industriekultur schlechthin begriffen werden kann und entsprechend weitergewirkt hat. In den Gegenstandsformen, im Bauen und in der Werbegrafik gelingen die anschaulichsten Formulierungen eines Funktionsbegriffs, der ästhetisch und entwicklungsgeschichtlich deutlich über das WERKBUND-Programm von 1908 und die erste Sachlichkeitsperiode des deutschen Design hinausgeht. Selbst was der WERKBUND eben erst unter der Devise »Form ohne Ornament« 1924 veröffentlicht hatte, wirkt dagegen antiquiert.

In den Lampen und Stahlrohrmöbeln, die in Dessau entstehen, ist die Ausdruckseinheit von Funktion und Form noch überzeugender als bei den frühen großindustriellen Entwürfen von PETER BEHRENS gelöst. Es wird eine von allem Individualismus gereinigte, verallgemeinerbare Produktsprache der Zweckbindung in technischer Schönheit gefunden, die derzeit nicht mehr weiter präzisiert werden kann. Die Dinge wirken, als wären Technologie und Zweck unmittelbar Form geworden. Das Problem der Funktion und ihrer Hülle, bei BEHRENS noch eine letzte Diskrepanz, ist endgültig in der Synthese von Form und Inhalt, Schönheit und Funktionalität gelöst. Dies ist die eigentliche Leistung der BAUHAUS-Entwerfer. Darin haben sie unvergleichlich Designgeschichte gemacht. Aber ein Problem, das sich darin in voller

Schärfe darstellt und nicht erkannt wird, ist die Skelettierung des Funktionsbegriffs auf seinen rationalistischen Kern. Der Zweck regiert die Mittel der Ästhetik, aber Zweck und Mittel erfahren dabei Einschränkungen in der Bandbreite ihrer Definitionen.

Als MARCEL BREUER 1927 verwundert feststellt, sein zwei Jahre zuvor entwickelter Stahlrohrsessel (vgl. Ft. 10) sei »in seiner äußeren Erscheinung sowie im Materialausdruck am extremsten«, am »wenigsten wohnlich, am meisten maschinenmäßig« (BAUHAUS-ARCHIV 1981, S. 96), ahnt er selbst, was ihm gelungen ist. Das Objekt besteht aus gebogenen Stahlrohrelementen, die verschraubt und mit vorgefertigten Bahnen aus festem Textilmaterial verspannt sind. Die Stahlrohrteile sind dem industriellen Fundus an Halbfertigfabrikaten entnommen, Rohrmaterial in Durchmesser und Wandstärke etwa wie ein Fahrradlenker und auch so bearbeitet, das heißt auf Maß gesägt, gebogen, gerichtet, die Schraubenlöcher vorgebohrt, schließlich vernickelt (bei späteren Varianten verchromt). Die mechanischen Bearbeitungsvorgänge sind in Akkordarbeit denkbar, auch das Nähen der Bespannungen; die Montage der Teile könnte am Fließband vorgenommen worden sein. Am Prototyp hat sich Handarbeit an das industriereife Produkt herangetastet. Wie die Arbeitsgänge der späteren Serienproduktion bei den Herstellerfirmen organisiert waren, ist nicht zuverlässig überliefert.

Doch unzweifelhaft ist gerade dieses Produkt eine symbolische Form der zweiten industriellen Revolution. MICHAEL THONETS Modell Nr. 14, während der ersten entworfen, stellt eine der Vorformen dieser neuen Rationalität des Produzierens und Gestaltens dar. BREUERS Entwurf tilgt in der Idee (und an ihrer materialisierten Erscheinung) alle Erinnerung an die ältere Produktionsweise, die ein THONET-Stuhl

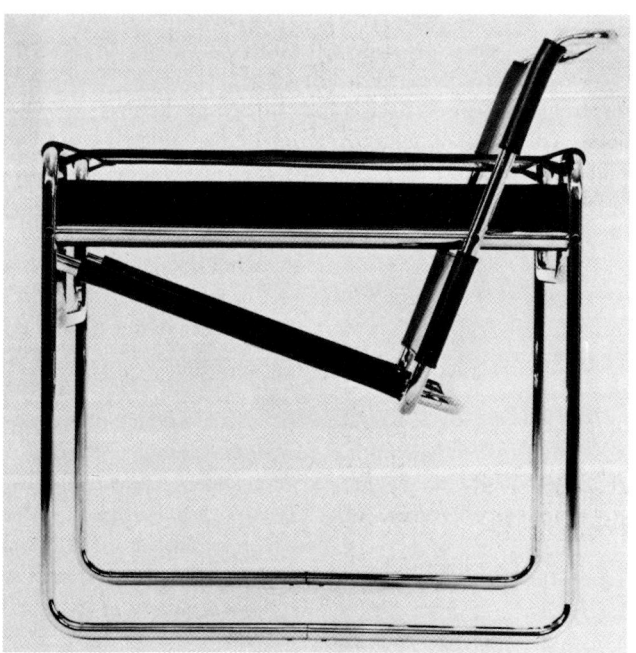

96–99
Ansichten des von
KNOLL INTERNA-
TIONAL in leicht
veränderter Fassung
produzierten Breuer-
Sessels, der ab 1926
von Standard Lengyel
& Co in Berlin, später
von Thonet und ab
1965 von Gavina in
Bologna hergestellt
worden ist

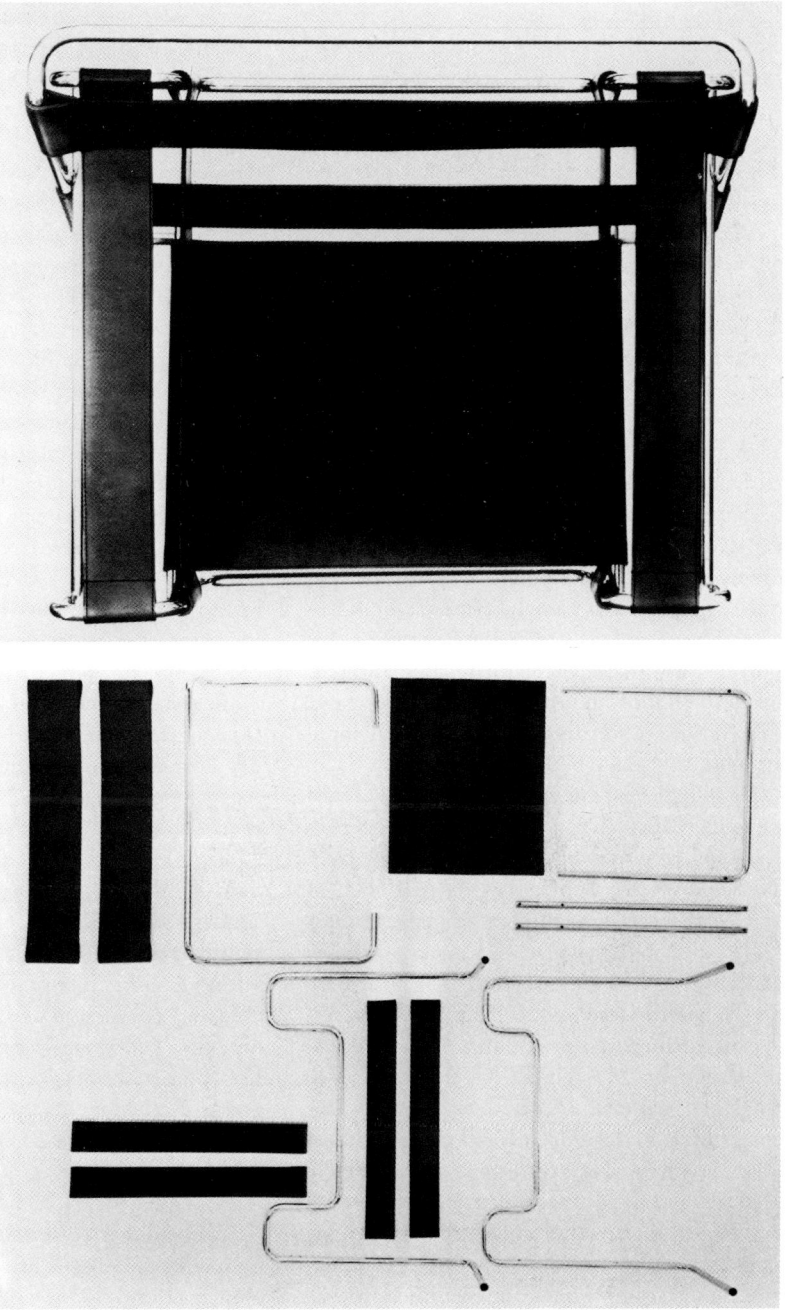

noch wachruft, aus. Gleichzeitig verspricht er ein von allem Ballast der Tradition und des Dekorativen befreites Sitzen, das auf die anatomisierte Position des Körpers wie auf das Abfangen des Gesäßes, die stützende Umspannung des Rückens, das Auflehnen der Unterarme und das Umgreifen der U-förmigen Bögen der Vorderbeinkrümmung des Stahlrohrs fast wie auf eine biologische Formel der mittleren, ›typischen‹ Entspannungshaltung gebracht wird. Unauffällig bemächtigt sich die Logik der Produktionsbedingungen des Gegenstands auch der Logik seiner Funktionen und der Gebrauchsvollzüge. Der Austauschbarkeit der Elemente des Typus entspricht die Austauschbarkeit einer als durchschnittlich und wiederholbar angenommenen Haltung des Sitzens. An ihr ist zweifellos vieles richtig. Nur muß man dieses designgeschichtliche Modellbeispiel noch unter anderen Gesichtspunkten, zum Beispiel unter Aspekten der Reduktion auf den Typus, der unauffälligen Bedürfnismodellierung, der Sozialisation industrieller Sinnlichkeit und der Akkulturation des Organischen an industrielle Funktionen betrachten.

Da ist zunächst die Wahl des Materials. THONET arbeitete noch mit Holz. Wenngleich er es großindustriell wie jedes beliebige Zeug behandelte und verbog, behielt das Material noch etwas von seiner organischen Eigenspannung. Holz ›arbeitet‹, ist feuchtigkeitsempfänglich, enthält Verwachsungen, kann reißen, austrocknen, sich verändern mit der Zeit. Dazu entwickelt das gebogene Buchenholz einen Assoziationshorizont des immer noch natürlichen Rohstoffs, der weit über das Zweckmöbel hinausreicht. Gewiß ist auch Eisen ein natürlicher Stoff. Doch ist das verchromte Stahlrohr ein Material, das die ganze Industriegeschichte bis zu diesem Zeitpunkt seiner überraschenden Verwendung für ein Möbel in sich zusammenfaßt. Kein Gedanke an die abgeholzten Rotbu-

chenwälder wie bei einem THONET-Stuhl; das Gestänge erinnert eher an ein Röhrenwerk, das ein klares Muster der logischen Führung eines Materials bildet, das aufgrund seiner Eigenschaften im technischen Zeitalter beliebig verwendbar ist, von der Gasleitung bis zum Flugzeugbau. Nahtlos gezogenes Stahlrohr ist elastisch und fest, ein gleichmäßiges Halbfertigfabrikat, vollkommen berechenbar, geeignet für gleichmäßige Endlosführung in exakten Biegungen. Die Nickel- oder Chromschicht macht es noch glatter, kühler als Eisen. Auge und Hand realisieren an seiner konstruktiven Verbindung die Erfahrung des Technischen: kalkuliertes Schwingen, abfedernde Auflagen, versteifende Krümmungen, fixierende Schraubungen usw., die zu einem Gerüst konstruktiver Logik, zu einem inneren Gestaltbild vom Gegenstand gerinnen, der darin transparent, das heißt visuell und rational einsichtig wird wie der Plan einer konstruierten Maschine.

Abgesehen vom ornamental verwendeten Gußeisen für Sitzmöbel früherer Epochen der Designgeschichte ist die Wahl ›nackten‹ Metalls für körper- und sinnennahen Gebrauch mit Ausnahme weniger Vorläufer ein Novum. MOHOLY-NAGY war es vorbehalten, die Studenten in der Metallwerkstatt davon zu überzeugen, daß überdies nicht Silber- oder Kupferblech, sondern Stahlblech das für Ausdrucks- und Gestaltungszwecke geeignete Material sei. Er selbst hat es in kinetischen Plastiken und Lichtobjekten quasi entmaterialisiert verwendet, bis hin zur Auflösung in transparenten Rastern. Das Blitzende, Stählerne, Harte, Chromglänzende, Reflektierende bleibt aber nicht nur ein Ausdrucksmittel freier Kunst.

BREUER ist als »Jungmeister« aus dieser Lehre hervorgegangen, nicht ohne sich mehrfach als Möbeldesigner am traditionellen Holz zu versuchen. Mit dem Stahlrohr gelangt er zur gültigen Formulierung, obwohl oder weil sich

1 Schnitt durch ein englisches Lokomotiven-Modell, kolorierte Zeichnung von der Hand des Württembergischen Straßenbauinspektors Freiherr von Seeger, 1837. Deutsches Museum München

2　Stuhl aus dem Biedermeier-Zimmer des Oldenburger Stadtmuseums, Kirschbaumholz furniert, um 1840

3   Nähmaschine, bemaltes Gußeisen, um 1870. Germanisches Nationalmuseum Nürnberg

4   ›Fürstenzimmer‹ der Jürgens'schen Villa (Stadtmuseum Oldenburg), noch 1912 nach Gesichtspunkten des ▷
Historismus sowohl mit alten wie mit neuen Objekten ausgestattet (Tisch, Sessel, Leuchter, Kaminuhr, Deckel-
vase und Schale Ende 19. Jahrhundert)

5   Stuhl, Eichenholz mit lederbezogenem Sitz. Entwurf Richard Riemerschmid für die Vereinigten Werkstätten ▷▷
München, 1899. Museum für Kunsthandwerk Frankfurt am Main

6 Tischlampe, Bronze, Glas, Opaleszentglas. Entwurf Peter Behrens (für den Großherzog Ernst Ludwig in Darmstadt), 1902. Hessisches Landesmuseum Darmstadt

AEG-FLAMMENBOGENLAMPE

7   Flammenbogenlampe der AEG. Entwurf Peter Behrens (zu Werbezwecken 1909 in diesem von Behrens gestalteten Layout veröffentlicht)

8 Kaffee- und Teeservice, Silber, Ebenholz, Deckel der Zuckerschale aus Plexiglas. Entwurf Marianne Brandt, um 1924. Bauhaus-Archiv, Museum für Gestaltung, Berlin (West)

9 Kanne aus Neusilber, Metallwerkstatt am Bauhaus, 1924. Bauhaus-Archiv, Museum für Gestaltung, Berlin (West)

10 Stahlrohrsessel, Bespannung mit Eisengarngewebe. Entwurf Marcel Breuer, 1925/26. Bauhaus-Archiv, Museum für Gestaltung, Berlin (West)

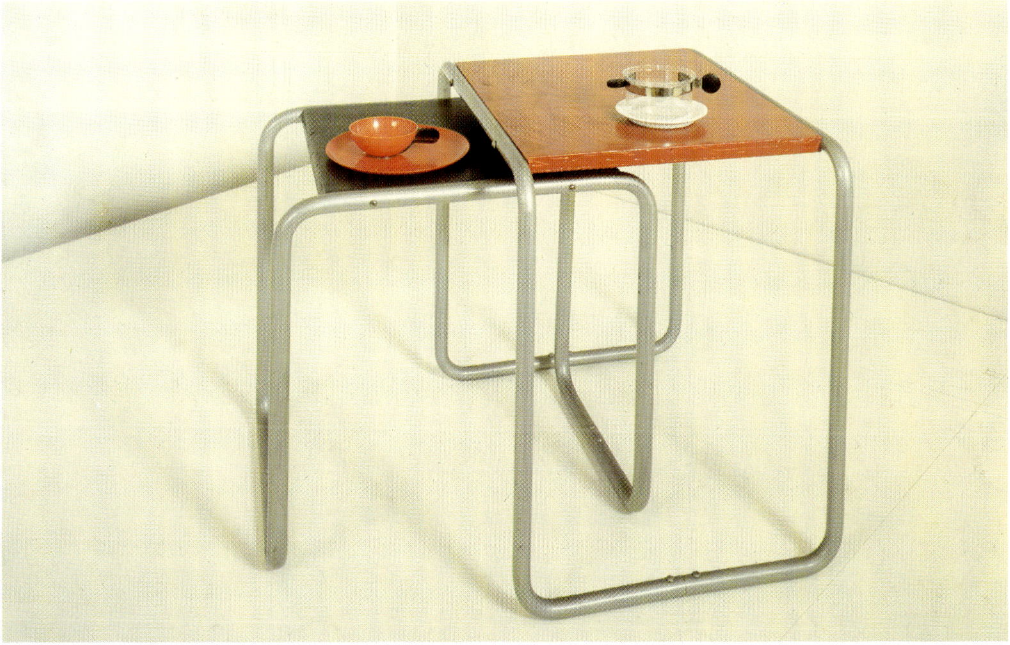

11 Satztische oder Hocker, Stahlrohr und Tischlerplatte. Entwurf Marcel Breuer, 1926.
Teetasse, Glas, rostfreier Stahl, Ebenholz, Entwurf Josef Albers, 1926 – Tasse und Dessertteller, Kunststoff. Entwurf Christian Dell, um 1930

12   Bowlengefäß, Messingblech gedrückt, verkupfert, feuerpatiniert, grüne Patinierung und Schwarznickelfärbung. Entwurf und Ausführung Holzinger, WMF Geislingen, um 1930. Archiv der WMF

13   Kaffeeservice ›Form 2000‹, Porzellan mit Dekorvariante. Entwurf Richard Latham/Raymond Loewy für [
Rosenthal, 1954

14   Phonosuper SK 4 von BRAUN. Entwurf Haus Gugelot, 1956

15   Küchenmaschine KM 3 von BRAUN. Entwurf Gerd Alfred Müller, 1957

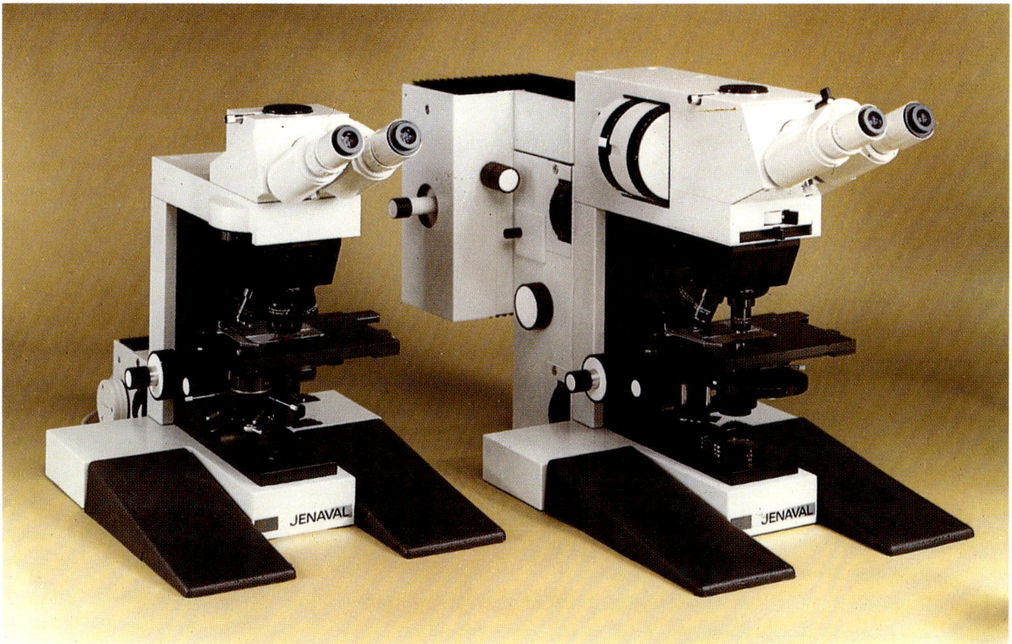

16   Forschungsmikroskope ›JENAVAL‹, Carl Zeiss Jena/DDR, Betrieb für physikalisch-optische Meßgeräte und mikroskopische Geräte. Entwurf Gerd Bönisch, 1979

17   Hotelgeschirr ›Rationell‹, Kannen mit Dekorvarianten, VEB Porzellankombinat Colditz. Entwurf Margarete Jahny, Erich Müller, Paul Krauss, Reinhard Richter, Hartmut Schattat, 1969/70

19 Kombimöbel, lackiertes Holz, Palisander furniert, Metall lackiert oder verchromt, Leder, Marmor, Plexiglas. Martin Ernst, 1984

◁ 18 MELITTA-Kaffeeautomat ›Aroma Art‹. Entwurf Octavio Nüsse, 1984

20 Punktgeschweißter Stuhl aus Stahlblech. Peter Schmitz, 1984 ▷

damit notwendig ein Verlust an materieller Wärme, Dingnähe und Objektindividualität ergibt. Holz – das organische Material – dankt ab zugunsten des technisch vorbearbeiteten Halbfertigfabrikats. Was sich im Biegevorgang bei THONET ankündigt, vollendet sich hier. Die Hand wird noch als Verlängerung der mechanischen Biegevorrichtung gebraucht. Das Rohr faßt sich überall gleich kühl, rund, schwer und glatt an, will nicht gestreichelt, nicht beschwichtigt und geglättet sein wie Holz. Das Material der fühlenden Hand wird zu einem Material des distanziert messenden Auges, das den Biegewinkel prüft oder die Abweichung von der Schablone. Am Ende spiegelt das Objekt wie entmaterialisiert in seinem Glanz eine neue Art der Unantastbarkeit, verchromt noch stärker als im etwas weicheren Reflektieren der ursprünglichen Nickelschicht (vgl. SCHULDT in: GEEST/MÁCEL 1980, S. 22 f.).

Überhaupt findet eine Verschiebung zur visuellen Rationalität, zur Logik des abstrahierenden Fernsinnes statt. Letztlich sieht das Ding dann auch eher zum Sitzen aus, als daß es sich darin besonders gut sitzen würde. Sein Volumen ist geschrumpft, sein Körper durchsichtig geworden. Der Sessel ist auf ein industriell gefertigtes Funktionsskelett für das Sitzen reduziert; das sinnliche Sitzen ist gleichsam auf seinen mageren Kern gebracht, auf die Idee von den Funktionen des Sitzens oder auf das, was in der fortgeschrittenen Produktionsgeschichte für den sitzenden Leib des industriellen Menschen noch als schicklich gilt. Elastizität ist das neue, die Funktion des Sitzmöbels übergreifende Thema. Die Idee eines Ruhens, aus dem man wie aus einer Bereitschaftshaltung sofort gespannt herausschnellen kann, ist darin angelegt. Sie wird besonders an späteren ›hinterbeinlosen‹, federnden Stuhlmodellen (zum Beispiel bei MIES VAN DER ROHE 1927, aber auch bei weiteren Entwürfen von BREUER) ganz deutlich. Voraussetzung ist ein entwickeltes Materialverständnis für das *kalt* gebogene Stahlrohr, das im Gegensatz zum erwärmten an den Krümmungen seine federnde Spannung behält. Bei MART STAM sackt 1927 ein solches freitragendes Stuhlmodell bei der Sitzprobe noch zusammen, weil die Krümmungen warm gebogen wurden; er muß das Rohr mit eingesteckten Eisenstäben stabilisieren, so daß der federnde Effekt nicht zum Zuge kommt. In BREUERS ausgereiftem »Wassily«-Modell, wie es ab 1926 von STANDARD MÖBEL LENGYEL & Co produziert wird und sich bis heute gehalten hat, wird die Katapult-Assoziation teils über das Erscheinungsbild des Objekts suggeriert, teils ist sie im Sitzen durch die federnde Aufhängung des Körpers in der Stoffbespannung und in der Konstruktion des Ganzen sinnlich nachvollziehbar (vgl. Ft. 10).

Knappheit, Sachlichkeit, Elastizität, Gespanntheit sind die neuen industriellen Leitbegriffe, die sich im funktionalistischen Design versammeln. Für dessen geheime menschenbildende Wirkung gilt mit, was OSKAR SCHLEMMER 1922 zunächst nur zum Tanz als Ausdrucks- und Erziehungsmodell sagt: »(...) prädestiniert, das Neue auf sachte Weise in die Sinne zu senken: maskiert und vor allem verschwiegen« (BAUHAUS-ARCHIV 1981, S. 180). Es ist diese Verschwiegenheit der Form, die in eine neue Handhabungs- und Körpererfahrung mit den Dingen eingeht.

Es gibt, um die These der leiblichen Zurichtung durch das neue Design zu stützen, einen merkwürdigen ›Film‹, eine Montage von Stuhlfotos, von BREUER kommentiert, die von seinem urtümlich gotisierenden, schweren Stuhl mit Schnitzwerk von 1921 über Stijl-formalistische, immer knapper werdende Holzstuhl-Varianten zu eben diesem Sessel aus Stahlrohr führen, wobei danach, in letzter Position der Fotos, eine auf dem Nichts sitzende Figur abgebil-

100   Fließbandarbeit bei OPEL, 1927. Zeitgenössisches Foto. Museum der Stadt Rüsselsheim

det ist. Wenn man die Stahlrohrgeripppe-Sitz-idee weiterdenkt, langt man jedoch nicht bei jener »elastischen Luftsäule« (BREUER) an, die jeden Stuhl in Zukunft ersetzen soll, sondern beim gehorsamen Leib, der die Funktion des modernen elastischen Sitzens in sich, in sein »Sinnenbewußtsein« (LIPPE 1987) selbst über-nommen hat. Insoweit ist das Foto mit der fik-tiven Luftsäule unter dem Gesäß verräterisch. Die Verlagerung von Funktionen *in* den Kör-per und damit in die Selbstwahrnehmung des industriellen Menschen ist gerade das anthro-pologisch-historische Kunststück, das die in-dustrielle Produktionsweise am Menschen vollführt. Das BAUHAUS fördert diesen Prozeß

durch seine Entwürfe, ohne darauf kritisch zu reagieren. Auch wenn die funktionalen Stahl-rohrmöbel noch kaum Einfluß auf die alltägli-che Gebrauchswirklichkeit der Zwanziger Jah-re haben, ist der neue Typus von Haltung pro-duktionsgeschichtlich programmiert, fast auf den Punkt genau, als die Stahlrohrformen im BAUHAUS zur Produktionsreife gelangen. Es ist die Aufschwungphase der Republik vor der großen Wirtschaftskrise, die Zeit der Rationali-sierung mit Kapitalzuflüssen im Gefolge des DAWES-Plans: »Nach amerikanischem Muster wurde nun die Produktion rationalisiert, den Erfordernissen eines hochorganisierten kapita-listischen Wirtschaftsprozesses angepaßt, und

178

mit Hilfe ausländischen Kapitals, das nach der Stabilisierung eine Anlage suchte, konnten Neu- und Ersatzinvestitionen aus eigener Kapitalschöpfung im großen Umfange vorgenommen werden. Auch an der wirtschaftlichen Auswertung technischer Fortschritte (Auto- und Flugzeugbau, Film, Radio, Kunstseide) konnte Deutschland sich beteiligen; die elektrotechnische, chemische und optische Industrie eroberte sich wieder eine führende Position auf dem Weltmarkt. Im Maschinenbau, in der Textilindustrie, im Bergbau und in der Stahlindustrie stieg die Produktion (...) nun nicht mehr durch inflationäre Scheinvorteile angetrieben, beträchtlich und konstant. Löhne und Gehälter erreichten den Vorkriegsstand, und bereits 1927 übertraf die republikanische Industrieproduktion die der Kaiserzeit« (Böhme 1973, S. 117f.).

Die Einführung des Refa-Systems (abgeleitet von Reichsausschuss für Arbeitszeitermittlung, 1924) erlaubt eine genaue Kalkulation aller industriellen Arbeitsgänge, soweit menschliche Arbeitskraft darin verbraucht

wird; das Fließband (1924 bei Opel installiert) verschafft der mechanischen Teilarbeit Effektivität. Mit dem Refa-System taucht die Stoppuhr des ›Zeitnehmers‹ in der Fabrik auf. Mit dem Fließband ist eine Dressur der Bewegung nach mechanischen Gesetzen vorgegeben, die sich bis in die Freizeit- und Vergnügungsindustrie der Epoche fortsetzt: Die Girls tanzen wie Maschinen als ein funktionierendes, vibrierendes Ganzes. Sie sind »gedrillte, nach bestimmten einfachen Techniken geübte Tanzkörper, Bewegungsmaschinen« (Giese 1925) – menschliche Maschinenkörper, »deren Bewegungen mathematische Demonstrationen sind« (Kracauer 1963). Damit ist die Geometrisierungs-, Anpassungs- und Anonymisierungstendenz auf die Spitze getrieben; ihr Ziel ist die Angleichung des Menschen an die Erfordernisse industriellen Produzierens: »Den Beinen der Tiller-Girls entsprechen die Hände in der Fabrik« (Kracauer 1963, S. 54). Kracauer stellt schließlich fest, daß »das Massenornament (...) der ästhetische Reflex der von dem herrschenden Wirtschaftssystem erstrebten Rationalität« (1977, S. 54) sei. Im Film treten die

101   Die Truppe der TILLER-Girls im Berliner Admiralspalast

standardisierten Erscheinungstypen in Gestalt austauschbarer, jugendlich-elastischer Vorbilder auf, so daß die »Kultur der Motorik im Film« (GIESE) und das im Alltag wahrnehmbare Körperideal sich ergänzen.

Taylorisierung der Arbeit und des Vergnügens, der sportliche, großstädtische Menschentyp der Zwanziger Jahre, alles paßt zum Stahlrohrsessel oder umgekehrt: Dieser paßt als Erscheinungstyp in den Prozeß der Effektivierung und Mechanisierung industrieller Arbeit als deren Widerspiegelung im Produkt. So entspricht der ästhetische Funktionsbegriff der Produktform dem ökonomischen Funktionsbegriff der Arbeitsform und dem anthropologischen Funktionsbegriff vom industriellen Menschen. Wird der Mensch als Maschine betrachtet und angestellt, gewähren ihm die funktionierenden Dinge das Bewußtsein physiologischen und psychologischen Funktionierens. Tendenziell zielt der genetische Typ der Zeit auf Elastizität, Wachheit, Spannung, Brauchbarkeit im industriellen Prozeß, woraus sich ein sportives Verständnis der Konkurrenz, das Bewußtsein von Fitneß, eine Verlagerung der sinnlichen Akzente der gesamten Selbstwahrnehmung ergeben.

HELMUT LETHEN (1986) hat den großstädtischen Sozialtypus der Neuen Sachlichkeit am Beispiel der Metropole Berlin in allen Facetten des Arbeitslebens, des Einkaufens, der Freizeitgewohnheiten und des Auftretens in der Öffentlichkeit als bereits durch die sich versachlichende moderne Kulturindustrie geformt beschrieben. Eine Folge: »An die Stelle des Schreckens vor der Standardisierung tritt die Entdeckung der Schönheit des industriellen Serienprodukts« (LETHEN, S. 197).

In BREUERS Sessel aus Stahlrohr kann man nicht lümmeln, man kann sich nicht quersetzen, aber man glaubt, leicht aus ihm emporschnellen zu können wie aus einem Katapult für nur vorübergehend stillgelegte Aktivität. Das ist der höhere Sinn dieses Objekts, sein symbolischer Horizont. Der ›Geist der Zeit‹ wird darin sichtbar. Das neugeformte Ding beginnt, in unauffälliger Verstärkung an den Verwandlungen des Menschen mitzuwirken. BREUER bringt das Kunststück fertig, die Erscheinung des Objekts zum Sinnbild der industriell reduzierten Wahrnehmung zu machen und es zugleich mit soviel sinnlicher Anmutung aufzuladen, daß das Ding den Gebraucher einlädt, sich seiner knappen Gestik und kühlen industriellen Eleganz in Haltung und Selbstwahrnehmung anzupassen. Diese Gegenstände sind allgegenwärtig und polyfunktional gedacht. BREUER selbst betont die Austauschbarkeit seiner Metallmöbel für alle Zwecke des Sitzens vom Hörsaal bis zur Wohnzimmereinrichtung: »sämtliche typen sind aus denselben normierten, elementar gehaltenen, jederzeit zerleg- und auswechselbaren teilen konstruiert. diese metallmöbel sollen nichts anderes als notwendige apparate heutigen lebens sein« (BREUER 1928, S. 210).

So wird, was sich in THONETs Modell Nr. 14 schon vorproduziert hat, von BREUERS Stahlrohrstuhl-Entwürfen zu einem konsequenten Ende geführt. Die anthropologische Komponente dieses funktionalen Denkens ist der vom Design mitvollzogene Versuch, das Modell Mensch dem Modell der Maschine anzugleichen. Dies ist eines der selten diskutierten, verdeckten BAUHAUS-Themen, die untergründige Ideologie seiner Entwürfe dieser dritten, techno-ästhetischen Phase. Endlich ist die von ADOLF LOOS 1908 prophezeite kulturelle Evolution der Ornamentlosigkeit erreicht. Die Form ist nackt, selbst ein Super-Ornament der industriellen Sachlichkeit, bloß noch Ausdruck von Gespanntheit und Leistung: Ästhetik des Apparats. So entsteht ein Design des rationalistischen Fortschritts, unübertroffen ästhetisch umgesetzt in zwingende Symbole der Zeit, zugleich ein Design der Reduktion von Bedürfnis

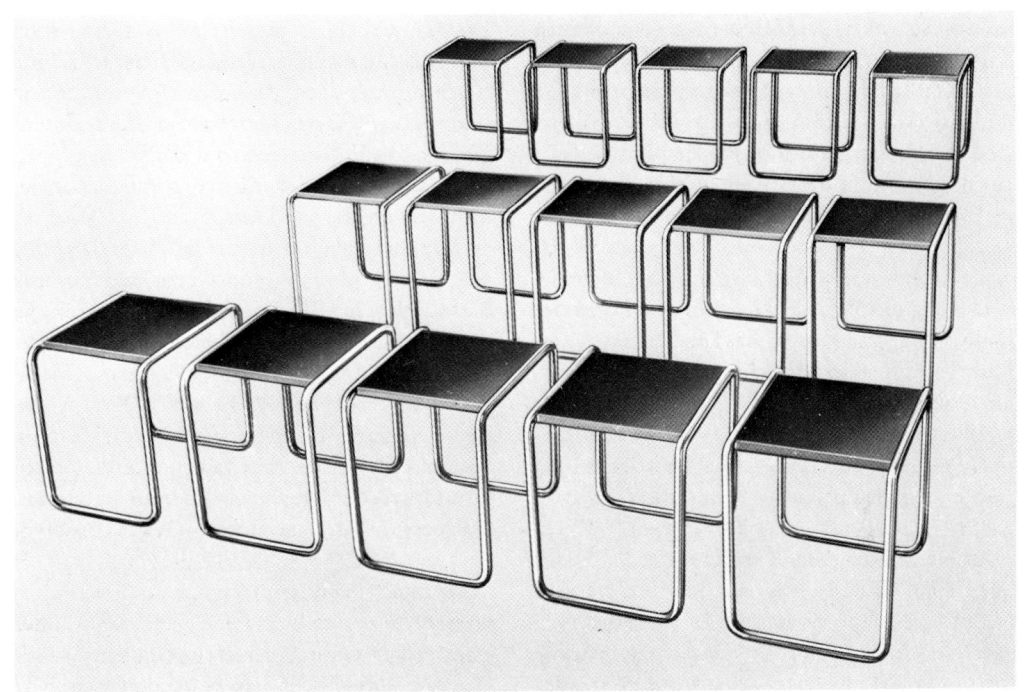

102   Hocker bzw. Tischchen, Stahlrohr mit Tischlerplatte (wie Farbtafel 11). Entwurf Marcel Breuer, 1926.
Retuschiertes Katalogfoto für Werbezwecke. Bauhaus-Archiv, Museum für Gestaltung, Berlin (West)

und Wahrnehmungsfähigkeit als Entwurf am Menschen. Der Transparenz des Objekts entsprechen beschäftigungslose Sinne und ein düpierter Assoziationshintergrund. So möchte man eigentlich nicht sitzen, aber man muß! Die Hände greifen die kühle Gespanntheit des glatten Rohrs und die körperlose Stoffbespannung mit ihren harten Nähten und träumen sich in die Pilotenkanzel oder auf einen Maschinensitz.

BREUERS Stahlrohrsessel ist Prototyp einer Sitzmaschine, die als industrieller Ausdrucksträger zu sich selber gekommen ist, zugleich austauschbares Massenfabrikat als Produkt von Maschinen, die nichts mehr zum Produkt hinzutun: »Die Maschine kennt keine Veredelung

des Stoffes; sie dringt nur auf abstrakte Reinheit« (SCHLESINGER 1917, S. 24). Ihre eingeschränkte Sinnlichkeit reduziert auch die Sinnlichkeit des Gebrauchers und verweigert sich Bedürfnissen, die darüber hinausgehen wollen. Einen Ohrensessel oder einen weichen Pfühl zu ›besitzen‹, das konnte man dem industriellen Typ der Neuen Sachlichkeit Mitte der Zwanziger Jahre theoretisch nicht gestatten: »Der technische Mensch kennt diese Behaglichkeit des Ausdrucks nicht« (WICHERT 1928).

Die Stahlrohrmöbel von BREUER, MART STAM, LE CORBUSIER, CHARLOTTE PERRIAND und MIES VAN DER ROHE markieren, kaum entstanden, schon den Übergang der Avantgarde

181

in die Selbstverständlichkeit des gehobenen Konsums der Dreißiger Jahre. Ab 1928 beginnt in Holland und Deutschland die Serienproduktion (vgl. MOOS 1981). Sie überträgt die ästhetische Ausdrucksgeste industrieller Rationalität aus der Fabrik in die private Sphäre. Sie bildet ein neues gesellschaftliches Selbstwahrnehmungs- und Verhaltensmuster der ungebunden-modernen, leichten Eleganz ab, eine neue Erfahrung des ›Sich-Fühlens‹ in der Form der Dinge. Die sozialutopische Tendenz ist dieser Form schon abhandengekommen, bevor die wertneutrale allgemeine Techno-Ästhetik der Dreißiger Jahre beginnt. Auch die soziale Gebrauchsgrenze ist klar gezogen, obwohl es bald eine Fülle von Entwürfen gibt (vgl. VEGESACK 1986).

Schwer zu glauben, daß einer der Schlosser oder eine Näherin aus der Fabrik, die den BREUER-Sessel produzierte, das Bedürfnis verspürten, auch so ein Produkt in der guten Stube daheim stehen zu haben – ebensowenig wie ein Stahlwerker heute auf die Idee käme, auf so ein nacktes, teures Ding von KNOLL INTERNATIONAL für seine Wohnung zu sparen. Als das BAUHAUS sich auf die Planung von Sozialwohnungen verpflichtet sieht, werden billige Sperrholzmöbel entworfen und den längst fertig entwickelten Stahlrohrtypen vorgezogen. Entweder sind sie zu schade und zu teuer fürs Volk, oder aber man ahnt, daß sie dort nicht passen würden. Sie zielen auf einen Gebrauchertyp, der – aus sicherer Entfernung zur industriellen Arbeit – die ästhetische Umsetzung der Gebrauchsformen in ein symbolisches System genießt, das eben diese industrielle Produktionswirklichkeit als ästhetisierbar und genußversprechend ausweist.

Stahlrohrmöbel und Lampen sind das industrielle Reifezeugnis der BAUHAUS-Entwerfer. Sie sind das Modernste, was es derzeit überhaupt an Design gibt. Aber sie sind auch eine zweischneidige Errungenschaft mit einer eigenen ideologischen Botschaft. Einerseits muß das BAUHAUS diese Stufe der ästhetischen und praktischen Rationalität erreichen, andererseits verläßt das Entwurfsdenken damit die sozialphilosophische Basis, die es ursprünglich in der utopisch-regressiven Eingangsphase, ja noch im Streit zwischen GROPIUS und ITTEN 1922/23 um eine Verbindung von Kunst und Technik hatte. Die Gewichte beginnen sich bereits in den experimentellen Aufgaben der Vorlehre von MOHOLY-NAGY mit Material, Farbe, Raum und Licht zu verschieben: »Die von Moholy geleitete Metallwerkstatt war die erste am Bauhaus, in der die von Gropius aufgestellten Grundsätze der Bauhausproduktion umfassend realisiert werden konnten« (WICK 1982, S. 130).

MOHOLY hatte ursprünglich als Nachfolger von ITTEN seiner Lehre das Ziel gesetzt, »mit einer selbst-auseinandersetzung des menschen zu beginnen«. Nicht »ein beruf, nicht ein herzustellendes objekt«, dürfe im Vordergrund stehen, also nicht die Funktionalisierung des Menschen, sondern vielmehr müßten »seine organischen funktionen« erkannt werden, »von seiner funktionsbereitschaft kann man dann zur aktion, zu einem von innen her begründeten leben übergehen« (MOHOLY-NAGY 1929/1968, S. 14).

Dieser Definition entspricht die von ITTEN begonnene, von MOHOLY systematisch fortgesetzte Schule der Sinnlichkeit in der Vorlehre des Entwerfens. Aber das Entwerfen endet bei Objekten, die Menschen über ihren Gebrauch bloß noch industriell zivilisieren. Die Reinigung der Entwürfe von allen Schlacken individueller Arbeitsgeschichte ist eine Voraussetzung für die Reinheit angemessener Lösungen der industrierationalen Form, Basis modernen Gestaltungsvermögens schlechthin. Aber damit ist das Dilemma nicht beseitigt, in dem schon der WERKBUND vor 1914 steckte. Noch 30 Jahre später wird die Streitfrage an der Hochschule für Gestaltung Ulm wiederaufleben, ob künstlerische Einfühlungs- und Formprinzipien oder ›wissenschaftliche‹ Gestaltung den Vorrang haben sollen. Es ist offenbar eine mit der Kultur des technischen Zeitalters unlösbar verbundene fundamentalistische Frage. Ihre Spur des Widerspruchs geht durch das BAUHAUS hindurch bis in unsere Gegenwart, während die Kunst sich auf ihr eigenes Reservat zurückgezogen hat.

Auffallend ist auch, daß die eigentlichen Produzenten der Entwürfe in der ausführenden Industrie überhaupt nicht mehr vorkommen. Im WERKBUND hatte man von Arbeitsfreude immerhin noch geredet; das BAUHAUS ist nur noch daran interessiert, Entwürfe in die Fabriken zu bringen und zu verkaufen. Wer sie umsetzt, auf welche Weise und unter welchen Opfern die industrielle Ästhetik in die Dinge kommt, ist keine Frage mehr, die das Entwurfsdenken berührt. Im produktionsästhetischen Sinne ist der kunstsoziale Gedanke im BAUHAUS stillgelegt, als wären die ausführenden Arbeiter selber schon Maschinen. Alle Aufmerksamkeit gilt der Ästhetik des Produkts, in sie wird alle Phantasie des Entwurfs gesteckt. Arbeit kommt als ›Gegenstand‹ des Entwurfs nicht vor.

Dieser Ausblendungseffekt der Fabrikationswirklichkeit (die dafür sich in der Ästhetik

103   Möbel von Marcel Breuer und Bauhaus-Lampen auf der Werkbund-Ausstellung »Die Wohnung« in Stuttgart, 1927. Zeitgenössisches Foto. Bauhaus-Archiv, Museum für Gestaltung, Berlin (West)

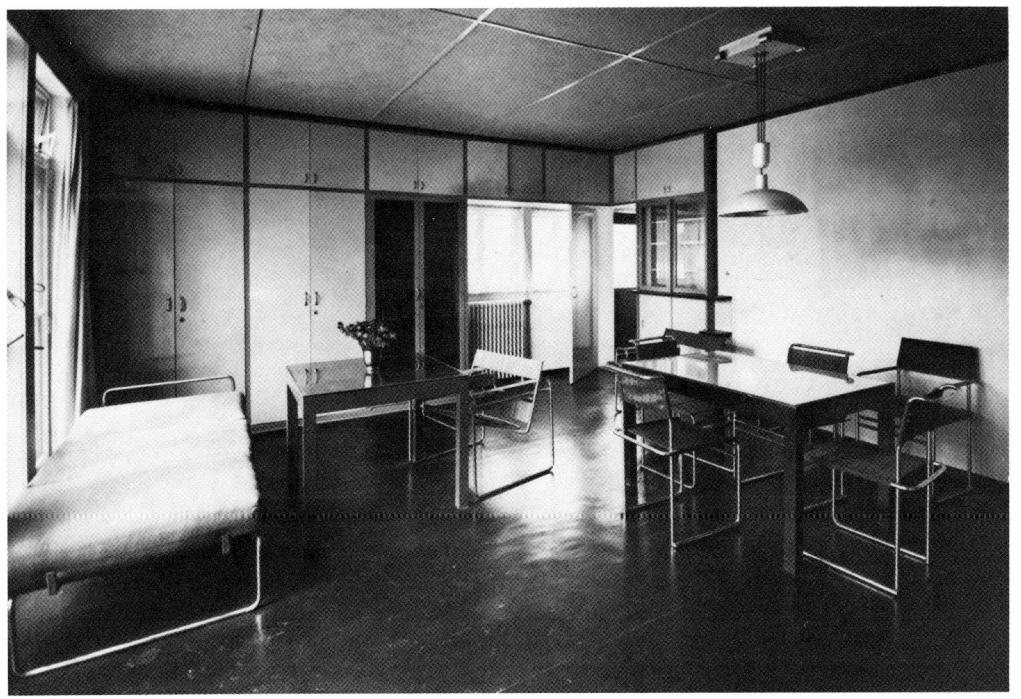

der Produkte um so totaler spiegeln darf) deutet auf einen unerkannten Mangel in der BAUHAUS-Kulturtheorie und auf die akzeptierte Trennung der Entwerferrolle von aller lebendigen Arbeit in der Produktion. GROPIUS spricht zwar von den »besten Studenten«, die das BAUHAUS während ihrer Ausbildung »in die Fabriken« (1956, S. 21) schickte. Ein obligatorisches Betriebspraktikum für Entwerfer ist aber nicht belegt. Es muß BAUHAUS-Studenten gegeben haben, die nie einen Arbeiter in der Fabrik gesehen haben. Insofern bringt die Abkehr von kunsthandwerklichen Produktionsprinzipien nicht einen neuen Produktionsrealismus, sondern einen Abstraktions-, Rationalitäts- und Methodologieschub, sobald das BAUHAUS den Anschluß an die Industrie findet.

Die Negation lebendiger Arbeit wird nur dort gemildert, wo in neuen Formen des kollektiven Bemühens, wie in den Gruppen, mit denen HANNES MEYER das soziale Bauen in der Praxis übt, auch Arbeit im eigenen Erleben als ein konstituierendes Element von Gestaltung begriffen wird: »Sachliche kollektive Arbeit – unter diesem Stichwort wird ein neuer Sinnzusammenhang gesucht« (KARIN HIRDINA 1981, S. 171). Darin wird die Künstlerrolle durch eine prinzipiell andere Haltung der kooperativen, auf soziale Funktionen gerichteten Entwurfsarbeit abgelöst.

Die industrierationale BAUHAUS-Form unterscheidet sich in ihrer ästhetischen und funktionalen Knappheit von der international verbreiteten, zeitgenössischen Dekorationsform des Art Déco und allem traditionsgebundenen Design. Sie wird zum Inbegriff moderner Sachlichkeit, je mehr Entwürfe in die Produktion gehen. Das BAUHAUS Dessau verfügt über eine eigene Vertriebsorganisation in Form einer GmbH, und HANNES MEYER kann bei seinem Amtsantritt 1927 feststellen, daß die Integration der Entwurfslehre in das gesuchte industrielle Profil weitgehend geglückt ist: Tapeten, Lampen, Arbeitsstühle, Leichtmöbel, Vorhangstoffe finden ihren Weg über die industrielle Fertigung auf den Markt. An der Stuttgarter WERKBUND-Ausstellung 1927 mit den ca. 60 Häusern des Weißenhof-Siedlungsprojekts, entworfen und eingerichtet von in- und ausländischen Architekten des Neuen Bauens, ist das BAUHAUS mit zwei Häusern von GROPIUS und mit Lampen und Möbeln beteiligt.

Mit der im gleichen Jahr eröffneten eigenen Bauabteilung verdichten sich die Bemühungen, an den Bauaufgaben der Zeit maßgeblich mitzuwirken. HANNES MEYER legt seine Auffassung vom Bauen in der BAUHAUS-eigenen Zeitschrift offen. Nicht seine sozialen und politischen Überzeugungen, die ihn auf den Massenbedarf und eine egalitär-proletarische Kultur der Lebensfunktionen verpflichten, sondern die rationalistischen Verkürzungen des Architekturbegriffs, der hier zur Anwendung kommt, sind zu kritisieren. Schon die Eingangsbehauptung seines Aufsatzes ›bauen‹ (MEYER 1928/1980, S. 47), »alle dinge dieser welt sind ein produkt der formel: funktion mal ökonomie«, ist eine Vereinfachung, in deren Folge die »funktionell-biologische auffassung des bauens als einer gestaltung des lebensprozesses« zur »reinen konstruktion« führt – man könnte auch sagen, in der die bloße Zwecksetzung sich in einer vollständig versachlichten Form des Bauens verdinglicht. MEYER hat – wie alle anderen Sozialarchitekten seiner Zeit – wenig Spielraum, über das Allernotwendigste an Wohnfläche und Ausstattung hinauszugehen. Die Versorgungsformel der Epoche ist schon auf das Funktionsminimum geschrumpft, als Entwerfer muß man diese Planvorgabe akzeptieren. Er aber geht darüber hinaus: »elementar gestaltet wird das neue wohnhaus nicht nur eine wohnmaschine, sondern ein biologischer apparat für seelische und körperliche bedürfnisse« (ebenda).

104   Straße in Dessau-Törten. Entwurf Walter Gropius, 1928 (verbesserter Typ von 1927). Zeitgenössisches
Foto. Bauhaus-Archiv, Museum für Gestaltung, Berlin (West)

Die Künste werden nun endgültig vor die Tür gewiesen, sie haben mit dem Bauen nichts mehr zu tun, so wenig wie mit der Produktgestaltung. Es beginnt das Entwurfsdenken in funktionellen Diagrammen nach ökonomischen Gegebenheiten mit möglichst billigen, neuen technischen Materialien und vorgefertigten Elementen wie an anderen Orten der Republik. Am BAUHAUS unter HANNES MEYER wird die Aufgabe organisationslogisch und ideologisch-programmatisch unter vorausgesetzten Durchschnittsbedürfnisprofilen des Massenwohnens und einer Auffassung von Baugestaltung zugespitzt, die nur den Ausdruck »soziale(r), technische(r), ökonomische(r), psychische(r) Organisation« (MEYER) zulassen will. Diese so-

zial-technologische und funktionalistische Definition des Bauens korrespondiert mit der Definition des industriellen Produkts, das – wie der Stahlrohrsessel – funktional und ästhetisch auf ein vorgestelltes, gleichsam normiertes Durchschnittsprofil der Gebraucherhaltung zugeschnitten ist. Aber MEYERS Baulehre übertrifft den Funktionalismus der Stahlrohrmöbel durch eine Formel, die man kritisch auch als Durchbruch der Taylorisierung ins Privatleben betrachten kann (vgl. TAYLOR 1914; FRIEDMANN 1952; im Zusammenhang mit Gestaltungsfragen KARIN HIRDINA 1981; NERDINGER 1985). Jedes Bedürfnis erscheint berechenbar, jedes Verhalten kalkulierbar – eine Einstellung zum Bauen und zur Gestaltung, die zum

185

inneren, unerkannten Zwang der Räume und Dinge noch die funktionalistische Überzeugung und ›Didaktik‹ des Baumeisters hinzufügt. Andererseits trägt HANNES MEYER wesentlich dazu bei, daß die BAUHAUS-Lehre nach ihrer Versachlichung nicht bei der wertneutralen Ausformulierung einer neuen Techno-Ästhetik stehenbleibt, sondern sich auf die sozialen Aufgaben der Zeit besinnt: »Hannes Meyer gibt dem neuen baubegriff einen sozial-humanistischen sinn, betrachtet bauen als dienst am volke und entwickelt von solchen voraussetzungen aus auch für die erziehung am bauhaus neue wesentliche gedanken. (...) die neuen ergebnisse der werkarbeit am bauhaus sind vielleicht weniger augenfällig, formal-ästhetisch weniger hervorstechend wie die früheren. doch gerade in dieser zurückhaltung äußert sich der wille zur einfachen menschlichen zweckdienlichkeit des gebrauchsgegenstandes, zur wahrhaft sozialen nutzbarmachung auch der industrietechnischen produktionsmethoden. (...) das bauhaus hat nicht dem luxus, einerlei ob handwerklicher oder maschineller art, sondern den bedürfnissen der breitesten volksgemeinschaft zu dienen« (KALLAI 1929, o. S.).

HANNES MEYER berichtet: »Mein Privatauftrag zur Errichtung der Bundesschule des ›Allgemeinen Deutschen Gewerkschaftsbundes‹ in Bernau bei Berlin beschäftigte unmittelbar die Bauhäusler und zeitweise auch das Bauhaus. Je eine Studienzelle arbeitete am Generalbebauungsplan Dessau, an vier Versuchshäusern, und eine führte 90 Volkswohnungen aus. Zwei Gruppen begannen die Umwelt des Kindes und des alleinstehenden Menschen mit neuem Mobiliar zu versehen. Das Volk schien in unser vornehmes Glashaus einzubrechen. Bedarfswirtschaft ward Leitmotiv, und die letzten Kunstjünger gingen Tapetenfarben mischen« (MEYER 1930, in: SCHNAIDT 1965, S. 102).

In dieser (vierten) BAUHAUS-Periode stehen polytechnisch-wissenschaftliche Ausbildung, kollektive Professionalisierung in der Praxis und die Radikalität des Bekenntnisses zur unmittelbaren Dienstleistung des Entwurfs gegenüber Teilen der Bevölkerung, die schon wieder die Not der Arbeitslosigkeit vor Augen haben, im Vordergrund. Nur scheinen die Mittel aus heutiger Sicht nicht mehr unwiderleglich und widerspruchsfrei. Das sozialpolitische Engagement verbindet sich – notgedrungen – mit der Rationalisierung nicht nur der knappen Ressourcen, sondern auch mit der ästhetischen Bevormundung des Gebrauchers: Typenmöbel für den Volksgebrauch und sozial-kulturelle Standardisierung – das eine schließt das andere ein. Dazu kommt die funktionale Reglementierung des Alltagslebens durch den Raument-wurf.

Ein anderes Beispiel gemeinsamen Bemühens von Architektur und Design, neue Lebensformen im Zusammenhang einer demokratieverbundenen Gestaltvorstellung der bebauten und bewohnten Umwelt zu entwickeln, gibt die Stadt Frankfurt. Hier arbeitet ab 1925 unter der Leitung von ERNST MAY ein Planungsstab fortschrittlicher Architekten und Designer, der für sämtliche städtische Neubauten und für den sozialen Wohnungsbau zuständig ist. Ihm verdankt die erste Republik eine ihrer bleibenden (z. T. heute noch vor Ort beurteilbaren) Kulturleistungen (vgl. Ernst May und das Neue Frankfurt, 1986). In unglaublich kurzer Zeit – von 1925 bis 1930 – werden hier für 11 Prozent der Frankfurter Bevölkerung moderne Wohnungen vor allem in neuen Stadtrandsiedlungen gebaut und technische und ästhetische Normen für die Wohnungsausstattung entwickelt.

Zum Gelingen dieser heftig diskutierten und schon vor 1933 politisch diffamierten Projekte trägt ein Entwerfertypus bei, der sich am BAU-

HAUS erst noch definieren muß. Es ist ein sozial-praktisch denkender Generalist, der Planungs-, Bau-, Ausbau- und Einrichtungsprobleme gleichzeitig lösen muß, der kooperativ arbeitet und der es versteht, eine produktionstechnische Infrastruktur für das industrialisierte Bauen mit vorgefertigten Elementen und genormten Teilen mitzuorganisieren, der mit knappen Mitteln kalkulieren, mit Technologien umgehen und ein Ganzes gestalten kann, das funktioniert und zugleich die Idee eines sozialen Ganzen spiegelt. Dabei sind die beteiligten Entwerfer sich der Tatsache bewußt, daß sie in den Zusammenhang traditioneller Alltagskulturen eingreifen und ein neues Selbstwahrnehmungsverhalten der Nutzer ihrer Bauten und Einrichtungen fordern. Sie werben für ihre Vorhaben daher regelmäßig in der Zeitschrift »Das neue Frankfurt«.

Eine der zentralen Figuren dieser neuen sozialen Praxisnähe des Design ist FERDINAND KRAMER. Er hatte, aus dem Krieg zurückgekehrt, ein Architekturstudium bei THEODOR FISCHER in München begonnen und 1919 den Wechsel an das Weimarer BAUHAUS versucht.

105 Kochtopf aus Kupferblech, hergestellt von der Werkstatt Emil Graf in Frankfurt. Entwurf Ferdinand Kramer, 1924

Dort gibt es noch keine Bauabteilung; auf den Tischen im Atelier von GROPIUS und ADOLF MEYER sieht er »Entwürfe für Lehmstampfhäuser« (KRAMER) liegen; die Design-Debatte am BAUHAUS wird noch über handwerkliche Einzelstücke geführt. KRAMER kehrt dem BAUHAUS den Rücken und beendet sein Studium an der Münchener Technischen Hochschule: »Nach der 4-jährigen Kriegskatastrophe kamen die Jahre der Inflation, der Arbeitslosigkeit und der Wohnungsnot. Der Aluminium-Kochtopf wurde dringend gebraucht – nicht die ornamentierte Vase. Praktische, preiswerte Geräte für den Haushalt, Sperrholzmöbel für die kleineren Räume der Wohnungen für eine *Neue Gesellschaft* war die Forderung. Das Symptom ›Kunstgewerbe‹ wurde zum Schimpfwort«, so erinnert sich KRAMER 1976 in einem Brief.

Er läßt in einer Schlosserei Schwarzblechöfen, Töpfe, Kannen und Kessel aus Kupfer und Messing anfertigen. Sie werden 1924 auf der Stuttgarter WERKBUND-Ausstellung gezeigt und von SIEGFRIED KRACAUER in der Frankfurter Zeitung besprochen. KRAMER pflegt wie die Bauhäusler dieser Jahre Kontakte zur Stijl-Bewegung, doch nutzt er sie nicht zu formalästhetischen Experimenten. Sein 1924 im Frankfurter Hauptbahnhof ausgebautes Reisebüro der HAPAG ist schon ganz der Neuen Sachlichkeit bis hin zur ziffernlosen Uhr verpflichtet. Mit dem Beginn der kommunalen Planungsprojekte 1925 nimmt KRAMER Aufgaben in der Abteilung für Typisierung im städtischen Hochbauamt wahr. Er entwickelt dort Standardformen (z. B. Tür- und Fensterbeschläge, Sperrholztüren, Stahlzargen, Lampen) und die ersten Kindergartenmöbel für die Stadt (vgl. JOURDAN 1983). Die Standardformen werden in das »Frankfurter Register«, eine Sammlung vorbildlicher Typen für die kommunalen Projekte aufgenommen und sofort in die Bauvorhaben integriert. Während der Messe 1926/27 zeigt die

Stadt unter anderem ein nach dem unter MAY entwickelten Montageverfahren in 26 Tagen gebautes, typisiertes Musterhaus, das solche normierten Teile von der Tür bis zum Ofen enthält (vgl. NOSBISCH 1984, S. 184 f.).

Das Design ist hier ganz und gar eingebunden in die Programme sozialer Versorgung. Der Entwerfer tritt als Kommunaldesigner in Aktion, nicht als ein mit anderen konkurrierender Einzelkünstler, der seine Entwürfe an die Industrie verkaufen muß. Gleichwohl erfolgt deren serielle Fertigung bei privaten Firmen oder durch eigens gegründete Produktionsgesellschaften. Entwurfsziel ist die »Wohnung für das Existenzminimum« (vgl. MAY 1929; KRAMER 1929), die so billig wie möglich erstellt werden muß. Alles Design bleibt hier der planerischen und architektonischen Standardisierung für die industrielle Bauweise verbunden. Trotz Verwandtschaft zur Formgebung am BAUHAUS entsteht eine andere Qualität von Sachlichkeit. Die Rahmenbedingungen des Entwerfens sind den sozialen und politischen Problemlösungen enger verbunden. Zugleich werden besondere Produktionsformen entwickelt, die es am BAUHAUS in diesem Zusammenspiel nicht gibt.

Vergleicht man die Situation in Frankfurt 1925/26 mit der am BAUHAUS, so scheinen BREUERS Stahlrohrmöbel die wertfreie Funktionsästhetik des konsolidierten Industriekapitalismus zu verkörpern, während FERDINAND KRAMER, unmittelbarer Bedarfsnot und praktischer Sozialpolitik verpflichtet, Vorlagen für einen komplizierten Realisationsprozeß ersinnen muß, in dem Gebrauchswertbezug, Billigkeit, Integrationsfähigkeit in ein soziales Bauprogramm und Eignung für besondere Produktionsformen zusammengefaßt werden. Das Design KRAMERS entsteht in wesentlichen Teilen im Spannungsfeld von Wohnungsversorgung, Billigfertigung und Kampf gegen die Arbeitslosigkeit. KRAMER und FRANZ SCHUSTER entwer-

fen einfache Möbelformen, die im Auftrag der gemeinnützigen HAUSRAT GmbH von arbeitslosen Schreinern in der städtischen Erwerbslosenzentrale am Schönhof hergestellt werden. Die Erwerbslosenzentrale mit ihrem Maschinenpark in einer ehemaligen Kaserne ermöglicht eine halb-alternative Produktionsform, die gemeinnützige HAUSRAT GmbH garantiert eine halb-alternative Verteilungsform der Billigmöbel, die in Herstellungsweise, Preis und

106 Standard-Sperrholztür, aufgenommen in das »Normenblatt« des Frankfurter Hochbauamtes. Entwurf Ferdinand Kramer, 1925

Gebrauchswert aus dem Rahmen der Profit-wirtschaft fallen. Daß hier ein faszinierendes Design im Verbund mit einer besonderen Produktionsform entsteht, liegt am Einbruch der Utopie in die soziale Praxis des Entwurfs, bei dem nicht nur das Endprodukt, sondern auch der sinndefinierte Produktionsprozeß mitzusprechen scheint. Noch einmal, mitten im Kampf um ein demokratisches Überleben, mitten in der industriellen Rationalisierung, taucht

107 Küchen-Anrichte mit Aufsatz, von der Städtischen Erwerbslosenzentrale in Frankfurt für die Hausrat GmbH hergestellt. Entwurf Ferdinand Kramer, 1925

der alte Gedanke der Werkstatt wieder auf, umformuliert für eine gesellschaftliche Realität, die ihn noch nicht ganz und gar abwegig, ja sogar wieder notwendig erscheinen läßt, weil Opfer der Rationalisierung in der Kooperation an einem sinnvollen Produkt, das Handwerksform und moderne Reproduzierbarkeit auf sich vereint, vorübergehend sozial abgesichert werden können. In der Werkstatt am Schönhof wird eine Mischform von handwerklicher und industriell-rationalisierter Arbeitstätigkeit gepflegt. Die Entwürfe KRAMERs gehen durch die Hände qualifizierter Handwerker und durch die Maschine, die Material und Form anonymisiert. Die Produzenten erleiden dabei aber keine Dequalifikation ihres handwerklichen Könnens; dieses wird gebraucht und gleichzeitig auf sanfte Weise über den Entwurf mit industriellen Zielen vermittelt.

KRAMER verwendet Holz, wenn auch meist in der technischen Materialvariante als Sperrholz, das man aus dem Flugzeugbau kennt, oder als Tischlerplatte. Dabei hat er keinen Vorbehalt gegen Metall, das er in Baubeschlägen, Zargen, im Ofenbau verwendet – der gußeiserne ›Kramerofen‹ von 1926, bei BUDERUS hergestellt, gilt als Wunder an Energieausnutzung. Aber mit der Wahl des Materials Holz kommt KRAMER der brachliegenden handwerklichen Fähigkeit entgegen, zugleich bleiben die Formen maschinengerecht. Trotz der modernen Verarbeitungsweise und der einfachen Gestaltung sind es noch Möbel im Sinne kulturgeschichtlich vertrauter Grundtypen. Der Stuhl, der Tisch, der Kasten, der Hocker, der Küchenschrank, der Arbeitstisch gebärden sich nicht industrieller als sie müssen. Sie stellen reife, gleichsam endgültige Formulierungen reproduzierbarer Robustheit, Zuverlässigkeit und Brauchbarkeit dar – Werte, die in schlechten Zeiten etwas gelten und Produzentenstolz begründen können. Die Dinge strahlen die

Würde des Brauchbaren aus; MICHAEL MÜL-LER (1983) spricht daher von der »sinnlichen Erscheinung des Gebrauchswerts« in diesen Entwürfen.

KRAMER findet in seinen Möbelentwürfen zur Form der äußersten Schlichtheit ohne jede Künstlerattitüde. Ein Zeitgenosse stellt fest: »Sein Kopf ist frei von Mondrian. (...) Kramers Möbel sind der denkbar beste Hausrat in den einfachen, kubischen, relieflosen Räumen des neuen Hauses, mit den glatten Sperrholzplatten seiner Türen; sie sind von dem modernen Stilgefühl beseelt, mit dem die Bewohner dieser Häuser ihre trainierten Körper kleiden« (RENNER 1927, S. 322). Aber diese Ästhetik des Objekts und seiner Ausdrücklichkeit verweist noch auf anderes. Ein Hocker, ein Küchentisch, ein Schrank aus der Hand KRAMERS und der Schreiner der Erwerbslosenzentrale stehen auf der Grenzlinie zwischen Handwerk und Industrie, Gebrauchstradition und neuer Formkultur; sie bilden eine *Verbindung* der Produktionskulturen, keine Trennung oder Auslöschung ab. Insofern ist der Erscheinung dieser banalen Dinge eine besondere historische Bedeutung beigegeben. Es sind die vielleicht reifsten Formen einer augenblicklichen Versöhnung von Hand und Maschine, lebendiger Arbeit und Massenprodukt, sozialem Sinn in der Produktion und sozialem Nutzen im Gebrauch, die die Republik überhaupt hervorgebracht hat. Für einen Augenblick nimmt die Utopie des sozialen Gestaltens greifbare Formen an. Bei schonender Ökonomie der Ressourcen entstehen aus der Mitte der Not dieser Jahre die schönsten und würdigsten Dinge für den alltäglichen Gebrauch, hergestellt von denen, die für die Produktionsmaschinerie schon unbrauchbar sind. Dabei wird das entwertete Kapital lebendiger Arbeit in die Hände derer zurückgegeben, die etwas damit anfangen können.

Besinnung auf den menschlichen Grund der Produktivität – das ist keineswegs die Devise am BAUHAUS, das den Anschluß an die Industrie in Genie-Entwürfen feiert. Manche BAUHAUS-Form wirkt aufwendiger, materiell und ästhetisch kostbarer und raffinierter, auch moderner als das KRAMERsche Design. Die BAUHAUS-Form trägt den Keim zum »Stil um 1930« und dessen schillernde Ambivalenz schon in sich. Gerade deshalb scheinen die Entwürfe von KRAMER heute so bedeutsam. Sie sind den Problemen unserer Gegenwart und Zukunft näher; allein durch ihr Umfeld des Entstehens sind sie nicht so unverbindlich wie irgendein industrielles Massenprodukt. Es war KRAMERS Vorteil und Vorzug, sehr früh und immer in unmittelbarer Nähe zum Bauen des Neuen Frankfurt, zu den großkommunalen Problemen der Wohnungsversorgung, den Zwängen des rationellen und billigen Produzierens, aber auch zur Tatsache anhaltender Arbeitslosigkeit und zur sozialpolitischen Praxis zu stehen. Dies gilt vor allem für seine Entwurfstätigkeit an Gegenständen des täglichen Bedarfs in der Wohnung. Freilich ist das BAUHAUS eine Schule, keine Institution für die Sozialpraxis des Gestaltens wie das Frankfurter Hochbauamt unter ERNST MAY und seinem Stab von Praktikern. Das BAUHAUS muß aufgrund seiner Situation vor allem Stil-Ambitionen und ideologische Führungsansprüche entwickeln, vom nur marginalen sozialästhetischen Engagement mancher Meister nicht zu reden.

Zwar hat auch KRAMER es nicht vermocht, die Grenze der alltagsästhetischen Akzeptanz der Neuen Sachlichkeit für größere Wohnbevölkerungsgruppen der ersten Republik zu verschieben. Der minimalästhetische Reiz seiner Entwürfe ist auch heute nur Kennern verständlich. Aber diese Objekte verkörpern eine eigene Wertgeschichte. Stahlrohrmöbel kann man von Automaten fertigen lassen. Das ist gleichsam

Teil ihrer Idee. Bei KRAMERS Entwürfen erinnert man ein Stück Hand-Werk, unmittelbares menschliches Vermögen am Objekt. Man konnotiert zu der Erscheinung eine qualitativ andere, ›wärmere‹ Herkunft als die Maschine allein. Dazu tritt der Verwendungszusammenhang in der Praxis der Frankfurter Sozialprojekte.

Insofern ist hier der Vorwurf der Enthistorisierung und ästhetischen Entwurzelung, einer »Vergesellschaftung der Form nach« (MEURER/VINÇON 1983), die der Funktionalismus bewirkt habe, nicht berechtigt. Für die Frankfurter Sozialplaner stellen sich zwar die gleichen Fragen der Bevormundung der Gebraucher, des Bruchs mit sozialkulturellen Traditionen und mit der historischen Bedürfnisstruktur wie für alle ›Funktionalisten‹ der Zeit. Aber das Beispiel FERDINAND KRAMER zeigt, wie ein Entwerfer der Sachlichkeit in einem Netz produktionsgeschichtlicher Bezüge und sozialer Realitäten zu Lösungen gelangen kann, die eben nicht von der alles überwältigenden Rationalisierungs-, Geometrisierungs- und Anonymisierungstendenz durchdrungen sind wie beispielsweise schon die Städtebauvisionen LUDWIG HILBERSEIMERS um 1930 am BAUHAUS.

In Frankfurt ist, »was die Maschine in die Welt gebracht hat, das Gradlinige, Kantige, Zielstrebige, Eilige, das Geometrisch-Reguläre, das Konstruierte, Abstrakte« (WICHERT 1928) noch eingebunden in kleinere Einheiten für den sozialen Gebrauch; es ist ein gemäßigter Funktionalismus, den der Gebraucher noch beleben kann. Bis lange nach 1945 galt es als Privileg, in einer Siedlung des Neuen Frankfurt wohnen zu können. Trotz aller Normierung bilden die Bauten und das Design des Neuen Frankfurt eine historische Möglichkeit, einen Moment auf der Kippe des Gelingens ab, der sich nie wiederholt hat: »Die offensichtliche Reduzierung der Gestaltungsarbeit auf die Ausdifferenzierung einer gebrauchswertorientierten Umwelt umgeht ganz bewußt nicht die damaligen Rationalisierungsmöglichkeiten des Kapitals. Sie verschließt sich nicht dem Gedanken einer vernunftmäßig begründeten Ausformung der Lebenswirklichkeit, und sie hält fest an der fortschreitenden Entfaltung der Produktivkräfte, auch und gerade in der Architektur und Produktgestaltung. Zugleich ging die Avantgarde von der Wirkung einer gebrauchswertverpflichteten Gestaltung des Lebens auf das Bewußtsein und die Lebensweise des Menschen aus. Dort erst hätte sich der Gestaltungsprozeß bewahrheitet, er hätte praktisch werden sollen in den Handlungen der Menschen« (MICHAEL MÜLLER 1983, S. 21).

Eben dies gelingt nicht in der erhofften Breite und Tiefe des Rezeptionsbewußtseins. Das Problem der kulturellen Standardisierung, das neben der ästhetischen und funktionalen Standardisierung notwendigerweise hätte gelöst werden müssen, bleibt bis zum Ende der Republik, das zugleich auch ein Ende des aufklärerischen, sachlichen Gebrauchswertbezugs darstellt, eine Irritation. Die zeitgenössische Designliteratur fordert immer wieder das Umlernen der Gebraucher und Nutzer. Sie sollen erkennen, daß die funktionsästhetischen Lösungen auf der Höhe des Zeitbewußtseins und der entwickelten Produktivkräfte ihr eigener Ausdruck sind – der Beitrag, den sie als Vollziehende und Gebrauchende zur demokratischen Massenkultur leisten. Sie sollen begreifen lernen, daß die innere Formierung der ›klassenlosen‹ Industriegesellschaft neue Formen des kollektiven Ausdrucks in den Produkten und Bauten findet, daß diese Formierung darin bejaht und vorangetrieben werden kann. So jedenfalls verstehen die Sozialarchitekten und Sozialdesigner der Weimarer Republik ihre Arbeit des Vorausgestaltens – sei es in BRUNO TAUTS ›Hufeisensiedlung‹ Britz in Berlin als zusammenfassende, große Architekturgeste, sei es in Gestalt

108 Blick vom Wohnzimmer in das Eßzimmer im Hause von Ernst May. Zustand 1926 (nach W. MÜLLER-
WULCKOW, Architektur der Zwanziger Jahre in Deutschland. Königstein 1975)

einfacher Kindergartenstühle FERDINAND KRAMERS in Frankfurt, die eine kleine Gruppe Gleichaltriger im Spielen und Lernen um den gemeinsamen Tisch versammeln.

»Zeitschriften der Arbeiterbewegung, der SPD und der KPD, machten diese neue Kultur zu ihrer Sache, die Arbeiterschaft selbst aber stand ihr eher ablehnend gegenüber« (PROJEKT-GRUPPE ARBEITERKULTUR 1982, S. 74). Das im Typus ausgedrückte Gleichheitsprinzip, die Wendung gegen die bürgerliche Ästhetik-Tradition und gegen die konservativen Kräfte der Republik, der Gebrauchswertbezug, die relative Billigkeit der Produkte, ihre Sachlichkeit und ›Ehrlichkeit‹, der Ausdruck moderner Pro-

duktivkraft in ihnen – dies alles mochte linke Intellektuelle oder Funktionäre der Arbeiterbewegung überzeugen. Jüngere, bildungsbeflissene Aufsteiger aus Arbeiterfamilien mochten sich damit anfreunden, die ästhetisch konservative Mehrheit dagegen mußte – wie schon vor 1914 – die Sachlichkeit als Zumutung empfinden: »Es war außer dem Zweck-Design des Einzelmöbels anscheinend die veränderte Gesamtatmosphäre der neuen Räume, die abgelehnt wurde. Die luftig-leeren Zimmer, die durch die relativ kleinen Möbel entstanden, wurden als ›nackend und arm‹, als ›zu kahl und zu kalt‹ empfunden. Fülle war auch ein Zeichen von Wohlstand« (PROJEKTGRUPPE ARBEITER-

192

KULTUR, S. 86). Auch Vorschläge, die übernommenen alten Formen wenigstens vom Dekor zu befreien, gingen fehl. Wegwerfen kam ohnehin nicht in Frage, das hätte aller proletarischen Ökonomie und Erfahrung widersprochen. Die Sachen zu ›modernisieren‹ hat wohl nur selten jemand für sinnvoll gehalten, sie taten ja auch so ihren Dienst, das Dekor garantierte dazu den Anschein von Reichtum.

In dieser Hinsicht waren die sozial orientierten Entwerfer der Zwanziger Jahre von einer grenzenlosen kulturpädagogischen Naivität. Sie wunderten sich über »den Hang der Massen zum Kitsch« (HARTIG 1930) und die Zählebigkeit der alten Kulturformen, denen man generell allen Wert und alle Funktion absprach: »Oft werden die fortschrittlichen Tendenzen moderner Architekten, die nach reiflicher Planung gesunde, schöne neue Wohnungen gebaut haben, durch die Unwissenheit und Zurückgebliebenheit der Mieter auf eine beklagenswerte Weise durchkreuzt. Der Architekt denkt und der Mieter lenkt. Das gibt in manchen Neubauwohnungen einen geradezu schreienden Widerspruch. Hier ist noch sehr viel Aufklärung nötig. Man glaubt gar nicht, wie fest die alten Traditionen sitzen« (HARTIG 1930, S. 384).

Während die Annahme zweifelhafter Errungenschaften, zum Beispiel der Symbole des ›Tempos‹ der Zeit, der Formen der modernen Zerstreuung und der glitzernden Warenwelt, die die Krisen des Kapitalismus vergessen machen, massenhaft gelingt, verweigern die gleichen Massen das von Ausbeutung und Vorspiegelung befreite Kulturelement der vernünftigen Form. Wie nachhaltig und zäh sie das tun, kommt den fortschrittlichen Entwerfern nur deshalb nicht voll zu Bewußtsein, weil der Bruch mit Idee und Werk durch politische Gewalt 1933 vollzogen wird. Aber schon in den Zwanziger Jahren zeichnen sich unabweisbare Gründe für das Scheitern der Neuen Sachlichkeit am Massengeschmack ab. Die Entwürfe verpflichten die Wahrnehmung auf die bloße Zweckfunktion des Gegenstands, sie trennen die Menschen von ihren sozialgeschichtlich verankerten Gebrauchstraditionen und Schönheitsnormen, und sie rufen eine unbewußte Abwehrhaltung gegen die ästhetische Industrialisierungstendenz hervor, die in die private Lebenssphäre mit den neuen Dingen und Funktionen eindringt. Dazu kommt, daß die Entwerfer unbeirrt am bürgerlichen Ein-Kulturen-Standpunkt festhalten, der das Aufklärungs- und Erziehungsrecht privilegiert – auch dort, wo es angeblich zur Verstärkung proletarischen Bewußtseins dienen soll und wo die Entwerfer sich als politisch-ästhetische Avantgarde und Anwälte der Arbeiterbewegung verstehen. »In Deutschland bestanden günstige Voraussetzungen einer kontinuierlichen Entfaltung des Funktionalismus, und das heißt notwendig auch, der Konkretisierung seiner Beziehungen zur Arbeiterklasse« (KÜHNE 1985, S. 184). Diese Behauptung ist sozialgeschichtlich nicht haltbar. Sie verlängert einen Irrtum der funktionalistischen Botschaft in die Gegenwart hinein und entwirft ein Wunschbild von Geschichte, auf das sich nur neue Wunschbilder, aber keine Realkonzepte ästhetisch-kultureller Selbsterfahrung aufbauen lassen. Die neue Kultur der Sachlichkeit wird von anderen Klassen mit anderen Zielen und Erfahrungen gelebt. Für sie ist das teure Produkt aus Stahlrohr und Glas auf der Pariser WERKBUND-Ausstellung von 1930 bestimmt, wo eben nicht KRAMER, sondern GROPIUS, BREUER und MOHOLY-NAGY internationale Anerkennung suchen. Diese Formen in ihrer sozialen Bindungslosigkeit bei höchster technischer und gestalterischer Perfektion beunruhigen die Kritik schon damals. POSENER spricht hellsichtig vom »Manierismus des angeblich ganz und gar Unmanieristischen« (zitiert bei NERDINGER 1985, S. 142); aus dem Abstand der Gegenwart erkennt man, wie weit der Gestus solcher Produkte und Räume über jede soziale Massenverbindlichkeit hinausgeht, ja daß diese gar nicht gesucht wird. Als künstlerische Avantgarde-Produkte hätten sie im Massengebrauch verschwinden und diesen selbst zum Ausdruck avantgardistischer Kultur machen müssen.

Beide Varianten des Funktionalismus der späten Zwanziger Jahre – das sachliche Sozialdesign und die elegante Moderne oder Kargheit und Raffinesse – können als Formen der Selbstfunktionalisierung im höheren industrierationalen Interesse verstanden werden. Sie sind Ausdruck von Gewalten, die von den Designern nicht erkannt, geschweige umgestaltet werden. Ob der Mensch ein industriedefiniertes Wesen wird oder nicht, eine ›Maschine‹ nach dem tayloristischen Prinzip oder ob er Herr seiner Werkzeuge und Produktionsziele und damit Herr seiner selbst bleibt, ist eine die ganze Gesellschaft berührende Frage. Die Folgen treffen die Klassen- und Lebenswirklichkeiten unterschiedlich.

So könnte man es auch als Glücksfall der Sozialgeschichte verstehen, daß das proletarische Wohnen vom ästhetischen Prinzip des Funktionalismus nicht erfaßt, daß die Sachlichkeit dort abgelehnt worden ist. Für den durchschnittlichen Arbeiter und Angestellten zwischen Inflation und Massenarbeitslosigkeit hat es die Neue Sachlichkeit in einem definierten, kämpferischen Sinne nie gegeben; seine alltagskulturellen Handlungsmuster bleiben bei aller Not ohne Beziehung zur »Form ohne Ornament«. In die Siedlungen des Neuen Frankfurt ziehen vor allem Angestellte und Beamte ein, kaum Arbeiter. Selbst wo die Miete für eine der neuen Sozialwohnungen aufgebracht werden kann (MAY ging von einem Wochenlohn für die Monatsmiete aus), ist es kein bewußt vollzogener Akt kultureller Entscheidungsfähigkeit, dort einzu-

ziehen. Viel wichtiger ist es, trocken und warm zu wohnen und daß die alten Möbel beim Umzug durch die genormten Türen passen. Wahrscheinlich sind die kleinen Badezimmer oder die schmalen Gärten hinter den Reihen- oder Laubenganghäusern attraktiv gewesen, nicht das Flachdach, nicht die Proportion der Fassaden, nicht das kalkulierte Gestaltbild der Siedlungen. Der Aufstieg zu einem zivilisatorischen Standard, die Teilhabe am Komfort, das Versorgtsein mit Wohnraum überhaupt mögen Anreize zur Nutzung des neuen Bauangebots gewesen sein, weniger der in Aussicht gestellte Wechsel zu einem anderen ästhetischen Selbstausdruck. Um sich der kulturellen Standardisierung unterwerfen zu können, hätten die sozialen Adressaten ihre in der kollektiven Aneignungsgeschichte tief verankerten Erfahrungen aufgeben und zugleich die zwielichtigen Warenschönheiten der Moderne (die es um 1925/ 26 längst gibt) ausblenden müssen. Im Festhalten an den früheren und in der Aneignung der neuen Formen der Gewöhnlichkeit lag Anstrengung und Selbstbeweis genug.

»Die einzige, bisher manifeste, sichtbare sinnliche Form des besseren Lebens hatte die herrschende Klasse vorgelebt, eigene Lebens- und Kulturformen hatte das Proletariat außer in der Subkultur und in tradierten Volkskunstelementen noch nicht entwickeln können. Es konnte folgerichtig auch nicht die avantgardistischen Kunstelemente aneignen, die nicht aus ihm selbst hervorgegangen waren« (STAHL 1977, S. 100). Gerade die Gebraucherschichten, die als Klasse kulturell eine »explosive Entfaltungsdynamik« (KÜHNE) hätten freisetzen müssen, verweigern die Sachlichkeit oder brechen ihr durch beiläufige Aneignung oder geringschätzigen Gebrauch die revolutionäre Spitze ab. Sie wehren damit unbewußt einen Angriff ab, der allen gilt, nicht nur den schwer erziehbaren Unterschichten.

194

109   Die »Frankfurter Küche«. Entwurf Grete Schütte-Lihotzky, 1926

Denn die Versachlichung des Lebens schreitet im Vordringen industrieller Haltungen und in industriell organisierten Alltagsvollzügen mehr als bloß symbolisch über die Ästhetik der neuen Gegenstandsformen voran. Funktionalität wird zu einem verinnerlichten Fundamentalbegriff der Epoche, von dem nicht nur die Adressaten des sozialen Design, sondern auch die sich im Industrialisierungsprozeß wandelnden Mittelschichten erfaßt werden. Die Umstellungen von Handhabung und Bewußtsein beginnen unauffällig im Praktischen, zum Beispiel in der von GRETE SCHÜTTE-LIHOTZKY entwickelten »Frankfurter Küche«, die für 238,50 Reichsmark (die auf die Miete umgelegt eine Erhöhung um 1 Mark bedeuten) fertig eingebaut angeboten und im Frankfurter sozialen Wohnungsbau von immerhin 1000 Mietern mitbestellt wird. Sie ist eines der Urmodelle aller späterer Funktions- und Einbauküchen:

»Ohne Zweifel war diese Küche sehr praktisch. Vor allem konnte sie mit technischen Apparaturen aufwarten. Man kochte mit Gas und nur selten auf Elektroherden, wie in der Siedlung Römerstadt, der wohl ersten vollelektrifizierten Siedlung Deutschlands. Behälter für Grundnahrungsmittel, wie Mehl, Salz oder Gewürze waren in Griffnähe des Herdes angebracht. Es gab einen Speisenschrank mit Außenbelüftung, vor dem Fenster den Arbeitstisch mit einem Drehstuhl und ein Bügelbrett, das man von der Wand herunterklappen konnte. Sogar an eine in der Arbeitsplatte des Tisches eingebaute Abfallrinne hatte man gedacht. Gespült wurde von rechts nach links, wobei das Geschirr auf einem Gestell zum Abtropfen abgestellt wurde« (MOHR/MÜLLER 1984, S. 124). Auch an kurze Wege zum Eßtisch im Wohnraum und an die Möglichkeit, dort spielende Kinder während der Küchenarbeit zu beaufsichtigen, war gedacht.

Kein Zweifel, ein großer Fortschritt in der Erleichterung der Hausarbeit für die Frau bei ihren unveränderten Pflichten. MOHR/MÜLLER sehen darin den Ausdruck einer »Professionalisierung der Hausarbeit«. Der Entwurf beeinflußt aber die soziale Mikrostruktur der ›Standard-Familie‹, für die diese Wohnungen und Küchen gedacht sind. Die Wohnküche weicht dem funktionalisierten Ein-Personen-Arbeitsplatz. Die traditionelle Frauenarbeit wird von den übrigen Familien- und Wohnfunktionen weitgehend abgetrennt. Das Ideal ist die Kleinfamilie mit zwei Kindern, über diese Norm hinaus werden die Wohnungen zu eng. Proletarischer Kinderreichtum ist darin nicht denkbar, Mittelstands-Familienplanung und deren geordnetes Glück sehr wohl.

Aber das Design des neuen Wohnens greift nicht nur in das Sozialgefüge der Familie, sondern auch in das kulturelle Selbstverständnis aller Gebraucher durch Verweise auf die historische Außenwelt ein. GISELA STAHL (1977, S. 100 ff.) hebt die Parallelität zur Entwicklung in der Arbeitswelt hervor, wo zunehmend neue Methoden der wissenschaftlichen Betriebsführung, der Effektivierung und Berechenbarkeit von Arbeitsabläufen und des rationellen Einsatzes von Maschinen- und Menschenkraft entwickelt und angewendet werden. Verrichtungen im Haushalt werden untersucht, Bewegungsabläufe der Hausarbeit koordiniert und optimiert, als ginge es um betriebliche Maßnahmen zur Steigerung der Effektivität industrieller Arbeit, wie sie das Ehepaar GILBRETH mit seinen fotografischen »motion studies« in USA schon vor dem Ersten Weltkrieg eingeleitet hatte (vgl. GILBRETH 1921). Diese Studien beruhen auf dem Grundsatz, daß »sich die effektivsten Bewegungen auf abstrakten Linien erkennen lassen« (BURRICHTER 1983, S. 66). Das funktionsbetonte, nach schematischen Abläufen geregelte Wohnen auf Grundrissen und mit

Möbeln, die nach ergonomischen Gesichtspunkten, also nach einem vordefinierten Mensch-Werkzeug-Verhältnis gestaltet und angeordnet sind, nicht nach historischen, emotionalen und ästhetischen Bezügen des Gebrauchs, entspricht dem Denken in Kategorien der neuen Arbeitswissenschaften. In ihrem Rahmen entwickeln sich Psychotechniken (vgl. FRIEDMANN 1952), die dazu dienen, die Natur des Menschen gegenüber der Rationalisierung fügsam zu machen. Als eine solche Psychotechnik könnte man auch die privat zu vollziehende Rationalität des Lebens in der Wohnung bezeichnen, die mit dem guten Argument der Zweckmäßigkeit und Arbeitserleichterung überzeugen kann. Der WERKBUND stellt 1927 im Rahmen seiner Ausstellung »Die Wohnung« ein Modell der MITROPA-Reisezug-Küche aus und preist sie, wie »Das ideale Heim« berichtet, als »Schule der Hausfrau«, weil diese Küche so klein und praktisch sei. Sie ist ein Verhaltensmodell.

Wieder einmal erweisen sich vorbildliche und verdienstvolle Designleistungen als doppeldeutig, verstrickt in einen Grundwiderspruch zwischen der organischen und kulturellen Verfaßtheit der menschlichen Natur und der Produktionsgeschichte in ihrer Dynamik, die sich diese Natur umzugestalten anschickt. Standardisierung und Typisierung von Gegenstand und Raum, von Werkzeug und Bewegung im Sinne betrieblichen Effektivitätsdenkens greifen auf den Menschen als Organismus, der sich den funktionalen Strukturen anzupassen hat, auf dessen Tätigkeit des Wahrnehmens und Vollziehens über. Ganz abgesehen davon, daß soziohistorisch verankerte Verhaltensmuster (zum Beispiel im Typus der Wohnküche) abgelöst werden, also ein Geschichts- und Identitätsverlust eintritt, entwickeln die Dinge und Räume ihre eigene faktische und symbolische Gewalt. Sie unterwerfen sich ihre Gebraucher

zunächst leiblich: Durch die (angeblich nur vom praktischen Zweck bestimmte) Führung der Hand, durch Ablaufsteuerung der Bewegungen des Körpers, durch die Wege, die man in derartigen Räumen ›geht‹. Aber sie üben damit auch neue Wahrnehmungsweisen und Haltungen der Menschen gegenüber sich selbst, den Dingen und Räumen und den Mitmenschen ein. Räume und Werkzeuge des Lebens geben sich vernünftig, aber sie folgen dabei dem Plan einer vorgegebenen industriellen Vernunft, die sich auf die Gebraucher habituell übertragen soll: »Manche Bilder und Gegenstände stehen wie Anekdoten für bestimmte geschichtliche Tatsachen. Sie weisen dann auch ironisch auf das hin, wofür sie an ihrer Stelle typisch sind« (LIPPE 1983, S. 2).

So verhält es sich auch mit dem Entwurf der »Frankfurter Küche« und vielen anderen Küchenmodellen der Zeit – von der BAUHAUS- bis zur WERKBUNDküche und Küchen der Architektenvereinigung DER RING oder der REICHSFORSCHUNGSGESELLSCHAFT FÜR WIRTSCHAFTLICHKEIT IM BAU- UND WOHNUNGSWESEN. Sie vertreten alle beispielhaft eine Tendenz des Design, die in den späten Zwanziger Jahren wie ein Spiegel den Stand der Produktionsgeschichte und deren Anspruch an die Menschen reflektiert. Der Anspruch ist klassenübergreifend. So erfaßt der Taylorisierungsprozeß industrieller Arbeit in der Küche und im ›praktischen‹ Haushalt auch Frauen aus den Mittelschichten, die den Produktionsprozeß am Fließband oder das Großraumbüro nur vom Hörensagen kennen. Indem beispielsweise die Küche »zur Matrix der Ökonomie der insgesamt durchrationalisierten neuen Wohnungen« oder zur »Wirtschaftszentrale des Hauses« (vgl. MOHR/MÜLLER, S. 122) wird, machen die Tätigkeiten darin auch die Rationalitätsprinzipien des Wirtschaftens draußen zu einer in das ganze Leben eingebundenen Selbstverständlichkeit. Das geht bis zu Vorschlägen der minutiösen Tageseinteilung der Hausfrau (vgl. Hinweise auf Frederick 1922 und Witte 1928 bei Stahl, S. 101) – »home management« (Frederick) überträgt betriebswirtschaftliches Denken aus der Fabrik in Küche und Haushaltsführung und macht es allgemeinverständlich.

Rudolf zur Lippe nennt als zwei Prinzipien der Jahrhunderte früher einsetzenden Geometrisierungstendenz »das Zusammensetzen im Quadratnetz und die Zerlegung des Körperganzen in Teile bzw. Teilbewegungen« (Lippe 1983, S. 38). Dies geschieht in den Zwanziger Jahren durch ein Raster funktionaler Strukturen in Arbeitsumwelt und Arbeitsorganisation so gut wie im ›sachlichen‹ Wohnen, das heißt im Anordnen und Gliedern dessen, was in den gerasterten Räumen des privaten Lebens geschieht. Die Organisation des modernen Alltags durch Architektur und Design ist also nicht bloß ›sachlich‹; sie berührt – am Ende weniger human, als Hannes Meyer und andere sich das dachten – Selbstbild und Grundsubstanz des Menschen. Dieses Design ist auch mehr als bloß ein ironischer Verweis auf den Einbruch der höheren Zweckmäßigkeit in den Lebenszusammenhang. Mit dem Durchsetzungsinteresse der Sachlichkeit kommt die gesamtindustrielle Rationalisierungstendenz ins Haus. Designgeschichte tritt in diesem Moment unmißverständlich als Funktion der fortgeschrittenen Produktionsökonomie in Erscheinung – wirkungsvoll in einem weiten, das ›Schöne‹ übersteigenden, anthropologisch-historischen Sinne.

2 Die Angestelltenkultur – zentraler Umschlagplatz der Moden. Technoide Eleganz als Vorschein der Macht und der Unterwerfung – Zum Latenzcharakter der »Form um 1930«. Verteilungspolitik und Design im Dritten Reich

Designgeschichte ist nicht nur die Geschichte der Ideen, der Entwürfe, der Produktion und der Verteilung geformter Dinge. Designgeschichte ist in ihren Rezeptionszusammenhängen auch Deutungsgeschichte. Dies gilt nicht nur für das Verständnis der hermeneutischen Versuche, die Kunst- und Kulturhistoriker betreiben, um hinter den Sinn der wechselnden Formen zu kommen (also aus der distanziert-professionellen Sicht einer späteren Zeit), sondern auch für die unmittelbare Geschichte alltäglicher Sinndeutungen und Vollzüge des Verstehens der Dinge durch den historischen Gebraucher selbst. Immer sind individuelle und kollektive Deutungen im Gebrauch wirksam. Zu jeder Zeit und in allen Gesellschaftsformationen werden die Gegenstände und Werkzeuge der Reproduktion nicht nur gestaltet, sondern mit schon vordefinierten Sinnen, einem gerichteten Interesse und entsprechender emotionaler Erwartung bei ihrem Erscheinen mit bestimmten Bedeutungen besetzt, die abschwächen oder verstärken, was ihnen durch den Entwurf oder die Absicht des Herstellers an Bedeutung mitgegeben ist. Produkte im Gebrauch sind vergegenständlichtes Bewußtsein einer Epoche und Bindemittel des individuellen Verhaltens in den Rahmen der gesellschaftlichen Normen.

Was durch Hand und Auge des Gebrauchers hinzutritt, verbindet das Sosein der gestalteten Dinge mit ihren traditionellen kulturellen und sozialen Interpretationen und mit den in der

110 Speisezimmer. Entwurf Thilo Schoder, 1924/26 (nach W. Müller-Wulckow, Architektur der Zwanziger Jahre in Deutschland. Königstein 1975)

Gegenwart der gesellschaftlichen und individuellen Lebenswirklichkeit angelegten Deutungsmöglichkeiten. Ja man könnte sagen, ein Design existiert erst wirklich und spezifisch im Bewußtsein der Menschen durch die Geschichte seiner historischen Deutungen im Gebrauch, durch individuelle und gesellschaftliche Interpretationsmuster, die es im Augenblick auf sich versammelt. Im Blick auf die Dinge ist der Blick der Menschen auf sich selbst gerichtet. Aber dieser Blick läßt sich von der Sinnlichkeit und Bedeutung der Dinge mitgestalten. Im Glanz ihrer Erscheinung werden kollektive Träume illuminiert, denen die Menschen sich anverwandeln möchten. Wie man sich in den Dingen wiederfinden will, so deutet man sie. Zugleich bestärken sie durch ein schon gestalthaft vorgedeutetes Sosein die Art, wie man leben und sich fühlen möchte. Das ist wohl der tiefste und geheimnisvollste Grund, weshalb sich so viele ihren eigenen Reim auf die »Erscheinung des Gebrauchswerts« (M. Müller) machen und weshalb letztlich auch das Design des demokratischen Funktionalismus in den späten Zwanziger und frühen Dreißiger Jahren ins Leere läuft, überholt von der indifferenten, zur höchsten Modernität ausgefeilten »Form um 1930«, oder weshalb die warenästhetischen Banalitäten der

DA!

DER NEUE

CHRYSLER 65

Sein Tempo — 100 Stundenkilometer und mehr. Sein Motor — 'Silberdom'-Hochleistungsmaschine — Sechszylinder, ausbalanciert, siebenmal gelagerte Kurbelwelle. Seine Bremsen — hydraulisch, Innenbacken, wetterfest, schleuderfrei. Wie schön er aussieht, der Chrysler '65', wenn er vorübergleitet. Neuer schlanker Kühler· Niedrige, harmonisch geschwungene Linien der Karosserie und Kotflügel — von vollkommener, faszinierender Schönheit. Ein neues Schönheitsideal für Automobile! Ist das nicht gerade der Wagen für Sie? Und für mich? Sehen Sie sich den Chrysler '65' bei den Vertretern an. Noch heute! Drei große Sechszylinder-Modelle — vom Imperial 80 L bis zum Chrysler '65'! Der Vierzylinder Plymouth — auch von Chrysler! Chryslerwagen jeder Art und Preisklasse. Besichtigen Sie die einzelnen Modelle bei den Händlern. Bitte schreiben Sie um Kataloge.

Epoche, die an das Art Déco-Kunstgewerbe und später an die amerikanischen Stromlinien-Phantasien anknüpfen und so leicht in das Auge und die Hand des Massengebrauchers fallen, umstandslos über alle Sachlichkeit triumphieren.

Der soziale Funktionalismus eines HANNES MEYER oder FERDINAND KRAMER ist nicht das wirkliche, auch nicht das durchsetzbare Design der Republik. Der Brüchigkeit politischer, ökonomischer, soziologischer und ideologischer Strukturen, die dem Faschismus Vorschub leisten, entspricht eher ein Design der zweifelhaften Schönheit der Waren, der Spiegelung sozialer Hoffnungen in den Moden, des vorgetäuschten Luxus, der verdinglichten Träume vom endlich gesicherten Glück, aber auch der Vorwegnahme der Ästhetik der Macht. Es findet seine Entsprechung medial: Im Kino, in den Formen der modernen Zerstreuung, im Sport, im Weekend-Genuß, im beginnenden Massentourismus, in der Technikfaszination, in einer forcierten Ästhetik der Sachlichkeit, die, genau besehen, gar keine ist, außer daß die »Ästhetik des laufenden Bandes« (BALÀSZ 1928) den Gesamthabitus von Ferne regiert. Die Ökonomie schafft sich einen neuen Sozialtyp der Wahrnehmung und des Verhaltens.

Eine der folgenreichsten Umschichtungen der Nachkriegszeit besteht in der raschen Auflösung des »alten Mittelstandes« (vgl. LEDERER/MARSCHAK 1926). Nachdem Industrie und Handel mit Beginn der Stabilisierungsphase – nach amerikanischen Organisationsmethoden rationalisiert und im Wachstum begriffen – neue Formen und Inhalte der Arbeit neben den traditionellen immer deutlicher hervortreten lassen, kann sich ein moderner Angestelltentyp mit besonderem Funktionsprofil, Bedürfnis-haushalt und Lebensstil entwickeln. Auf jeden fünften Arbeiter kommt bereits ein Angestellter. Nach KRACAUER bilden diese 3,5 Millionen Angestellten (darunter 1,2 Millionen Frauen) 1929 schon den soziologischen Kern einer »Angestelltenkultur«, die sich auf fremdbestimmte Verhaltensideale ausrichtet und einem Verdrängungskonsum in besonderen ästhetischen Formen und Wirkungen anheimfällt. Der in dieser Angestelltenkultur repräsentierte Sozialtyp wird zwischen und in den Krisen der Republik zum Hauptadressaten eines Design, das sich gar keine Mühe geben muß, als soziale Klammer und Ausdruck des allgemeinen Alltagsbewußtseins zu wirken. Gleichheit stellt sich wie von selber durch die genormten Vergnügungen und nivellierenden Moden her. Bubikopf, Seidenstrümpfe, das Kino und die Versprechen des mondänen Genusses prägen Erscheinungsbild und Wünsche der massenhaft verfügbaren, neuen industriellen Arbeitskraft, die stets aufmerksam und gespannt auf der Höhe der Zeit konkurrenzfähig sein muß. Medial unterstützte Schönheitsideale, die gerade in der »Deklassierung und kollektiven Ich-Schwäche« (vgl. LEPPERT-FÖGEN 1974) des neuen Kleinbürgertums, zu dem man die modernen Angestellten rechnen kann, ihren Rückhalt finden, erzeugen eine Selbstwahrnehmung und Erwartungshaltung, der sich ein entsprechendes Warendesign nur noch einschmiegen muß. Der Erscheinungs- und Deutungskreislauf ist perfekt: KRACAUER spricht vom »Normaltypus von Verkäuferinnen, Konfektionären, Stenotypistinnen (...), die in den Magazinen und den Kinos dargestellt und zugleich gezüchtet werden«(KRACAUER 1974, S. 65). Ihre »Sprache, Kleider, Gebärden und Physiognomien gleichen sich an, und das Ergebnis des Prozesses ist eben jenes angenehme Aussehen, das mit Hilfe von Photographien wiedergegeben werden kann« (ebenda, S. 25).

111 Anzeige 1928

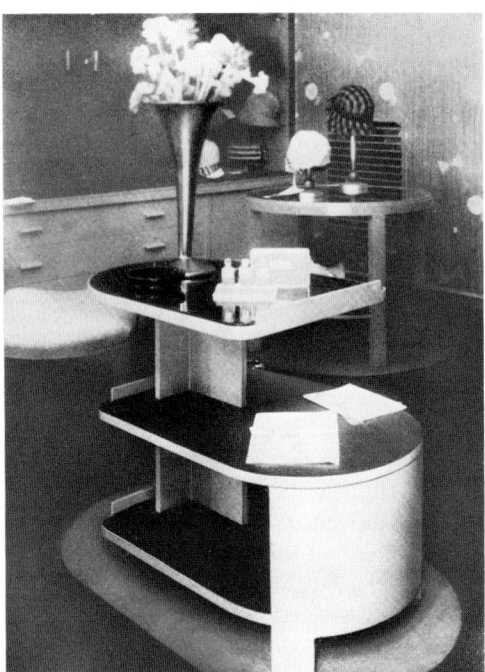

112   Verkaufstischchen in einem Modesalon. Entwurf Paul Laszlo, 1930

Die Menschen verkörpern selber ein Warendesign. Es sind die einer schleichenden Proletarisierung ausgesetzten Angestellten, deren ökonomische Existenz sich auf das Monatsgehalt und eine von strukturellen Wandlungen betroffene, austauschbare Arbeitsposition gründet, wobei sie an mittelständischen Lebensstilen festzuhalten und sich nach unten ideologisch und habituell abzugrenzen suchen. Orientierung bietet weniger die schon nicht mehr erreichbare bürgerliche Norm, sondern alles, was sich in der Teilhabe an den modernen Dekorationen und Lebensgenüssen als erstrebenswert darstellt. ›Mittelstand‹ definiert sich ästhetisch und sozialökonomisch übrigens neu: »Als ›Mittelstand‹ gilt uns die Volksschicht, die zwar dank beruflicher und allgemeiner Bildung

schon über die Beschränktheit der einfachsten dienenden Arbeit hinausgewachsen ist, doch weder nach öffentlichem Ansehen und Einfluß, geschweige denn nach dem Wohlstand in den engen Kreis der Bevorzugten und Führenden gehört. (...)

Von den früher ziemlich zuverlässigen Kennzeichen mittelständischer Lebenshaltung versagen heute mindestens zwei: das eine, weil es an Verbreitung verloren, das andere, weil es an Verbreitung zugenommen hat. Nicht jede mittelständische Haushaltung hat heute eine *Haushaltshilfe*, die bei ihr wohnt; nicht jede Wohnung mit *Badeeinrichtung* ist mittelständisch. Auf eine scharfe Abgrenzung gegen die eigentliche Kleinwohnung sei also hier verzichtet, doch können wir die *Wohnküche* als außerhalb der Mittelstands-Wohnform liegend betrachten. Klarer löst sich die gehobene Wohnform von der mittleren ab; wenn außer Haushaltshilfen Koch oder Diener, Wagenführer und Gärtner zur Familie hinzutreten, oder gar mit ihrer Familie den Lebensrahmen der Herrschaftsfamilie erweitern, und wenn Gastlichkeit schon einen eigenen Bezirk entwickelt (...)« (WOLF 1936, S. 6).

Der Begrenzungsversuch zeigt, wo die Angestelltenkultur mit besonderem ästhetischen Privatambiente ihre Heimstatt hat, in der kleinen städtischen Mietwohnung, deren Angebot immer zu knapp und zu teuer bleiben wird, und in der Freizeitöffentlichkeit normierter Genüsse. Angestellte und Arbeiter konkurrieren um die billige Massenwohnungsversorgung bis in unsere Gegenwart, sie gleichen sich in Ausstattung, Kleidung, Freizeitgewohnheiten immer mehr aneinander an. In den Dreißiger Jahren liegen die Angestellten noch vorn im Konsumwettbewerb; sie unterliegen, obwohl sie kaum besser verdienen, dem Anpassungsdruck an die Versprechen der Warenkultur notwendigerweise früher, bedürftiger und süchtiger als der klassen- und traditionsbewußte Proletarier mit eher nüchternem Sinn. In die Ästhetik der Angestelltenkultur ist eingeschlossen, was ALDOUS HUXLEY in »Brave New World« (1932) an Standardisierung, Austauschbarkeit und Anfälligkeit dieser Masse menschlichen Arbeitsmaterials für die Kapitalismus-Moderne ironisch beschrieben hat. So wenig dies eine homogene Schicht ist – man muß den Bogen vom Buchhalter zum Prokuristen, vom Verkäufer zum Warenhaus-Abteilungsleiter spannen (TUCHOLSKY hat den Typ in manchen Figuren verewigt, FALLADA seine gefährdete Existenz am unteren Rande der Schicht beschrieben) –, so wenig sind die Lebensstile einheitlich und ist das im Gebrauch befindliche Design überall gleich billig.

113 Deckeldose aus Messingblech, Ikora-Technik. Aufgeführt im Katalog der WMF 1933

Was sich ein soziologisch gefächerter »neuer Mittelstand« (vgl. LEDERER/MARSCHAK 1926) zwischen Inflation und Weltwirtschaftskrise teils mühselig, teils mit leichter Hand an ästhetischen Gütern aneignen kann, sind die Derivate der modischen Moderne zwischen amerikanisiertem Art Déco und einer allmählich aus der Kantigkeit der monumentalisierenden Form in stromlinienförmige Anschmiegsamkeit übergehenden Erscheinung des Warenkörpers. Beide Erscheinungstypen entsprechen der Haltung, die KRACAUER mit »Vergnügungssachlichkeit« bezeichnet hat. Sie überschichten allmählich die Altbestände im historisierenden, vom Jugendstil gestreiften Geschmack der Vorkriegszeit.

Wer um 1928/30 Geld hat, um sich neu einzurichten, kann zwischen konservativen Werkstätten-Serienprodukten und reich differenzierten Warenhausangeboten wählen. Das Schlafzimmer im Zickzack-Art Déco könnte schon veraltet wirken, es kommen die klobig abgerundeten Möbelformen Anfang der Dreißiger Jahre. Irgendwelche Art Déco-Reminiszenzen sind immer dabei, verbinden die Zwanziger mit den Dreißiger Jahren; sie überlagern sogar die technoide »Form um 1930« und mischen sich mit diesen eleganten Elaboraten der Waren-Moderne zu neuen, schwellend-glänzenden Oberflächen-Ereignissen auf. Bestände und Gebrauchsprofile dieser Allerweltskonsumkulturen sind weder museal gesichert noch kultursoziologisch erforscht. Sie zeigen in ihrer Massenhaftigkeit und Uniformität aber einen kollektiv verbindlichen Lebensstil an, der auf grundlegende Veränderungen gegenüber dem Konsumverhalten der Zeit vor dem Ersten Weltkrieg schließen läßt.

Nicht nur innerhalb der »Angestelltenkultur«, auch im Alltag der alten Schichten- und Klassenkulturen ändert sich das Verhältnis der Menschen zu den Dingen und über die Dinge zu sich selbst durch veränderte Haltungen und

Erwartungen gegenüber ihrem Wertinhalt und Genußversprechen. In der Stabilisierungsphase der Republik gewinnt die amerikanische Lebensweise eine Bedeutung, die über ein bloßes Modevorbild hinausreicht.

LETHEN spricht von der nachinflationären »Flucht in die Ware« und vom Ritual des »Amerikanismus«, das sich auf der Grundlage eines idealisierten Kapitalismusbildes entwickelt, wie es HENRY FORD (vgl. FORD 1923; 1927) dargestellt hat. Das Bild der amerikanischen Konsumgesellschaft zeuge von einem Zustand der »konfliktlosen Einhelligkeit von politischer Herrschaft und technologischem Potential« (LETHEN 1970, S. 29). Doch der »Traum von der kapitalistischen Gleichzeitigkeit«, verbunden mit einem erweiterten, egalisierenden Konsum, steht im Kontrast zur verdrängten Lebensunsicherheit in der ebenfalls kapitalistisch beherrschten, aber krisengefährdeten Republik, die weder in der Stabilität der politischen Strukturen, noch im Lebensstandard jemals dem Vorbild gleichkommt. Die schillernde Warenwelt und das ästhetisierte Lebensgefühl der Epoche sind Teilhabeversprechen am scheinbar widerspruchsfreien Fortschritt der Kultur zum Nutzen aller. Doch: »Staubsauger, Radioapparat, automatischer Kocher, geschweige denn ein Fordautomobil« sind in Deutschland noch lange nicht Allgemeingut; die Massen, die der Mode des »Amerikanismus« verfallen, bleiben vielmehr gezwungen, »die selbständige Aneignung der exklusiven Waren zu *simulieren*, um ihre reale Ohnmacht zu kompensieren« (ebenda, S. 30).

In der Konsequenz besagt diese sozialpsychologische These für das durchschnittliche kulturelle Verhalten, daß nun die Ideologie des Konsumierens den Habitus formt und die Gebraucher zum ›Funktionieren‹ bringt, ohne daß die Menschen die Waren besitzen, rein durch deren bloßes Dasein, durch Allgegenwart der verlockenden, bedeutend gemachten Dinge für die Anschauungslust.

Man kleidet, bewegt und vergnügt sich nach den warenförmig vorgegebenen Normen, man begreift die Dinge, oft auf Distanz des Nichthabens, als Inbegriff einer Lebensweise, die den Genuß legalisiert und egalisiert, ohne ihn real zu gewähren. Die Abrichtung des Habitus durch die Warenöffentlichkeit ist Erziehung zur kapitalistischen Lebenstüchtigkeit so gut wie der Massensport, die Freizeitvergnügung, die berufsbedingte Anstrengung der Konkurrenz. In diesem Rahmen nehmen die gestalteten Dinge eine besondere Bedeutung an. Der Geschmack an ihnen und für sie wird zum Teilhabebeweis am Vorankommen, am Aufstieg. Die Gestalt der Dinge verkörpert nicht nur Sinnenlust am Gebrauch, sondern auch das Gefühl des Dabeiseins und Dazugehörens. Aus diesem und keinem anderen Grund faßt Pinneberg, der kleine Konfektionsangestellte aus FALLADAS Roman, den Kauf einer Frisierkommode ins Auge. Der entwickelte Konsum offenbart seinen Funktionszusammenhang mit der Ausbeutungskultur des modernen Kapitalismus: Wird der ›kleine Mann‹ genügend Hosen verkaufen, behält er seinen Job und kann vielleicht das überflüssige Möbelstück erwerben.

Insoweit hat sich die gesamtkulturelle Wirklichkeit, in der die Gebrauchswerte und gestalteten Dinge ihre Ausstattung mit gesellschaftlichen Hoffnungen und Bedeutungen erhalten, gegenüber dem Kaiserreich verändert. Es ist eine Dimension des stilisierten Massenkonsums hinzugekommen, die das Leben auf zweideutige Weise gegenüber neuen Anforderungen stabilisiert. Die Entwicklung geht später ohne Aufenthalt in die Massenbefriedigungsstrategien des Nationalsozialismus über.

An der Oberfläche geraten die alten Klassengrenzen tatsächlich ins Schwimmen. Design hebt zwar immer noch die Machteliten und die bürgerliche Kulturavantgarde distinktiv in den Formen ihres vergegenständlichten Konsums von allen anderen Schichten ab. Aber der große Rest scheint sich in der gleichförmigen Vielgestaltigkeit der Massenwaren und Massenvergnügungen in seinen sozialen und kulturellen Konturen aufzulösen und ist nur noch aus der Nähe differenzierbar. Was der demokratisch verstandenen sozialen Sachlichkeit des politisch definierten Neuen Bauens *nicht* gelingt, das gelingt dem Anschein nach einem Design, das ganz und gar Ausdruck promiskuitiver, angepaßter Konsummoral ist, die auch das Traditionsgefüge älterer Klassenkulturen zu erschüttern beginnt: Es verbindet Massen. Die BAUHAUS-Form wird ebensowenig im Massengebrauch wahrgenommen wie das elitäre Kunstgewerbe, das sich an den internationalen Ausstellungen orientiert und nirgends unvermittelt, das heißt ohne Banalisierung, in den deutschen Massenalltag kommt. Art Déco (die Bezeichnung gibt es erst seit der Retrospektive »Les années 25« im Pariser Museum für Dekorative Kunst 1966) ist ein neo-bourgeoiser Dekorationsstil, der besonders in Frankreich eine Renaissance des kostbar gearbeiteten Kunsthandwerks anzeigt (vgl. BRUNHAMMER 1983; SCARLETT/TOWNLEY 1975; »The World of Art Deco« 1971). Art Déco steht »im Gegensatz zu den Bestrebungen der Moderne« und zeichnet sich durch »elegant stilisiertes Dekor« bis zum »extremen Individualismus« (BILLETER 1973) aus. Formale Charakteristik und ästhetischer Anspruch weisen bis auf die Tradition der WIENER WERKSTÄTTE zurück. Der Krieg scheint hier nur eine Unterbrechung luxuriöser Gestaltungen bewirkt zu haben. Es gibt Verweise auf Stijl-Formen, auch Verbindungen zur BAUHAUS-Elementarplastizität. Einerseits Ausdruck entwickelter Genußfähigkeit auf der Basis einer hochverdichteten künstlerisch-kunsthandwerklichen Luxustradition wie in Frankreich, andererseits oft bloß modischer Abklatsch, ist »Art Deco in both its Bauhaus and kitsch aspects« (HILLIER 1985) ein ambivalentes ästhetisches Phänomen zwischen den Weltkriegen, hinter dessen glänzender Fassade sich die Widersprüche von Kunst und Industrie, Avantgarde-Anspruch und Massen-Gewöhnlichkeit verschärfen (vgl. Ft. 12).

Während im BAUHAUS am neuen, produktionsgeschichtlich angemessenen Form- und Gestaltungstypus gearbeitet wird, gewährt die Welt des internationalen Art Déco dem Einzelkünstler und Genie-Entwerfer noch einmal Zuflucht und Bestätigung. Es ist kein Zufall, daß die ›Postmoderne‹ der Siebziger und Achtziger Jahre, in der sich viele Designer wieder als Künstler-Avantgarde verstehen, gerade am ästhetischen Vokabular dieser Epoche der Dekorationen ansetzt. In den Zwanziger und Dreißiger Jahren wird ein längst obsoleter Individualismus ausgelebt – von den Künstlern im Bewußtsein einer elitären Avantgarde, von den Trendsettern der Moden des Konsums im Bewußtsein einer Klasse moderner, vom Massenalltag scheinbar abgehobener Individuen. In den modischen Imitaten steigert sich der kubisch-geometrisierende Charakter der Vorbilder zur ägyptisierenden oder spätexpressionistisch angehauchten Exotik der Form, in der Literatur gelegentlich ironisch als »Aztec Airways«-Stil bezeichnet (vgl. HILLIER), die sich schließlich mit den weicheren amerikanischen Formvarianten der beginnenden »streamlined decade« (BUSH 1975) zu einem üppigen Allerweltsdesign aufmischt.

Diese international gültige Warenästhetik existiert neben dem beginnenden Internationalismus der Funktionsmoderne als ein allgemeines Selbstzitat positiv wahrgenommener Konsumgegenwart; sie vollzieht gleichsam deren Monumentalisierung in eckiger oder weich abgestufter, schwerer Plastizität, in glänzenden

114 Tischlampe aus Phenoplast mit Karton-Schirm, 1930. Sammlung Kölsch

Oberflächen und betonten Materialeffekten. Polierte Hölzer, spiegelnde Metalle, Kunststoffe, farbiges Glas, Lackschichten, geometrisierende Textilmuster entwickeln ihren eigenartigen Reiz, als wäre – neben der eben erfundenen klassischen Moderne – schon die ›Postmoderne‹ am Werk. Die Dinge betonen ihre Künstlichkeit, gebärden sich bisweilen bizarr, zeigen sich wie elektrisiert oder schwellen im Volumen.

Anfang der Dreißiger Jahre treten schlanke, sachliche Formen aus Stahl, Glas, Kunststoffen, Leder hinzu; es kommt zu Überschichtungen des Konglomerats älterer Warenmoden und -stile durch die technoide Eleganz der »Form um 1930«, die Leitbildcharakter für eine besondere Art des Avantgardekonsums gewinnt. Damit deutet sich in Deutschland eine eigenartige Wendung der Designgeschichte an. Das Auf-

treten einer Sonderform des technischen Zeitalters und ihr sozial selektierender Gebrauch verweisen auf die Epoche des Übergangs auch im politisch-ästhetischen Sinne. Darauf soll hier kurz und hypothetisch eingegangen werden.

Zur Vorgeschichte der gegenständlichen Kultur des Faschismus in Deutschland wäre eine Verständigung auf frühe Anfänge nicht schwer. Man würde in der Vorstellungswelt der Kunstgewerbe-Reformen zwischen Stilkunst- und WERKBUND-Propaganda fündig und könnte eindrucksvolle Phänomene wie den Industrieklassizismus eines PETER BEHRENS oder die früh beginnende Wirkungsbiographie PAUL SCHULTZE-NAUMBURGS analysieren.

Statt dessen ist hier nach den unmittelbaren Übergängen in den scheinbar unverdächtigen Formen zu fragen, die sich zu Beginn der Dreißiger Jahre von sozialfunktionalen Produktdefinitionen des BAUHAUSES und sozialpolitischen Zielen des Neuen Bauens abkoppeln, um wenig später ohne erkennbaren Bruch der Rezeptionsweise in die Alltagskultur der nationalsozialistischen Ära überzugehen. Es sind Formen, denen niemand etwas Böses zutraut. Sie sind ihrer Sachlichkeit und formalen Reife wegen von ›Schuld‹ gleichsam freigesprochen. Doch gerade in der scheinbaren Normalität und Neutralität vieler moderner Gegenstandsgestaltungen dieser Übergangsepoche sind bereits Reflexe spürbar, die später in den unverhüllten Inszenierungen der Macht wirkungsvoll aufgenommen und verstärkt werden können. Die Vermutung liegt nahe, daß in der Reaktion auf die Ausdrucksgeste kleiner, unauffälliger Produkte Erfahrungen und Erwartungshaltungen im Alltag mit vorbereitet werden, auf die der politische Herrschaftsgestus später – zum Beispiel im blendenden Schauspiel des technischen Lichts bei politischen Veranstaltungen oder in einer neuen Großartigkeit der nationalen Techno-Ästhetik – insgesamt Bezug nehmen kann.

»Logik der Vernunft, Prägnanz der Form, Eleganz der Werkstoffe« sind – nach MAENZ (1974) – charakterisierende Attribute einer besonderen Form der frühen Dreißiger Jahre. Sie erwecke den Eindruck einer Klassizität, die sich aus dem »Versuch einer ordnenden Harmonisierung« erkläre, »welche im Verlauf des neuen Jahrzehnts in regelnden Zwang und stilistischen Historismus faschistischer Prägung umschlagen sollte« (ebenda, S. 197). Dieser Umschlageffekt ist zu bezweifeln, es ist eher von einem Vorbereitungseffekt zu reden.

Läßt man die Epoche ab 1919 Revue passieren, so zeichnet sich eine auffällig gebrochene Entwicklung ab. Bis etwa 1928 finden die utopischen, ästhetischen und sozialkulturellen Erneuerungsversuche und experimentellen Anläufe statt. Dann folgt mit Beginn neuer ökonomischer und politischer Erschütterungen der Republik der Übergang zu einer neutralen Ästhetik industriell ausgereifter Produkte, die keiner sozialfunktionalen Interpretation unterliegen und ihr auch gar nicht mehr zugänglich sind, so wenig wie die Art Déco-Elemente in der Warenästhetik von Anfang an. Der Bruch mit den sozialen Designutopien findet nicht erst 1933, sondern allmählich und zunächst unauffällig Ende der Zwanziger, Anfang der Dreißiger Jahre im zunehmenden Angebot solcher betont ›modernen‹ Produkte statt, die nicht mehr

115 Deckeldose, versilbert. Puderdose in Ikora-Technik. Aufgeführt im Katalog der WMF 1933/34

116 Gesellschaftsraum und Kaffeebar eines Wohnhochhauses. Deutsche Abteilung der »Exposition de la
societé des artistes décorateurs« 1930 in Paris. Entwurf Walter Gropius. Zeitgenössisches Foto. Bauhaus-
Archiv, Museum für Gestaltung, Berlin (West)

im Zusammenhang sozialer Versorgungspro-
gramme, sondern in der Regie der Marktwirtschaft entstehen, und die ihre industrielle Herkunft quasi objektiv zur Darstellung bringen, in
der Erscheinung bestechend kühl, elegant und
glatt, als hätten sie alle Erwartungen der funktionalistischen Avantgarde eingelöst, aber mit
einem ästhetischen Überschuß, der nicht mehr
programmatisch gebunden ist. Zum Teil sind es
Formen aus der Hand von Entwerfern, die man
der BAUHAUS-Tradition zurechnen kann.
Plötzlich nimmt man ihre Arbeit als selbst industriell funktionalisiert, abgetrennt von sozialpolitischen Wirkungsfeldern wahr. Sie trägt
nun zu einer leitbildhaften Wirkung techno-
moderner Objekte des Alltags bei, die als Symbole unaufhaltsam fortschreitender Produktivität das Wahrnehmen, Fühlen und Denken
neuer Gebraucherschichten zu beeindrucken
beginnen.

Modernes Design kommt zunehmend an
Massenprodukten zur Geltung, deren Einbindung in revolutionäre Kulturprogramme und
demokratische Gestaltungskonzepte nicht mehr

diskutiert wird. So gelangen gerade die reifsten Formen industrieller Sachlichkeit in das selektive Warenangebot für einen neuen Konsumententyp, der mehr mit ihnen macht, als sie zu gebrauchen, indem er sich nicht nur ihrem funktionalen Gestus beugt, sondern sich auch mit ihrer Ästhetik voll identifiziert.

Kulturgeschichtlich entsteht eine paradoxe Situation. Die Republik wird von Krisen geschüttelt. Arbeitslosigkeit, politische Instabilität und die desolate wirtschaftliche Lage steuern auf den Zusammenbruch hin, zugleich kommen immer mehr schöne, wohlfunktionierende, mit hohem professionellen Können durchgestaltete Produkte auf den Markt. SEMBACH bescheinigt dieser »Form um 1930« besondere »Eleganz, Weltläufigkeit, Urbanität, ja sogar einen Anhauch von Klassik«, dazu Vorliebe für »luft- und atmosphärelose Präzision, für kühl-

117 Toilettentisch mit Spiegel und Hocker. Deutsche Werkstätten. Entwurf Hans Hartl, 1931 (nach HANS WICHMANN, Aufbruch zum neuen Wohnen. Basel 1978)

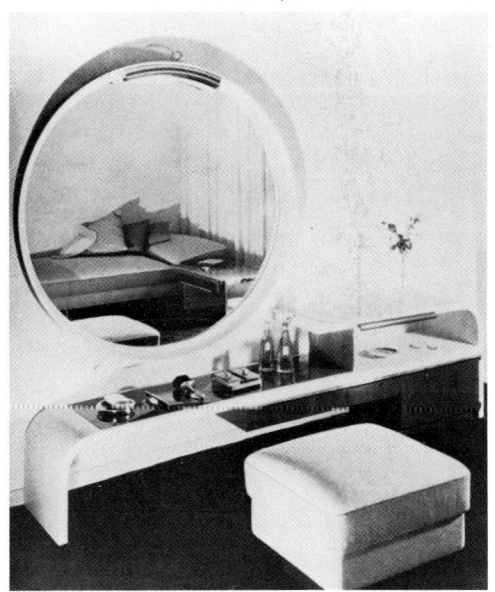

diskrete Farben, für harten metallischen Glanz und für elegant gezogene Konturen« (SEMBACH 1984) – Hinweise auf einen ästhetischen Überschuß mit besonderer Tendenz. Denn der Bedeutungshorizont dieser Erscheinungsform reicht weit über die Zweckbestimmung funktionaler Objekte in eine Art Aura der Funktionalität hinein, die vom Gebrauchswert der Sachen abstrahiert und sich auf einen politisch bedeutsamen Bereich des Bewußtseins ihrer Adressaten erstreckt.

Nicht nur phänomenologisch läßt die ›Postmoderne‹ schon einmal kurz grüßen, während das vielzitierte Projekt der Moderne im Design gerade erst begonnen hat. Dinge und Menschen finden sich auch in dieser Übergangsepoche einander zugewandt. Design ist ja nie ein Bemühen, das sich nur an Produkte verschwendet; die technische Ökonomie, die hier hinter den Entwürfen steht, bemächtigt sich der menschlichen Natur und setzt Gebraucherbewußtsein und Dinge in ein tieferes Einvernehmen. Wie die Kleidung dem modernen Typus knapp am sportlich trainierten Körper zu sitzen hat, der den Reizen der Epoche, ihrem Tempo, ihrer Maschinen-Faszination offen zugewandt ist, so soll dieser bereits industriell überformte Leib sich wie selbstverständlich zwischen den exakten Formen einer symbolisch aufgeladenen technischen Welt bewegen, deren Handhabung schon in unbewußten Griffen und Reflexen angelegt ist. Das sinnlich trainierte industrielle Bewußtsein und die Sinnlichkeit beherrschter, schlanker, kühler Gebrauchsformen ergänzen sich auf ideale Weise, wo der neue Formtyp auf einen entsprechenden Sozialtyp trifft. Die Ästhetik der Maschine in schneller Bewegung – nicht zuletzt der Rennwagen – ist das faszinierendste Motiv der Epoche. Es kehrt in der Anverwandlung einfacher Gebrauchsdinge der frühen Dreißiger Jahre an die Form spiegelndglänzender Apparate wieder. Schon der erste

Stahlrohrsessel von MARCEL BREUER aus dem BAUHAUS wirkt wie ein Katapult, Sitzende in neue Aktivitäten aus sich herausschnellen zu lassen. Zerlegt ist es der Bausatz einer Sitzmaschine, die den neuen Erfordernissen des rationalisierten Produktionsinteresses Rechnung trägt und dieses Kalkül umstandslos auf den Gebraucherleib überträgt. Was bei weiteren Stahlrohrmöbeln der Epoche folgt, ist die gefällige Übersetzung des im ersten Entwurf schon formulierten Zwangs zur Anerkennung eines Gebrauchs, der in der Haltung der Gespanntheit und in der Kälte des Materials seinen Genuß und Ausdruck finden soll.

Reflektierende, ›unangreifbare‹ Materialien wie Stahl, Glas, Chrom, Porzellan, Kunstharze finden bevorzugt Verwendung – nicht nur wegen ihrer Zweckmäßigkeit, sondern vor allem wegen ihrer besonderen Ausdrucksqualität und der damit erzielbaren Effekte. Wenn es neben der Abkoppelung von sozialpolitischen Zielen und neben der warenästhetischen Funktion dieser Dinge ein verbindendes, untergründiges Motiv gibt, dann ist es die technoide Sinnlichkeit schlechthin, die hier durch Wahrnehmung und Erfahrung der Form der Automobile, Stahlrohrmöbel, D-Zugabteile, Dampferaufbauten und Cocktailshaker so gut wie durch ein elektrisches Haushaltsgerät gezüchtet wird.

Darin wird ein neues Einverständnis sichtbar, das heute ein wenig schaudern läßt. Man wird nicht nur an ästhetische Identifikationsleistungen italienischer Futuristen und Faschisten erinnert; auf die Faszination der technischen Schönheit konnten sich ein MARINETTI, ein D'ANNUNZIO und ein MUSSOLINI über alle Unterschiede hinweg verständigen (vgl. BENTON 1983). Der Ausdruck der technischen Dinge mag auch in Deutschland, wo es keine futuristische Tradition, aber die urbane Bejahung der kalten Moderne seit den Zwanziger Jahren gibt, Haltungen erzeugt oder unterstützt haben, die

mit der Technikfaszination auch in Tiefenschichten der Lust an gewaltförmiger Naturbeherrschung und rauschhaft-aggressiver Identifikation mit der Leistungsfähigkeit der Apparate reichte.

Deutlich erkennbar ist, daß um 1930 nicht nur ein ausgereiftes industrielles Design, sondern damit verbunden auch die entwickelte Techno-Moderne auf besondere Weise in Erscheinung tritt. Es mußte nicht immer ein Auto sein – jenes bis heute unvermindert mythisch wirksame Objekt, oder ein Flugzeug, wie bei den Futuristen oder dem Duce. Eine der historischen Identifikationen mit HITLER läuft zwar immer noch über die Schiene der Reichs- (heute Bundes-)Autobahn. Seine Vorliebe für MERCEDES-Kompressor-Kabriolets könnte der Führer noch heute mit Massen von Fans und Freaks teilen, deren Hingerissenheit vor dem Objekt wohl auch eine politisch-ästhetische Komponente hat. Identifikationsobjekte dürften aber auch kleine, alltägliche Dinge, teure oder billige Sachen gewesen sein, die zum outfit für Haushalt und Freizeit zählten, auf die das neue De-

118/119   Elektrische Haartrockner aus Kunststoff oder Metall 1928; 1930 (nach FUCHS/ BURKHARDT 1985)

sign angewendet wurde und über die es zur Wirkung kam.

Das neue Techno-Design setzt auch im Kleinen Glanzlichter auf die Verheißungen des Konsums. Es sind Einsprengsel der Moderne in die oben schon beschriebene ästhetisch promiskuitive Warenwelt, in der das Dekor überwiegt und die wechselnden Moden jedes eben gültige Design schon wieder stumpf und alt erscheinen lassen. Gerade vor diesem Hintergrund massenhaft produzierter und gelebter Warenphantasien, die auch nach 1933 zäh ihre Positionen gegen Ansätze eines ›völkischen‹ Design behaupten werden, wirken manche techno-modernen Produkte einzigartig, eher traumhaft-utopisch als durch den Zweck des Gebrauchs bestimmt. Man kann das heute nicht mehr nachvollziehen: Die geradezu unantastbar ›modernen‹ Dinge waren »frei vom Ausdruck irgendwelcher Emotionen« (SEMBACH) – nicht jedermanns Sache zu dieser Zeit.

Wer hat sie wahrgenommen und gebraucht? Aneignungsgeschichtlich werden sie zu Selbstausdrucksmitteln vor allem solcher Gebraucher, die sich – ihrer kulturellen Führungsposition, nicht aber ihrer Austauschbarkeit, geheimen Wünsche und Ängste bewußt – zum Elitekonsum drängen. Es scheint, daß, solange der Alltag diesen Glanz des Modernen, diese Selbstbespiegelungsfähigkeit behielt, man selber obenauf, im Strom des Fortschritts mitschwamm, ja daß man dabei als Konsument mit einer gewissen Beiläufigkeit seinen sozialen Eigenwert auf Kosten anderer steigern konnte. In Illustrierten wie »Die Dame« oder »Das schöne Heim« zwischen 1928 und 1933 lernt man einen Typus kennen, der sich durch nichts als ›Erfolg‹, Schönheit und Kaufkraft profiliert. Für ihn existiert – neben traditionellen und veraltenden Formen der industriellen Produktkultur, den wechselnden Moden des Dekorativen und neben der Armut – ein avantgardistisches

Design, das sich gegen beharrende Sozialtraditionen des Gebrauchs wendet und zur freien Verfügung des Interpretierens steht. Es ist, was man fortan unter Design überhaupt verstehen soll, das Glänzend-Neue, umstandslos zu Genießende, der in immer neuen Varianten in seiner leicht wandelbaren Gestalt ›sachlich‹ auftretende, technische und ästhetische Komfort. Darin drückt sich nicht nur die Macht der industriellen Produktionsrationalität überzeugend aus. Durch Art und Umfang des Gebrauchs dieser neuen Objekte werden auch soziale Ausgrenzungen vorgenommen und wird die Bereitschaft auserwählter Konsumenten, sich mit dem Produktionssystem und seiner Entwicklung zu identifizieren, unterstützt.

Das Techno-Design der Epoche tritt in zwei Varianten der Sachlichkeit auf. Eine findet man in der rationalisierten Arbeitsumwelt. Dort breitet sich auch in den von der unmittelbaren Produktion abgehobenen Sektoren ein anonymes Design der Zweckbindungen aus, das nicht mehr sein will als bloße Funktionsgestalt. Die Erscheinungsform des Gebrauchswerts wird ganz in die Unauffälligkeit alltäglicher Zweckrepräsentanzen zurückgenommen – da gibt es nichts Auffälliges, keinen Glanz. Die Lampen, Telefone und Stühle in den modernen Großraumbüros sind eher Werkzeuge für rasches, effektives Hantieren als Objekte für den Genuß des Auges – Instrumente der industriellen Massenarbeitskraft in untergeordneter bis mittlerer Position, aus der die Arbeit organisiert oder das Produkt disponiert wird. Solche Zweckformen bleiben unauffällig-schlicht und tragen ihren Benutzern nichts weiter als die reine industrielle Sachlichkeit des Umgangs an. Sie sind der nackte Ausdruck der Unterwerfung abhängiger Arbeit unter die rationalisierte Ökonomie, die gewiß als politische gedeutet werden kann und die auch den modernen Angestellten und Arbeiter erzeugt hat, aber in der ästhetischen Zurückhaltung der Dinge kaum spürbar in Erscheinung tritt.

Die Formen der anderen Variante von Sachlichkeit fallen in der Konsumöffentlichkeit dafür um so mehr auf. Sie sollen offenbar wirksam werden, wozu ihnen das Design verhilft. Augenfälliger Schimmer spiegelnder Oberflächen und schnittig-schlanke Konturen tragen zur symbolischen Steigerung ästhetischer Funktionsversprechen bei. Diese Formen sollen als Phänomene mit Hintergrund wahrgenommen und genossen werden. Deshalb wirken sie im Vergleich mit den schlichten Arbeitshilfen hypermodern. Ihr Objektleib von höchster Reinheit (die später von der modischen Einflüssen zugeneigten, effektvolleren Stromlinie aufgeweicht wird) steht im Kontrast zur sozialen Wirklichkeit der Republik und allen Dingen, die darin massenhaft im Gebrauch sind. Nicht nur die über sechs Millionen Arbeitslosen 1932, auch große Teile der noch in Arbeit stehenden Bevölkerung können sich derart durchgestylte, schöne Dinge nicht leisten (vgl. FROMM 1929/1980). Sie nehmen sie, wenn überhaupt, nur von Ferne wahr. Die meisten halten an produktkulturellen Allerweltsnormen fest, die der formalen Perfektion des Techno-Design um 1930 nur eine gewisse Festigkeit sozialästhetischer Traditionen gegenüberstellen können. Es gibt ja vor und nach 1933 ausgesprochen kleinbürgerliche Ausprägungen der Massen-Produktkultur ohne jeden Bezug zur Funktionsmoderne.

Doch gerade diese gewachsene Breitenkultur veraltender banaler Dekorationsformen und ihre Aneignungserfahrung wird von der Techno-Moderne durch Formhöhe und Exklusivität deklassiert. Man fragt sich unwillkürlich, für wen das reife Design der frühen Dreißiger Jahre bestimmt ist und auf welche sozialen Ausgliederungen es verweist. Adressaten und Gebraucher können nur die in besonderen Dienstlei-

120   Zeichnung aus dem QUELLE-Katalog 1929/30

213

121 Schreibtischlampe. Entwurf Christian Dell,
1930 (nach FUCHS/BURKHARDT 1985)

stungsbereichen, zum Beispiel in den Medien
und der Werbung oder die im Management
neuer Industrien aufstiegsbewußt Tätigen gewesen sein, Trendsetter der modernisierten
»Angestelltenkultur« (KRACAUER 1929), die –
durch berufliche und soziale Position bedingt –
entsprechende Selbstdarstellungs- und Distink-
tionsansprüche geltend machen. Das durchgestaltete, beinahe schon postfunktionalistische
Design kann nur für sie bestimmt gewesen sein.
Den Anspruch darauf erhebt ein Sozialisations-
typ, der in Verlängerung der Bedingungen, die
ihn historisch hervorbringen, selber entsprechend der strukturellen Gewalt des Produk-
tions- und Verteilungssystems zu funktionieren
gelernt hat. Für ihn steckt in der Unangreifbarkeit der Formen, die ihn in Privatleben und

Freizeitöffentlichkeit umgeben, das Versprechen seiner unverwechselbaren produktkulturellen Indentität. Er findet im Genuß und Gebrauch dieser Dinge die zweite soziale Natur
seines Selbst und außerdem darin wieder, was
seinen Eindrücken am Arbeitsplatz, seinem Bewußtsein der Konkurrenzfähigkeit und persönlichen Effektivität entspricht. Ihm vor allem
muß die Selbstidentifizierung mit Technik und
mit der Macht, die sie repräsentiert, gelingen.
Man könnte anders den Verschmelzungsprozeß
nicht erklären, der in der Zustimmung des Gebrauchs, im Sehen, Fühlen und Genießen dieser
Dinge, die »etwas Erschreckendes« (SEMBACH)
hatten, sich andeutet. Es könnte in der Tat ein
der Rationalität und Effektivität des Produzierens angepaßter, diese verkörpernder, präfa-
schistischer Habitus gewesen sein, der sich über
ein derart kühles, neutral wirkendes Elite-De-
sign früh auszugrenzen beginnt. Schließlich findet man monumentale Sachlichkeit und technoide Eleganz im Umkreis mancher Techno-
kraten und Funktionäre nach 1933 wieder.
SPEER und GOEBBELS waren im Grunde alles
andere als Anhänger einer dumpfen Blut- und
Bodenideologie. Gelebt haben sie dienstlich
und privat vermutlich in einem Ambiente, das
mancher ›postmoderne‹ Architekt heute zitie-
ren könnte, ohne schamrot zu werden. Seinen
Vorausentwurf hat unter anderem die »Form
um 1930« geleistet. Was im Dritten Reich selbst
an modernen Entwürfen folgt, bedeutet keine
Steigerung; das völkische Spardesign aus dem
AMT SCHÖNHEIT DER ARBEIT zeigt eher einen
Rückfall in die WERKBUND-Biederkeit der frühen Zwanziger Jahre oder übt Mimikry an das
gewohnte Billigdekor der Massenware. Auf der
Linie der Techno-Moderne wird die Kontinuität des Vorbereiteten zwar gewahrt, aber kaum
überboten.
    Keine der eleganten technischen Formen
wird 1933 verworfen. Sie sind ja einem nun erst

recht zu seiner politischen Entfaltung kommenden Typ von Habitus und Lebensgefühl verbunden. Dessen Kleinbürgerlichkeit wird hier nicht bestritten. Aber es ist auch das moderne Kleinbürgertum, nicht nur das vermuffte alte, das an die Hebel der Macht gelangt, und für das die indifferente Supersachlichkeit ein Identifikationsangebot gewesen sein muß. Die ästhetisierte, in absoluter Reinheit formgewordene Technik bildet in aller Doppeldeutigkeit, mit der »Schönheit der äußere, brillante Reflex von Gewalt« sein kann, »die Menschen sich antun oder anderen« (LIPPE 1986), einen Prozeß innerer Annäherungen an den Faschismus ab. In gewisser Weise könnte die Faszination, die von der »Form um 1930« auf einen bestimmten Sozialtyp ausstrahlte, einer der gebündelten Vorausreflexe der kommenden Gewalt und der Identifikation mit ihr gewesen sein. Dieser scheinbar nur einer vollendet schönen Technikform zuschreibbare Bann ist jener Überzeugung verwandt, die von der Schönheit nackter Leiber ausging, in der sich das faschistische Körperideal früh manifestiert hat (vgl. z.B. SCHULTZE-NAUMBURG 1928). Es könnten unauffällige Verbindungen zwischen den gegenständlich-ästhetischen, den leiblich-psychosexuellen und den ideologisch-normativen Vorbereitungen auf den Faschismus bestanden haben: »Auch Faszination ist ›Fesselung‹, die von ›inneren Zwangsmitteln‹ (Sombart) ausgeht. Aber das eigentlich Beunruhigende ist das Hinüberschillern der äußeren in die inneren Zwangsmittel, ist die *Fesselung im Doppelsinn von Gewalt und innerer Bindung*. Das Bild der Bündelung kann helfen, diesen Wirkungszusammenhang von Zwangsgewalt und innerer Bindung zu verdeutlichen« (HAUG 1986, S. 162).

122 Tisch-Telefon. Siemens & Halske, um 1928 (nach FUCHS/BURKHARDT 1985)

In der Metapher des »Hinüberschillerns« ist die Funktion dieser schönen, kalten Formen nachzuempfinden, im Begriff der »Bündelung« die Anbindung an andere Vorbereitungsphänomene. Man erkennt die ekelhafte Eleganz der Macht an den Dingen durch den Filter der erinnerten Geschichte freilich leichter als im Augenblick ihrer ersten, überraschenden Wirkung. In diesem Moment würde das die Gabe der Ahnung voraussetzen, ein kritisches Gespür, über das die wenigsten Zeitgenossen verfügen. Der Blick auf die Dinge ist damals – als historischer Blick – sicher nicht der gleiche gewesen wie der Blick aus der Distanz, der heute die Dinge interpretiert. Dazwischen liegt die Erfahrung der Katastrophe des Faschismus. Was diese Sonderformen der frühen Dreißiger Jahre betrifft, können wir heute von der historischen Erfahrung des Nachfolgenden nicht mehr abstrahieren. Sie verwächst gleichsam mit dem hermeneutischen Gewissen, das nun auch an scheinbar unverdächtigem Design der Epoche sonderbare Einfärbungen und Nebenbedeutungen entdeckt. Bleibt man selbst von der Schönheit dieser Formen geblendet, sieht man sie als Interpret nicht mehr scharf genug. Dem »Chaos« der Zeit um 1930 die bessere Welt der Dinge als ästhetisch-moralisches Versprechen gegenübergestellt zu sehen (vgl. SEMBACH), lenkt von denkbaren inneren Einverständnissen solcher Schönheit mit weltanschaulich-politischen Leitbildern ab, die dem Chaos gerade nicht entgegensteuern, sondern es fördern und nutzen.

123 Detail einer Anzeige 1933

Nicht, daß das ausgereifte Design um 1930 ein Bündnis mit dem Faschismus eingegangen wäre; so weit wird keine hermeneutische Moral sachlich gehen. Aber es ist doch eine merkwürdige Koinzidenz, daß, als die Nazibarbarei sich abzeichnet, als sie konkret wird und schließlich unbezweifelbar herrscht, das moderne Design einen Höhepunkt erlebt und umstandslos vereinnahmt werden kann, anders als das Neue Bauen mit seinen in der demokratischen Gesinnung verankerten sozialen Zielen.

Alle Produktkultur kann nur als gemeinsame Kultur der Menschen in Produktion und Rezeption verstanden werden, wobei – nach GEORG SIMMEL – »wir uns ausbilden, indem wir die Dinge ausbilden«; oder wo Menschen (im Sinne von MARX) nicht nur Gegenstände produzieren, sondern sich selbst an ihnen. Die Konstitutionsgeschichte eines historischen Bewußtseins, einer ›Lage‹ mit allen ihren kulturellen und politischen Einschlüssen, ist auch Teil der Konstitutionsgeschichte ästhetischer Gegenstandsentwürfe und ihrer Rezeption und umgekehrt. Schließlich sind Entwurf, Produktion und Gebrauch gesellschaftliche Vorgänge, die auch abbilden, was im Augenblick tendenziell an Interessen, Einstellungen und Machtkonstellationen zum Ausdruck drängt.

Den ›unschuldigen‹ Gegenstand gibt es nicht, so wenig Entwurfsgeschichte und gesellschaftlicher Gebrauch ›gegenstandslos‹ sind. Mit der »Form um 1930« verbinden sich heute Inhalte wie Schatten. So könnte dieses in seiner Knappheit und Perfektion unübertroffene Techno-Design in Deutschland politisch gewirkt haben, ohne jemals politische Absicht zu bekunden. Es nimmt im Ästhetischen ein Stück des nachfolgend Politisch-Psychologischen vorweg. Im symbolischen Rassismus der absoluten Reinheit der Form schimmert ein Stück des wirklichen Rassismus und des ›führenden‹ Bewußtseins durch – gerade in der Selbstverständlich-

keit, in der diese Reinheit zelebriert, das Exklusive verallgemeinert, die blendende Form zur vorbildlichen Norm erklärt wird. Die kalte Erotik des Technoiden weist im symbolischen Horizont der Form auf die Faschismusnähe hin. Diese unerbittliche Ästhetik ist schon Ausdruck und Verheißung widerstandslosen, einverständlichen Funktionierens. Die Gestalt der Dinge erwartet, ja fordert die Unterwerfung unter die ästhetisierte Funktion, die verlangt, daß man ihr im Genuß schlackenloser Schönheit huldigt. Zum erstenmal wird die dunkle Seite industrieller Gestaltungsfähigkeit gerade im strahlenden Glanz der Dinge, in der perfekten ästhetischen Überhöhung sichtbar. Dahinter steckt mehr als Warenverführung. Die Dinge werden Teil eines Mythos, gewinnen Macht über Menschen auf tiefere Weise. In ihrem Glanz wird die Unterwerfung unter den Mythos der Technik ästhetisch zelebriert, eine Technik, die der Nationalsozialismus umstandslos in seinem Sinne als Herrschaftsmittel benutzen und nach außen hin zu blendender Schönheit stilisieren wird.

Gewiß wird dieser Deutung heftig widersprochen werden. Zu lange galt als unanfechtbar kulturelle Leistung, was im Hintergrund seines Entstehens und seiner Wirkungsgeschichte wohl eher ambivalent geblieben ist. Aber zu bedenken ist, daß gerade diese schon postfunktionalistischen Formen das Produktionssystem in einem aggressiven Stadium symbolisch darstellen, ein politisch-ökonomisches System, das sich seine ästhetischen Subsysteme selber schafft – die Bewertung der Dinge, die Wirkung ihrer Schönheit im gesellschaftlichen Gebrauch so gut wie den Sozialtyp, der sich darin gespiegelt sieht, und dessen vereinnahmtes Handeln.

Es ist eben nicht ein neutrales Design, das bloß als ästhetische Sonderentwicklung neben den alltäglichen Produktkulturen der Zeit exi-

124 Stahlrohrmöbel nach Entwurf der Brüder Luckhardt. Einrichtung des von der Deutschen Stahlmöbel GmbH im Rahmen der Ausstellung »Die Wohnung unserer Zeit« (Deutsche Bauausstellung Berlin 1931) gezeigten DESTA-Hauses

stiert, unberührt von allem politischen Geschehen. Es ist auch ein präfaschistisches Design, das der Tendenz des industriellen Kapitalismus dieser Entwicklungsstufe in der besonderen ästhetischen Erscheinungsform treffender nicht verpflichtet sein könnte – rational, transparent, faszinierend und erschreckend, während der politische Irrationalismus aus der Krise desselben Produktionssystems an die Macht gelangt.

HITLERS Machtergreifung bedeutet designphänomenologisch keinen Einschnitt, weder einen Anfang, noch ein Ende. Sie rückt nur bestimmte Bedeutungen an bestimmten Gegenständen in ein schärferes Licht. Schönheitsideale, Formtypen, Gebrauchserfahrungen, die

produktkulturellen Orientierungssysteme der Bevölkerungsmehrheit bleiben auf der Linie eingeübter ästhetischer und habitueller Normen und ändern sich nach 1933 kaum. Sie sind wie das politische Bewußtsein breiter Konsumentenschichten lange vor dem Ende der Republik wirksam, wie die NSDAP auch nicht plötzlich 1933 auf der Schwelle zur Macht erscheint, sondern schon 1930 bei der Reichstagswahl 107 Mandate errungen und die HARZBURGER FRONT sich 1931 aus dem STAHLHELM, den Deutschnationalen und den Nationalsozialisten bildet. Die Veränderungen finden zunächst außerhalb der Konsumsphäre statt; dort gibt es bald Entsprechungen zum Techno-Design in

218

der Monumentalisierung des Funktionellen auf politischer Ebene. Für alles, was in Kundgebungen, Massenaufmärschen, Wochenschauen als öffentliche Inszenierung selbst zum Design einer einzigen, gehorsamen Masse, zur Matrix eines kollektiven Verhaltens werden soll, entsteht ab 1933 ein entsprechend gestalteter Architektur- oder Freilicht-Bühnenrahmen. ALBERT SPEER und BENNO VON ARENT beherrschen dieses emotionalisierende Metier so meisterhaft wie LENI RIEFENSTAHL die funktionalen Mittel des propagandistischen Films.

Die Beflaggung des Straßenbildes zu jeder Gelegenheit, Dienst in Uniform in irgendeiner der vielen Organisationen des Regimes, die Sammelbüchsen für das WINTERHILFSWERK, der Hitlergruß, das Parteiabzeichen am Revers, die Führerrede aus dem Volksempfänger, der Eintopf-Tag – alles dies sind Indizien für das Eindringen unverhüllter faschistischer Politik, die sich nicht ästhetisch tarnen muß, in den Alltag. Mit der Zerschlagung der Gewerkschaften, Parteien und aller Strukturen der historischen Arbeiterbewegung, mit dem Verlust der Tarifautonomie und des Streikrechts und mit dem Machtzuwachs des Unternehmers als ›Betriebsführer‹ verändern sich auch die Perspektiven des Berufsalltags.

Es gibt Design-Experten, die bestreiten, daß es eine faschistische Alltagskultur gegeben habe, weil die Blut- und Boden-Ideologie zu schwach gewesen sei, eine solche auszubilden (vgl. ECKSTEIN 1985, S. 109). Verschiebungen des normativen Wahrnehmungswinkels durch Propaganda und zahlreiche reale Umorientierungen des Verhaltens lassen genau das Gegenteil vermuten. Was sonst war dieser Alltag als faschistisch infiltriert? (Vgl. dazu die Rekon-

125   Kaffeekanne, Teekanne, Rahmkännchen und Zuckerdose, Messing versilbert und poliert. Aufgeführt im Katalog der WMF 1937/38

struktion der verdeckten und offenen politischen Durchdringung der Freizeit- und Privatsphäre bei SCHÄFER 1981.)

Alltagskultur meint nicht nur den dinglichen Rahmen des Lebens, in dem man sich als Einzelwesen bewegt, sondern ebenso dessen Interpretation in kollektiven Gebrauchszusammenhängen, die über die Dinge hinausgehen. Alltagskultur ist wahrnehmbare, auf das Bewußtsein einwirkende soziale Lebenstätigkeit. Sie ändert sich unter dem Diktat des Nationalsozialismus, allmählich flankiert von einer Ästhetik der Dinge, die sich im Gebrauch auf bestimmte Weise weiter ausbildet oder ihnen als Interpretation anzuhaften beginnt. Das heißt auch, daß der Interpretationszusammenhang an den unschuldig wirkenden Dingen nicht spurlos vorübergegangen sein kann. Er hat sie gezeichnet. Wie es den Geruch des bösen Ortes gibt, an dem schlimme Geschehnisse als Erinnerung haften, so gibt es an den Dingen die historische Spur des Umgangs mit ihnen und ihrer politisch-ästhetischen Bedeutung.

Ein Gegenargument wäre, daß beispielsweise die Tatwaffe aus der Asservatenkammer ja auch bloß ein mißbräuchlich benutztes Werkzeug ist. Das Messer des Mörders bleibt ein Dutzendmesser aus irgendeiner Fabrik. Freilich nimmt niemand dieses Werkzeug mehr unbefangen wahr, weil man um seine mißbräuchliche Verwendung weiß. Der Zweckcharakter ist unversehrt, nicht aber die konnotierte Gebrauchsgeschichte. Ihr Bewußtsein verändert das Objekt. Man würde sich dieses Messers nicht mehr zum Brotschneiden bedienen. In einem Haus, in dem gefoltert wurde, möchte man nicht leben. Es wird unbewohnbar, wie der Boden von Auschwitz nicht mehr bebaut werden kann – nur diese Form von Unbrauchbarkeit garantiert die Würde der entwürdigten Opfer an diesem Ort im Gedächtnis der Geschichte.

Auch den einfachen Dingen bleiben unsichtbare Spuren der Handhabung aus ihrem kollektiven Gebrauch haften. So hat sich in der technischen Glätte vieler Dinge dieser Epoche etwas von der Indifferenz ihres Gebrauchs oder von dem bestimmten Gebrauch, den vielleicht Fetischisten der Funktion als Ausdruck moderner Macht mit ihnen getrieben haben, bis heute rückwirkend wahrnehmbar erhalten. Auch wenn das kollektive Gedächtnis den Gebrauchszusammenhang von einst verdrängt hat, ist das historische Erbteil noch ahnbar. Man kann von der Haltung der Menschen zu diesen Dingen so wenig abstrahieren wie von der Anmutung der Dingerscheinung selbst. Zur Psychoanalyse und Sozioanalyse politisch mißbrauchter Schönheit fehlt es an beispielhafter Forschung, vielleicht auch an Mut: Zuvieles könnte erneut und beängstigend sichtbar werden. Am weltweiten Erfolg des VOLKSWAGENS kann seine KdF-ideologische Herkunft und seine Zielsetzung als techno-ästhetisches Produktsymbol eines falschen Sozialismus eben nur verdrängt und dadurch unsichtbar gemacht werden. Das gilt für die gesamte Gebrauchskultur der nationalsozialistischen Ära, in der Warenproduktion, Technikverherrlichung und Massenkonsum auf den politischen Nenner der Herrschaft über Menschen gebracht worden sind. Dinge und Menschen sind immer historisch einander zugewandt. Diese Zuwendung schafft Traditionen kultureller Erfahrung und Bedeutung. So stehen Bedeutung und Erfahrung als kulturelle Produkte nicht jenseits der Reichweite hermeneutischer Moral. Mit anderen Worten: Die Produkte sind nicht für ihre Verwendung verantwortlich, aber sie geben Zeugnis von Verwendungsweisen und -zielen und füllen sich von daher mit bewertbaren Inhalten und Bedeutungsprofilen an, die zu benennen und zu berücksichtigen sind. Das hat die Designgeschichtsschreibung bis heute viel zu wenig getan und damit – besonders für die gern im Bewußtsein ausgesparten ideologischen Funktionen des Design – einen Schonraum gelassen, in dem die Dinge scheinbare Autonomie des Ästhetischen und Freiheit vom Ballast der Geschichte genießen dürfen.

WILHELM WAGENFELD geht in seinem Aufsatz »Die Gegenwart in Architektur und Hausrat« (1946) von einer »Haltung« der Dinge aus, deren »stilles Dasein« die eigentliche Bestimmung im Gebrauch erfahre: »Mit ihm gehören

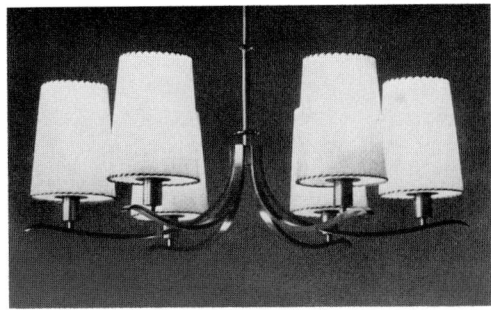

126 ›Wohnraum-Lichtträger‹. Mattmessing mit Karton-Schirmen, Spinn GmbH, Berlin 1937

sie erst völlig dem Menschen an, nehmen sie an seinem Leben teil und werden sie ihm nahe wie das Werkzeug dem Handwerker. Darum ist auch eine Kanne erst dann vollkommen zweckmäßig, wenn sie nicht allein gut gießt, den Deckel hält und sicher steht, sich leicht reinigen läßt und bequem zu handhaben ist. Hierüberhinaus müssen diese Vorzüge einen schönen Gebrauch hervorrufen, damit wir den Händen, welche uns den Tee einschenken, gern zusehen (...)« (WAGENFELD 1948, S. 112). Das ist schön gesagt. Doch scheint dabei alles Geschichtliche aus der Form- und Bedeutungsschicht der Produkte und dem Bild ihres augenblicklichen und künftigen Gebrauchs ausgesondert, als wären die Dinge und ihr gesellschaftlicher Gebrauch ›zeitlos‹. Es kann aber kein Zufall oder bloß konsequent fortgesetzte Entwurfsgeschichte ohne Verbindung zur gesellschaftlichen, politischen und kulturellen Entwicklung gewesen sein, daß gerade die werkzeuglich perfekte, glatt funktionierende, leichte, elegante Industrieform zu einer Zeit gefunden wird, als Deutschland in Barbarei versinkt. Diese historische Tatsache scheint in WAGENFELDS Bild wie weggewischt. Er spricht nur von der allgemeinen Unkultur des Warengeschmacks, die es zu überwinden galt, obwohl gerade er sich schon 1933 als einer von wenigen gegen die Anpassung zum Beispiel des DEUTSCHEN WERKBUNDES an die nationalsozialistische Politik wehrte.

Aber wenn jemals Dinge und ihr Gebrauch sich in »Haltungen« treffen, so verwirklichen diese Haltungen sich immer nur in einem geschichtlichen Alltag. Dessen Ausblendungen zeigen still an, was gesehen werden soll im Gebrauch der Schönheit der Dinge und was nicht. Mindestens der Verdacht bleibt wie Staub der Geschichte auf den reinlichen Dingen und ihren glatten, kultivierten Handhabungsritualen sitzen, daß sie Kultur in eigenartiger Ferne zum schmutzigen Alltag verkörpern sollen. Doch das Design des Werkzeugs muß sich daran beteiligt haben, so wie die Entwerfer, denen Geschmacksfragen so wichtig waren zu einer Zeit, in der es hätte um anderes gehen müssen. Vielleicht war das konsequente Festhalten an kulturellen Haltungen ihre Form des inneren Widerstands. Dies sei niemandem bestritten, am wenigsten WAGENFELD. Doch ist die Frage erlaubt, ob die Geschichte der Produkte teilhat an der Moral der Zeit. Die Frage wird selten im Sinne einer Hermeneutik des Alltags gestellt, die den Dingen in ihren Bedeutungen und Wirkungen, ihrer ›Mitsprache‹ an der Geschichte der Menschen im sozialen und politischen Raum, auf die Spur kommen möchte.

Dabei sind zwei Hypothesen durchzuspielen – die Annahme einer affirmativen Helferfunktion der bedeutungsbeladenen Objekte

127   Deutscher Tisch (2. Preis) beim Wettbewerb ›Tisch der Nationen‹, 1937 in Warschau. Tafelser-
vice ›Urbino‹ mit schmalem Platinrand: Staatliche Porzellanmanufaktur Berlin. Entwurf Trude
Petri, 1930/34. Bestecke: Silberwarenfabrik P. Bruckmann, Heilbronn. Entwurf Emil Lettré,
1931. Silberschale und Leuchter aus der Werkstatt Emil Lettré. Gläser: Lausitzer Glaswerke
AG. Entwurf Wilhelm Wagenfeld

und die Annahme eines widerständigen Potentials von Traditionen des sozialen Gebrauchs derselben Dinge, die ihre Integrität nicht völlig verloren haben. Beides erscheint möglich, überschneidet sich im Warendesign der Epoche in jeweils unterschiedlichen Gebrauchsbiographien und an ganz banalen Dingen.

Ein überzeugtes NSDAP-Mitglied oder ein stiller, ehemaliger Sozialdemokrat konnten mit den gleichen Sachen und Räumen leben. Man erinnert kleinbürgerliche Interieurs der Nazizeit, in denen die Enge der sozialgeschichtlich beschränkten Anschauungen zum Ausdruck kommt und die dennoch wie Bollwerke gegen die totale Entfremdung in Arbeit und politischer Öffentlichkeit wirken – unerschütterlich in ihrem sozialkonservativen Bestand als Rahmen alltäglicher Notwendigkeiten, Rituale und Kulturerfahrung. In ihnen war die Möglichkeit verstockten Festhaltens am Gewohnten wie eine unbewußte Geste des Widerstands angelegt. Die Dinge der Umwelt in ihrer zeitgebundenen Schönheit stellten aber auch Haltepunkte dar, sich mit dem Geist der Zeit zu identifizieren: Fragen der persönlichen ›Haltung‹ und der Sozialbiographie, verbunden mit dem Schicksal der Menschen zu dieser Zeit. Denn Dinge sind nicht nur Bindungsobjekte für Mythen, nicht nur Konkretionen von Ideologie und Warencharakter, sondern immer auch Vermittler einer Lebenskontinuität in den individuellen und sozialen Deutungs- und Gebrauchsvollzügen.

So findet im deutschen Wohnzimmer 1933 gewiß keine nationale Revolution statt. Auch richtet die sonst so aggressive nationalsozialistische Kulturpolitik sich nur verhalten gegen das Warenschöne, wo es in den sozial gebräuchlichen Mischkulturen des Banalen auftritt. Die führenden Nazis selbst, sofern sie nicht Anspruch auf technische Eleganz oder klassizistische ›Postmoderne‹ erheben, gefallen sich in einer bombastischen Variante dieser Banalkul-

turen, zu deren Bezeichnung sich der Hilfsbegriff »Dampferstil« (vgl. GÜNTHER 1984, S. 124 f.) anbietet. Die Art, wie PAUL LUDWIG TROOST, Star-Architekt und Möbeldesigner für Repräsentationsbauten des Dritten Reichs, 1929 die Salons des LLOYD-Dampfers »Europa« mit dem aufwendigen Flair schwimmender Lobbies für Manager, Aufsichtsräte und reiche Touristen ausgestattet hatte, reizt hohe Nazifunktionäre, sich in einem Stilkonglomerat einzurichten, das klassizistische Elemente, barocke Details und Art Déco-Reminiszenzen im repräsentativen Gestus vereint.

Im Design zum Beispiel des Führer-Arbeitszimmers der neuen Reichskanzlei tritt ein politisch gewollter, auch medienwirksamer, das heißt für Film- und Fotoaufnahmen geeigneter Neo-Klassizismus auf, der an SCHINKEL und die heroische Geschichte Preußens erinnern soll. Staats- und Parteibauten und ihre Einrichtung beeindrucken durch den »Stil einer äußerlich geleckten Nüchternheit« (RAVE 1949). Im halbprivaten Salonbereich der Nazigrößen herrscht die »hypertrophe Vorstellung eines großbürgerlichen Wohnzimmers bzw. Herrenzimmers« (SCHÖNBERGER 1981). Immer wieder kippt die Monumentalität ins Kleinliche, Pseudobürgerliche um; man spürt Unsicherheit im Auftrumpfen des Anspruchs. Aber was bisher als gut geformt im bildungsbürgerlichen Sinne galt, gilt bestimmten Schichten weiter als gut. Was den Allerweltsgeschmack befriedigt hat, befriedigt die gleichen Konsumenten weiter. Nur wo die Republik bescheiden auftrat, geniert sich die Ästhetik der Macht nicht einen Augenblick; nun kommt zusammen, was schon lange zueinander will: »Technizismus und Klassizismus sind einander keine Feinde, im Gegenteil, sie sind zusammengehörig. Der Technizismus ist die geistige Verfassung, der Klassizismus ist sein künstlerischer Ausdruck« (BEHNE 1918, S. 73). Die hier hellsichtig vor-

weggenommene Kombination des ökonomischen und ideologischen Ausdrucks im Ästhetischen wird zu einem kulturpolitischen Programm.

So weit der Arm der weltanschaulich-ideologischen Kontrollorgane des Regimes reicht, wird das Potential an gestalterischer Phantasie ›gleichgeschaltet‹; die große Säuberung beginnt. Endlich wird – durchaus im Sinne ›völkischer‹ Mehrheiten – mit dem ›Kulturbolschewismus‹ der BAUHAUSzeit und der Neuen Sachlichkeit Schluß gemacht. Betroffen sind vor allem profilierte Architekten des Neuen Bauens, die für untragbar erklärt werden. Sie bezahlen ihr politisches und ästhetisches Engagement für die Republik mit Berufsverbot und Diffamierung. Die zweite Emigrationswelle folgt, nun in Richtung USA, nachdem eine Reihe von Sozialarchitekten bereits um 1930 in die Sowjetunion gegangen war. Tendenziell sind alle Kulturschaffenden gleichermaßen von den einschneidenden Maßnahmen betroffen. Die Minderung des gestalterischen Potentials trifft allerdings kaum den engeren Designbereich. Der Industrieformgestalter hat noch kein fest umrissenes Berufsbild und keine eigene Standesorganisation, auf die der politische Zugriff voll gelingen kann. Auch besteht die unternehmerische Freiheit weiter, das heißt »die Natur des kapitalistischen Eigentums an den Produktionsmitteln« wird nicht angetastet (vgl. BETTELHEIM 1974). Daher werden unauffällige Designer im Dienst der Unternehmen weniger behelligt als bekannte freie Künstler oder Architekten. Entwurfstätigkeit kann noch im Ingenieur-Profil aufgehen

oder sich mit Unternehmensinteressen eng verbünden: »Die künstlerische Leitung in den Glaswerken bot mir Möglichkeiten und Freiheiten, die mich sehr verpflichteten. Denn als größtes Unternehmen der deutschen Glasindustrie war die Vereinigte Lausitzer Glaswerke A. G. bedeutend und gewichtig auf dem internationalen Markt. Damit wurden mir in diesem industriellen Bereich weittragende Wirkungen offengehalten. Die Werkbundarbeit ließ sich fortsetzen, Bauhausgedanken und eigene Vorstellungen um sinnvolle Fabrikarbeit konnten verwirklicht werden« (WAGENFELD 1948, S. 57).

Doch alle ›arischen‹ Entwurfsschaffenden werden in Ausführung des REICHSKULTURKAMMER-Gesetzes von 1933 der REICHSKAMMER FÜR BILDENDE KÜNSTE unterstellt (vgl. SCHEERER 1/1975). Berufsausübung, Korporationsrecht und weltanschauliche Ausrichtung der Designer folgen im Prinzip den gleichen Vorschriften, die bei den Architekten, Malern, Grafikern und Kunsthandwerkern angewendet werden. Der Einfluß der REICHSKULTURKAMMER oder des AMTES ZUR ÜBERWACHUNG DER GESAMTEN GEISTIGEN UND WELTANSCHAULICHEN SCHULUNG UND ERZIEHUNG DER NSDAP soll sich auf jede gestaltende Tätigkeit erstrecken. Die Kaffeetasse, das Radiogehäuse, die Autokarosserie entwickeln sich allerdings mit einer gewissen Folgerichtigkeit aus ihren Zwecken und Traditionen weiter. Entwürfe bekannter Designer wie HERMANN GRETSCH oder WOLFGANG VON WERSIN verletzen kein verordnetes Schönheitsempfinden. Das Gestaltete existiert unauffällig im Alltag, entspricht einer Norm, an der niemand Anstoß nimmt.

Bewegender ist die Verteilungsfrage: »Hitler selbst gab im Februar 1938 bei der Eröffnung der Automobilausstellung, auf der die Produktion des Volkswagens angekündigt wurde, das Signal zur Herstellung ›zusätzlicher Konsum-

128   Kartentisch des Führers mit schwerer Marmorplatte und einer Plastik Friedrichs des Großen zu Pferde. Neue Reichskanzlei. Architektur- und Innenausstattungsentwurf Albert Speer, 1938/39

129 Gesellschaftsraum auf dem KdF-Dampfer ›Wilhelm Gustloff‹. Ausstattungsentwurf Woldemar Brinkmann, 1937

130 Tische, Stühle und Lampen als Kantinen-Einrichtung. Vom Reichsamt Schönheit der Arbeit 1940 als Beispiel veröffentlicht

güter‹, die Einbeziehung aller Deutschen in den nationalen Produktionsprozeß sei abgeschlossen, jetzt käme es auf die fortgesetzte Verbesserung der Methoden an, um Arbeitskräfte für ›zusätzliche Produkte‹ freizusetzen. Obgleich Hitler vermutlich auch an die Erhöhung des Rüstungsausstoßes dachte, sprach er ausschließlich vom ›gesteigerten Volkseinkommen‹, das eine entsprechend höhere Auswertung in Waren- und Gebrauchsgütern zur Folge habe, denn ›was das Leben für alle Menschen immer schöner sein läßt, sind die Ergebnisse der Arbeit dieses Lebens‹. (...) Schon in der ersten Hälfte der Rüstungskonjunktur hatte die ›Gemeinschaft für Arbeitsbeschaffung im Elektrogewerbe‹ einen ›Elektro-Angriff‹ auf die Hausfrau unternommen und den Wunsch nach einem Elektro-Herd zu wecken versucht; nunmehr produzierte Siemens in großem Umfang elektrische Kaffeemaschinen, Grillgeräte, Küchenmotoren, Warmwasserspeicher, Wasch- und Bohnermaschinen. In einer Schriftenreihe für die Hausfrau wurde die nationalsozialistische Parole ›Sei deutsch‹ in *Sei praktisch* umgewandelt, denn es gelte ›in den Tagen der fortschrittlichen Technik, des Sportes und der Körper- und Geisteskultur‹ der deutschen Frau die ›Aufgaben und Pflichten der Haushaltsführung zu vereinfachen‹. Während Geschirrspülmaschinen nur einen kleinen Abnehmerkreis fanden (...), konnte die Industrie in einer Anzeigen-Reihe stolz darauf hinweisen, daß allein im ersten Halbjahr 1938 500 000 Elektro-Kühlschränke abgesetzt werden konnten. (...) Ab Oktober 1938 wurde der Fernseh-Rundfunk vom Reichspostminister für die Allgemeinheit freigegeben; erste Geräte ermöglichten es, nicht mehr in Gemeinschaftsräumen, sondern zu Hause das Programm zu empfangen. (...) In Parallele zum Volkswagenprojekt kündigte das Regime im Sommer 1939 die Produktion von 10 000 Einheits-Fernsehern an, die Herstellung

wurde jedoch durch den Krieg verzögert und – in geänderter Ausführung – erst 1952 wiederaufgenommen. In erstaunlichem Maß expandierte in den letzten Friedensjahren die Freizeitindustrie. Die ›schußbereite Leica‹ gehörte bald zu jedem Haushalt; man produzierte Faltboote mit und ohne Außenbordmotor, Wohnwagen, Zelte und Campingzubehör bis zum praktischen Picknick-Koffer mit übersichtlicher Einteilung, unzerbrechlichem Geschirr und rostfreien Bestecken« (SCHÄFER 1981, S. 122 f.).

HITLERS Popularität beruht nicht zuletzt auf dem durch öffentliche Projekte und Rüstungsaufträge entschärften Problem der Arbeitslosigkeit und dem Versprechen eines gerechten Konsums nach der langen Periode des notgedrungenen Verzichts. Ihn soll es in einer gemäßigten, ideologiekonformen Art geben: »Der Anspruch der Nationalsozialisten, eine ›neue soziale Volkskultur‹ zu verwirklichen, die Forderung nach mehr ›Qualität‹ in Kunst und Design macht ihre Ideologie schnell für breite Schichten des Bürgertums und der Arbeiterschaft attraktiv. ›Kulturell wertvolle‹, ›für das Volk erschwingliche‹ Produkte zu erzeugen, war wohl die wichtigste Forderung einer ›sozialen Theorie‹ des Design in der nationalsozialistischen Ideologie – zugleich Grundlage für nahezu alle kulturellen Projekte, die nun in Angriff genommen werden. Allen Bestrebungen zu einer ›klaren Linie‹ in der Produktkultur ist eines gemeinsam: die unmittelbare Ausrichtung der Gestaltung an einer ›völkischen Weltanschauung‹. Man orientiert sich dabei an ähnlichen Prinzipien wie in der Architektur: Man kämpft für eine Wiedererstarkung des ›Geistes‹ gegenüber der ›technischen Intelligenz‹, der ›verstandesmäßigen Berechnung‹. Der ›mathematisch abstrakten‹ Gestaltung der Neuen Sachlichkeit stellt man das ›gesunde, bodenständige Formgefühl des Volkes‹ entgegen, die erneute Orientierung am ›unbekannten Handwerksgut‹« (SCHEERER 1/1975, S. 24).

Zwar denkt die neue Reichsregierung nicht daran, die noch auf Notverordnungen des Kabinetts BRÜNING zurückgehende »restriktive Lohnpolitik« (BROSZAT 1969) zu lockern. Das überproportionale Wachstum der Rüstungsproduktion (2000 Prozent bis 1938) läßt kaum Spielräume für ein erweitertes Konsumangebot; hinzu kommt die Autarkiepolitik HITLERS, die deutsche Wirtschaft von fremden Rohstoffquellen möglichst unabhängig zu machen. Aber es gelingt mit Hilfe besonderer Einrichtungen und propagandistischem Aufwand, den Eindruck zu erwecken, daß die hart arbeitende Bevölkerung mit einem Ausgleich in der Befriedigung ihrer Grundbedürfnisse und Teilhabeansprüche rechnen kann, dazu in einer ästhetisch angemessenen Form der Schlichtheit, die eine Aufhebung der Klassengrenzen signalisieren soll. Das AMT SCHÖNHEIT DER ARBEIT unter ALBERT SPEER wirbt für die »künstlerische Betriebsgestaltung«, wie dieser Architekt und Technokrat des Dritten Reiches sich später erinnert:

»Wir ließen ein einfaches, gutgeformtes Eßgeschirr standardisieren, entwarfen schlichte Möbel, die normiert in größeren Stückzahlen aufgelegt wurden, und sorgten dafür, daß die Unternehmen in Fragen der künstlichen Beleuchtung und Belüftung des Arbeitsplatzes durch Spezialisten und aufklärende Filme beraten wurden. Als Mitarbeiter bei diesen Projekten gewann ich ehemalige Funktionäre der Gewerkschaften sowie einige Angehörige des aufgelösten ›Werkbundes‹« (SPEER 1971, S. 70).

Das REICHSHEIMSTÄTTENAMT der DEUTSCHEN ARBEITSFRONT (DAF) propagiert 1937/38 einfache Wohnzimmer- und Wohnküchenmöbel, die auch zu Hause die Schlichtheit betonen sollen. Solche Entwürfe lehnen sich an den sozialen Funktionalismus der Zwanziger Jahre

an oder nehmen auf bäuerlich-handwerkliche Tradition Bezug. Über die Betriebskantine, das Freizeitheim, die Kaserne oder die Arbeitsdienstbaracke wird dem Volk ein Schlichtdesign nahegebracht, das demonstrativ den guten Willen mit der Ehrlichkeit paart, aber in schreiendem Kontrast zu den bombastischen Repräsentationsformen der Nazigrößen steht (vgl. GÜNTHER 1984). Auf den KdF-Schiffen erhaschen privilegierte Touristen der Arbeit ein wenig vom Glanz der Welt durch eine ausgeklügelte Mischung von Caféhaus-Eleganz mit technoiden Elementen. In anderen Einrichtungen der DAF herrscht pseudobäuerlich-hölzerne Hüttenmentalität.

Die Aktivitäten des AMTES SCHÖNHEIT DER ARBEIT beziehen sich auf Musterentwürfe, Ausstellungen und Publikationen. Ihr Thema sind Betriebseinrichtungen, Heime, auch Siedlungsprojekte. Im Konsumgüterbereich werden unabhängig davon einzelne Produkte mit einer kunstvoll hergestellten Aura des sozialen Nutzens ausgestattet, die kaschiert, wessen Nutzen damit betrieben werden soll.

JOACHIM KRAUSSE (1984) behandelt die Geschichte des »Volksempfängers« als »Beitrag zu einer Kulturgeschichte der Monopolware«, weil ein Kartell von 28 Einzelproduzenten sich mit dem staatlichen Verwendungsinteresse an diesem Produkt verbindet, den Markt aufteilt und sichert. Das Propagandaministerium ist aus naheliegenden Gründen an einer Verkabelung der Rundfunkhörer en masse mit der Ideologie des Regimes interessiert. KRAUSSE spricht daher von einer »mit staatsmonopolistischer sales promotion beförderten Ware, deren Herstellung, Vertrieb und Verkauf den regulären Kapitalverwertungsprozeß begünstigt, beschleunigt und erweitert« hat (KRAUSSE 1984, S. 85).

Anders als beim VOLKSWAGEN, der als projektiertes KdF-Vehikel für Jedermann nie auf den Markt kommt, sondern im Rüstungsprogramm zum Kübelwagen umfunktioniert wird, ist der Volksempfänger als ziviles Produkt tatsächlich massenhaft käuflich. Man bekommt ihn auf Gutscheine für Ehestandsdarlehen oder in 18 Monatsraten à 4,40 RM bei Anzahlung von 7,50 RM in jedem Radiogeschäft.

»Im Vergleich zu anderen Radiogeräten ist der Volksempfänger billig. Die meisten – dafür allerdings auch erheblich leistungsfähigeren – Geräte kosten weit über 100 Mark; die Zwei-Kreis-Empfänger liegen um die 150 Mark und höher, die Super-Empfänger zwischen 200 und 300 Mark, die Großsuper- und Luxus-Empfänger darüber. Einen direkten Preiskonkurrenten unter den Markenradios hat der Volksempfänger nicht, seit sich die Gerätehersteller verpflichtet haben, auf diesem Gebiet keine Konkurrenzmodelle auf den Markt zu bringen. Dazu ist allerdings das mit Hilfe der neuen Staatsführung gebildete Zwangs-Kartell der deutschen Radiowirtschaft in der Lage. (...) Der Volksempfänger ist ein Kleinempfangsgerät, das 39 cm hoch, 28 cm breit und 16 cm tief ist. Sein Empfangsteil ist als Geradeaus-Einkreis-Zweiröhrenempfänger mit besonders dämpfungsarmem Schwingungskreis konstruiert. Für den eingebauten Lautsprecher wird ein Freischwinger-System verwendet. Die technische Ausrüstung berücksichtigt einerseits die Forderung der Radiowirtschaft, daß der von der Regierung geforderte Empfängertyp die übrigen Empfängertypen höherer Leistung nicht vom Markte verdrängen darf, weil in diesen anderen Typen Verdienst und Lebensmöglichkeit der Industrie und des Handels sichergestellt bleiben mußten. Aus diesen Gründen konnte der Volksempfänger unter keinen Umständen als Zweikreisgerät gebaut werden. Denn der Zweikreiser würde, da sein Preis über 100 RM liegen müßte, keinen zusätzlichen Umsatz schaffen, sondern im Gegenteil den hochwertigen Geräten stark Abbruch tun und auf diese Weise die

Existenzfähigkeit von Industrie und Handel in Frage stellen.

Die Forderungen des Propaganda-Ministeriums ergaben eine weitere wichtige Richtlinie. Das Gerät mußte vor allem in der Lage sein, im gesamten Reichsgebiet den sicheren Empfang des Bezirkssenders und den zusätzlichen Empfang des Deutschlandsenders zu gewährleisten« (KRAUSSE, S. 85 f.).

WALTER MARIA KERSTING, der das Bakelitgehäuse des Volksempfängers vermutlich schon 1928, ohne die spätere Entwicklung zu ahnen, entworfen hat, ist ein Beispiel der Ohnmacht des für politische Zwecke funktionalisierten Designlieferanten. Die Geschichte der Vernetzung der beteiligten Interessen und der Ausbeutung dieses Gerätentwurfs lehrt, welchen Täuschungsmanövern die schlichten Volksprodukte letztlich dienen sollen. Im Zuge einer »Produktion des sozialen Scheins« (FRIEMERT 1972) gelingt es den Nazis sogar, den VOLKSWA-

132 Reichspropagandaminister Goebbels ›testet‹ den Volksempfänger auf der deutschen Funkausstellung 1933

131 Volksempfänger, Bakelit. Entwurf des Gehäuses von Walter Maria Kersting vermutlich 1928

GEN als nicht vorhandenes Objekt, als bloßen Schatten einer Ware für Propagandazwecke einzusetzen: »Der Volkswagen wurde vom Faschismus als nationalsozialistische Kulturtat propagiert. Das Versprechen eines Wagens für die seit Jahrzehnten unter Konsumverzicht lebende Bevölkerung und die ständige Wiederholung und Bestätigung dieses Versprechens in den kultischen Feiern des KdF-Wagens machten den Volkswagen zu einem wesentlichen Objekt der ›braunen Kultur‹. (...) Er erschien nach den verschärften Klassenkämpfen der letzten Jahre der Weimarer Republik als Option auf eine neue Zukunft, sein Besitz gerade für Teile der Arbeiterklasse und des Kleinbürgertums als Symbol einer neuen einheitlichen Kultur. Als angeblich klassenübergreifendes Produkt erschien er als Symbol des Endes des Gegeneinanders ›zweier Kulturen in der einen‹, als Garant einer neuen zusammenhängenden nationalen Kultur« (HICKETHIER 1974, S. 17).

Rohstoffknappheit, Billigkeit und Zweckbindung begünstigen bei Produkten wie einfachen Radiogeräten oder dem VOLKSWAGEN das Festhalten an der Funktionsform. Im Bereich technischer Massengüter oder industrieller Zweckbauten ist der Funktionalismus keineswegs verboten, im Gegenteil, Sachlichkeit wird aus ökonomischen Gründen akzeptiert; eine Art Nackt-Design der Zwecke bildet daher eine der formalen und ideologischen Konstanten des Entwurfs: »Das technische Design im Dritten Reich reflektiert somit weit weniger die neuen ›völkischen‹ Bedeutungsinhalte, wie sie die Architektur und Werkkunst beeinflußten« (SCHEERER 3/1975, S. 30).

Das Design wird nur dort in die Monumentalität mitüberführt, wo Beeindruckungsprojekte wie öffentliche Verwaltungsbauten und Schulungsstätten nach einem übersetzten Gesamtbild mit entsprechender Detaillierung der Formen verlangen. In allen Bereichen der industriellen Produktion sind einfache, genormte Zweckformen auch die wirtschaftlichsten: »Keiner würde auf den Gedanken kommen, beispielsweise einen Motor aus formalen Gründen mit mehr Materialaufwand zu erstellen, als für die Erzielung der gewollten Leistung unbedingt notwendig wäre; denn die Maschine ist wie das reine Industriebauwerk in allererster Linie zweckbedingt und bei der stetig weitergehenden technischen Entwicklung kurzlebig. (...) Hier kann es dem Ingenieur nur darauf ankommen, die Konstruktionen so klein und sparsam und so sauber und unaufdringlich wie eben möglich zu gestalten. Er hat vom Formalen gesehen nur die Pflicht, eine zweckmäßige und möglichst geordnete Werkstättenlandschaft zu schaffen und in ihr dafür zu sorgen, daß Willkür und Reklame in engsten Grenzen bleiben« (WOLTERS 1943, S. 153 ff.).

Die stillschweigende Übernahme funktionalistischer Prinzipien wird durch eine besondere

Wirflich . . .
Jetzt können wir uns endlich ein Auto leisten!

Automobilfahren kostet weniger, als Sie vermutlich denken.

133   Aus einem Gemeinschaftsinserat deutscher Automobilproduzenten in der Zeitschrift »Die Dame«, 1934

Deutungsleistung im Bereich technischer Gestaltung in der Nachfolge dessen ergänzt, was derzeit internationaler Standard ist und summarisch Stromlinienform genannt wird. Sie wird als techno-ästhetische Errungenschaft deutscher Ingenieure und Gestalter im Namen einer eigens dafür erfundenen Grundlagen-Wissenschaft, der »Biotechnik«, ausgewiesen. Nachdem die Biologie zur wichtigsten Legitimationswissenschaft der nationalsozialistischen Rassentheorie und -praxis aufgestiegen ist, stellt die vom Prinzip darwinistischer Zuchtauswahl abgeleitete Lehre der »Biotechnik« die überragenden Eigenschaften aerodynamisch geformter Produkte heraus. Design hat an dieser Stelle gleichsam auszumerzen, was nicht leistungsfähig ist. HITLER selbst dilettiert am VOLKSWAGEN als Designer durch Vorschläge für die Karosserie: »Wie ein Käfer soll er ausse-

hen. Man braucht (...) nur die Natur zu betrachten, wie sie mit der Stromlinie fertig wird« (nach SCHÄFER, S. 119).

Der Auftrag zur Züchtung technischer Bestlösungen (vgl. SCHEERER 3/1975) eröffnet den auf diesen Gebieten tätigen Entwerfern Wege zu Neuentwicklungen auch in formalen Experimenten. Was den sichtbaren Standard deutscher Technik hebt und auch im Ausland Anerkennung gewinnt, ist den Machthabern allemal recht. Mit der biotechnischen Argumentation wird verschleiert, woher die Stromlinienform wirklich kommt: Aus der weichen, überaus gefälligen Form moderner Technik-Verpackung, die im Gefolge der Rationalisierung, der Kapitalzuflüsse und des Konsumversprechens aus USA importiert worden ist, mit weit zurückreichenden Vorläufern bei ALFA ROMEO (1914) in Italien und dem ungarischen Ingenieur PAUL JARAY (1922). Bei NORMAN BEL GEDDES tauchen 1931 tropfenförmige Autokarosserien auf, BUCKMINSTER FULLER experimentiert 1933 am ersten »Dymaxion Car« (vgl. BUSH 1975). RAYMOND LOEWY wird zum Spezialisten des stromlinienförmigen Styling nicht nur bei Autokarosserien. FERDINAND PORSCHE entwickelt den VOLKSWAGEN-Prototyp bewußt nach dem Prinzip der Windschlüpfrigkeit, das schon als automobiltechnische Errungenschaft gilt.

Der deutschen Automobil-, Eisenbahn- und Flugzeugindustrie gelingen auf der Traditionslinie der »Form um 1930« und der internationalen Stromlinienästhetik mit aerodynamisch durchgestalteten Formen beeindruckende Leistungen. Sie überragen bei weitem alle Beispiele eines bodenständig-handwerksorientierten Design, in dem sich althergebrachte Deutschtümelei mit großgermanischen Wunschprojektionen verbindet. Das ideologisierte Kunsthandwerk erfährt zwar öffentliche Würdigung, ist aber im Verhältnis zur Pflege einfacher Massenprodukte und im Vergleich zur eindrucksvollen Stromlinienform eine marginale Erscheinung. Man kann sich einen Kreis um den Reichsführer SS denken, der sich den eroberten ›Ostraum‹ mit Siedlern besetzt vorstellt, die mit diesen Dingen einwandern sollen – oder den Geschmackserzieher aus der quengelig-kleinbürgerlichen Gebildetenschicht, die immer und überall zu kurz kommt, weil sie hinter dem Mond der Industriegeschichte wohnt. Pseudovolkskunst gegen Warenhausdekor war hier schon immer die Devise. In der nationalsozialistischen Handwerksideologie laufen die anti-industriellen Traditionen zusammen: »Ein verflachtes Bedürfnis ist (...) das Gefälle, über das sich der Strom der Einheitsware zum Einheitsmenschen

marxistischer Prägung bewegt«, heißt es 1936 in einer Schriftenreihe des Deutschen Handwerksinstituts.

»Unser Heim«, ein Musterbuch des Mittelschichten-Wohn- und Wohlverhaltens von Heinrich und Marga Lützeler (1939), bringt Hermann Gretsch, Wilhelm Wagenfeld und Wolfgang von Wersin auf den Nenner des guten bürgerlichen Geschmacks und stellt sie unter das völkische Qualitätsprinzip: »Instinktsicheren Völkern und Zeiten ist die gute Form ihres Wohnens eine Selbstverständlichkeit« (Lützeler 1939, S. 8). Im gleichen Buch wird der »Säuberung des Architektenstandes« zugestimmt. Gretsch selbst folgert anderen-

134 Titelgrafik einer KdF-Broschüre, 1939

233

135   Meßinstrumente von Siemens, 1939

orts: »Erst wenn sich weite Kreise wieder zu Möbeln von schlichter Schönheit und guter Werkmannsarbeit zurückgefunden haben, wird auch die politische Umstellung in der deutschen Wohnung einen sinnfälligen Ausdruck gefunden haben.« Der Aufsatz schließt mit einem entsprechenden Führerzitat (GRETSCH 1938, S. 759).

Hausrat soll im Dritten Reich »zweckbestimmt, haltbar, ohne täuschenden Prunk, künstlerisch und mit Liebe geformt, gemütlich und erbfähig« sein (POLLMANN 1938). Einfachheit ist Trumpf in der Designtheorie des Dritten Reichs, so daß es wie Hohn auf den üppigen Geschmack der Mächtigen klingt, wenn KARL EICHHORN (1938) vom REICHSHEIMSTÄTTEN-AMT der DAF in Berlin von der »Ausmerzung aller überholten und fremden Stilornamente«, vom »Weglassen aller schwülstigen Effekte« und von »Einfachheit und Wahrhaftigkeit« schreibt.

Doch nicht das schlichte Kantinengeschirr wird zum Gegenstand der geheimen Massensehnsucht, die sich erst nach dem Kriege voll entfalten kann. Große Unternehmen der Konsumgüterindustrie wissen das und entwickeln bis zum Beginn der totalen Kriegswirtschaft die gefälligen und üppigen Warenformen weiter, für die es immer noch genügend zahlende Abnehmer gibt, vor allem aber geben wird: »Während die Diktatur die Arbeiterschaft vor allem durch Sicherheit und Aufstiegchancen überzeugte, band sie mittlere und gehobenere Schichten außerdem mit einer breiten Konsumgüter-Produktion an sich. In der Rüstungskonjunktur wurden mit Eigenheimen, Auto/ Wohnwagen, Rundfunk/Fernsehen, Fotoapparat, Küchengerät, Waschmittel, Hygiene/ Kosmetik usw. jene Werte propagiert, die unser Bewußtsein fast ausschließlich den Zwanziger Jahren oder der Adenauer-Zeit zuordnet« (SCHÄFER, S. 117). Langfristige Investitionen in technische und ästhetische Entwicklungsplanung sind zukunftsorientiert; überschüssiges

136   Mercedes-Benz Spezial Roadster 540 K (mit Kompressor), 1936

234

137   Krupp-Lokomotive, 1939 (mit 140 km/h die derzeit schnellste Dampflokomotive in Europa). Zeitgenössisches Foto. Historisches Archiv der Friedrich Krupp GmbH

Produktivitätspotential ist trotz Rohstoffknappheit und Kriegsvorbereitungen vorhanden: »Es besteht kein Zweifel, daß der Ausbau
einer nationalen Rohstoff- oder Ersatzindustrie
den Eisen- und Stahlindustrien, den Maschi-
nenbau- und chemischen Industrien Deutschlands neue und bedeutende Märkte eröffnete«
(BETTELHEIM 1974, S. 224).

Von technologischen Weiterentwicklungen
profitieren vor allem konzernförmig organisierte Konsumgüterproduzenten, die längst
auch mit Firmengruppen und Kapital im Ausland verflochten sind. So werden keineswegs
alle Produktionszweige ausschließlich auf die
Rüstung oder auf die Herstellung billiger Stan-
dard-Konsumgüter orientiert. Automobilher-
steller und die elektrotechnische Gebrauchsgüterindustrie zielen auf den gehobenen Konsum.

Aufmachung und Qualität vieler Produkte liegen weit über den Normen des ›völkischen‹
Spardesign; man sucht den Anschluß an das
Weltmarktniveau und bereitet sich auf den Frie-
densfall vor. Technologisch und ästhetisch
bleibt die Konkurrenzfähigkeit auf Abruf erhalten. So kann die westdeutsche Konsumgüterindustrie in der Zeit des ›Wirtschaftswunders‹
nicht nur mit zunächst konkurrenzlosen Stan-
dardprodukten wie dem VW aufwarten, sondern auch überraschend schnell für den gehobenen Bedarf produzieren.

Erst als sichtbar wird, daß der Krieg alle
Kräfte fordert, folgt die zwangsweise Umstellung auf Rüstungsproduktion. Nach SPEER
(1971) ist die optische Industrie 1943 zu einem
Drittel mit der Produktion von Zielgeräten für
die Flak ausgelastet. Etwa die Hälfte der elek-

138 ›Sippenschrein‹, Nußbaumholz mit Handschnitzerei. Entwurf Klara Ege, um 1940

trotechnischen Industrie wird mit der Herstellung von Funkmeß- und Nachrichtenanlagen für die Flugabwehr beschäftigt. Doch schon seit 1939 lösen HITLERS Angriffskriege mit einem Boom der Waffenproduktion bei gleichzeitigem Mangelkonsum der hart arbeitenden Bevölkerung das Phänomen eines besonderen ästhetischen Kollektivgenusses aus. Nach wie vor werden Produkte gestaltet, wahrgenommen

und ästhetisch bewertet, aber nun sind dies vor allem die Destruktionsgüter des Krieges als Symbole der Macht. Nicht nur die Machthaber berauschen sich daran. Durch Illustrierte, Kinowochenschau und Spielfilm wird das deutsche Waffenarsenal in das ästhetische Bewußtsein der ›Volksgenossen‹ integriert: »In einer phantastischen Schau wird der neue Mythos der Technik beschworen – die Militärtechnik, die

Kriegsflugzeuge, Kriegsschiffe und Truppen-aufmärsche« (SCHEERER 3/1975, S. 32).

Zusammenfassend gilt auch für das Design der Epoche von 1933 bis 1945, was für das Bauen festzustellen ist: »Die stilistische Heterogenität der NS-Bauten vom Regionalismus der HJ-Heime über die funktionsgerechte Industriearchitektur bis zur großen Allüre der Nürnberger Parteitagsanlagen brachte es mit sich, daß die Nationalsozialisten die verschiedenartigsten Vorbilder für sich in Anspruch nehmen konnten« (PEHNT 1973, S. 205). Der Provinzialismus pseudobäuerlicher Selbstversorger-Siedlungshäuschen und die falschen Bauernmöbel nach Vorschlag des REICHSHEIM-STÄTTENWERKS korrespondieren mit SCHULT-ZE-NAUMBURGS rassistisch besetzten Idealen ›heimatverbundener‹ Bautradition, die bis auf die Zeit vor dem Ersten Weltkrieg zurückreichen. Der Fabrikbau und mit ihm die schlichte technische Funktionsform der Massenprodukte zur Volksversorgung, versehen mit dem Gütesiegel des AMTES SCHÖNHEIT DER ARBEIT, verweisen auf die Neue Sachlichkeit der Republik. Der monumentale Klassizismus der Parteibauten und Repräsentationsräume führt bis in die neo-klassizistische Ära der Botschafts- und Verwaltungsarchitekturen von PETER BEHRENS um 1912 zurück. Für den »Dampferstil« gibt es das Vorbild luxuriöser Schiffsbauten vor 1933 und was bekannte Werkstätten an gediegenem bürgerlichen Dekor produzieren. Die Star-

139 Foto aus der Propagandaschrift »Das Deutschland Adolf Hitlers«, 1937

Ausstatter der NS-Größen kommen aus dieser Tradition (vgl. GÜNTHER 1984).

Nichts ist wirklich neu, selbst der für soziale Versorgungszwecke akzeptierte Spar-Funktionalismus nicht. Enteignungen, Übernahmen, Uminterpretationen werden als originale Designleistungen ausgewiesen. Gestalter, die nie etwas mit jenem sozialen und ästhetischen Programm im Sinn hatten, das in der Republik kulturgeschichtliche Bedeutung erlangte, können nach 1933 mit neo-klassizistischen oder volkstümelnden Alternativen reüssieren. Andere arbeiten still an ihren industriellen Aufträgen weiter. Warenästhetische Übertreibungen, neutrale Formschöpfungen und schlichte Zweckformen behalten ihre Gültigkeit. Die einzig selbständige Leistung der nationalsozialistischen Politik im Designbereich besteht in der Umformulierung des Vorgefundenen in kollektive Aneignungsfiktionen, die sich von der Herkunft der Dinge, von den ursprünglichen Zwecksetzungen und Gebrauchserwartungen möglichst weit entfernen und die Gebrauchsweise selbst als Produkt und Symbol des faschistischen Fortschritts erscheinen lassen. Aus dem einfachen Betrug der Warenästhetik wird ein doppelter. In der sie durchdringenden, von ihr durchdrungenen Politik der einverständlichen Stillegung der Massenbedürfnisse und -widerstände in einem kollektiven Genuß, der die Menschen willfährig zu halten verspricht, gelingt das Kunststück, harmlose Gebrauchswerte zu Identifikationsobjekten mit der totalen Herrschaft zu machen. Die Leistung besteht in der Gestaltung des Wahns zum Sinn, der in bestimmten Produktbildern eine für alle vereinbarte, feste Gestalt annimmt. Plötzlich stimmen einzelne Dinge in den kollektiv phantasierten Mythos ein.

Aus einem längst vorhandenen Entwurf für ein Billig-Radio wird ein Instrument geplanter Volksverdummung und Gewährung sozialen Teilhabegenusses an deren Verpackung in Unterhaltung. Es bleibt immerhin ein angeeignetes Ding. Ein schon vorkonstruiertes Standard-Volksauto wird zum Gegenstand allseitiger Identifikation mit einer Politik und Ökonomie stilisiert, die nach Belieben mit dem Traum persönlicher Freizügigkeit umspringen, während sich in Wahrheit alle Freiheit verflüchtigt – aber dieses Ding gibt es gar nicht im Gebrauch.

Die DAF, der die KdF-Organisation beigeordnet ist, wirbt für den 1935–38 weiterentwickelten, nun zum KdF-Auto erhobenen VOLKSWAGEN aus dem eigens aufgebauten Musterbetrieb und der Musterstadt Wolfsburg und zieht 280 Millionen Reichsmark an Spargeldern ein, obwohl nicht ein einziger VW an private Abnehmer geliefert wird (vgl. HICKETHIER/OTTEN 1974). Es ist bittere Ironie, daß der VW als das chimärenhafteste Täuschungsobjekt nationalsozialistischer Verteilungspolitik fünfzehn Jahre später nicht nur dieselben Träume ansprechen, sondern das Gesicht der Bundesrepublik in der Welt der Waren schlechthin repräsentieren wird. Schlimmer ist noch, daß die nationalsozialistische Vereinnahmungspolitik über dieses Produkt bis in das irrationale Dankbarkeitsargument vieler Deutscher nach dem Kriege reicht, daß der Führer doch die Autobahn gebaut habe.

Der VOLKSWAGEN ist Beispiel dafür, daß ein Design weit über die Handhabung des Produkts in die gesellschaftliche Wahrnehmung, in die Gegenstands- und Umweltbeziehungen und in die Verhaltensspielräume hineinragen kann, wenn eine Gebrauchserwartung manipuliert und kollektiv imaginiert wird. An sich ist der VOLKSWAGEN im Stadium seiner Entwicklung als beliebiges Massenprodukt kein politisch oder sozialpsychologisch besonders weitreichendes Ereignis gewesen. Er wird aber – mit einem Aufwand wie bei keinem Produkt jemals zuvor – zu einem nationalen Identifikationsob-

jekt stilisiert, das sich vor dem allgemeinen My-
thenhintergrund der Zeit abhebt. Auf sein Design im umfassenden Sinne der Gestaltung des
gesellschaftlichen Bewußtseins und Normen-
bestandes wird mehr Mühe gewendet als auf
Motor und Karosserie. Je sparsamer die Gebrauchsform ausfällt, um so mehr bläht der Be-
deutungsinhalt sich auf.

Ein Gegenstand sagt noch wenig über sein
»unsichtbares Design« (vgl. BURCKHARDT
1981) aus, das in den Voraussetzungen und Folgen seiner Handhabung besteht, und sei diese
bloß vorgestellt wie beim VW. Erst ein Gegenstand *und* das an ihn gebundene kollektive
Handhabungsbewußtsein bilden zusammen die
Realitätsfigur einer Gestalt im sozialen Gebrauch. Diese aber reicht, da sie zum Teil ein
Produkt der Gebraucher ist und zu ihrer Erfahrung zählt, in deren Geschichte weiter als der
Augenblick; die darin eingeschlossenen Hoffnungen und Erwartungen haben imaginative, in
die gebrauchskulturelle Zukunft weisende Wirkung.

Am Ende ist ein finsteres Resümee dieser
zwölf Jahre zu ziehen. Nicht die Dumpfheit,
das Pompöse und Falsche oder die Widersprüche der nationalsozialistisch geprägten Produktkultur sind zu beklagen. Das hat es alles in
Ansätzen und Abwandlungen vorher und nach-
her gegeben. Vielmehr sind es drei manipulativ-
pragmatische Ausweitungen des Begriffs von
Gestaltung, die hier Geschichte gemacht haben.
Erstens die Verbindung einer pseudosozialisti-
schen Design- und Verteilungspolitik mit dem
Entwurf und der Durchsetzung produktgebun-
dener Mythen. Dabei tritt kollektive Irrationalität an die Stelle nüchterner Kritikfähigkeit gegenüber dem Gebrauchswert. Zweitens die
Überführung der Macht in das Schauspiel der
Schönheit für alle, in dem Politik ihre ästhetische Öffentlichkeit, zugleich ihre Legitimation
findet. In den Aufmärschen und Fackelzügen,

141 Modell der selbsttragenden, elektrisch ge-
schweißten Stahlblech-Karosserie des OPEL
›Kapitän‹. Internationale Automobilschau Berlin, 1939

multipliziert durch ihre massenmediale Verarbeitung, gelingt erstmals die Stilisierung des
Massenrituals als quasi-religiöser Akt der Identifikation mit der Macht. Drittens die Vollendung jener Überformung des Menschen als industrieller Typus, die mit der Rationalisierungstendenz der Zwanziger Jahre beginnt,
nun aber nicht mehr zum Bewußtsein einer demokratischen Moderne kommt. Die totale Unterwerfung unter Funktionen des Staates, den
der Führer repräsentiert, ergänzt die Unterwerfung unter industrielle Funktionen. Der Hebel
ist ein ›Design‹, das am Menschen ansetzt, ihm
über die leiblich-sinnliche Selbstgestaltung nach
dem Vorbild eines rassistisch-kämpferischen
Leistungsideals gleichsam das Bewußtsein und
den Habitus implantiert. Es hat eben nicht nur
die verheißungsvollen Dinge und die schwülstigen Rituale gegeben, sondern unbestreitbar
auch jenen Menschentypus, dem Schönheit und
Gewalt nicht als Widersprüche begegneten,
sondern der sich als Verkörperung des Wahns
genießen, aber nicht mehr erkennen konnte,
wie weit er austauschbares Produkt von Zwang
und Abrichtung war. Damit greift man über
Design in die Geschichte hinaus. Doch ist sie
das Umfeld, in dem alles Design Bedeutung gewinnt.

V Der Weg in das Zeitalter der Automation und des Massenkomforts

1 Wiederaufbau und Konsumfaszination – Das Massenprodukt der Fünfziger Jahre. Institutionalisierung des Design in beiden Republiken. Ulmer Funktionalismus – neuer Gebrauchswertstandpunkt oder Ausdruck industrieller Selbstrationalisierung?

Designgeschichte in Deutschland nach 1945 erschöpft sich nicht in der Entwicklung ähnlicher Formprinzipien und einer allmählichen Annäherung von Gestalt und Qualität im Massenprodukt zweier Industriegesellschaftsformen, durch die neben der Marktkonkurrenz eine Art Kulturkonkurrenz ausgetragen wird. Ausgangsbasis ist das gemeinsame Erbe einer nationalen Industriekultur des Alltags, die sich nach dem Ende des Dritten Reichs zunächst auseinanderentwickelt, um heute vergleichbare Zuspitzungen in neuen systemüberschreitenden Modernisierungsschüben zu erfahren. Doch ideologisches Selbstverständnis und verschiedene Alltagswirklichkeiten in beiden deutschen Staaten haben dafür gesorgt, daß Design trotz aller Gemeinsamkeit in Geschichte und übergreifender Entwicklung als gesellschaftlicher Ausdruck jeweils anders interpretiert werden kann.

Design bedeutet im doppelten Deutschland daher etwas Gleiches *und* Verschiedenes. Es besteht hier wie dort in intensiver Anwendung als ›Methode‹ fort, die gegenständliche Industriekultur nach der herrschenden gesellschaftlichen Moral zu deuten und zu gestalten. Hier wie dort bündelt sich in der Erscheinungsweise der Lebenswerkzeuge das materialisierte Glücksversprechen in der Formbeherrschtheit oder Entfesselung des Reichtums produzierbarer Gebrauchswerte. Hier wie dort sorgen wirtschaftliche Zwänge für die effektive Anwendung des Prinzips Design in der Produktion. Hier wie dort haben sich soziale Wirklichkeiten des Gebrauchs herausgebildet, die von den offiziellen Wertkriterien für Gestaltetes abweichen.

Darin liegen Gemeinsamkeiten. Der Austausch aber verläuft ziemlich einseitig von West nach Ost (Fernsehen, Westwaren, Designausstellungen, Messen); wo der Vergleich möglich ist, täuscht oft das Aussehen der Dinge mehr Verbindlichkeiten vor, als im Alltäglichen und Ideologischen vor Ort nachzuvollziehen sind. Nach einer vierzigjährigen getrennten Entwicklung, die unmittelbar nach Kriegsende noch nicht abzusehen und beschlossen war, läßt sich das Gemeinsame oder Verschiedene nicht leicht fassen. Denn die Produktivkraft Design ist als Mittel der ästhetischen Kennzeichnung nahezu jedes Fertigprodukts inzwischen weltweit derart konvertibel geworden, daß Systemunterschiede kapitalistischen oder sozialistischen Wirtschaftens am produzierten Gegenstand kaum noch zum Tragen kommen. Die DDR-Designtheorie muß sich daher mehr als

142 Erste Ausstellung neuer Möbel des WK-Verbandes unter freiem Himmel, 1949 (nach Hans Wichmann, Aufbruch zum neuen Wohnen. Basel 1978)

auf die Erscheinung der Produkte auf deren Absicht und gesellschaftliche Wirkung beziehen.

Vielleicht läßt sich in einem vereinfachten Bild von einer zunächst durch Unterschiede in Produktivität, Versorgung, Produktqualität und -Ästhetik sowie ideologischen Vorgaben gekennzeichneten und einer sich wieder annähernden, Unterschiede ausgleichenden gegenständlichen Gebrauchskultur sprechen, in der verschliffene Deutungs- und Verständnisunterschiede erst sichtbar gemacht werden müssen. Modernisierung, Rationalisierung und Automation haben – zeitlich versetzt wie andere Phänomene der deutschen Nachkriegs-Industriegeschichte – auch die DDR erfaßt. Damit treten Umweltprobleme, Entwertung lebendi-

ger Arbeit, technokratische Elitebildung, Verlagerungen der Lebenstätigkeit in private Freizeitsphären usw. als vergleichbare, wenn auch anders gedeutete und beantwortete Phänomene auf. Hinter dem äußerlich kaum unterscheidbaren Design der Zwecke stehen vergleichbare und nichtvergleichbare gesellschaftliche Erfahrungen. Die Darstellung des Gemeinsamen oder Verschiedenen kann daher nur in Andeutungen gelingen. Man müßte abwechselnd in beiden Ländern mit den Menschen und Dingen gelebt haben und leben, um den alltagskulturellen Vergleich empirisch-introspektiv ziehen zu können. Der wissenschaftliche Blick auf ›die anderen‹ ist verstohlen; man weiß nicht einmal von den verschiedenen, vielleicht auch ähnlichen Formen des Verwundertseins oder der Beängstigung über die technologisch-ökonomische Entwicklung, die alle Gestaltung transzendiert und die industrialisierte Umwelt hier wie dort in einigen Jahrzehnten zu einem Alptraum machen könnte. Am Ende wird danach zu fragen sein, ob bloß politische und gesellschaftliche Standpunktfragen die Ziele und Wirkungen von Design verschieden bestimmen oder ob die Zwänge übergreifender Ökonomie und Ästhetik des Produzierens und Gebrauchens in der fortgeschrittenen Industriekultur die Unterschiede zugleich verwischen und komplizieren.

Die Rekonstruktionsperiode beginnt 1945 unter gleichen und ungleichen Voraussetzungen. Der Krieg hat Werte vernichtet, die dem Bruttosozialprodukt der Jahre 1928–39 zusammen entsprechen (vgl. FISCHER 1968). Von Gestaltung kann kaum die Rede sein; Improvisation, Tauschhandel und Schwarzmarkt ersetzen die geregelte Versorgung (vgl. GLASER 1985), während Grundstoffindustrien und Verkehrswege wiederaufgebaut werden müssen. Aus Kriegsgerümpel müssen Dinge für den notwendigsten Bedarf hergestellt werden. Das Problem ist, wie man aus Stahlhelmen brauchbare Kochtöpfe macht, nicht wie sie aussehen. Wo die Fabriken noch stehen, wird die Produktion von Konsumgütern nach vorhandenen Modellen wiederaufgenommen. In den westlichen Teilen wie in der ›SBZ‹ herrscht – bis über die Zeit der Währungsreform hinaus – die Sachlichkeit der Not. Ausgebombte und Flüchtlinge müssen versorgt werden; der allgemeine Nachholbedarf ist enorm. Fahrzeuge, Werkzeuge, Büromaschinen sind ebenso gefragt wie der Suppenteller oder ein Bügeleisen. Form ist sekundär, Gebrauchswert alles. Die Materialfrage entscheidet mit – ein Stuhl aus den ehemaligen DEUTSCHEN WERKSTÄTTEN Hellerau soll (nach H. HIRDINA 1981) Sperrholzlehnen aus dem Fundus von V2-Raketen-Materialien bekommen haben.

Bewirtschaftungsvorschriften und Demontage-Auflagen, Ersatzteil- und Rohstoffmangel, der drohende Zusammenbruch der Infrastruktur behindern die Produktion in den vier Besatzungszonen, die eigene Wirtschaftseinheiten bilden. Besonders hart ist die spätere DDR betroffen; auf ihrem Gebiet werden bis Ende 1946 über 1000 Betriebe (Maschinenbau, optische und chemische Industrien) und fast überall das zweite Gleis der Reichsbahn abgebaut (vgl. WEBER 1985). Im Westen werden die Demontagen weniger rigoros durchgeführt (vgl. HAMEL 1983). Betriebe wie BOSCH, DAIMLER-BENZ oder das VOLKSWAGEN-Werk können relativ früh produzieren; noch während im Inland Mangel herrscht, kommt der Export in den westlichen Besatzungszonen in Gang. BOSCH beschäftigt Ende 1946 bereits 8000 Arbeiter und Angestellte (1951 werden es über 18 000 sein); die erste Exportmusterschau der DAIMLER-BENZ AG und anderer württembergischer Maschinen- und Fahrzeughersteller findet 1946 mit frisch aufgelegten Modellen nach Entwürfen aus der Vorkriegszeit statt (vgl. SAUER 1978). Am Tag der Währungsreform im Juni 1948 erweist sich der Mangel an Konsumgütern als unbegründet, es gibt plötzlich fast alles gegen gutes Geld. Das Exportgeschäft mit veredelten Industrieprodukten (Maschinen, Elektrotechnik, Feinmechanik, Optik, Metallwaren und Chemieerzeugnisse) läuft bereits. Bis 1952 werden 1,5 Milliarden Dollar aus MARSHALLplan-Mitteln in die westdeutsche Wirtschaft gepumpt. Schon 1950 erreicht die Bundesrepublik den Vorkriegsstand der Produktivität des ehemaligen Deutschen Reichs. Die ungleichen Voraussetzungen werden durch den Währungsschnitt verschärft, der »das letzte, wenn auch fragwürdige Bindeglied für die Wirtschaft der vier Zonen – nämlich die Währungseinheit« (BÖHME 1973) zerstört. Hinzu kommt – fast wie zu Beginn der Hochindustrialisierungsepoche im 19.

143 Trinkglas-Garnitur, WMF Geislingen. Entwurf Wilhelm Wagenfeld, 1950

Jahrhundert – eine Ost-West-Wanderung von Arbeitskräften bis zum Bau der Mauer 1961. Der Weg in die Normalisierung wird der späteren DDR anhaltend durch Benachteiligungen erschwert, die heute nüchtern beurteilbar sind: »(...) ein armes Land, mit einer mangelhaft ausgestatteten industriellen Infrastruktur (viel Landwirtschaft und verarbeitende Industrie, wenig Rohstoffe und Grundstoffindustrien), das seine Industrie unter erschwerten Bedingungen aufbauen und modernisieren mußte« (GRUNENBERG 1986).

Schon als die 1949 gegründeten Republiken sich ökonomisch, politisch und gesellschaftlich auseinanderentwickeln, werden Orientierungslinien für das Designverständnis vorgezeichnet. Während die Bundesrepublik in den Sog einer amerikanisierten Konsumkultur gerät und damit an Friedenserinnerungen und Verheißungen der nationalsozialistischen Ära anknüpfen kann, steht einer vergleichbaren Design-Entwicklung in der DDR zunächst die geringe Produktivität, schließlich die Unvertretbarkeit des kapitalistischen Vorbilds entgegen, mit dem man mindestens ideologisch brechen muß. Man spürt im DDR-Design den kargen Charme bemühter Anständigkeit, der immer ein bißchen antiquiert wirkt, während es der Westen längst bunt und üppig-modern treibt. Doch zu einer die Erscheinungsweise der Produkte grundsätzlich verändernden Neudeutung alltäglicher Gebrauchswerte kommt es weder hier noch dort. Die Unterschiede liegen mehr auf der Ebene der Legitimationsstrategien und der Erfahrung von Reichtum oder Knappheit, der Wirtschaftsform, die auf die Produktform, die Verteilung und die Aneignungsgeschichte einwirken.

Der ökonomische Vorsprung der Bundesrepublik ist derzeit uneinholbar, nachdem infolge früher Exportgewinne investiert und die Produktionsstruktur modernisiert werden kann wie während des Korea-Krieges, als westdeutsche Unternehmen nahezu kampflos Weltmarktpositionen erringen. Frühzeitig abgeschlossener Wiederaufbau hochproduktiver Industrien, technologische Weiterentwicklung und Effektivität der Kapitalorganisation unter Beibehaltung der alten Formen der Mehrwertabschöpfung verschaffen der Bundesrepublik rasch wachsendes ökonomisches Gewicht. Vollbeschäftigung und Kaufkraft setzen viele Arbeitnehmer in die Lage, endlich in den Genuß schon vor dem Kriege ersehnter Dinge zu kommen. Kofferradio, Motorroller oder gar das kleine Auto werden greifbare Massengüter, während der Lebensstandard in der DDR zurückbleibt. Noch 1959 ist ein Hauptziel des Siebenjahresplanes die »Anpassung der Verbrauchsgüterversorgung an das westdeutsche

Niveau« (vgl. DEUTSCHES INSTITUT FÜR WIRTSCHAFTSFORSCHUNG 1974) – ein Vorhaben, das in den folgenden sieben Jahren nicht eingelöst werden kann. Erst allmählich kann die Planwirtschaft der DDR die Grundbedürfnisse sichern und darüber hinaus die Versorgung der Bevölkerung mit zunehmend modern gestalteten Industriegütern verbessern, die auch als Exportartikel dem internationalen ästhetischen Standard angeglichen werden müssen. Dennoch gibt es Parallelitäten in der Einschätzung des gestalterischen Aspekts und eine mehr oder weniger verbindliche ›Designpolitik‹ auf beiden Seiten, wobei in der DDR wie zur Kunst eine ›Formalismusdebatte‹ (vgl. HIRDINA 1988, S. 40 ff.) durchzustehen ist.

Die Absicherung der Designfunktionen spiegelt sich hier wie dort in einer Strategie der Institutionalisierung. Während der DEUTSCHE WERKBUND nur im Westen neu entsteht, um zeitweise eine industrie- und kulturkritische

144   Tischlampe. VEB Porzellanfabrik Lettin. Entwurf Horst Michel, 1950

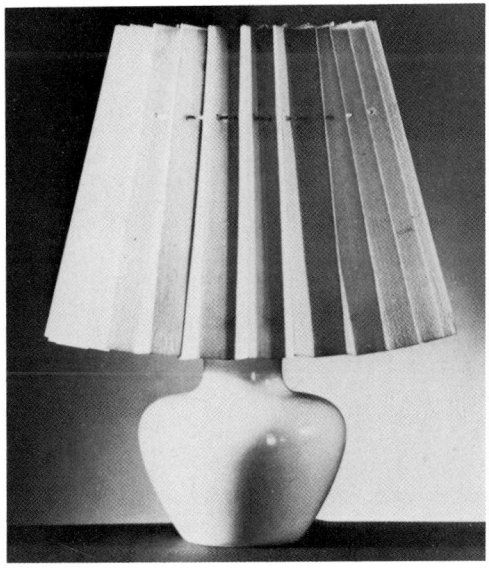

Rolle zu übernehmen, wird fast parallel eine Reihe von staatlichen und wirtschaftsverbundenen Einrichtungen in beiden Ländern geschaffen, denen es obliegt, Design entweder als ökonomisch-funktionales und ideologisch-integratives Element marktwirtschaftlichen Produzierens darzustellen oder die sozialistische Organisation von Praxis und Theorie des Gestaltens in der Planwirtschaft sicherzustellen.

Zusammengenommen ist diese Entwicklung neu; derart massive staatliche Eingriffe in das, was Design darstellen und bewirken soll, hat es in der Weimarer Republik überhaupt nicht und allenfalls in Ansätzen nach 1933 gegeben. Das spiegelt die tendenzielle Verlagerung ökonomischer Motive auf das ästhetische Mittel. Design

scheint – unabhängig vom politisch-gesellschaftlichen Hintergrund – für die Wirtschaftsentwicklung immer unverzichtbarer zu werden. Statt utopisch-ästhetischer Innovation und kulturrevolutionärer Experimente wie nach dem Ersten Weltkrieg gibt es nun die pragmatische Förderung oder technokratische Verwaltung von Design. Das heißt, Wiederaufnahme und Ausbau einer markt- und massenbedarfsbezogenen Industrieproduktgestaltung knüpfen weder in der liberalistisch-kapitalistischen, noch in der sozialistisch-planwirtschaftlichen Variante an die Tradition der Sozialutopien des Design an. Ökonomisches Zweckdenken in verschiedener ideologischer Auslegung und kulturelle Legitimation durch traditionelle äs-

146   Zwei Rosenthal-Vasen (seit 1984 wieder im Angebot). Entwurf Fritz Heidenreich, um 1950 ▷

145   Tee- und Kaffeekannen, elektrischer Kocher aus Porzellan. Entwurf Rudolf Kaiser, DDR 1950

thetische Normensysteme stehen im Mittelpunkt des institutionalisierten Designdenkens hier wie dort.

Zunächst wird 1951 auf Beschluß des Bundestages der RAT FÜR FORMGEBUNG gegründet. Diese »Stiftung zur Förderung der Formgestaltung« untersteht dem Wirtschaftsministerium, womit ihre Funktionen zur Sicherung der Wettbewerbfähigkeit der westdeutschen Investitions- und Konsumgüterindustrie umrissen sind. Nach Beschluß des Bundestages wird die Bundesregierung ersucht, »im Interesse der Wettbewerbsfähigkeit der deutschen Industrie und des Handwerks und im Interesse der Verbraucher alle Bestrebungen zu fördern, die geeignet erscheinen, die bestmögliche Form deutscher Erzeugnisse sicherzustellen« (zitiert in: MEURER/VINÇON 1981, S. 173). Dem RAT FÜR FORMGEBUNG obliegt vor allem die Ausrichtung der jährlichen Bundespreise für Gute

148   Cromargan-Eierbecher. WMF Geislingen. Entwurf Wilhelm Wagenfeld, 1953/54

Form. Weitere Stationen der Institutionalisierung in der Bundesrepublik: »1951 wird auch der Arbeitskreis für industrielle Formgebung beim Bundesverband der Deutschen Industrie (Köln) ins Leben gerufen, der 1955 in ›Gestaltkreis beim BDI e. V. Köln‹ umbenannt wird. Bereits 1952 versucht der Bundesverband der Deutschen Industrie in einer Denkschrift den Kultusministerien der Länder darzustellen, ›wie wichtig die Ausbildung von gestaltenden Kräften für die deutsche Industrie sei, wenn die Konkurrenzfähigkeit ihrer Erzeugnisse auf dem Weltmarkt erhalten und gesteigert werden soll‹. Durch den BDI angeregt, wird seit 1953 auf der Hannover Messe die Sonderausstellung ›Die gute Industrieform‹ gezeigt. 1952 etabliert sich in Darmstadt das ›Institut für neue technische Form‹, das im Auftrag der Frankfurter Messeleitung für die Frankfurter Messe die Regie der ›Sonderschauen gut geformter Industrieerzeugnisse‹ übernimmt. Seit 1952 bietet die Gesellschaft Werbeagenturen Frankfurt (GWA) ihre Dienste an. Ebenfalls 1952 beginnt die Monatsschrift ›Werk und Zeit‹ des Deutschen Werkbunds e. V. zu erscheinen. 1952/53 wird der VDI-VDMA-Gemeinschaftsausschuß ›Technische Formgebung‹ gebildet. Werbefachleute schließen sich 1953 in Essen zum

147   BRAUN-Saftzentrifuge ›Multipress‹, 1954

Bund Deutscher Werbeberater e. V. (BDW) zusammen. Ebenfalls 1953 wird die Zentralstelle zur Förderung deutscher Wertarbeit e. V. eingerichtet. Eine ständige Ausstellung ›Industrieform‹ wird am 21. Oktober im Kleinen Haus der Villa Hügel eröffnet. 1954 konstituiert sich die ›Industrieform e. V.‹ in Essen. 1957 wird der ICSID (International Council of Societies of Industrial Design) gegründet, dem in der Folge der Rat für Formgebung und der 1959 entstehende Verband Deutscher Industriedesigner (VDID) beitritt« (MEURER/VINÇON 1981, S. 173).

Das INTERNATIONALE DESIGN ZENTRUM (IDZ) Berlin setzt 1969/70 den vorläufigen Schlußpunkt unter die Gründungsgeschichte der Design-Institutionen, zu denen auch das

DESIGNCENTER STUTTGART im Anschluß an das LANDESGEWERBEAMT zählt. Noch bei den »Darmstädter Gesprächen« 1952 über »Mensch und Technik« (vgl. Bd. 3, 1952) wenden WERKBUND-Mitglieder wie HANS SCHWIPPERT sich gegen jede Bürokratisierung »vorhandener praktischer Ansätze«; doch sind die Weichen der Interessenbindung längst gestellt: »Wir konnten die Zusammenarbeit und Freundschaft mit dem Bundesverband der Deutschen Industrie gewinnen, nachdem die ersten Jahre des schwierigen Wiederaufbaues der Industrie vorüber waren« (ebenda, S. 47).

Das Wirken solcher Institutionen bleibt den industriellen Gesamtinteressen eng verbunden, wenn auch auf veraltende designtheoretische und ästhetisch-normative Fundamente ge-

149 Reisebus (Henschel), mit zweifarbiger Lackierung und Profilleisten. Entwurf C. O. Offelsmeyer, um 1953

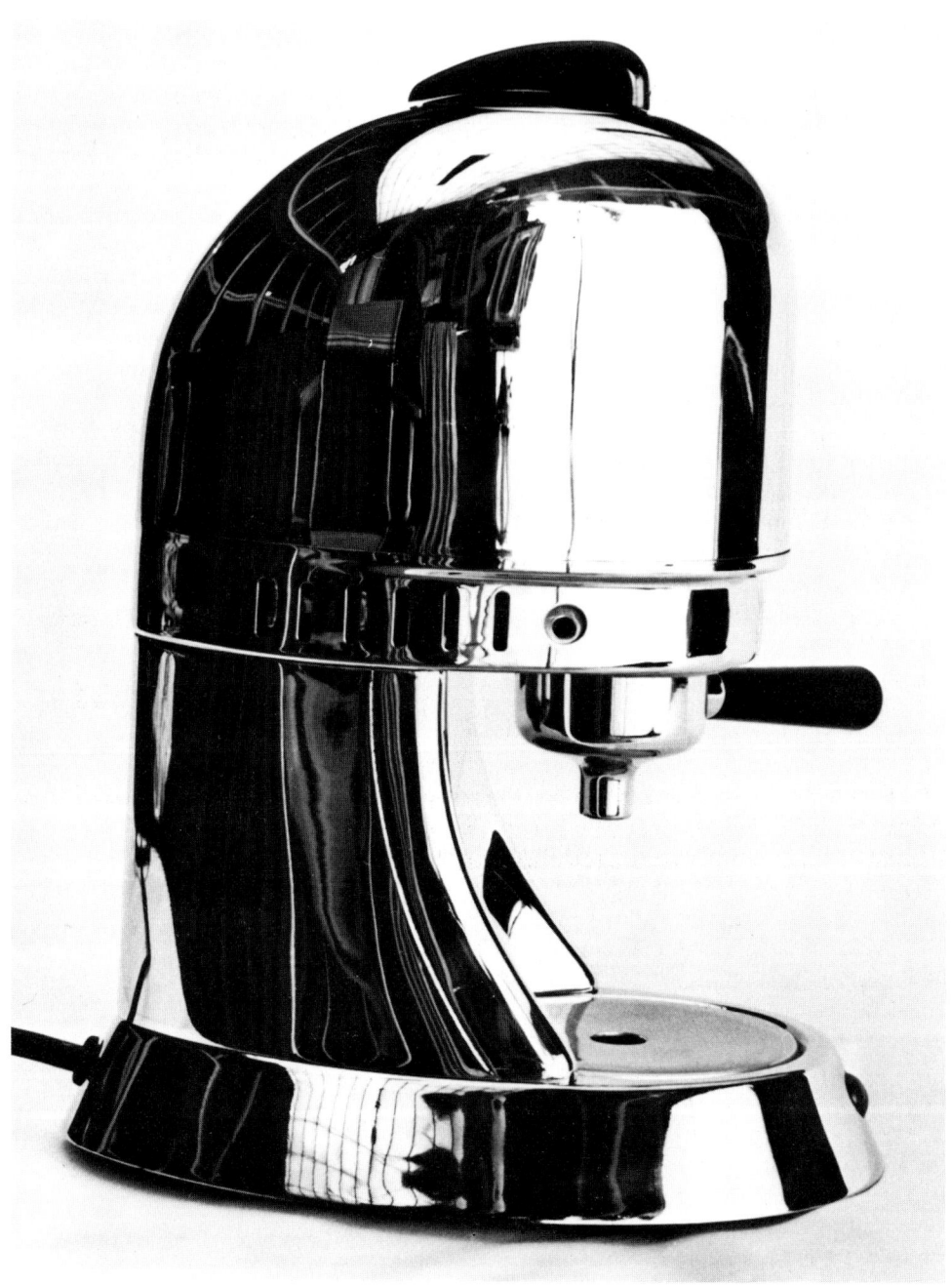

150 Espresso-Maschine. Metallwarenfabrik Karl Fischer, um 1955

stützt. Lediglich das IDZ Berlin wird in den Siebziger Jahren versuchen, Design als industriekulturelles und soziales Phänomen verständlicher zu machen.

Die fortgeschrittenste Position seiner Geschichte vertritt der RAT FÜR FORMGEBUNG 1958 in Forderungen zur Errichtung von »Lehrstühlen für Technische Formgestaltung« an Technischen Hochschulen in Bundesländern mit »wirtschaftlichen Schwerpunkten« (vgl. Empfehlungen des RATES FÜR FORMGEBUNG 1963, S. 9ff.), als erkennbar wird, daß zwischen herkömmlichen handwerks- und kunstgewerbeorientierten Ausbildungsgängen für Gestalter und den Aufgaben des Industriedesigners erhebliche Unterschiede bestehen.

In der DDR wird die Ausbildung auf wenige Hochschulen konzentriert; im übrigen ist das Ziel der Institutionalisierung dort eine effektivere Anwendung des Designprinzips in der Produktion (vgl. KELM 1971; LAUX 1974). Es existieren hier wenige, dafür um so einflußreicher zu zentralen Instanzen zusammengefaßte Institutionen, die auf politische Definition und gesellschaftliche Anwendung von Design im Rahmen der mittel- und langfristigen sozialistischen Wirtschaftsplanung einwirken. So gibt es seit 1950 ein INSTITUT FÜR INDUSTRIELLE GESTALTUNG (als Forschungsinstitut der Hochschule für Bildende Kunst in Berlin-Weißensee), das 1952 in das INSTITUT FÜR ANGEWANDTE KUNST, angebunden an die STAATLICHE KOMMISSION FÜR KUNSTANGELEGENHEITEN, umgewandelt wird. Daraus entsteht 1963 das ZENTRALINSTITUT FÜR FORMGESTALTUNG, aus dem 1965 im Zuge einer für Außenstehende kaum transparenten Umorganisation das ZENTRALINSTITUT FÜR GESTALTUNG wird, aus dem schließlich 1972 das AMT FÜR INDUSTRIELLE FORMGESTALTUNG (AiF) hervorgeht.

Schon bei der Gründung des ZENTRALINSTITUTS FÜR FORMGESTALTUNG werden Beschlüsse

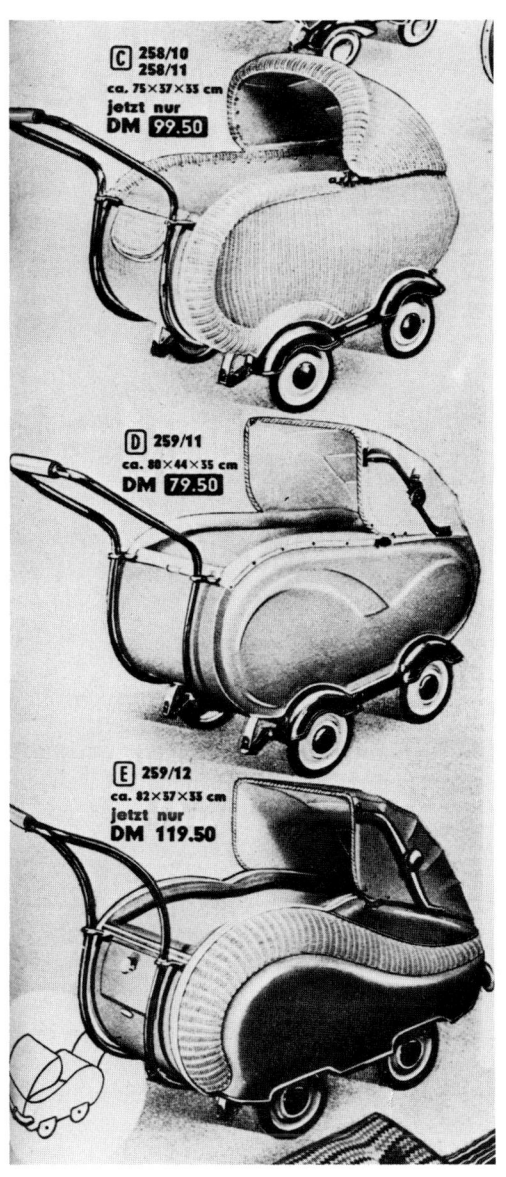

151   Kinderwagen aus dem NECKERMANN-Katalog, 1955

152 Rundfunkempfänger ›Undine II‹. VEB Elektro-Apparate-Werke Treptow, Berlin (DDR). Entwurf Erich John (Betreuer Rudi Högner), 1955

des 6. Parteitages der SED (1963), die Funktionen der Produktgestaltung für aktuelle Ziele betreffend, wirksam, die mit den für den RAT FÜR FORMGEBUNG geltenden Grundsätzen kultureller Legitimation von Wirtschaftsgütern vergleichbar sind. In einer frühen Selbstdarstellung des RATES FÜR FORMGEBUNG heißt es: »Die gute Form industrieller und handwerklicher Erzeugnisse stellt nicht einen Selbstzweck oder Selbstwert dar, sondern sie ist Erscheinungsform und Ausdruck der durch Material, Verarbeitung und Funktionstüchtigkeit bestimmten Qualität eines Produkts: die gute Form ist das Signum der Qualität. Da es Menschen sind, die mit den Dingen und Geräten umgehen, mit ihnen leben und arbeiten, besitzt die gute Form bildende und prägende Kraft im humanen, sozialen, kulturellen Bereich. Ihre wirtschaftliche Bedeutung resultiert aus ihrem Vermögen, die Vollkommenheit und den Wert eines Produktes sichtbar zu repräsentieren« (Informationsschrift 2, 1960). Diese Formel ließe sich derzeit auch im sozialistischen Sinne interpretieren. Auch hier gibt es das Vorbild ›guter‹ Gestaltung. Die Wirtschafts-

konferenz des ZK der SED und des Ministerrates fordert 1963, »daß für die Befriedigung der Bedürfnisse der Bevölkerung und für die Erhöhung des Exports solche Erzeugnisse produziert werden, die zweckmäßig, modern, haltbar und schön sind« (KUHIRT 1983). »Zweckmäßig, modern, haltbar und schön« – diese Kennzeichnung könnte auch wörtlich von GROPIUS oder aus der WERKBUNDliteratur stammen. Die Forderung nach Einheit von Formqualität und Gebrauchswert wird dadurch unterstrichen, daß die für die Gestaltung verantwortlichen Institutionen dem DEUTSCHEN AMT FÜR MESSWESEN UND WARENPRÜFUNG (DAMW), das über die technische Qualität zu wachen hat, beigeordnet werden: »Das Zentralinstitut für Formgestaltung wurde aus der Unterstellung unter das Ministerium für Kultur herausgelöst und Anfang des Jahres 1965 als Zentralinstitut für Gestaltung dem DAMW zugeordnet. Gleichzeitig wurde der ehemalige Rat für Industrieform als Rat für Gestaltung beim DAMW neu gebildet. Diese Maßnahmen schufen die Voraussetzungen für eine weitaus wirksamere Durchsetzung der Produktionsgestaltung in der Industrie. In wichtigen Industriezweigen

153 Tonbandgerät KB 100. VEB Fernmeldewerk Leipzig. Entwurf Albert Buske, 1957

konnten rasch gute Fortschritte in der Erhöhung des gestalterischen Niveaus der Erzeugnisse gemacht werden. Bei Datenverarbeitungsanlagen und Büromaschinen, im wissenschaftlichen Gerätebau und auch bei Konsumgütern erreichten einzelne DDR-Erzeugnisse bald so hohes Niveau, daß sie sich mit den international am besten gestalteten Erzeugnissen messen konnten« (KUHIRT 1983, S. 271).

Erfolgreiches Abschneiden im internationalen Wettbewerb ist auch das Hauptziel der Designpolitik in der Bundesrepublik. Beide Länder werden Mitglied des ICSID (International Council of Societies of Industrial Design). In der DDR ist die Institutionalisierung 1972 durch Gründung des AMTES FÜR INDUSTRIELLE FORMGESTALTUNG (AiF) unter Leitung eines Staatssekretärs vorläufig abgeschlossen. Das AiF wird Instrument der »zentralen Auftragslenkung für die industrielle Formgestaltung« (LAUX 1974). Eine derart zentralistische Organisationsform industriewirtschaftlicher Interessen und kultureller Definitionen im Designbereich gibt es in der Bundesrepublik nicht. Aber auch hier ist in der Verbindung staatlicher und industrieller Interessen deutlich der Versuch zu erkennen, Poduktgestaltung als ein gleichzeitig profitables und kulturell bedeutsames Mittel darzustellen und zu verallgemeinern. Gerade in der Ideologie der Guten Form erfährt die Eigendynamik kapitalistischen Produzierens ihre kulturelle Legitimation: Das Produzierte muß nur im Sinne der traditionsverbundenen Offizialkultur schön und brauchbar sein, dann beweist auch das Produktionssystem seine kulturelle Reife und zeigt Verantwortung für das soziale Ganze.

In der Vereinnahmung des Ästhetischen für politische und ideologische Zwecke stehen sich die Institutionen beider Seiten kaum nach. Aber die angestrengte Institutionalisierung ist keine Garantie für das Entstehen politikkonformer

154 BRAUN-Kleinradio. Entwurf Artur Braun und Fritz Eichler, 1955

Gebrauchskulturen oder auch bloß einer normativ geregelten Nachfrage. Weder hier noch dort setzen sich die empfohlenen Gütekriterien für die Gestaltung in Produktion und Konsum durch, so daß man jeweils von mehreren Teil-Produktkulturen im Rahmen einer offiziellen und legitimierten Kultur sprechen muß oder von einem Widerspruch zwischen offizieller Designtheorie und allgemeiner Entwurfspraxis.

Der normative Begriff der Guten Form verdichtet sich während der Institutionalisierungsgeschichte des Design zu einer verallgemeinbaren Wertbezeichnung für das Ästhetische am industriellen Produkt. Er bezieht sich auf zunächst handwerksorientierte Erfahrungen und Wertbesetzungen aus der bürgerlichen Deutungs- und Gebrauchstradition, die als unreflektierte kulturelle Selbstidentifikationen Ideologie im Sinne falschen Bewußtseins transportieren, was bekanntlich gute Absichten nicht ausschließt. Die Wurzeln des unerschütterlichen ›Wissens‹ um die Qualität der Form sind in der Kunstgewerbetheorie und in der Gebildeten-Reformbewegung vor dem Ersten Weltkrieg zu suchen. Dieser tradierte und weitergepflegte Normenkomplex ist eine deutsch-deutsche Gemeinsamkeit. Was hier wie dort an vorbildlich gestalteten Produkten veröffentlicht wird, zeigt kaum Unterschiede. Die leichten modischen Differenzierungen, die der funktionale Korpus des Gebrauchswerts auch unter dem Zeichen Gute Form erfahren darf, werden auf das erlaubte Maß von Anständigkeit begrenzt. Das Prinzip ›Seit langem bewährt‹ (Die Neue Sammlung 1968), das später noch die Auswahlkriterien der opulenten Selbstdarstellung des Münchener Museums für Gestaltung (vgl. WICHMANN 1985) bestimmen soll, steht einer promiskuitiven, nach modischen Einflüssen in wechselnden Erscheinungsformen schillernden Dingwelt des Massenalltags gegenüber. Auch das repräsentative Designgeschichtswerk jüngsten Datums der DDR (HIRDINA 1988) negiert den realkulturellen Massenausdruck. Als urteilsbestimmendes Kriterium für die staatliche Förderung von Design, für Ausbildung und

ästhetische Erziehung bleibt die Gute Form zählebiges Leitprinzip des kulturpolitischen und pädagogischen Handelns, das sich in Frontstellung gegenüber dem Massen-Schönen weiß und einen heroischen Kampf für das besser Gestaltete zu führen meint. Noch in der späten DDR-Debatte um industrielle Formgestaltung als Mittel des gegenständlich-kulturellen Ausdrucks sozialistischer Lebensweise erinnert die Kritik der »Verkunstung« (vgl. BÄCHLER/ LETSCH u. a. 1982) des industriellen Massenprodukts an dieses Denken. Naturgemäß dient der historische Funktionalismusbegriff als Basis: Die »Form ohne Ornament«, das BAUHAUS, alles, was aus der Geschichte von Kunstgewerbe und Kunstindustrie als Beispiel für die Moral der Sachlichkeit Tradition geworden ist. Die Kette der historischen Norm-Referenzen reicht bis auf die frühbürgerliche Schlichtheits-

155   Karosserie-Detail des Mercedes 300 SL Roadster. Daimler-Benz AG, 1956/57

kultur des Biedermeier zurück. Idealistische, konsumkritische, antikapitalistische und pragmatisch-ökonomische Argumente unterstützen die selektierende Haltung gegenüber den gewöhnlichen Produkt- und Gebrauchskulturen.

In den Beständen deutscher Museen wird man daher kaum Objekte und Ensembles finden, die aus dem ›schlechten‹ Fundus industrieller Allerweltsformen der Nachkriegszeit stammen. Das Massendesign der Fünfziger Jahre wird von Privatsammlern überliefert oder von Kulturkritikern als abschreckendes oder belustigendes Beispiel zitiert. Bemühungen, die tatsächlichen Alltags-Gegenstandskulturen im geteilten Deutschland zu sichern und zu zeigen, sind selten, weil Designgeschichte auf der stillschweigend vorausgesetzten Leitlinie der Guten Form borniert fortgeschrieben worden ist. In der Praxis des Gebrauchs hat es wohl selten (oder nur bei sehr begrenzten Konsumentenschichten) die reinliche Trennung von Guter Form und Trivialdesign gegeben; die Zeit des Wegwerfens beginnt im Westen zwar früh, aber in der Hand des Normalgebrauchers müssen die unterschiedlichen Formen, Altes und Neues sich noch lange ergänzen. Das besondere, vielleicht zufällig erworbene ›gute‹ Design vermischt sich unauffällig mit dem ›schlechten‹, mit dem Gewöhnlichen und Dekorativen.

Das Bild der westdeutschen Produktkultur um 1955 signalisiert eine neue Freiheit zum künstlerisch aufbereiteten, auch in Massenprodukten phantasievoll inszenierten Konsum, als wäre ein Damm gebrochen. Die warenästhetische Ausschreitung und das funktionale Produkt begegnen sich darin. Eine gewisse Beschwingtheit des Erscheinungsbildes verbindet alle Produkte der Zeit in einer stilistischen Verwandtschaft, die aus der Distanz von heute geschlossen wirkt. Sozialpsychologisch werden in diesem ästhetisierten Konsum kollektive Wei-

156 BRAUN-›Multimix‹. Überarbeitete Fassung 1958. Entwurf Gerd Alfred Müller

157 Haushaltsgerät ›Mixette‹. VEB Döbelner Beschläge und Metallwaren. Entwurf Wolfgang Dyroff, 1956 (Schlagwerkaufsatz Robert Lenz)

158 Isetta-Kabinenroller. BMW 1955. Italienischer Entwurf, 1953/54

chen gestellt: »Fast alle Neuanschaffungen geben von nun an das Gefühl des ›ersten Mals‹. Während im Siegerland Großbritannien Lebensmittel noch auf Marken ausgegeben werden, gibt sich das besiegte Westdeutschland zunächst eher verblüfft als stolz dem Durchgang verschiedener Wellen hin (...) nach der Freßwelle die Möbelwelle, dann die Reise- und die Autowelle. Das neue Konsumniveau war auch politisch ein hochkarätiger Identitätsersatz. Nach rückwärts gewandt, half es die dumpfe Scham über den Nationalsozialismus zu überdecken; nach ›drüben‹ gewandt, stand es für westliche Überlegenheit. Den Krieg hatte fortan nur noch ›die Zone‹ verloren, Westdeutschland verdiente bereits wieder« (ZIEHE 1986, S. 254).

Die verdächtige Neigung unserer Gegenwart zu den Fünfziger Jahren findet eine ihrer Begründungen wohl darin, daß in dieser Epoche etwas wie Genuß ohne Reue und Angst möglich gewesen ist. Die Vorkriegserinnerungen sind noch virulent, auch die damals nicht stillbaren Sehnsüchte. Nun werden sie greifbar. In nur abgewandelter Gestalt, neu und zugänglicher denn je, erscheinen die Gebrauchswerte auf der Bühne der Alltäglichkeiten. Die Bundesrepublik wird zum Dorado eines New Look der alten Teilhabeversprechen im neuen Gewand amerikanisch-fülliger Anschmiegsamkeit, die bruchlos mit der gebrauchskulturellen Vergangenheit verbindet und zugleich das im Konsum aufgemöbelte Bewußtsein verschafft, nicht nur den Wiederaufbau bewältigt, sondern Zugang zum Reichtum einer scheinbar befriedeten Welt gefunden zu haben, die jedem Tüchtigen offensteht. Dabei sind die Fünfziger Jahre schon von allen Problemen umschattet, die später unabweisbar werden. Atombomben-Versuche, Wiederaufrüstung, Kalter Krieg, die Restaura-

tion in der ADENAUER-Ära, erste Vorläufer politischer Protestbewegungen, der irrationale
Antikommunismus, die vollkommen unter den
Teppich des Schweigens gekehrte Vergangenheit lassen den Konsumrausch und die Ästhetisierung des Alltags dieser Zeit in einem zweifelhaften Licht erscheinen. Die scheinbar distanzierte und zugleich faszinierte Wiederentdek-
kung dieser Designperiode signalisiert heute ein
gewandeltes intellektuelles Genuß-Interesse an
der Phantastik des Übertriebenen, das damals
von der Mehrheit der Konsumenten empha-
tisch begrüßt und in den eigenen kulturellen Er-
fahrungsbestand ganz ohne Ironie integriert
worden ist. »Freigeformte Möbel, die an Plastiken von Moore und Arp erinnern, charakteri-
sieren diese Nachkriegsperiode. In ihr wird das
Spiel mit den freien Formen wichtiger als ein
Beharren auf funktioneller Gestaltung. Verzicht auf Symmetrie und den rechten Winkel
kennzeichnen diese Zeit. Gebogenes Holz, geschwungene Polster und spitzes Stahlrohr (...)
Stilnovo soll diese Periode heißen, diese unverwechselbare Vielfalt in der Einheit der optischen
Sensationen« (BORNGRÄBER 1981, S. 223).

Dieses üppige Design markiert noch den
Stand eines scheinbar unentschiedenen Wettbewerbs zwischen den vehement in Erziehung
und Propaganda vorgetragenen Normen der
Guten Form und dem wuchernden Styling, das
amerikanisches, italienisches oder skandinavi-
sches Design zitiert (vgl. Ft. 13). Auf den Mailänder Triennalen 1951 und 1954 und in teuren
Läden erscheinen phantastisch-beschwingte
Gebilde, die einen kräftigen Hauch ›Postmoderne‹ vorahnen lassen, während sich in den
Sechziger Jahren das Design vorerst beruhigt,
uniformiert; mindestens werden dann die technischen Konsumgüter anonymer und austauschbar. In der Vermarktung der neugeweck-
ten Luxusbedürfnisse feiert die Warenästhetik
ihre naiven Triumphe; sie erweist sich als ge-

nießbarer Segen für alle, die der Kriegskatastrophe entronnen sind. Vielleicht ist die Mode-
und Konsumseligkeit der Ära LUDWIG ER-
HARDS deshalb in bestechlich guter Erinnerung,
weil es in Deutschland kaum jemals zuvor Vollbeschäftigung, Frieden und einen derartigen
Warenreichtum auf einmal gegeben hat, der
nun so vielen, wenn auch lange noch nicht allen
erreichbar ist.

In der DDR muß man auf diesen Warenreichtum weitere 20 Jahre und länger warten;
deshalb kann hier auch nicht von einem Design-
Boom oder einer warenästhetischen Explosion
die Rede sein, eher von entsprechenden Gelü-
sten und Abwehrreaktionen.

Dank nostalgischer Neigungen ist die Phäno-
menologie, wenn auch nicht die Psychologie
der Formen der Fünfziger Jahre heute literarisch ausreichend gesichert – von der Tütenlam-
pe mit Plastik-Schirm bis zum oft mit dem
Nierentisch verwechselten Palettentisch auf
drei abgespreizten kurzen Beinen, ausgelegt mit
abstraktem Resopal-Dekor (vgl. JUNGWIRTH/
KROMSCHRÖDER 1978; BORNGRÄBER 1979,
1983; BANGERT 1983; MAENZ 1984). In diesen
Formen etabliert sich das Nachkriegsmassen-
produkt in seinem ästhetischen Gestus für einen
modernen Gebraucher, der anfällig ist für das

159   GRUNDIG-Kleinradio, 1958

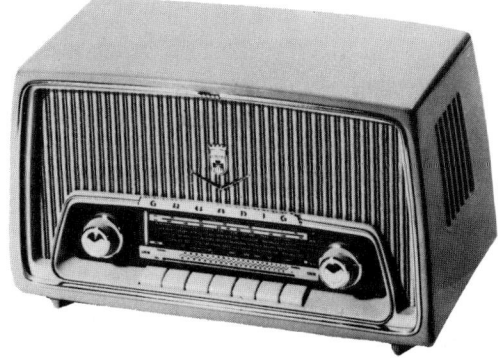

160   Rekonstruktion der Einrichtung einer gutverdienenden Arbeitnehmerfamilie der späten Fünfziger Jahre. Postkarte des WDR anläßlich einer Filmreihe über die Geschichte der Arbeiterwohnung von Jonas Geist und Joachim Krausse. Grafik: Franziska Scherer, 1978

Neue, das endlich den Selbstgenuß verheißt, auch Selbstvergessen möglich macht. Wer an dieser modischen, künstlerisch garnierten Genußkultur teilhat, ist immun gegen Aufklärung und Belehrung.

Eine Voraussetzung für die wuchernde Phantastik der Formen ist der endgültige Durchbruch des Plastik-Materials. Kunststoffe neuer Art dringen unaufhaltsam in das tägliche Leben ein, massenhafter als je zuvor. Sie bilden in ihrer Formbarkeit, Widerstandsfähigkeit und Billigkeit die Grundlage einer neuen ästhetischen Freiheit für die Entwerfer, sich nicht mehr den Gütekriterien der »Werk- und Materialgerechtigkeit« verpflichtet fühlen zu müssen. Es ist gerade in seiner beinahe eigenschaftslos wirkenden Künstlichkeit ein Material, das der Entstofflichung des Gestalteten und damit einer sowohl desillusionierenden wie illusionären Wirkung Vorschub leistet. Bei zunehmender Quantität und Komplexität alltäglicher Gebrauchs- und Dekorationsformen beginnt die quasi immaterielle, neutrale Struktur des Plastik-Materials im Alltag wahrnehmungsbestimmend zu werden. Es ist ein Material, an dem der an stoffliche Qualitäten gewöhnte Tastsinn zunächst abgleitet und das dem Auge jede Form vorführt, weil es vielseitiger als jeder andere Stoff industriell verarbeitet werden kann. Wie vielseitig und banal-phantastisch, zeigen schon die Art Déco-verbundenen Warenformen der Zwanziger und Dreißiger Jahre, die ohne massenhafte Verwendung synthetischer Materialien wie Bakelit, Celluloid, Phenoplast, Melamin usw. nicht hätten billig hergestellt werden können (vgl. Kat. Alles Plastik, 1985; Kunststoffobjekte 1860–1960, 1983; Plastikwelten 1985). Die Entwicklung synthetischer Grundstoffe und ihre Anwendung im Designbereich werden nach dem Wiederaufbau praktisch zur Grundlage des neuen Formenreichtums im alltäglichen Umfeld. JUNGWIRTH/KROMSCHRÖDER (1978) haben anhand eines gestellten Fotos mit Einrichtungsgegenständen einer Kleinfamilie der Fünfziger Jahre um die 30 Objekte nachgewiesen, die alle schon aus Kunststoff sind: Von den Acella-Gardinen über das Brotkörbchen aus Lupolen, dem Eimer aus Hostalen, der Kehrschaufel aus Polystrol bis zu den ›Cocktailsesseln‹, deren Schaumstoffunterlage mit jenem beschwingt gemusterten Material bezogen war, an dem man erstmals merkte, daß man auch am Hintern schwitzen kann. In der DDR wird man das neue Material Plaste und Elaste nennen, worin recht gut zum Ausdruck kommt, was Gestalter damit machen können.

Hier kann das Prinzip Sachlichkeit aus zwei Gründen nicht zur unmittelbar durchsetzbaren Doktrin werden. Das sowjetische Design gibt keine klare Linie vor, und der sozialistische Handel, die Instanz der Verteilung, legt sich quer nach dem Motto: ›Unsere Menschen wollen das nicht!‹. So bleibt das Bild der propagierten Offizialkultur weitgehend theoretisch und beinahe noch blasser als im Westen. Hier wie dort unterläuft die Massennachfrage nach dem opulenten Gewöhnlichdesign mit seinem Billigdekor das institutionell vertretene Leitbild einer theoretisch begründeten Gediegenheit. Dieses Gewöhnlichdesign etabliert die kulturelle Wirklichkeit des Entwerfens, Produzierens und Gebrauchens auf der Erscheinungsebene des Alltags; es ist weder durch Erziehung noch durch vorbildliche Entwürfe veränderbar.

In der Bundesrepublik entwickelt sich das differenzierte und differenzierende Design zum sozialen Distinktionsmittel schlechthin. Automarke und Mobiliar werden zu Vorzeigemitteln einer Gesellschaft von Konsumenten, deren Wohlhabenheitsfassade nur zu oft täuscht und deren Wirklichkeit so wenig von demokratisch-egalitären Grundsätzen durchdrungen ist, wie die tatsächlich herrschenden Besitz- und Einkommensunterschiede aufgehoben sind. So werden die Bekenntnisse zur BAUHAUS-Klassizität, zur originalen skandinavischen oder italienischen Moderne, zum Stilmöbel-Imitat oder zum ›Cocktailsessel‹ und Nierentisch aus dem Kaufhaus zu Zeichen der sozialkulturellen und sozial-ökonomischen Zugehörigkeit. Zwar ist die kollektive Not noch nicht vergessen. Aber mit dem Ausdifferenzieren ästhetischer Produktkategorien werden alte und neue Sozialstrukturen sichtbar.

161   Sessel ›Bernburg‹. VEB Sitzmöbelindustrie Waldheim. Entwurf Horst Heyder, 1958

162 GRUNDIG-Fernsehgerät ›Zauberspiegel‹
     S 360 B. Funkausstellung Berlin, 1963

Die perfekte, sachlich-weiche Form oft abgebildeter westdeutscher Parade-Produkte der Fünfziger Jahre (vgl. Ft. 15) täuscht über das uneinheitliche Bild der gewöhnlichen Gebrauchskulturen im Alltag hinweg und verdeckt den allgemein begrüßten und gelebten Schub der Massensehnsucht nach Genuß und Entlastung. Geschichte scheint sich zu wiederholen in einem Auf und Ab entlastender und belastender Bestimmungen der gegenständlichen Gebrauchskulturen: Schon auf die sozialpsychologisch deutbare Weichheit des Jugendstils folgte die ökonomiebedingt härtere WERKBUNDform und der endgültig erscheinende Durchbruch industrierationaler Sachlichkeit im BAUHAUS. Danach kam die Stromlinienform der Dreißiger und Vierziger Jahre. Hier knüpft das Design der Fünfziger in Vollendung sozialer und ästhetischer Versprechen an, auch in Vermittlung der in den USA weiterentwickelten Konsumstandards. Bald aber zeigt sich auf einer nächsten Stufe der Durchsetzung ökonomiefunktionaler Prinzipien eine programmati-

sche Form von Sachlichkeit, die an Entschiedenheit und Schärfe des Ausdrucks die BAUHAUSform noch übertreffen will.

Die HOCHSCHULE FÜR GESTALTUNG Ulm, die sich selbst als BAUHAUS-Nachfolgerin versteht, kann als ein fälliges Produkt deutscher Nachkriegsindustriegeschichte aufgefaßt werden. Hier kündigt sich ein neuer Schub struktureller Durchgestaltung des industriellen Alltags an, zugleich eine neue Welle der Versachlichung von Kultur. Wenn man die nachfolgende Funktionalismuskritik einbezieht, wird ein die Lebensform erfassender, nicht nur ein ästhetischer Paradigmenwechsel erkennbar. Nicht ›Stilgeschichte‹ bestimmt mit irgendwelchen Zufälligkeiten, künstlerischen Einfällen und Waren-Moden die Entwicklung des Bildes und der Wirkung der alltäglichen Formen, sondern jeweils unter bestimmten historischen Bedingungen in anderen Erscheinungstypen sich durchsetzende ökonomische und gesellschaftliche Kräfte verändern die Grundtendenz epochaler Gestaltung. Sie sorgen für eine mehr oder weniger unvermittelte ›Rationalität‹ oder eine mehr oder weniger vermittelnd-ästhetisierte ›Emotionalität‹ des Formtypus, ohne daß dieser Erscheinungsgegensatz auf wesentliche Brüche der industriellen Entwicklung, allenfalls auf gewisse Oberflächen-Inkonsequenzen schließen läßt. Das Bild der produktästhetischen Entwicklung seit der Jahrhundertwende scheint diese Hypothese zu bestätigen; in den Übergängen der Fünfziger und Sechziger Jahre findet sie wiederum ihr Beispiel. Der Ulmer Funktionalismus und das üppige Warendesign der Epoche erscheinen lediglich als zwei Ausdrucksformen der herrschenden Industriekultur, nicht als absolute Gegensätze.

Natürlich spielen in den Neo-Funktionalismus kulturelle Traditionen hinein, so wie in die weiche Form der Fünfziger Jahre kollektive Erinnerungen eingehen. Die ökonomische Ra-

163 BRAUN-Musikschrank PK-G. Entwurf Hans
Gugelot, 1955

tionalität setzt sich nicht ohne Bezug auf kulturelle Normensysteme durch, ebensowenig wie die Warenästhetik der Epoche ihre Erfindungen bloß durch psychologische Anschmiegsamkeit an den Konsumenten bringt. Aber die wellenförmige Bewegung der einander ablösenden Leitbilder des Gestaltens könnte darauf beruhen, daß einmal der Druck unmittelbarer ökonomischer und produktionslogischer Rationalität, ein andermal der Druck sozialer Teilhabe- und Entlastungsbedürfnisse größer ist oder durchsetzbarer erscheint wie einige Jahre früher.

Bei der »geschlossenen Form« (HIRDINA 1988, S. 58 ff.) als besonderem Gestaltungstypus und bei Allerweltsformen der Fünfziger Jahre überwiegt in der DDR ebenfalls ein ›weicheres‹ Entwurfsbild. Obwohl der Mangel eine Konsumkultur wie in der Bundesrepublik zunächst gar nicht zuläßt, finden sich die epochalen Anschmiegsamkeiten und später auch Ansätze zur funktionalistisch-kantigen Vereinfachung der Formen im DDR-Design wieder. Auch die Funktionalismus-Kritik wird später in der DDR vollzogen. Die Konvergenz dieser Abfolgen gibt zu denken. Offensichtlich läßt

sich die Hypothese vom Wechselspiel verschärfter industrieller Sachlichkeit des Produzierens und forcierter Massenemotionalität teilhabenden Genießens auf beide Wirtschafts- und Gesellschaftssysteme anwenden. Das Moment des Vergleichs liegt in den erreichten Stufen der Produktivität und in den gesellschaftlichen Antworten darauf, die sich in ihren Deutungen, nicht aber in den gegenständlich-ästhetischen Ausdrucksformen unterscheiden. Hier wie dort wird die Erscheinungsform zunächst der vorbildlichen, später auch gewöhnlichen Produkte mal strenger und härter oder auch wieder weicher.

Die Designtheorie der DDR kann den Eindruck der Gleichartigkeit von Gestaltleitbildern nach westlichem Muster durch Hinweise auf Exportverpflichtungen (vgl. H. HIRDINA

164 BRAUN-Saftzentrifuge. Entwurf Gerd Alfred
Müller, 1957

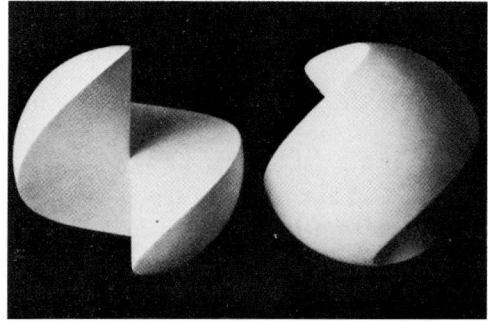

165 Studienarbeiten aus der Grundlehre der HfG Ulm. Abbildung in einem Prospekt der Schule, um 1959/60. Links ein Entwurf von Eduardo Vargas, 1957/58 (Dozent: Tomás Maldonado)

1974) und durch Integration des Sichtbaren in die kulturelle Sphäre des Sozialismus abfedern: »Mit dem Wachstum des materiellen Wohlstandes und mit der Herausbildung der dem Sozialismus eigenen Kultur in unserer Republik wird die Nachfrage nach besseren und schöneren Dingen immer mehr steigen. (...) Bei unserer weiteren gesellschaftlichen Entwicklung besteht die Aufgabe darin, ein Lebensmilieu für die Mitglieder der Gesellschaft zu planen und zu schaffen, welches den spezifischen Anforderungen des Sozialismus entspricht und die Überlegenheit gegenüber dem kapitalistischen Gesellschaftssystem sichtbar macht. (...) Die Produktgestaltung wirkt darauf ein, daß der sozialistische Humanismus immer sichtbarer auch in der Einheit von Zweckmäßigkeit und Schönheit der Konsumgüter, Verkehrsmittel, Investitionsgüter, Wohnungen, Arbeitsplätze und Betriebsanlagen zum Ausdruck kommt« (KELM 1971, S. 115f.).

In der Bundesrepublik gibt es keine staatlich autorisierte Stelle, die ein solches Programm der schönen Zweckmäßigkeit für die ›soziale Marktwirtschaft‹ verkünden oder durchsetzen könnte. Aber die HOCHSCHULE FÜR GESTALTUNG (HfG) Ulm versucht zwischen 1955 und 1968 in Theorie und Praxis einen zeitgemäßen gesellschaftlichen Begriff von Design auf der Traditionslinie der BAUHAUS-Moderne beispielhaft zu realisieren. Dieser Versuch antwortet auf ein immanent produktionslogisches Bedürfnis nach mehr Sachlichkeit, während die gewöhnliche Warenwelt immer noch phantastische Blüten treibt. Die in Ulm beispielhaft entwickelten Funktionsformen sind gleichsam Prototypen eines nach dem Stand der Rationalisierung fälligen industriellen Ausdrucks technischer Kultur. Daß dieser Ausdruckstyp systembedingt entsteht und historisch fällig ist, läßt sich auch aus Bemerkungen der in die Arbeit an der HfG Verwickelten schließen: »Es kam auch der Moment, wo die Industrie die in Ulm entwickelten Neuerungen nicht mehr nötig hatte« (SCHNAIDT 1975, S. 7). Die Industrie bringt sie bald aus sich selbst auch als ästhetische hervor.

Die HOCHSCHULE FÜR GESTALTUNG Ulm nimmt, als Privatschule mit umfassenden politischen und ästhetischen Zielen in Anbindung an die GESCHWISTER-SCHOLL-STIFTUNG geplant und gegründet und damit kritisch-programmatisch gebunden, 1955 unter dem ersten Rektor MAX BILL offiziell ihre Tätigkeit in den Ausbildungsbereichen Bauen, Produktgestaltung, visuelle Kommunikation (später zeitweise ergänzt durch Filmgestaltung) auf. Sie gerät 1967/68 infolge bildungspolitischer Eingriffe des

262

württembergischen Landtags (Angliederungs-absichten an die Ulmer Ingenieurschule, Zu-rückhaltung von Etatmitteln, Einschnitte in Verfassung und Selbstverwaltung) in eine Kri-se, die zur Schließung führt. Eine Nachfolge tritt 1972 vorübergehend das INSTITUT FÜR UM-WELTPLANUNG (IUP) der Universität Stuttgart an.

BILL leitet das Programm der HfG ein: »Wir betrachten die Kunst als höchste Ausdrucksstu-fe des Lebens und erstreben, das Leben als ein Kunstwerk einzurichten. Wir wollen, ähnlich wie es seinerzeit Henry van de Velde prokla-mierte, gegen das Hässliche ankämpfen mit Hilfe des Schönen, Guten, Praktischen. Als Nachfolgerin von van de Veldes Weimarer

Kunst-Institution hatte das Bauhaus dasselbe Ziel. Wenn wir etwas weiter gehen als damals, indem wir in Ulm einerseits der Gestaltung von Gegenständen noch mehr Wert beimessen, den Stadtbau und die Planung weiter ausbauen, die Abteilung visuelle Gestaltung auf den heutigen Stand bringen und schließlich eine Abteilung Information angegliedert haben, so kommt dies aus den natürlichen Bedürfnissen unserer Zeit« (zitiert nach FRAMPTON 1975, S. 26).

BILL, selbst BAUHAUS-Schüler, zieht ehema-lige BAUHAUS-Lehrer (PETERHANS; als Gastdo-zenten ITTEN und ALBERS) nach, so daß das Lehrprogramm zunächst wohl nicht »in we-sentlichen Inhalten fast identisch mit der Aus-bildung am Bauhaus« (KELLNER/POESSNECKER

166   Kompaktgeschirr THOMAS C 100. Entwurf (Diplomarbeit an der HfG Ulm) Hans (Nick) Roericht, 1959

1978) ist, aber noch sehr ähnlich. Bald entwikkelt sich die HfG zu einer unkonventionellen Ausbildungs- und Forschungsstätte mit deutlichem Schwergewicht auf den wissenschaftlichen, technischen und methodologischen Fundamenten des Entwerfens und löst sich von der Bauhaus-Tradition. Eine pointierte Darstellung der Entwicklung gibt Otl Aicher, Rektor von 1962 bis 1964. Er deutet an, daß sich schon in der Planungsphase Abgrenzungen zur Kunst zeigen (»design-irritierend«), bis auf Betreiben jüngerer Dozenten wie Maldonado, Gugelot und Zeischegg grundlagenwissenschaftliche Fächer und eine entsprechend modernisierte Gestaltungs-Vorlehre eingeführt werden, um die Eigenständigkeit der Designausbildung zu sichern: »es entsteht das ulmer modell: ein auf technik und wissenschaft abgestütztes modell des design. der designer nicht mehr übergeordneter künstler, sondern gleichwertiger partner im entscheidungsprozeß der industriellen produktion. die letzten relikte eines werkbundkunstgewerbes werden preisgegeben. werkstoffkunde und fertigungstechnik ersetzen globalbegriffe wie materialgerechtigkeit und werktreue« (Aicher 1975, S. 16).

Die Entwicklung verläuft so konsequent, daß Bill sich 1957 von der HfG trennt; das Lehrprogramm entspricht nicht mehr seinen Vorstellungen. Aicher: »vierte phase: technologisches design. maldonado entwickelte eine grundlehre mit einem hohen mass quantifizierbarer entwurfsschritte. gugelot erweitert das baukasten- und systemdesign. praktische erfolge. bense ändert programm der abteilung information. informationstheoretische analysen. weniger praxisorientiert. schwierigkeiten, dozenten für textierung zu finden. anfragen an walser, andersch, arno schmidt. eine zeitlang unterrichtet enzensberger.

die abteilung bauen mit ohl beschäftigt sich ausschliesslich mit vorfabriziertem bauen.

gasttätigkeit von konrad wachsmann mit extrem technik-orientiertem programm. die herkömmliche architektur, dokumentiert auch noch durch le corbusier, wird bewusst im lehrprogramm negiert. konzentration auf elementbauweise, verbindungstechnik und fertigungsorganisation. modularanordnungen. ohl legt die grundlage zu einem institut für industrialisiertes bauen. auch typografie als regelwerk und systemtechnik. mehr syntaktische als semantische probleme. betonung der informationssysteme anstelle von einzelaussagen.

fünfte phase: kybernetisches design und positivismus. methodologische probleme treten in den vordergrund: analysen, bestimmung von faktoren, matrix und diagramme. die entwurfsschritte verselbständigen sich und treten mehr in den vordergrund als das resultat und seine auswirkung« (ebenda).

Natur- und Ingenieurwissenschaften, Informationstheorie, gestaltungstheoretische Grundlagenvermittlung, systematische Formgebungsexperimente und speziell entwickelte Design-Methodologien treten in Ulm an die Stelle der anderenorts verbreitet theorielosen Ausbildung. Etwa die Hälfte des Lehrprogramms ist schließlich der Entwurfstheorie und ihren wissenschaftlichen Grundlagen vorbehalten. Die Ausbildung der Industriedesigner hat das Ziel, »den Gebrauchswert zu erhöhen, dauerhafte Güter zu konzipieren, die Verschwendung zu reduzieren« (Schnaidt 1975, S. 5).

Historisch wird die HfG Ulm nicht nur in Beziehung zum Dessauer Bauhaus-Programm gebracht, sondern gelegentlich auch zur Lehre der Wchutemas, die ihre Wurzeln in kulturrevolutionären Aufbruchprozessen hatten. Die

167 PFAFF-Nähmaschine 80. Entwurf Hans Gugelot, Herbert Lindinger und H. Müller-Kühn, 1960 (Koffer 1962) ▷

264

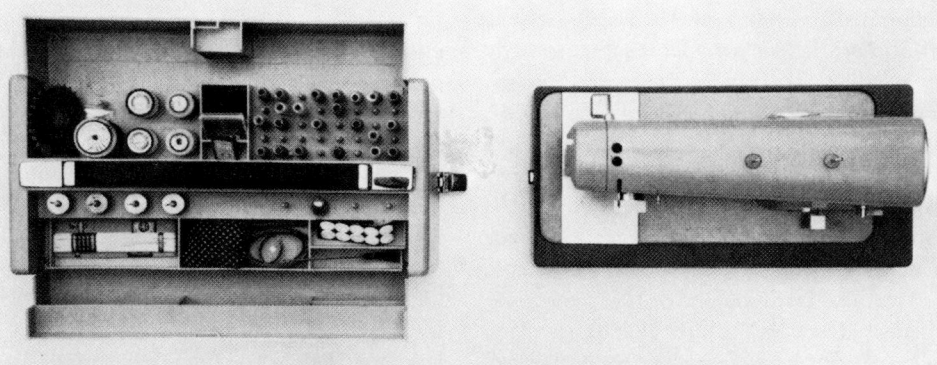

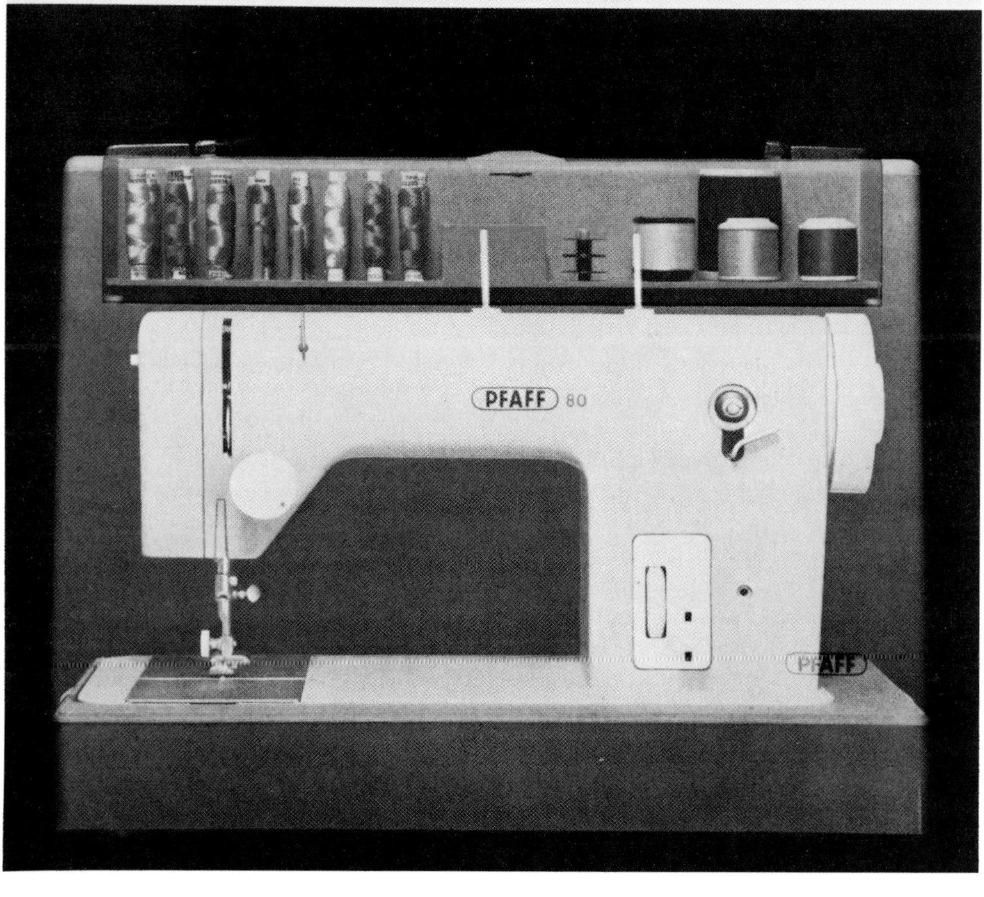

HfG steht zwar nicht in einer vergleichbaren Tradition, aber sie versucht zu zeigen, welche Form-, Ausdrucks- und Gebrauchsansprüche dem Stand der Produktivkräfte in der Bundesrepublik derzeit angemessen sein könnten. Mit einer exemplarischen Entwurfspraxis wird nicht nur der klassische Funktionalismus revitalisiert; es werden vielmehr dem technisch-ökonomischen Fortschritt angepaßte, neue Standards gesucht, die eine Weiterentwicklung der BAUHAUS-Tradition und des Neuen Bauens bedeuten. Heute gilt die HfG Ulm unbestritten als Ort, an dem frühzeitig erkannt wurde, daß technische Ästhetik als bewußt produziertes Instrument kultureller Kommunikation und Ausdrucksbeherrschung des industriellen Lebens schlechthin aufgefaßt werden mußte und nicht mehr an Kunst- oder kunsthandwerkliche Aktivitäten gebunden werden konnte. HERBERT LINDINGER hat die sich zwischen 1955 und 1960 historisch-objektiv anbahnende Weiterentwicklung im Designbereich ohne Anspielung auf den Sonderfall Ulm als allgemein notwendig und fällig beschrieben:

»Die gestalterische Aktivität beginnt sich mehr und mehr von der nachträglichen Korrektur einer vorgegebenen industriellen Produktwelt auf ein neues Durchdenken und Planen unserer Welt zu verlagern. Merkmale dieser Veränderung sind: die Ausbreitung der Designtätigkeit auf alle Produkte der Zivilisation; die organische Integrierung des Industrial Design im Wirtschafts- und Produktionsprozeß, eine deutliche Abkehr von der nur auf das Einzelprodukt gerichteten Aktivität zugunsten struktureller Beziehungen zwischen den Produkten (Organisation, Baukastensysteme, flexible Systeme); eine Abkehr vom Redesign zu einer Gestaltung, die bei der Struktur des Objekts beginnt; Entdeckung der Produktplanung als ein der Gestaltung vorgeschalteter Prozeß; Verwissenschaftlichung der Grundlagen zumindest

zur theoretischen Erfassung der Probleme; Ansätze zur Systematisierung der Entwurfsarbeit im Hinblick auf die Komplexität der Forderungen; Entwicklung einer Pädagogik, die diesen vielschichtigen Problemen Rechnung trägt« (LINDINGER 1965, S. 44).

Um den Ulmer Neo-Funktionalismus, der inmitten der blühenden Warenkultur der Fünfziger Jahre beginnt und über sie in ein neues Stadium der Produktions- und Produktkultur hinausweist, zu verstehen, muß man sich die historisch-ökonomische Situation vergegenwärtigen. Designvorstellungen ändern sich ja nicht einfach aufgrund von Lehrprogrammen; diese erhalten Antrieb, Sinn und Wirkung vor allem aus der wirtschaftlichen und gesellschaftlichen Entwicklung.

Als die HfG Ulm sich als moderne Entwurfsschule mit einem wissenschaftlich-technologischen Reformprogramm etabliert, ist die Deutsche Mark (DM) eine der härtesten Währungen der Welt. Exportüberschüsse in Milliardenhöhe werden investiert. Seit der Währungsreform ist die industrielle Produktion der Bundesrepublik um 150 Prozent gestiegen. SIEMENS ist Ende der Fünfziger Jahre mit 200000 Mitarbeitern der größte private Arbeitgeber Europas (vgl. STOLZE 1962). Der ursprünglich auf Betreiben der Alliierten entflochtene IG-FARBEN-Konzern macht mit jeder seiner drei Nachfolgegesellschaften mehr Umsatz als der alte Gesamtkonzern. 1961 läuft der fünfmillionste VW vom Band. QUELLE hat 1950 einen Umsatz von 40 Millionen DM (was dem Stand von 1938 entspricht), erzielt 1952 schon 103 Millionen; 1958 liegt der Jahresumsatz bei 403 Millionen, 1961 wird die Milliardengrenze überschritten. Schon 1955 besteht ein Drittel des von diesem Großversandhaus umgesetzten Waren-Sortiments aus technischen Konsumgütern, also designrelevanten Produkten (vgl. Eine Firmendokumentation 1977).

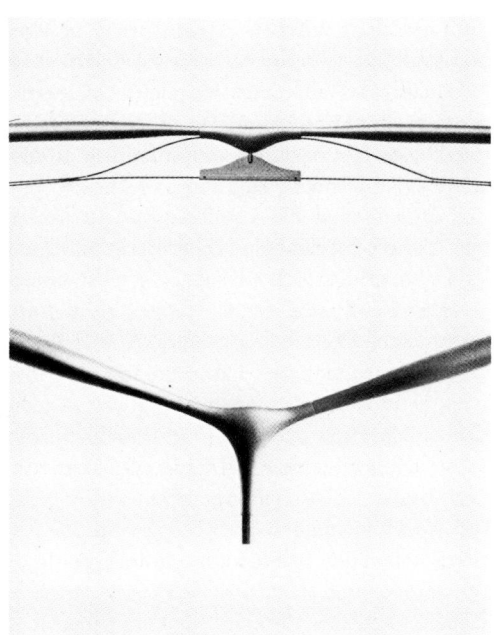

168 Modell-Details eines Straßenbeleuchtungssystems. Studienarbeiten an der HfG Ulm (Peter Hofmeister, Thomas Mentzel, Werner Zemp; Dozent: Walter Zeischegg). (1967 in Zeitschrift »ulm«)

Durch neue Technologien im Kunststoff- und Chemiefaser-Bereich, Modernisierung veralteter Anlagen, Entwicklung neuer Werkzeuge und Maschinen, Teilautomatisierung, Rationalisierung mittels Typisierung und Baukasten-Prinzip und durch Zusammenballung wirtschaftlicher Macht in Konzernen und Großbanken wird eine Entwicklung dynamisiert, die das Produktionssystem selber ›funktionalistischer‹ erscheinen läßt als jemals zuvor. Mit dem Ende der Rekonstruktionsperiode sind daher Neubestimmungen allgemeiner Designfunktionen zu erwarten, die unmittelbar auf der Linie einer sich verselbständigenden Rationalität der ökonomischen Struktur liegen. Kargheit der funktionalistischen Form und Reichtum der

warenästhetischen Differenzierung bilden unter diesem Aspekt keinen absoluten Widerspruch; beide Erscheinungsweisen sind derselben Produktionsrationalität verbunden, die sich der Lebenswelten bemächtigt.

»Technische Rationalität ist heute die Rationalität der Herrschaft selbst«, weil der »Boden, auf dem die Technik Macht über die Gesellschaft gewinnt, die Macht der ökonomisch Stärksten über die Gesellschaft ist« (HORKHEIMER/ADORNO 1969) – diese schon ältere Einsicht bewahrheitet sich noch einmal am Beispiel des Neo-Funktionalismus, der vor allem in Architektur und Städteplanung außer Kontrolle gerät und dort die Funktionalismuskritik provoziert (vgl. z. B. ADORNO 1967; MITSCHERLICH 1965). Vor dem Hintergrund ökonomisch-technischer Rationalität ist der innovative Designgedanke der HfG Ulm entstanden. Er wird zunehmend aber auch zur nicht zu vollem Bewußtsein gelangenden Ausdrucksgeste eben dieser Rationalisierungs- und Effektivierungstendenz.

Was praktisch an der HfG entsteht, ist ein sachliches, in Einzelobjekten oder Produktreihen oder -systemen übersichtliches, die Funktion des Zusammenhangs betonendes Design. Seither ist der Begriff »Systemdesign« gebräuchlich, auch wenn es sich nur um einen Satz Stapel-Geschirr handelt, bei dem alle Teile aufeinander bezogen sind. Genormte Teile innerhalb von Serien tragen die Logik der rationalisierten Fertigung in die ästhetische Erscheinung der Produktwelt. Viele der zweckmäßig-einfachen, dabei oft bestechend knapp mathematisch definierten, klar konturierten und gegliederten Gegenstands- und Werkzeugformen haben für eine spätfunktionalistische Unterströmung im anonymen Massendesign der Sechziger und Siebziger Jahre gesorgt und sind nicht nur im BRAUN-Elite-Design (vgl. Ft. 14) marktgängig geworden. Aber die an der HfG in der Grundlehre und in der Entwurfspraxis entwickelten formalen Ordnungsprinzipien repräsentieren auch Objektivität und Kälte übergeordneten Funktionierens, wie sie sich in der Stadt- und Verkehrsplanung, im sozialen Wohnungsbau, im Großraumbüro oder am Schaltpult einer Fertigungsstraße zu manifestieren beginnen. Der Anspruch auf Lösbarkeit aller Planungs-, Integrations- und Kommunikationsprobleme durch wissenschafts- und methodologiefundierte Gestaltung wird einem Design übertragen, das über ästhetische Orientierungssysteme glattes Funktionieren *suggeriert*. Unter dem Sichtbaren steckt eine Handlungsanweisung für die Gewöhnung an eine Welt der Zwecke. Für MALDONADO ist industrielles Design »eine Tätigkeit, deren letztliches Ziel die Bestimmung der formalen Eigenschaften der von der Industrie hergestellten Produkte sein muß. Mit ›formalen Eigenschaften‹ sind nicht nur die äußeren Merkmale gemeint, sondern eher die strukturellen und funktionellen Beziehungen, die einen Gegenstand in eine verständliche Einheit umwandeln, welche vom Hersteller und Verbraucher gleichermaßen als solche angesehen wird« (zitiert nach FRAMPTON 1975, S. 33).

Eben die strukturell-funktionalen Elemente der Übereinstimmung von Produktion, Gegenstand und kollektivem Gebrauch sind es, die die vergegenständlichten formalen Ordnungen über ihre Brauchbarkeit hinaus wirksam machen – einerseits als gelungenen industriekulturellen Ausdruck, andererseits als Anpassung der Menschen an das rationelle System. Waren die Stahlrohrmöbel von MARCEL BREUER und MART STAM noch vorbereitende Symbolformen der technischen Kultur, so sind die Produkt-Reihen und Systeme der HfG Ulm in gleichförmiger Ausrichtung der Wahrnehmung und Handhabung schon verschärfter Ausdruck des fortgeschrittenen Anspruchs der Rationalisierung. Das Maß der Strenge wird absolut. Form

und Ordnung erheben den Anspruch objektiver Endgültigkeit und entindividualisierter Gesetzmäßigkeit auf einer möglichst mathematisch-exakten Berechnungsgrundlage: Computer-Design (noch) ohne Computer in emotionsloser Nüchternheit. In Programmtheorie und Lehrpraxis wird die Tendenz zur Reduktion des Ästhetischen auf eine ahistorische Semantik (auf die sich letztlich eine abstrakt-elementare, ›technische‹ Syntax des Gestaltens beruft) unterstrichen. Die Tendenz heißt Ausschaltung aller unberechenbaren Faktoren aus dem Planungs- und Gestaltungsprozeß, aber auch aus der Aneignungs- und Rezeptionsgeschichte des Gestalteten. Eine exakte ›Informationsästhetik‹ (vgl. BENSE 1971) verdrängt mit quantifizierenden Vereinfachungen die Komplexität der Ästhetik als einer philosophisch-anthropologischen Disziplin. Formalisierte Planungsmodelle schränken den Vorgang des Gestaltens »auf die Problematik der Konstruktion von Gittern und Netzen, der mathematischen Behandlung von Übergängen und Transformationen, der Entwicklung von Baukastensystemen bzw. der Konstruktion von regulären, halbregulären und irregulären Körpern« (KELLNER/POESSNECKER, S. 74) ein. Die Verwandtschaft produktionsökonomisch geforderter Abstraktionsleistungen und des Fremdwerdens ganzer Umweltsegmente durch bloße Planberechnung mit den hier entwickelten, sich teilweise auch verselbständigenden Entwurfsmethoden liegt auf der Hand.

Es muß Programmphasen in Ulm gegeben haben, in denen die dort praktizierte Organisationslogik, die bei HANNES MEYER am BAUHAUS schon einmal kurz aufscheint, jede historische, sozialkulturelle und psychologische Relativierung der Form verweigert hat. In dieser ausschließlichen Rationalität drückt sich verinnerlichte Zustimmung zu Lebens- und Entwurfsbedingungen aus, die in Ulm auch überwunden werden sollten im Sinne eines humanen Umweltentwurfs. Dieser Versuch verfällt dem Widerspruch zwischen funktionaler Optimierung und Entsinnlichung der Systeme. Design wird als umfassende Methode zur Einrichtung und Abstimmung industriell produzierter Umweltzusammenhänge verstanden, die als zeichenhaft reduzierte Orientierungsraster auf die menschliche Sinnlichkeit und das Verhalten einwirken sollen. Das Prinzip Rationalisierung greift unabweisbar auf das Ästhetische über. Es bleibt als schlackenloser Rest das ›Objektivierbare‹ einer scheinbar in allen ihren Wirkungen kalkulierten Funktionsform, die zum Superzeichen für das Funktionieren in der industriellen Welt schlechthin aufgebaut wird.

Darin produziert der Ulmer Neo-Funktionalismus bei aller Sparsamkeit der Mittel wie seine klassischen Vorläufer einen ›Stil‹. Er wählt eine *bestimmte* Darstellungsmöglichkeit der Zwecke aus; eine ästhetische Entscheidung mit Folgen für das Wahrnehmen und Handhaben der Dinge, die nüchternes Gebrauchen betont. Die HfG Ulm ist Lehrbeispiel des Versuchs zur Beherrschung der industriellen Ratio durch eine Form, die, eben dieser Ratio unterworfen, entgegen der Absicht zur Herrschaft der Funktionen über den Menschen beiträgt. Die Tragik des Scheiterns der Ulmer Lehre liegt also weniger in den politischen Umständen der Schließung der Institution als in der philosophischen und praktischen Unüberwindlichkeit dessen,

169 ›Unidata-Programm‹ (Zusatzeinrichtung für datenverarbeitende Anlagen). Alex Linder GmbH Nürtingen. Entwurf Thomas Maldonado mit Rudolf Scharfenberg und Gui Bonsiepe. (1964 in Zeitschrift »ulm«)

was zu überwinden gewesen wäre: »Einst figurierte das Aesthetische als Antizipation des Zustandes, der die Befreiung vom Zwang der Notwendigkeit beinhaltete. Dem Aesthetischen widerfuhr jedoch ein nicht vorhersehbares Geschick. Es zeigte sich, dass es sehr wohl repressiven Zwecken aufgesetzt werden kann. Die Formen der Herrschaft haben sich sublimiert. Im Zuge dieser Sublimierung wurde das Aesthetische – einst und immer noch ein Versprechen der Befreiung des Menschen – in Regie genommen von Herrschaftsinteressen und eben damit zur Gewinnung und Erhaltung von Herrschaft benutzt« (BONSIEPE, zitiert nach FRAMPTON, S. 36).

Gedacht war an »Produkte der Umwelt, die offene Systeme bilden für den reifenden und sich entwickelnden Menschen« (SCHAER 1981), produziert wurden wiederum ästhetische und praktische Zwänge. Auch darin ist die HfG Erbin des BAUHAUSES, dem dieses Scheitern an den Widersprüchen erspart geblieben ist. Doch

170 Gitterorientierte Schalenflächen (Versuchsformen für Beton-Bauelemente). Entwurf Walter Zeischegg. (1963/65 in Zeitschrift »ulm«)

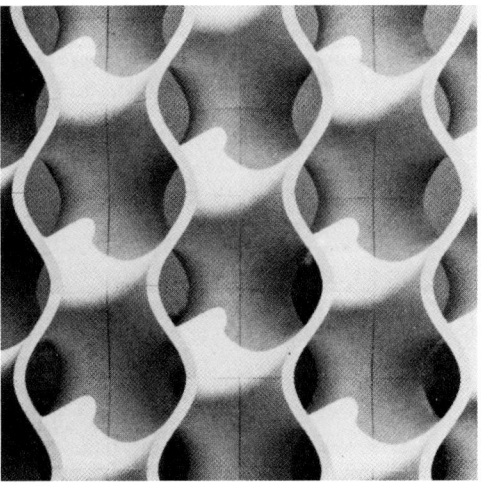

trotz aller »Wissenschaftsgläubigkeit« und »rücksichtslosen Vernunft« (OHL 1975) sind viele Ulmer Produkte sichtbare Beweise eines realutopischen Versuchs, der konjunkturverwöhnten Wachstums- und Überflußgesellschaft und ihrer Gedanken- und Bedenkenlosigkeit die Kraft einer ästhetischen und ökonomischen Sachlichkeit entgegenzusetzen: »Nostalgie, planned obsolescence, Pop-Art, Werbung als geheime Versuchung, oder Wegwerf-Produkte haben keinen Platz in der Ulmer Aussage gefunden« (OHL a. a. O., S. 22).

Die Produkte der Ulmer Schule erweisen sich in Varianten einer weicheren Sachlichkeit auch dem funktionsbetont durchgestalteten Formbestand der Fünfziger Jahre verbunden, der sich allmählich mit klassischen Beispielen aufgebaut hat. Aber der warenästhetischen Hemmungslosigkeit, die auch dem GOGGO-MOBIL noch die Heckflossen des Straßenkreuzers applizieren möchte und die jedes Gebrauchsding anspruchsvoll und voluminös erscheinen läßt, setzt die Ulmer Sachlichkeit entschiedenen Widerstand entgegen. Sie stellt die derzeit einzige Alternative gegen ein bloß profitorientiertes Design für den Massenverschleiß dar. In die Hand des Durchschnittskonsumenten gelangen die elitären Ulmer Entwürfe freilich erst in Ableitungsformen, zum Beispiel in Gestalt der Resopal-Einbauküchen der Siebziger Jahre, die es dann auch im Kaufhaus zu erschwinglichen Preisen gibt. BRAUN-Radios und -Plattenspieler gibt es um 1960 für den gutverdienenden, gebildeten Ästhetik-Snob (vgl. Ft. 14); in der Wohnstube des Normalverbrauchers steht ein dunkelbrauner Apparat, hochglänzend furniert, mit Messingleiste und magischem Auge.

Mit der Wendung gegen warenästhetische Hemmungslosigkeit, mit der Betonung des Gebrauchswerts und der Nähe zu Organisation und Technologie der Fertigungsverfahren kann der Ulmer Neo-Funktionalismus auch für ein

171　Teeservice 5000. VEB Jenaer Glaswerke Schott & Gen., Jena. Entwurf Ilse Decho, 1963

Wirtschaftssystem zum Modellfall werden, das auf Planbarkeit der Produktion, Haushaltung mit knappen Ressourcen, Modernisierung und Effektivität zu achten hat und das den Gesetzen eines scharfen internationalen Marktwettbewerbs unterliegt. Ähnlichkeiten des offiziell geförderten und propagierten DDR-Design mit der betonten Sachlichkeit aus dem Westen sind daher nicht zu übersehen. Auch wird die spätere Funktionalismus-Debatte in der DDR von den einst in Ulm ausformulierten Standpunkten nicht unberührt bleiben. HIRDINA (1988, S. 128) spricht vom »wissenschaftlichen Jahrzehnt der Formgestaltung« in der DDR und von Einbeziehung des Design in Prozesse der Rationalisierung.

War die Gute Form in der Bundesrepublik zunächst ideologisch und ästhetisch von Resten kunsthandwerklichen Traditionsdenkens und Anspielungen auf die WERKBUNDform beeinflußt, so können die Gestaltkriterien dieses Formtyps aufgrund der Ulmer Vorleistungen revidiert werden. Versuche zur Faktoren- und Gestaltanalyse treten an die Stelle des subjektiven Urteils. Funktion und Schönheit werden noch lange nach der Schließung der HfG als meßbare Größen verstanden (vgl. OHL 1977). Auch wenn der Versuch des Quantifizierens überzogen wirkt, eine Art Entzauberung bedeutet er immerhin. Fortan kann anspruchsvolle Formgebung nicht hinter ein Minimum rational erfaßbarer Entwurfsvorgaben, Funktionskategorien und überprüfbarer ästhetischer Wirkungen zurückfallen. Man weiß, wie man ›sachlich‹ zu gestalten hat, nicht nur das Einzelprodukt, sondern ganze Ausschnitte der indu-

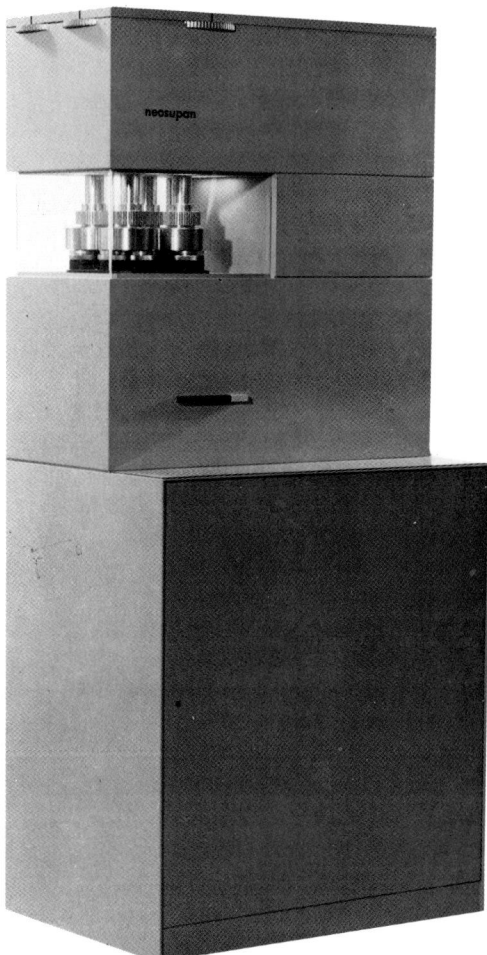

172 Anschliffmaschine ›Neosupan‹. VEB Rathe-
nower Optische Werke, Rathenow. Entwurf
Erich John, 1962

funktionsbetonten Formen der BRAUN AG fortgesetzt. Moderne Gesamterscheinungsbilder designbewußter Unternehmen spiegeln die in Ulm vertretene systematische Unterordnung aller Einzelheiten unter ein kommunikatives Prinzip ästhetischer Grundnormen. Systemdesign und produktions- und gebrauchslogisches Erfassen immer größerer Funktionszusammenhänge, für die genormte Einzelbausteine entstehen, entsprechen der neuen Auffassung von Brauchbarkeit, Austauschbarkeit, Übersichtlichkeit, Ergänzbarkeit, Kombinierbarkeit und Differenzierung der Produktwelt. Integrierbare, in Zweckbindung und Erscheinungsbild zueinanderpassende Gegenstands- und Werkzeugformen bestimmen in den Sechziger und frühen Siebziger Jahren das Design ganzer Produktfamilien im Konsumgüter- und Investitionsgüterbereich, von der Phono-Anlage über die Kücheneinrichtung bis zur Ausstattung von Büros. Der Avantgarde-Charakter zunächst vereinzelter ›designbewußter‹ Firmenstile verliert sich in einem epochalen Trend, in dem auch die Ulmer Anregungen schließlich verschwinden.

Dieser Neo-Funktionalismus ist – mit seinen warenästhetischen Einschlüssen des betonten Gebrauchswertversprechens – ein legitimes Kind der Rationalisierungsepoche. Die Produkte sollen Effektivität ausdrücken. Und was in der Produktionssphäre objektiv in der Neuorganisation der Arbeit und in den technischen Abläufen, in der Rationalisierung aller Mittel sich darzustellen beginnt, greift auf die Gestaltung der Produktionsinstrumente und Produktionsumwelten über: Zunehmend wird Arbeitsplatzgestaltung eine Aufgabe für Designer. Design wird allgemein verfügbares Mittel der Rationalisierung, sei es als Planungs- und Beförderungsmittel für den Warenumsatz, sei es als Optimierungsinstrument für Abläufe in der Produktion. Diese Entwicklung ist ökono-

striellen Welt, die mit dem Namen eines Herstellers oder Auftraggebers verschmelzen. Einheitlichkeit des Erscheinungsbildes ist leitendes ästhetisches Ziel der Ulmer Tradition. Nach den von HANS GUGELOT entwickelten Prototypen hat DIETER RAMS diesen Prozeß sparsamer Kenntlichmachung beispielhaft in knappen,

miegeschichtlich programmiert. Denn Systemdesign am Gebrauchsobjekt und Funktionsop-
timierung am Arbeitsplatz sind einander zuge-
wandte Ausdrucksformen fortschreitender
Taylorisierung des Lebens. Die Menschen werden als Gebraucher wie als Produzenten davon
erfaßt – in helfender, erleichternder Absicht
ebenso wie im Zuge einer Anpassung an das
verschärfte ökonomische Prinzip – in Ost und
West. Verrichtungen werden auf den wider-
spruchsvollen Nenner eines glatteren Verlaufs
und einer sinnlich-sinnfälligeren Vermittlung
dieses Verlaufs in der Erscheinungsform des
einzelnen Bausteins und des Systemganzen gebracht. Arbeitserleichterung, Übersichtlichkeit, Brauchbarkeit sind die Leitprinzipien
funktionaler Entwürfe. Aber gleichzeitig dringen – wie schon einmal in den Zwanziger Jahren
– die industriellen Haltungs- und Wahrneh-
mungszwänge ein Stück tiefer in die Lebenswirklichkeit ein.

Die HfG Ulm steht im Kontext dieser langen
Funktionalisierungsgeschichte, die ihr Ende
noch nicht erreicht hat. Wir leben nicht in einer
postindustriellen Gesellschaft und werden dies
wohl auch kaum je tun.

Das Problem, wie weit Design den Werk-
zeugfortschritt menschlich handhabbar machen
oder ihn nur objektiv ausdrücken und vermitteln kann, wird jede Industriegesellschaft wei-
terbeschäftigen. Der an den Ulmer Typen und
Produktsystemen auftauchende Widerspruch,
daß Design ein Mittel der kulturellen Zähmung
der Produktivkräfte und gleichzeitig ein Anpas-
sungsinstrument, ja sogar eine unbewußte Methode der Unterwerfung von Menschen unter
die herrschende Produktionslogik sein kann,
transzendiert die kapitalistische oder sozialistische Inanspruchnahme des Mittels und die Geschichte einer Institution, die wie das BAUHAUS
ein Mythos zu werden verspricht.

173 Blick in die Ausstellung »Gute Form«, veranstaltet vom Zentralinstitut für Formgestaltung der DDR
1964 in Stralsund

2 Designkritischer Komplex nach 1968: Warenästhetische Analyse, Funktionalismuskritik, alternative Konzepte. Beginn der ›Postmoderne‹. Zwei deutsche Alltagskulturen

Als die HfG Ulm 1968 geschlossen wird und Grundfragen industrieller Formbeherrschung entweder nicht mehr diskutiert oder den Institutionen und Berufsverbänden überlassen werden, beginnt eine schon in Ulm aufgenommene theoretische und politische Auseinandersetzung mit der Lebenswirklichkeit im Kapitalismus, gegen die auch Designkritik als Analyse eines Symptoms ihre argumentativen Strategien entwickelt.

Die Rekonstruktionsperiode ist endgültig abgeschlossen. Die Rezession 1966/67, erste Zweifel am bisher ungebremsten Wachstum, ökonomie- und gesellschaftskritische Analysen lösen die Naivität auf, mit der Design bisher eingesetzt und wahrgenommen worden ist. Die Anstöße der Studentenbewegung 1967/68 kommen zwar aus dem machtkonservativen Klima der Bundesrepublik und aus dem Protest gegen den US-amerikanischen Imperialismus. Die Produkt- und Warenkultur aber ist Symbol und Spiegel der Verhältnisse, Zweig jener »Kulturindustrie«, über die HORKHEIMER/ADORNO (1969) bereits seit den Vierziger Jahren nachdenken. Tendenziell kann die Produktkultur in diesem Theoriezusammenhang nur die gleiche Aufgabe der Entmündigung der Massen übernehmen, weil sich in ihr die gleichen ökonomischen Interessen und Entfremdungsmotive spiegeln. In seinen medialen Funktionen verfällt Design daher einer radikalen Kritik, die mit bisher ungekannter Schärfe gegen herrschende Auffassungen und Praktiken von Gestaltung vorgeht. Arbeit, Freizeit und Konsum werden unter Gesichtspunkten des Verwertungszusammenhangs (vgl. bereits HABERMAS 1954; 1956) als fremdbestimmte Teil-Lebensbereiche

dargestellt. Massenkonsum und die Mechanismen der Beeinflussung rücken zum Forschungsgegenstand auf (vgl. PACKARD 1958, 1961; DICHTER 1964; KATONA 1965; HANSEN 1969; MÖLLER 1970 usw.). Eine Umfrage des IDZ Berlin bringt kritische Experten-Stellungnahmen zur Praxis des Gestaltens (design?, 1970). Vor allem W. F. HAUGS »Kritik der Warenästhetik« (1971), gegründet auf die MARXsche Definition des Doppelcharakters der Ware, wird in ihrer theoretisch schlüssigen Ableitungslogik zum Instrument der Analyse von Bewegkräften und Wirkungen der Produktgestaltung im Westen.

Für die industrieverbundenen Designinstitutionen und die auftrag- oder lohnabhängigen Entwerfer ist die Unwiderleglichkeit der Tauschwertdominanz über den Gebrauchswert, letztlich auch die politisch-moralische Fundamentalkritik am Produzieren, Gestalten, Werben, Verkaufen und Konsumieren im Gefolge der Studentenbewegung, die auch die Designerausbildungsstätten erfaßt, unannehmbar. Denn Warengestaltung bleibt notwendig dem »Prinzip der Diskontinuität« (MÜLLER-KRAUSPE 1969) unterworfen, erkennbar an den Formen des Styling, die den Warenkörper verlockend machen und einander in immer neuem Wechsel ablösen. An dieser Praxis ändert sich nichts. Planned obsolescence, die künstlich beschleunigte Alterung des Produkts durch frühzeitigen funktionalen Verschleiß oder ästhetischen Verfall angesichts neuer Formen am Markt ist der zentrale Reizbegriff einer Kritik, an deren Rändern auch die Grundlagen der Planung und Gestaltung im Spätkapitalismus diskutiert werden (vgl. z. B. MALDONADO 1970).

174 BOSCH-Schlagbohrmaschine. Entwurf Designbüro Slany. Vom Rat für Formgebung in »Gute Form« 1969–1977 publiziert

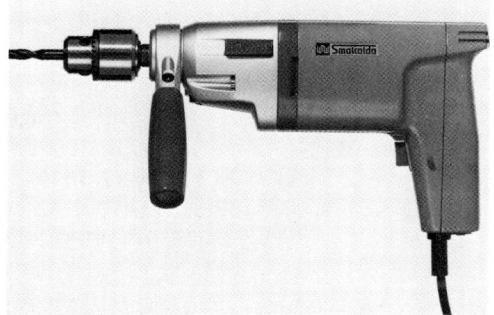

175 Handbohrmaschine HBM 480. VEB Elektrowerke Sebnitz. Entwurf Lothar Boese, Manfred Fischer, Gernot Krieger, 1972

Die Theoriediskussion koppelt sich von der herrschenden Praxis ab und leistet ideologiekritische Erkenntnisarbeit (vgl. z. B. KLAR 1968; KUBY 1971; FRIEMERT 1971; BÜRDEK 1971; SELLE 1973; HOLZINGER 1973; REXROTH 1974; HAUG 1975 usw.). Noch gibt es keine Alternative außer der Verweigerung von Praxis oder dem Engagement für Aufgaben der Gestaltung in der Dritten Welt (vgl. BONSIEPE 1972; PAPANEK 1972) oder für das nichtkommerzielle »kommunale« Design (vgl. MEURER/SELLE 1973).

Der designkritische Komplex hinterläßt ein Defizit an praktischen Orientierungsperspektiven, obwohl gerade nach solchen lange theoretisch bemüht gesucht wird (vgl. noch MEURER/ VINÇON 1983). Ausweitungen des Designbegriffs ins Sozialplanerische oder in die Empirie des Verhaltens wie bei der Theorie des »Sozio-Design« (BAZON BROCK/IDZ 1973–74) bleiben für ein Leben in der Produktkultur oder gar für dessen materiellen Entwurf praktisch folgenlos.

In der DDR ist Industrieformgestaltung in den Rahmen der Direktiven sozialistischer Planwirtschaft und Kulturpolitik theoretisch und ideologisch fest eingebunden. Die Unruhe im Westen bestärkt dabei eher die Festigkeit der Standpunkte, die sich in immer neuen Ansätzen auf den marxistisch definierten Fortschritt der Vergesellschaftung von Produktion, Konsum und Kultur und auf die ökonomische Notwendigkeit von Design beziehen lassen. Selbstkritik ist hier nicht angesagt, weder in der Designtheorie, noch gegenüber dem Konsum.

Zum designkritischen Komplex im Westen zählen aber nicht nur Aufklärung über Warenästhetik und Ablehnung des Konsumierens um der profitablen Produktion willen, sondern auch eine neue sozial-ökologische Sensibilität infolge anhaltender negativer Erfahrungen mit dem gewaltförmigen Funktionalismus, der die gebaute Umwelt noch konsequenter als die Produkte erfaßt. Zu unterscheiden ist hier die philosophische, soziologische und politische Kritik einer vom menschlichen Bedürfnis abgekoppelten Planungs- und Gestaltungsrationalität von der pragmatisch-ästhetischen Kritik an der Schlichtheit der Formen. »Verdoppelung der eiskalten Automatenwelt« (BLOCH 1955), »Subordination unter die Nützlichkeit« (ADORNO 1967) und die asoziale Rasterumwelt der neuen Städte, die das lebendige Individuum zum »wohnungsheischenden Abstraktum« (MITSCHERLICH 1965) stempelt, machen funk-

tionalistisches Denken im Prinzip suspekt. Die pragmatische Designdiskussion (vgl. NEHLS 1968; H. SEEGER 1968; MÜLLER-KRAUSPE 1969) interpretiert die »Krise des Funktionalismus« (MOLES 1968) auf der Oberfläche. An die Stelle der politisch-ökonomischen, ökologischen und psychologischen Kritik am Gebauten und Produzierten tritt die Forderung nach Anreicherung des Entwurfs mit emotionalisierenden ästhetischen Komponenten. Das geschieht nicht unbeeinflußt von deren warenästhetischer Vereinnahmbarkeit. Es ist eine Funktionalismusdebatte der Praktiker, die den Paradigmenwechsel vom Sachlichkeitsstandpunkt zu neuen Formen der verkäuflichen Anschmiegsamkeit legitimiert. Zugleich wird damit eine Antwort auf das Scheitern spätfunktionalistischer Entwürfe an den Bedürfnissen und Erwartungen gegeben, die sich zunehmend nicht nur in Wohnsilos stillgelegt, sondern auch im Supermarkt oder im Freizeit-Center mit der Anonymität immer ähnlicher werdender technischer Produkte, Einrichtungen und Beschäftigungen konfrontiert sehen.

Die »Krise des Funktionalismus« ist eine Krise des Design, die die westdeutsche Praxis des Entwurfs durch Ausweichen in neue Anschmiegsamkeiten des Warenkörpers oder durch Strategien des ästhetischen Differenzierens löst. Nur in Italien reagiert ein Avantgarde-Design, frei von ideologischen Bindungen an den Funktionalismus und institutioneller Abhängigkeit, auf die neue Situation sichtlich radikaler. Im sogenannten Radical Design oder Conter Design (vgl. RAGGI 1973) bricht Mitte der Sechziger, Anfang der Siebziger Jahre der Hang zur spielerisch-ironischen Befreiung der

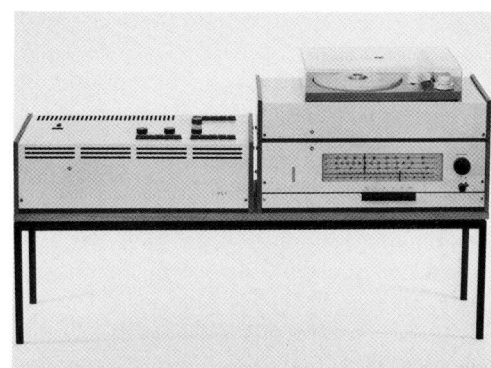

177 ›Heliradio‹-Bausteinserie rk 3. Gerätebau Hempel KG, Limbach-Oberfrohna/DDR. Entwurf Clauss Dietel und Lutz Rudolph, 1965

Form von der Pflicht zur reinen Brauchbarkeit durch. Vor allem in Entwürfen für Wohnobjekte wird die Form programmatisch von der Bindung an den Zweck befreit; ein neuer, bewußt provozierender Symbolismus leitet – von heute aus gesehen – in Italien eine Art ›Proto-Postmoderne‹ ein, in der sich schon vordefiniert, was in den Achtziger Jahren als Bruch mit der Tradition der Moderne in Erscheinung treten wird.

Solche radikalen Absagen an die Norm des Nützlichen und das Vokabular des Funktionalismus sind in der Bundesrepublik der Siebziger Jahre undenkbar, erst recht für die DDR. Seit dem BAUHAUS und der HfG Ulm sind vom deutschen Design keine international wirksamen ästhetischen Impulse mehr ausgegangen. Das brave, brauchbare Durchschnittsprodukt entspricht der Erwartung. Die Doktrin der Funktionsästhetik wandert (vor allem im Westen) allmählich in das Investitionsgüterdesign ab, wo sie ihre quasi natürlichen Aufgaben sieht. In der Konsumgütergestaltung gibt es noch eine Tendenz zur bewußt inszenierten Kargheit für Techno-Freaks an teuren Apparaturen; der Funktionalismus degeneriert zum Styling oder verschwindet im gewöhnlich schö-

176 Elektrisches Handrühr- und Mixgerät ›Komet‹ RG 5. VEB Elektrogerätewerk Suhl. Entwurf Christa Petroff-Bohne, 1966

nen Design. Zwar werden noch Rettungsversuche unternommen. Der Begriff eines »erweiterten Funktionalismus« (GROS 1973) plädiert für Hereinnahme ästhetisch-emotionaler Momente in das Gefüge der Zwecke, ein Vorgang, im Massendesign alltäglich, der nun darstellbar und kalkulierbar werden soll. Aber der Verfall des funktionalistischen Primats in der Entwurfslehre ist nicht aufzuhalten. Nur in der DDR können weder die fundamentale, noch die pragmatische Kritik am Funktionalismus, noch dessen Auflösungserscheinungen unmittelbar nachvollzogen werden. Schließlich ist hier das ›Erbe‹ der BAUHAUSlehre kaum angetreten; die politische, weltanschauliche und moralische Selbstabgrenzung gegenüber den Kapriolen der kapitalistischen Produktkultur spricht für ein Festhalten an gesicherten Werten. Zudem verpflichtet die historische Verbundenheit des klassischen Funktionalismus mit sozialistischem Denken auf das bewährte und für eine effektive Industrieformgestaltung geeignete Prinzip. Was unter dieser Devise im Spektrum vorbildlicher, staatlich geförderter Investitions- und Konsumgütergestaltung der DDR entsteht, kann deshalb nicht nur mit dem im Westen propagierten »good design« konkurrieren, sondern auch als sozialistische Errungenschaft interpretiert und fortgeschrieben werden (vgl. KELM 1971; KUHIRT 1983).

Die funktionalistische Tradition (vgl. Ft. 16) wird hier lange verteidigt und als eine der sozialistischen Gesellschaft angemessene Darstellungsform der gegenständlichen Kultur interpretiert: »Tatsächlich bedeutete der Funktionalismus – als Programm und Methode, nicht als Stil gefaßt – utopische Vorwegnahme einer nichtkapitalistischen Ordnung der Beziehung zwischen Mensch und gegenständlicher Umwelt. Richtig verstanden, geht der Funktionalismus nicht auf im kapitalistischen System, bestätigt dieses nicht, sondern überschreitet es.

Bei BANHAM, NEHLS und anderen wird es deutlich: Adäquate ästhetische Gestaltungsmethode im staatsmonopolistischen Kapitalismus – zumindest in seinen relativ stabilen Phasen – ist die Vermodung der gegenständlichen Umwelt, ist Styling, nicht aber funktionale Gestaltung« (KARIN HIRDINA 1975, S. 12).

Dennoch hat eine tastende, vorsichtig geführte Diskussion über Möglichkeiten ästhetischer Produktdifferenzierung in der DDR zu dieser Zeit schon begonnen (vgl. z. B. form + zweck 1/1974). Modische Aspekte und die damit verbundene ästhetische Kurzlebigkeit von Konsumgütern widersprechen zwar der Knappheit der Ressourcen und der sozialistischen Standfestigkeit gegenüber den Verlockungen des westlichen Konsums; aber schließlich scheinen Bedenken gegenüber einer Aufweichung streng funktionalistischer Gestaltungskriterien weitgehend beseitigt (vgl. Ft. 17). Nach dem Programmentwurf des IX. Parteitags der SED – unter Hinweisen auf die von MARX als Ausdruck der Gesellschaftlichkeit der Bedürfnisse definierten Bedeutung individueller Konsumtion – wird für die »volle Breite ästhetischer Ausdrucksmöglichkeiten« plädiert (H. HIRDINA 1976). Der programmatischen Erklärung schließt sich eine Übersicht dekorativer und funktionaler Entwürfe von der Tapete bis zum Moped an. Modischer Bedarf wird als legitim anerkannt; ab Mitte der Siebziger Jahre werden – mit angestrengten Bemühungen um den öffentlichen Wohnungsbau bis heute verbunden – Einrichtungsgegenstände und Möbelprogramme zu aktuellen Designthemen in der DDR.

Frei flottierende Warenästhetik in der Bundesrepublik, die Wünsche weckt und kanalisiert, Breite des ästhetischen Ausdrucks als Forderung für den sozialistischen Entfaltungsanspruch in der DDR – es steckt hinter der marktwirtschaftlichen Programmlosigkeit wie hinter der planwirtschaftlichen Einführung des ästhetischen Differenzierens letztlich auch ein populistisches Motiv. Inzwischen hat sich der Alltag hier wie dort in seinen Sozialprofilen, Ritualen, Traditionen, Mode-Adaptionen und Schönheitsnormen ausgeformt. Die vielgescholtene ›kleinbürgerliche‹ Konsumkultur bildet hier wie dort in all ihrer Fragwürdigkeit lebensweltliche Bezugssysteme aus, die sich mit Alltagshandeln und Erfahrungsgeschichte füllen. In diesen gelebten Kulturen der gewöhnlichen Gemütlichkeit, in denen die Warenästhetik ihre Kolonialisierung der Bedürfnisse oder der Mangel das Wünschen betreiben, verschwindet nicht nur alles ›gute‹ Design. Vor allem das ganz ›falsche‹ erscheint hier integriert, findet plötzlich in aller Widersprüchlichkeit seinen rechten Platz. Mit der Normalisierung des Konsums lehrt die soziale Aneignungsgeschichte des gewöhnlichen Massenschönen, wo in beiden Republiken populäre Designgeschichte gemacht wird: Im Gebrauch gerade *nicht* von den theoretischen und institutionellen Gestalterwartungen geprägter Produkte werden Beziehungen ausgelebt und findet soziale Kommunikation statt. Üppigkeit, Dekor, anonymes, doch immer reiches Design spielen dabei eine bedeutsame Rolle. Der Stahlwerker in Oberhausen und der Baggerführer in Bitterfeld könnten sich über das Repräsentativ-Praktische

178   Rosenthal-Service ›Drop‹. Entwurf Luigi Colani, 1971

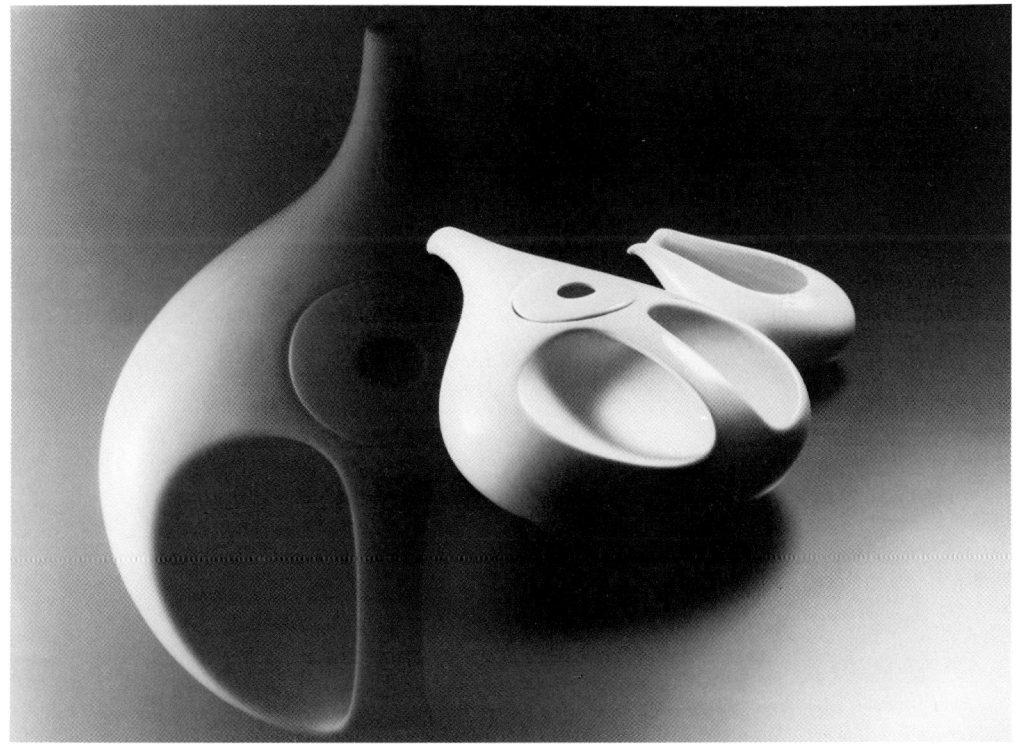

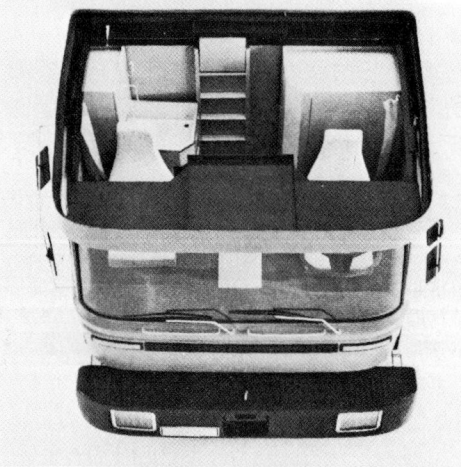

einer plastikfurnierten Schrankwand oder die Schönheit einer Polstergarnitur leicht verständigen. Oft stammen die im Westen angeschafften Stücke sogar aus einem volkseigenen Möbelkombinat; auch auf das Automobil könnte man sich einigen. Das wäre allerdings ein im Westen hergestelltes; in wichtigen Teilbereichen der technoästhetischen Konsumkultur erweist sich das sozialistische Produkt bis heute im Massenurteil als unterlegen.

Teilhabe- und Individuationsbedürfnisse erzwingen auch im Sozialismus eine Öffnung des Kriterienrahmens und der Zielorientierungen für das Konsumgüterdesign – mit steigendem Erfolg bis heute, trotz Rückstands der Warenvielfalt und der Durchschnittsqualität. In beiden Gesellschaften wird ein Massenanspruch unabweisbar, dem sich auch die Designinstitutionen, nicht nur die Marketingstrategen oder die Wirtschaftsplaner beugen müssen. In der Bundesrepublik sehen sich Designer zunehmend vom Druck der Kritik entlastet, wenn sie

179 Modell für Führerhaus mit Fahrerkabine eines Fernverkehr-LKW. Entwurf Ulrike Penkert. Bundespreis »Gute Form«, 1976/77

180 BRAUN-Tuner T 301. Entwurf Dieter Rams und Peter Hartwein, 1978

nicht nach den Normen der Offizialkultur entwerfen. Auch eine zunächst ausgegrenzte Figur wie Luigi Colani rückt Ende der Siebziger Jahre in ein anderes Licht. Plötzlich findet man seine praktischen Verbesserungsvorschläge in schwungvoller Linienführung durchaus erwägenswert. Colani begeht später sogar den bewußten Fauxpas, mit Entwürfen für dekorative Lampen im Massengeschmack dem anonymen, von jedem ›besseren‹ Wissen verachteten Gewöhnlichdesign nachzueifern.

Doch nicht nur die pragmatisch-populistische Kritik am Funktionalismus hat Folgen. Auch die am Zusammenhang von Produktionszielen und Konsumgebaren und den gesellschaftlichen Wirkungen des Waren-Überflusses ansetzende Fundamentalkritik setzt ab Mitte der Siebziger Jahre theoretische und praktische Alternativen frei. Während in der DDR noch immer Argumente für mehr und schöneren Konsum formuliert werden, gibt es in der Bundesrepublik erste zaghafte Versuche einer theoretischen Neubestimmung der Designziele im gesellschaftlichen Gesamtinteresse und erste, praktische Aussteiger aus der warenästhetischen Professionalität. Man entdeckt den Mangel an Entwurfsbemühungen im Bereich öffentlicher Investitionen, vergleicht die Situation mit der »Diskrepanz zwischen privatem Wohlstand und öffentlicher Armut«, fordert »Bedürfnisforschung« im Sinne neuer soziologischer Aufmerksamkeit gegenüber den realen Konsumverhältnissen und plädiert für eine »Förderung und Auszeichnung von umweltfreundlichen Produkten und Produktionsmethoden« (Andritzky/Burkhardt/Lindinger 1975).

Die Ökologieproblematik beginnt, auf die Designtheorie durchzuschlagen und die primäre Kapitalismuskritik zu überlagern. Die Energiekrise Mitte der Siebziger Jahre macht neue Abhängigkeiten des Produktionssystems deutlich, die schockartig das Bewußtsein gegenüber der Verschleißgestaltung schärfen. Das Hauptinteresse der Kritik gilt nun nicht mehr der unauflöslichen Bindung von Unternehmensinteressen, Warengestaltung und Werbung, wofür es eindringliche Beispiele gibt (vgl. z. B. Rost 1971), sondern der Umweltfreundlichkeit des Produzierens und Gebrauchens, der Schonung der Ressourcen und der sozialen Handhabe des Gestalteten beziehungsweise der Nichtbeachtung dieser neuen gesellschaftlichen Wertkriterien, denen das Design sich unterwerfen soll.

Lucius Burckhardts 1977 erhobene Forderungen an ein demokratisch-zivilisiertes Massenprodukt sind programmatische Verweise auf die ökonomische, soziale und ökologische Vernunft: »Besteht es aus Rohstoffen, die ohne Unterdrückung gewonnen werden? Ist es in sinnvollen, unzerstückelten Arbeitsgängen hergestellt? Ist es vielfach verwendbar? Ist es langlebig? In welchem Zustand wirft man es fort, und was wird dann daraus? Läßt es den Benützer von zentralen Versorgungen oder Services abhängig werden, oder kann es dezentralisiert gebraucht werden? Privilegiert es den Benützer, oder regt es zur Gemeinsamkeit an? Ist es frei wählbar, oder zwingt es zu weiteren Käufen?« (Burckhardt 1985, S. 55).

Mit der Verbreitung subkultureller Lebensformen und dem erwachenden Umweltbewußtsein werden auch Praktiken des Selbergestaltens in bewußter Entgegensetzung zur herrschenden Konsumkultur und zum perfektionistischen Fertigdesign akut. Eine neue öko-ästhetische Kreativität schafft sich ihr eigenes Design – vom Hochbett bis zum Hüttendorf. Vor solchen subkulturellen Hintergründen entwickelt beispielsweise die Offenbacher Des-In-Gruppe ab 1974 Vorschläge, aus Industrieabfällen brauchbare und schöne Dinge zu machen. Es ist eine leise Praxis des Protests, ein Schattendesign in den Nischen der Industriegesell-

181　Hüttendorf-Architektur bei Gorleben, 1979

schaft, keine Alternative fürs Ganze. Aber vom Sofa aus alten Autoreifen, von den Teekisten-Möbeln und Lampen aus gebrauchten Blechen (vgl. MÜLLER 1977) geht eine zeichenhaft-stille Wirkung aus. Auch wenn die Vorbilder vor allem Kunsterzieher und Gymnasiasten zu Nachformungen inspirieren, steckt in der Idee eines Recycling-Design nach Kompetenz und Vorstellung des Gebrauchers eine gewisse Konsensfähigkeit. Nicht nur der professionellen Glätte der Waren, der Verschwendung, auch der Arroganz des Designers gegenüber dem Gebraucher wird eine Absage erteilt. Das Prinzip ist in der sich ab Mitte der Siebziger Jahre entfaltenden alternativen Produktionsszene verankert. (LÖBACH [1983] hat später Beispiele für ein Eigendesign von Gebrauchern, vor allem aus der Dritten Welt, in einer Sammlung

von »Alternativen zur fremdbestimmten Massenproduktkultur« zusammengefaßt.)

Doch auch im Feld traditioneller Freizeitnutzung entwickeln sich Verhaltensweisen, die sich gegen das professionelle Fertigdesign richten. Was mit dem Anschwellen der Do-it-yourself-Bewegung und dem Boom der Bau-Märkte, überhaupt in der privaten Gestaltungslust, entsteht, ist selten dargestellt und ernstgenommen worden (vgl. OSTERWOLD 1981). Im Westen mag diese subindustrielle Alternative sozialproduktiven Verhaltens durch das reiche Angebot von Heimwerker-Maschinen, Rohstoffen und Halbfertigfabrikaten, in der DDR eher durch die Phantasie der Findigkeit bestimmt sein, wo man so etwas herbekommt. Es ist eine zweite Ökonomie mit erkennbar ästhetischem Charakter, die nicht nur von vielen

Industriezweigen ausgebeutet wird, sondern auch volkswirtschaftliche und kulturelle Werte schafft. Im West- wie im Ostalltag handelt es sich um produktive Bedürfnisse und Tätigkeiten, in denen das Gestalten fast von selber mitgelernt wird. Mit eigenem Werkzeug wird eine Produktion betrieben, die ästhetische Qualitäten freisetzt, auch wenn die fremdbestimmten Leitbilder des Schönen dabei nicht aufgebrochen werden. Es werden Kompetenzen zurückerobert, auch wenn dieses ›Design‹ wenig ökonomisch und oft auch nicht gerade umweltfreundlich ist. Es bildet, zusammen mit den bewußten Design-Alternativen, Strukturen einer zweiten produktiven Massenkultur innerhalb der ersten passiven des Konsums. Beide sind Volkskulturen des Banalen: Das Schöne zu kaufen und zu genießen so gut wie sich das Schöne selber zu machen. Jenseits aller Konsum- und Kulturkritik (oder ihrer Reichweite) erfüllen sich Momente lebenspraktisch realisierbarer Identität. Man identifiziert sich mit Produkten, die man sich leisten, und mit solchen, die man selber herstellen kann.

Die Forderungen des Offizialdesign und der Erziehung scheitern vor allem an diesen beiden Kulturen alltäglicher Erfahrung, die eine lange Sozialgeschichte des Aufbaus produktiver und rezeptiver Fähigkeiten hinter sich haben. Ästhetisch kompetent handelt schließlich auch, wer im Billigkaufhaus einen Kronleuchter erwirbt oder wer alte Reifen so aufzuschneiden und zu biegen weiß, daß schwanenförmige Blumenkübel daraus entstehen. So liegt eine der bisher mißachteten Quellen des Widerstands gegen die zwanghafte Moderne in nicht minder zwanghaften ästhetischen Normen des Massenkonsums und im eigensinnigen praktischen Umgang der Leute mit dem Werkzeug und dem Zeug, das sich in der Konsumkultur findet. Ein zweites Moment der Überwindung der Normen des modernen Funktionierens ist der sanfte

Hedonismus der ökologischen Aussteiger mit ihren handwerklichen Eigenproduktionen. Ein drittes Element scheint in den Übertreibungen auf, die sich die entwickelte Konsumkultur trotz aller Uniformität leistet – im Wohnzimmer-Springbrunnen aus farbig-transparentem Plastikmaterial oder in der absurden Stehlampe, einer Palme aus Kupferblech. Hier ahnt man die ›Postmoderne‹, während sie noch bewußtlos-banal, sozusagen naiv produziert und angeeignet wird. Es bedarf nur eines Anstoßes, bis die Szene des Blühend-Gewöhnlichen als vor Augen liegende Sammlung ästhetischen Rohmaterials, als Anreiz einer die Enge der Moderne überwindenden, die Sinnlosigkeit zum Sinn stilisierenden Entwurfs-Euphorie ›postmoderner‹ Gestalter werden kann.

Die Auslöserfunktion übernimmt das neue italienische Möbeldesign, das bereits auf eine

182   Lampe aus gebrauchten Offset-Blechen (Abfall) mit Betonsockel. DES-IN-Gruppe Offenbach, 1977 veröffentlicht

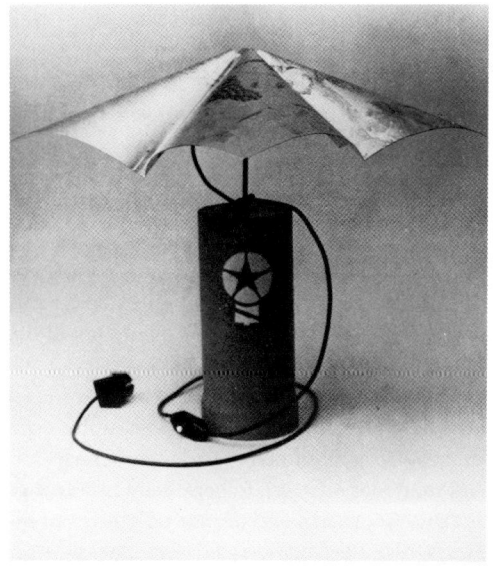

eigene Tradition der Brüche mit geltenden Normen der Moderne zurückgreifen kann. (Die Vorgeschichte in Italien einschließlich der Theorie der Camp-Ästhetik [vgl. SUSAN SONTAG 1980] und den Ansätzen der Pop-Art in USA ist bei FISCHER [1986] übersichtlich dargestellt.)

Insgesamt ist ›Postmoderne‹ ein industrie- und architekturgeschichtlich, sozialpsychologisch und ästhetisch-philosophisch schillernder Begriff (vgl. WELSCH 1988). Die Bezeichnung faßt allgemeine und gattungsspezifische Verhaltens- und Reaktionsmuster zusammen, die zunächst in neuen Formen der Architektur in Erscheinung treten. Den Architekturvorbildern am engsten verpflichtet sind neue Formen im Techno-Massendesign, die sich von vorherrschenden funktionsästhetischen Leitbildern lösen und als Warenformen signalisieren, daß sie moderner als die Moderne sein wollen. Im Möbeldesign setzt sich der Einfluß der verspielt-provokativen italienischen Avantgarde teils in industriellen Serien, teils in Einzelfertigungen junger Designer durch. In demonstrativen Hinwendungen zum kunsthandwerklich-künstlerischen Unikat kommt teils ein epigonaler Nachahmungsdrang, teils ein neuer, alle Vorbilder hinter sich lassender Materialexpressionismus zum Zuge. Deshalb kann man von einer für die Bundesrepublik und Westberlin charakteristischen Sonderentwicklung sprechen, die sich von den italienischen Einflüssen freigearbeitet hat (vgl. BORNGÄRBER 1989). Dennoch kommen die Anregungen für den neuen radikalen Subjektivismus der Form vor allem aus dieser Quelle.

Während die italienische ›Proto-Postmoderne‹ und Vorläufer in der Bundesrepublik einst kaum wahrgenommen wurde, gewinnen die Arbeiten der seit 1976 bestehenden Gruppe STUDIO ALCHIMIA und der seit 1981 existierenden Mailänder MEMPHIS-Gruppe nachweisba-

ren Einfluß. Die neue, von industriellen Zwängen scheinbar befreite, künstlerisch orientierte Haltung zum Entwurf bezieht sich deutlich auf die MEMPHIS-Objekte von ETTORE SOTTSASS (vgl. RADICE 1985) und auf die Theorie des »Banal-Design« von ALESSANDRO MENDINI (vgl. MENDINI 1981).

Um 1985 gelangt eine Fülle spektakulärer Einzel- und Gruppenleistungen deutscher Künstler-Designer in die Medienöffentlichkeit. Dabei sind berufssoziologische und ästhetisch-ideologische Unterschiede gegenüber den Anregern zu beachten. In Italien sind es arrivierte Industriedesigner, die sich früh auf formale Experimente mit heterogenen Materialien und auf ein ironisches Spiel mit den Klassikern der Moderne einlassen. Ihre Provokation liegt im scheinbar konsequenten Bruch mit der Funktionsmoderne, die Entwürfe wirken intellek-

183 Bauhaus-Stahlrohrsessel (Marcel Breuer 1925/26) im ›Redesign‹ für Studio Alchimia. Entwurf (Unikat) Alessandro Mendini, 1978

tualisiert, elegant und modisch in ihrer Professionalität. Bei den jungen deutschen Design-Künstlern spricht der existentielle Hintergrund der Arbeits- und Auftragslosigkeit mit; er schafft künstlerisch-individuelle Freiheit, trennt aber nachhaltig von Mitgestaltungsmöglichkeiten an der Industriekultur (vgl. Schöner Wohnen 9/1986). In der Hoffnung auf persönliche Erfolge entsteht einerseits der Zwang zur ästhetischen Auffälligkeit und Unverwechselbarkeit, andererseits schwingt in den heftigen Verfremdungen die Erwartung mit, daß das Absurde in eine neue Qualität der Dinge umschlagen und sich so die eigene Arbeit mit Sinn füllen werde.

Mit direkten Nachahmern der italienischen ›Postmoderne‹ (vgl. Ft. 19) haben die künstlerisch-expressiven Sinnsucher nur gemeinsam,

184 Bücherregal, Holz, verschiedenfarbig laminatbeschichtet. Entwurf Ettore Sottsass für MEMPHIS, 1981

daß auch sie in den industriellen Material- und Trivialkulturen einen bislang unentdeckten Reichtum von Ausdrucksmöglichkeiten wahrnehmen. Auch sie bemächtigen sich vorgefundener Entwürfe oder des Fundus von Halbfertigfabrikaten nach der Methode der Collage, der verfremdenden Montage und des Zitats, um das »Ende des Funktionalismus« (vgl. WICK 1983), das um 1968/70 schon einmal ausgerufen worden war, in knallig-bunten, romantisch-verspielten, rauh-entzweckten oder punkigen Formerfindungen zu besiegeln (vgl. Ft. 20 und Umschlagrückseite).

Westdeutsche und Westberliner Gruppen oder einzelne »Gesamtkunstgewerbler« (SCHNEIDER-ESLEBEN 1986) sparen sich die Übergänge, die es im italienischen Möbeldesign von 1965 bis 1981 gab, um sich gleich an die Spitze des Protests gegen alle gültigen Design-Normen zu setzen. Plötzlich gibt es eine kunstgewerbliche Avantgarde, allerdings nur für einen Bereich des Design, der immer schon dem subjektiven Einfall offener war als andere Entwurfsfelder des Alltags. Möbeldesigner kann nun jeder werden, der einen Einfall hat, der sich von anderen unterscheidet und sich in einer Design-Galerie wie ein Kunstwerk präsentieren läßt. So befreien die Produzenten dieser »Zwitter aus Kunst und Gewerbe« (LECATSA 1986) sich von allen traditionellen Wertvorstellungen des modernen Design, um die Protestgebärde zu stilisieren. Das MEMPHIS-Syndrom grassiert und setzt eine neue »Bruch-Ästhetik« (FISCHER 1984) frei, der überraschend ausdrucksstarke oder ironisierende Formen gelingen.

Zum Beispiel den unter dem Berliner Entwerfer-Pseudonym STILETTO entwickelten Sessel mit Namen »Consumer's Rest«, an dem das Prinzip des Zitats und der Brüche vielschichtig zum Zuge kommt. Zitiert wird nicht nur das Ding, der Supermarkt-Einkaufswagen, von dem allein in der Bundesrepublik über fünf Mil-

lionen im Einsatz sein sollen (vgl. ALBUS 1986), sondern auch sein Gebrauch, beides in der Verfremdung. Der Korb ist vorn aufgeschnitten, das Gitter gerundet weggebogen, damit man darin sitzen kann – aber vielleicht ist es nur ein Objekt zum Betrachten. Denn nun ist der Supermarkt im Wohnzimmer präsent (freilich nicht in dem der Massen) – das modische Unikat macht im ironischen Reflex ›salonfähig‹, was massenhaft jeden Tag zwischen musikberieselten Endlos-Einkaufsstraßen hin- und hergeschoben wird. Das Objekt arbeitet mit dem Widerspruch von Individualisierung und Massenhaftigkeit. »Consumer's Rest« ist aber auch Symbol der gebrochenen Beziehung zur Designgeschichte. Die erste industrielle Revolution erlaubte den unbegrenzten Griff auf das Naturmaterial (THONET), die zweite brachte das Halbfertigfabrikat aufs Montageband (BREUER), die dritte macht es möglich, das Automatenprodukt handwerklich zum Künstler-Unikat (STILETTO) zu verschrotten. Vor-Moderne, Moderne und Nach-Moderne sind in den drei Beispielschritten als historische Haltungen gegenüber Produktion und Produkt identifizierbar. Was ist auf diesem langen Weg zwischen THONETS Modell Nr. 14 und dem STILETTO-Objekt geschehen? Aus dem vergesellschafteten Gebrauchswert (alle besitzen – der Idee nach – ein einfaches Ding zum täglichen Gebrauch) ist ein elitär-individueller Gegenstand geworden, der allen gesellschaftlichen Gebrauch denunziert. Der eigentliche Nutzen und Zweck eines Dings wird aufgelöst zugunsten eines entsozialisierten, scheinbar auch entindustrialisierten Genusses. Wer in »Consumer's Rest« sitzt (oder auf irgendeinem anderen Stuhl der ›postmodernen‹ Avantgarde), sitzt zwar nicht sonderlich bequem, meint aber ›über

den Dingen‹ zu schweben, das heißt der Produktionsgeschichte und dem Massenkonsum entkommen zu sein, oder er genießt ironisch die Unaufrichtigkeit seiner Haltung.

Gebrauchspsychologisch wird die früh begonnene Linie teils abgebrochen, teils weitergezogen. Der einfache THONETstuhl setzte seinen ›Besitzer‹-Typus bei aller Vor-Anpassung an die zu erwartende industrielle Norm in den Stand eines egalitären Massengebrauchs. BREUERS Stahlrohrsessel brachte die Elastizität industrieller Haltungen auf die Formel eines maschinenartigen Katapults, doch kommt darin nur die industrielle Elite zum Sitzen. Wer sich in STILETTOS Einkaufswagen-Objekt setzt oder es sich demonstrativ in die Wohnung stellt, handelt nicht viel anders, indem er sich von der Masse durch den Besitz der besonderen Sache unterscheidet. Er gibt aber zugleich kund, wie er mit dem industriellen Primärobjekt und seinen Zwängen umzugehen gedenkt. Im komplexen Aneignungsakt bleibt – mit dem realen Rest des industriellen Ursprungsprodukts – auch ein Rest industrieller Abhängigkeit sichtbar. Der Stand der Produktionsgeschichte wird einerseits akzeptiert, andererseits wird er überspielt, was nur im künstlerischen Akt der Verfremdung gelingt, den der Urheber des Objekts vorexerziert und den dessen ›Besitzer‹ nachvollzieht.

Man wird solche Urheber nicht Designer im Sinne von Produzenten massenhaft reproduktionsfähiger Entwürfe nennen können. Dennoch mischen sie sich mit ihren Objekten teils erhellend, teils verwirrend in die Designdiskussion ein. Auch Einzel-Kunstobjekte wie der zyklopenhaft zusammengeschweißte Eisenstuhl von PETER SCHMITZ (Ft. 20) oder der Kellerfenster-Schrank aus Eisengitter und Beton auf Buchenholzstämmen von HOLTHÖFER/KUFUS leben vom gebrochenen Bezug zur industriellen Welt, der sie verbunden bleiben noch im

185 Lounge Chair »Consumer's Rest«, No. 6/1984 von STILETTO. Besitz des Künstlers

186   BRAUN-Hifi-Anlage. Entwurf Peter Hartwein/BRAUN-Produktgestaltung 1983

187   Keller-Fenster-Schrank, Eisengitter, Beton, Buchenäste. Ulrike Holthöfer und Axel Kufus, 1985. Besitz ▷
der Künstler

Versuch der Distanz. Diese Objekte faszinieren und hinterlassen zugleich Ratlosigkeit. Durch die Rückkehr zur Kunst schließt sich zwar ein historischer Bogen, der im frühen Jugendstil beginnt. Doch dieser Bogen schließt auch historisch kurz. Damals schien die Künstler-Rolle noch einmal neu im Verständnis gesellschaftlicher Funktionen deutbar. Heute ist die einzelkünstlerische Attitüde – wenn sie nicht schon den Lifestyle-Moden angehört – allenfalls das expressive Muster einer individuellen Existential-Ästhetik privater Ausflüchte oder intelligent-gebrochener Reaktionen auf die Industriekultur. Sie spiegelt die Massensehnsüchte nach Entlastung nur verzerrt oder gar nicht. Trotzdem geben gerade diese Objekte, die nicht reproduktionsfähig und verallgemeinbar sind, zu denken. Die Regression zur Kunst erscheint wie ein verzweifelter, zugleich reflektierender, bewußtseinsbildender Akt – auch wenn dies keine Alternative zur Designpraxis bedeutet.

Man ist irritiert vom elitären Künstler- und Aussteigergestus, zugleich eingenommen von der Möglichkeit, die Dinge in einer Verbindung von Kunst und Design anders und kritisch zum Sprechen zu bringen. Man kann der Regression in die Rolle des Künstlers nicht zustimmen und muß sie doch als Ausdruck eines Wunsches nach Befreiung akzeptieren, ja sich eingestehen, daß man diesen Wunsch selber verspürt. So antworten heute Künstler-Designer anstelle des Offizial- und Massendesign auf den Verlust persönlicher Identität im Entwerfen und Gebrauchen. Es werden Antworten auf die Designlage gegeben, keine Lösungen vorgeschlagen. Wie das STILETTO-Objekt zeigen vergleichbare Formfindungen unmißverständlich an, daß mit der ›Postmoderne‹ nicht bloß eine neue Warenmode, sondern eine tiefe Ratlosigkeit begonnen hat, wie alles, nicht nur Design, weitergehen soll. Nicht allein die expressiven und ironischen Varianten zeugen von dieser existentiellen Ratlosigkeit; auch wo die ›Postmoderne‹ den neuen Chic des Lebens grundiert und dem Alltag den Grauschleier des Gewöhnlichen wegzunehmen verspricht, ist eher verdrängte Angst als neue Sicherheit zu spüren.

Was heißt überhaupt ›Postmoderne‹ und worauf verweist sie? ALBRECHT WELLMER hat auf ein durchgehendes Moment der Zweideutigkeit in ›postmodernen‹ Strömungen hingewiesen, zu denen auch die Alternativkonzepte für Wissenschaft, Technik, Zusammenleben, Ökologie usw. zählen (vgl. WELLMER 1985, S. 127f.). In der ›Postmoderne‹ versammeln sich einerseits die weiterführenden philosophischen, politischen, ästhetischen und praktischen Vorschläge zu einer überwindenden Kritik an der »technokratisch pervertierten Moderne« (WELLMER), um deren entfremdetes historisches Potential zu sich selbst zu befreien. Andererseits verdichten sich im theoretischen und praktischen Hintergrund der ›Postmoderne‹ die ideologischen und irrationalen Tendenzen des Rückzugs in die Pseudobodenständigkeit oder in die schillernden Kulturen privater Lebensstile, die mit ihren Bewußtseinsmoden zusammenfallen. In Abwandlungen kann man diese Zweideutigkeit im Design wiederfinden. So gibt es zwei ›postmoderne‹ Grundströmungen zu unterscheiden: die expressionistische Protestgebärde im kunsthandwerklichen Einzelstück (vgl. Ft. 20) und die historisierend-eklektizistischen Entwürfe für Massenprodukte, in denen der Protest nie zum Zuge kam oder schon – zur Mode geworden – erstarrt ist. Wie aber soll man den Begriff der ›Postmoderne‹ designgeschichtlich verstehen?

Die Bezeichnung ist insoweit gerechtfertigt, als der klassische Funktionalismus der Zwanziger Jahre, in dem die industrielle Designgeschichte ihren reinsten, emphatischen Ausdruck findet, und der Spätfunktionalismus, der sich in der Folge darauf beruft, sich immer als ›die Moderne‹ schlechthin verstanden haben. Historisch-theoretisch und praktisch-semantisch war ihr in der Einheit von Zweck und Schönheit bearbeiteter, in Massen austauschbarer Gegenstand gesellschaftlicher Ausdruck produktiver Lebensrationalität im Industriezeitalter schlechthin. So wollten es wenigstens die Protagonisten. Schon ADOLF LOOS konnte Gestaltungsgeschichte nicht anders verstehen als eine ohne Umschweife des Ornaments auf dieses Ziel gerichtete evolutionäre Kraft. Das Bewußtsein des Funktionalismus ist daher mit dem »Pathos der Sachlichkeit« (KARIN HIRDINA 1981) bezeichnet worden. Ursprünglich zeigt es sich in der Entschiedenheit der sachlichen Ausdrucksgeste und im Versuch, der allgemeinen Warenästhetik so etwas wie eine auf den reinen Gebrauchswert bezogene, große soziale Ausdrucksgeste gegenüberzustellen. Selbst wenn diese Entgegensetzung am Ende in einer Ästhetik der Rationalisierung und des Taylorismus aufging und die sozialen Codes der Massenproduktkultur meist ganz anderen Vorstellungen vom Gebrauchswert und dessen Erscheinung verpflichtet blieben, ist die Gleichsetzung von Funktionalismus und Moderne gerechtfertigt. Dieses konsequent rationalistisch-ästhetische Denken ist unmittelbare Spiegelung des technologischen und produktiven Bewußtseins, Ausdruck und Verheißung des Industriezeitalters im Entwurf.

Aus bereits angedeuteten Gründen ist heute die Überzeugung von der evolutionären Kraft dieser Techno-Moderne abgebaut; das Wort von der »Neuen Unübersichtlichkeit« (HABERMAS 1985) gilt auch für ein Design, dessen sicher geglaubte Prinzipien sich aufgelöst haben, und für eine erfahrbare Produktkultur, die in viele generations- und sozialspezifische Teilkulturen, die in ständiger Bewegung sind, zerfällt (vgl. BOURDIEU 1982; BURCKHARDT 1986).

›Postmoderne‹ bezeichnet einen programmatischen Bruch mit der historischen Sachlichkeit. Im Design der neuen Avantgarde wird das noch deutlicher als in der jüngeren Architektur (vgl. KLOTZ 1984). ›Postmoderne‹ ist nicht nur Symptom eines versuchsweise vollzogenen Einschnitts in ästhetische Gewohnheit, sondern Ausdruck einer objektiven historischen Situation des Umbruchs in der Gesamtkultur des Produzierens und Gebrauchens. Der stumme Leitsatz, daß die Form der Funktion folgen müsse und Design dazu geschaffen sei, dieses Gesetz sichtbar zu machen, veraltet in dem Augenblick, da der Funktionsbegriff im Zeitalter der Elektronik von menschlicher Vorstellung abstrahiert. Die Organisation eines Mikroprozessors ist sinnlich weder erfaßbar, noch über die Form mitteilbar. Einen elektrischen Schalter konnte man noch im Gebrauch verstehen; eine Dampfmaschine war in ihrer sichtbar selbststeuernden Mechanik begreiflich. Die frühen Maschinenformen überzeugten durch Transparenz ihrer technischen Logik im Funktionieren und durch Angemessenheit der Form, die solche Transparenz fördern konnte. Später war es der Traum der Gestalter der Moderne, die unmittelbare Verständlichkeit der technischen Objekte auf dem Wege einer rationalästhetischen Identifikation der Form mit dem Inhalt zu sichern. Aber was sagt die Form eines pappdeckeldünnenTaschenrechners heute über seine Funktionsmechanismen aus? Dabei ist dieser Rest an Körperhaftigkeit mitsamt den verbliebenen Antippflächen für die Fingerkuppen schon ein Zugeständnis an den zurückgebliebenen Menschen. Technisch könnte das Ding noch viel kleiner, fast ganz abstrakte Funktion sein.

Aus der Miniaturisierung der Funktionskomplexe am Gegenstand, die im Mikrochip ihren symbolischen Ausdruck gefunden hat, entsteht das Problem der Formprothese. Aufs neue, ja unwiderruflich scheint sich die Hülle von der Funktion zu trennen – das ist vielleicht das entscheidende Merkmal der ›Postmoderne‹ im Design überhaupt. Design muß hier die Gegenstände entgegen der in ihnen angelegten technischen und ökonomischen Effektivität so handlich und ansehnlich halten, daß Auge und Hand daran noch Bedeutungen nachvollziehen können, deren eigentlicher Hintergrund allerdings nicht mehr mitverstanden werden kann, weil er sich dem Vorstellungsvermögen entzieht. Der Designer wird wieder zum Hüllengestalter – wie zu Beginn der industriellen Moderne, als es darauf ankam, den nackten Funktionen der Mechanik das hübsche Kleid der besänftigenden Dekoration überzuziehen oder

einer strengeren Form der Technik die kulturellen Weihen zuzuerkennen.

Während Hand und Auge heute mit den allermodernsten Dingen spielen, werden sie endgültig über deren Wesen getäuscht. Sie ›erfassen‹ den Gegenstand nur noch äußerlich in einer Form, die sich vom Funktionellen, vom technisch Machbaren endgültig abtrennt. Im Vergleich mit der Effektivität unter den ›postmodernen‹ Hüllen wirken die Sinne wie verkrüppelt, der Mensch hoffnungslos zurückgeblieben. Diese Einsicht wird ihm verwehrt, weil Design nichts mehr transparent macht.

Denn heute kann die technische Form ihren Inhalt oft nicht mehr sichtbar machen. Die Erscheinung der Form versagt vor der Funktion

188   Dampf- und Trockenbügelautomat DA 49. Rowenta, 1981

189   Toaster TO 38. Rowenta, 1984

und ihrer Komplexität. Die historische Aufgabe des Transparentmachens entzieht sich dem Designer, dessen industrielles Selbstverständnis im Zeitalter der Mikro-Elektronik verfällt. Immer mehr spaltet sich die Form von den nicht mehr darstellbaren Funktionen ab und legt Erfahrung und Ziel von Design lahm. Die Krise ist unausweichlich, sie wird nicht nur vom Markt und dessen oberflächlichen Innovationszwängen ausgelöst: »Die heute sichtbar gewordenen Krisenerscheinungen der modernen Architektur gehen weniger auf eine Krise der Architektur zurück als vielmehr darauf, daß diese sich bereitwillig hat überfordern lassen« (HABERMAS 1985, S. 23) – die Beobachtung gilt auch für ein Design, das lange versprochen hat, nicht nur die Welt der Dinge in Ordnung zu bringen, sondern darüber hinaus das Leben im Industriezeitalter menschlich zu gestalten. Die Überforderung gilt gleich doppelt: Als hätte man die soziale Vielgliedrigkeit und historische Gewachsenheit moderner Lebenswelten durch Design auf den gemeinsamen Nenner einer ästhetischen Ordnungs- und Ausdruckskategorie bringen können, und als sei Gestaltung ein Mittel gegen die fortschreitende ökonomisch-technische Funktionalisierung der Lebenswelten, selber dagegen gefeit. Es war und ist wohl der Grundirrtum aller idealistischen und positivistischen Designtheorien, daß der Begriff der Funktion immer nur für das zu Gestaltende galt, nie als etwas, das auch aus den gesellschaft-

293

lichen Bedingungen des Gestaltens über den Entwurf und die Gestalter selber kommen kann. Die Krise des Spätfunktionalismus erscheint daher unausweichlich, der Ausbruchversuch aus der Funktionsverpflichtung der Form verständlich. Es ist auch ein Ausbruchversuch aus dem Verhältnis von Design und Rationalisierung.

In der neuen Freiheit der Form ist das Ende des alten Funktionalismus ausgerufen zugunsten eines verdeckten neuen. Neu stellt sich auch die Frage des Überflüssigwerdens und der ›Zwecklosigkeit‹ von Designbemühung überhaupt. Sie schafft sich in künstlerischen Aktionen und Experimenten mit der Form ein neues Ausdrucksfeld. In diesen Selbstbestimmungsversuchen wird der Entwurf, auch der nicht realisierte, zum ästhetischen Mittel des Reflektierens der Lage. Mitte der Achtziger Jahre ist es der deutlichste Anspruch junger Gestalter in der Bundesrepublik, sich selbst mit ihrem gebrochenen Bewußtsein in den Dingen wiederzufinden. Damit kehrt der künstlerische Akt, von jeder Funktionalismustheorie als unprofessionell und antiquiert ausgeschlossen, in eine Sonderpraxis des Design zurück. Doch die »Ästhetik des Anti-Funktionalismus« enthielt schon in Italien den Versuch, vor etwas zu fliehen (vgl. RAGGI 1973), vor dem man erschrak: Die Einsicht in die Begrenztheit der Fortschrittsparallelität von Technik und Ästhetik oder die Erkenntnis, daß die Sinnfrage der Industriekultur sich längst auch dem Design aufdrängte, es grundsätzlich in Frage stellte. Dem ließ sich schon in der italienischen ›Proto-Postmoderne‹ und später bei MEMPHIS nur im ästhetischen Protest ironisch begegnen. Auch daß Design heute nur noch unter dem Aspekt der Stilfrage ernstgenommen und vehement ausgelebt wird (vgl. z. B. BROCK/RECK und IDZ Berlin 1986), hängt mit einer prinzipiellen Verlagerung der Sinnfrage zusammen. Die Ästhetisic-

rung der Lebensstile ist einer der regressiven ›postmodernen‹ Akte schlechthin, durch die auch der Konsument den Problemen seiner industriellen Lebenswirklichkeit durch Selbstgenuß zu entkommen sucht.

Der von den Medien multiplizierte elitäre Individualismus der Avantgarde der Achtziger Jahre ist somit auch eine Verdrängungsleistung. Die Abstraktionsschübe der industriellen Rationalität, verbunden mit Zwängen der Warendifferenzierung, werden ausgeklammert oder ästhetisch überspielt. So triumphieren phantastische Formen und expressive Gesten an Objekten für den privilegierten Konsum, allmählich auch an Serienprodukten, über die Sachlichkeit der Automation und die Effizienz des Computers. Sogar auf das alltägliche Techno-Design von Haushalts- und Freizeit-Geräten greift die Stilisierungstendenz über, so daß selbst Toaster oder Bügeleisen die neue Entwurfslage zu dokumentieren beginnen (vgl. auch Ft. 18). Vor allem aber wird der Wohnbereich zum Tummelplatz einer immer mehr kunst- und kunstgewerbeverbundenen Entwurfslust, die in surrealistische Phantasien ausufern darf (vgl. ALBUS u. a. 1986).

Worin bestehen – im designgeschichtlichen Zusammenhang – die tieferen Brüche mit der Tradition und den Theorien des Entwerfens? War das Kunstgewerbe dem Design nicht schon immer voraus oder doch eng verbunden? Die erste und auffälligste Veränderung ist, daß die lange beschworene und gesuchte Verbindung von Ästhetik und Produktion aufgekündigt wird. Die funktionalistische Tradition hat seit dem frühen WERKBUND tendenziell an der Ehe von Kunst und Industrie zu einer gemeinsamen ästhetischen Sprache der Moderne gearbeitet. Die seit de Stijl, der sowjetischen Produktionskunstbewegung und dem BAUHAUS beschworene Einheit wird aufgegeben; künstlerische Phantasie der Ausgestaltung und technische

Phantasie der Formschöpfung entkoppeln sich im Erscheinungsbild der ›Postmoderne‹.

Der zweite Bruch besteht darin, daß sich ein neuer Avantgarde-Begriff formuliert. Für die Theorie der klassischen Moderne war das In-einssetzen der eigenen Praxis des Gestaltens mit dem Bewußtsein, die einzige und wirkliche Avantgarde zu sein, die nahezu ohne Traditionshintergrund in Neuland vorstößt, Bestandteil des Denkens, Handelns und Selbstbewußtseins. Das entsprach der historischen Situation, in der sich Stijl-Theoretiker wie van Doesburg, Konstruktivisten wie Malewitsch oder Tatlin und die Jungmeister am Dessauer Bauhaus befanden. Diese Avantgarde konnte praktisch nur auf sich selbst verweisen. Die ›Postmoderne‹ hingegen verdankt sich einer Avantgarde des Zitierens. Zitiert wird jede Periode des Luxus und der Moden, vor allem das unerschöpfliche Art Déco, die urbane Konsumkultur der Dreißiger, aber auch industrielle Massenprodukte der Fünfziger bis Sechziger Jahre in ihrer Entgleisungsphantastik und – ins Ironische gewendet – die klassische Moderne als Irrtum (vgl. z. B. Kunstflug 1983; Kaufhaus des Ostens 1985; Borngräber 1986; Hareiter 1983; Radice 1985; Albus u. a. 1986). Die neue Avantgarde nimmt dem Massenkonsumenten seine abgeleitete, entstellte, aber zur Brauchbarkeit verarbeitete Banal-Ästhetik weg; ein intellektueller Trick, mit dem das einstmals Schlechtgeltende zum Guten erklärt und den Unbelehrten als neue Avantgarde-Kultur von oben verkauft werden kann. Im individual-künstlerischen Akt wird die Massenphantasie enteignet, das realverstandene Gewöhnliche zur nicht mehr verstandenen Kunst emporstilisiert. Auf das Unikat beschränkt, beschäftigt dieses Sonder-Design die Öffentlichkeit zunächst als mediale Fiktion. Fernsehen und Illustrierte erweisen sich neben dem Ausstellungsbetrieb als Betreiber einer Sache, die es im Original vorerst kaum anzufassen gibt (vgl. stern 49/1983; 27/1986 oder Der Spiegel 51/1982; 2/1985). Ein ›Medien-Design‹ ersetzt den greifbaren Gebrauchswert der Anschauung – ein neues Phänomen oder ein altes, das jetzt voll sichtbar wird: Design vom Hören- genauer Bildersagen, dessen Abklatsch man im Kaufhaus oder bei Ikea wiederfinden wird.

Der Bruch mit der Tradition des Entwerfens äußert sich zunächst in der unverkennbaren Subjektivität einer Gestaltungsgeste, die weder auf aneignungsgeschichtliche Erfahrung, noch auf die Produktionsbedingungen des Massenobjekts Rücksicht nimmt. Design war einst professioneller Ausdruck eben dieses Berücksichtigenkönnens oder -wollens; nun wird die Kompetenz des Subjektiven im Wettbewerb ausgespielt, die sich in ihren eigenen Einfällen überbietet und Vereinzelung des fiktiven Objekts mitten in der Massenproduktkultur treibt. Damit wird der Grundkonsens über die gesellschaftliche Arbeit des Designers gekündigt; sie entkoppelt sich vom industriellen System in regressiven Akten der individuellen Stilisierung. In der Bundesrepublik hat es so viele Design-Künstler wie um 1985 noch nie gegeben. Ähnlich wie manche ›postmodernen‹ Architekten an der Ausführung ihrer Bau-Visionen weniger als an deren Aufnahme in die Literatur oder in das Museum interessiert sind, entwerfen sie Einzelstücke oder Kleinstserien-Modelle. Für deren Aura ist gesorgt. Noch nie ist so rasch ›historisiert‹ worden wie Mitte der Achtziger Jahre; die Apologeten der Avantgarde feierten schon, wenn der Lack auf den bizarren Formen noch nicht trocken war (vgl. Borngräber 1985/86).

Elitäre Ausgrenzung in Entwurf und Konsum auf der einen, modische Vereinnahmung durch das Massendesign auf der anderen Seite sind aber nicht die einzigen Problemfragen der Gestaltung heute.

190   Boden- und Tischlampen bei KARSTADT, 1986

Über dem spektakulären Interiordesign und seinem Echo in den Medien darf man nicht vergessen, daß auch in den Achtziger Jahren die ›normale‹ Gestaltungspraxis weitergeht. Unzählige Industrieprodukte sind nach gemäßigt-traditionellen Gesichtspunkten in ihren Funktionen zu überarbeiten oder als Neuentwicklungen erstmals auszuformen. Dabei zeigt sich oft, daß ein gebrauchswertbezogenes Design vielfach erst noch die Versprechen der Moderne einzulösen hätte – noch immer funktionieren viele Produkte nicht gut genug. Design ist als Hilfe in der technischen Welt noch längst nicht verzichtbar, von seiner warenästhetischen Funktion ganz abgesehen. Nach wie vor steht dem Künstler-Designer der ›Postmoderne‹ der

»Gestalt-Ingenieur« (DIETER RAMS) der Moderne gegenüber.

Auch in der Bundesrepublik haben die meisten Gebrauchsgüter den erreichbaren Standard sparsamster Herstellung, bester Handhabung und umweltfreundlichster Beseitigung noch nicht erreicht. Ein ergonomisch-funktional und ökologisch-sozial definiertes Design bleibt theoretisch so aktuell wie in den Siebziger Jahren. Nach der Notwendigkeit der Idee könnte man von einem noch nicht umgesetzten Design der kritisch modernisierten Moderne sprechen – einer Moderne, die entschieden zu früh durch die laute ›Postmoderne‹ abgesagt worden ist. In Entwurf und Gebrauch dominieren real alle möglichen Schattierungen des Styling. Das Gewöhnlichdesign, das die unübersichtliche Produktlandschaft prägt, ist von den Forderungen der Moderne so weit entfernt wie vom elitären Gestus der ›Postmoderne‹. Für die Masse der Gebraucher wird der dramatische Wechsel gar nicht wahrnehmbar; er beschäftigt auch das professionelle Entwurfsbewußtsein weniger, als das Medienschauspiel vermuten läßt. Denn die exaltierten Einzel- oder Gruppenausbrüche in die neue Subjektivität finden eben nicht in den industriellen Entwurfsbereichen statt, wo die strukturellen Zwänge nicht abzubauen sind. Etwas vorschnell wird daher von Ansätzen einer Umwandlung von Lebensformen durch künstlerisches Beispiel gesprochen (vgl. BROCK 1986), wo doch bloß dekorative Löcher in den Zaun der industriellen Lebensbedingungen geschnitten sind, ohne daß dieser je durch einen Lifestyle der ›Postmoderne‹ überwunden würde. Am industriellen Gestus, am Herkunftcharakter der Massengüter ändert diese Art des Protests nichts, außer daß deren Erscheinungsform modischen Abwandlungen unterliegt. Fast gleichzeitig mit dem Auftreten der neuen kunstgewerblichen Avantgarde beobachtet man, wie glatte Warenstile entstehen. Weniger im originalen Aufbegehren oder im neuen Historismus als in dieser Veräußerlichung ästhetischer Prinzipien für das Warendesign scheint sich der Verdacht zu bestätigen, den die DDR-Kritik gegenüber dem westlichen »Postmodernismus« hegt, der unter anderem als »Repro-

191   Blumentische in einem Möbelhaus in Halle/DDR, 1986

duktionsmuster von Entfremdung« (KÜHNE 1982) gilt.

Diese Kritik ist ernstzunehmen. Die ›Postmoderne‹ spiegelt in der Tat ein Muster der Entfremdung, nämlich das zwischen Produzent und Produkt, zwischen Gebraucher und Objekt in der dritten technologischen Revolution. Dieses tiefere Muster von Entfremdung, das einer produktionsgeschichtlichen Verschärfung der Lage entspricht, findet auch in ›normalen‹ Industrieprodukten seinen ästhetischen Ausdruck. In die Entwürfe für die Massenhand, auf deren Erscheinungsbild die ›Postmoderne‹ Einfluß gewonnen hat, ist nicht nur eine neue ästhetische Freiheit eingeflossen. Viele Neuentwürfe der Achtziger Jahre wirken nicht nur verspielt, sondern strahlen epigonale Kälte aus. Die abweisende Perfektion eines gekonnten Formalismus schafft Distanz; Glätte und Eleganz der Objekte rufen besondere Formen der emotionsarmen Wahrnehmung und Aneignung hervor. In diesem hyper-modernen Gestus der Objekte wird die entfremdende Moderne bloß verschleiert oder ästhetisiert fortgesetzt. Es entsteht keine neue Vertrautheit oder Nähe zu den Dingen, vielmehr wird die schon im klassischen Funktionalismus wirksame Fremdheit der Beziehungen zwischen Mensch und Ding unverändert aufgenommen und unter dem Deckmantel ›interessanter‹ Formen verstärkt. Die ›Postmoderne‹ hat so aufs Ganze gesehen keine Umkehr, keine Besinnung, sondern nur eine Verlängerung der industriekulturellen Tendenz des Beziehungsverlusts und der Entfremdung mit neuen stilistischen Mitteln gebracht: einen verkappten, ästhetischen Funktionalismus zweiten Grades.

Eine wirkliche Umkehr oder Besinnung im Subsystem Design würde eine Veränderung des Denkens und Handelns auf der übergeordneten Ebene der Produktionsgeschichte verlangen. Erst eine alternative Realpolitik der gesellschaftlichen Produktion würde mit der Veränderung der Art und der Ziele des Produzierens auch Art und Ziele des Entwerfens verändern. Seit den Umbrüchen ab 1968, ja seit Beginn der industriellen Designgeschichte und ihrer Kritik im 19. Jahrhundert, hat das Wunschbild einer Balance zwischen Mensch und Natur, Hand und Werkzeug, Produktion und Kultur, Bedürfnis und Aneignungstätigkeit die Vernunft einer gebremsten Ökonomie, ein sanfteres Produzieren, eine Entflechtung techno-ökonomischer Superstrukturen vorausgesetzt. Auch heute wäre das Design von solcher vollzogenen Einsicht neu berührt. Aufs Neue könnte es darum gehen, den Gebrauchswert und die Schönheit in der Gestalt der Lebenswerkzeuge greifbar und ausdrücklich werden zu lassen. Dabei würde Design wieder ›handfest‹. Nicht in verzweifelten Ausbrüchen oder ironischen Zitaten, sondern in der Realität einer Umkehr zur Utopie wäre eine tatsächliche Gegenbewegung möglich. Von einer solchen Umkehr ist nirgends etwas zu spüren, auch im ›realen Sozialismus‹ nicht. Theorie und Praxis des Design in der DDR sind bis heute vom Aufruhr ›postmodernen‹ Gestaltens wenig berührt. Erste Anzeichen des Vordringens modischer Tendenzen sind Mitte der Achtziger Jahre beispielsweise im öffentlichen Wohnungsbau und in der Stadterneuerung zu erkennen; vorsichtige Übernahmen oder ein langsames Eindringen ›postmoderner‹ Formtendenzen in den Bestand der DDR-Architektur und -Produktkultur lassen sich durch Augenschein belegen. Die Entwicklung erscheint wie üblich abgemildert, da sich das DDR-Design immer eine gewisse stilistische Eigenständigkeit bewahrt hat und gerade der ausufernde neue Formalismus im Westen sich zur direkten Übernahme kaum eignet. Die Irritation durch eine künstlerische Protest-Avantgarde blieb dem institutionalisierten DDR-Design erspart, so daß an langfristig gültigen Zielen festgehalten werden konnte. Noch ist offen, ob und wie sich die politischen Ereignisse des Herbstes 1989 darauf auswirken werden. Schon Jahre vorher ist mindestens auf dem Papier neben einer geregelten Versorgung mit gestalteten Konsumgütern vom Auftrag zur sozialistischen Arbeitsplatzgestaltung die Rede. Damit wird ein klassisches Feld des Design erschlossen und ausgeweitet, das unter dem Aspekt gesellschaftlicher Nützlichkeit der Entwurfstätigkeit und der sozialistischen Kultur der Arbeit insgesamt positiv ausgedeutet werden kann. In der DDR gibt es weder eine Designkrise noch Ausflüchte ins Ästhetische – die Ziele liegen fest. Während in der Bundesrepublik der Einfluß der Institutionen von dem Augenblick an unbedeutend wird, als Design einerseits im Wirtschaftsprozeß von selbst funktioniert und Entwurfszwänge andererseits den ›postmodernen‹ Protest auf den Plan gerufen haben, kann und muß die DDR an der Politik der Institutionalisierung festhalten. Hier mußte Design immer ›durchgesetzt‹ werden; zugleich war ideologische Standfestigkeit zu demonstrieren (vgl. LETSCH 1985).

Im Westen stand jahrelang einer Schließung des RAT FÜR FORMGEBUNG oder des IDZ BERLIN wenig im Wege; sie schienen in ihren Funktionen veraltet, politisch verzichtbar. Anders das DESIGNCENTER STUTTGART (vgl. PALLOWSKI 1986). Diese ursprünglich tief im 19. Jahrhundert als Mustersammlung für die regionalen Industrien gegründete Institution nimmt insofern eine Sonderstellung ein, als sich in ihren Funktionen die besondere Wirtschaftsstruktur Baden-Württembergs mit ihrer Verdichtung hochtechnisiert-verarbeitender Betriebe mittlerer Größe spiegelt. Hier blieb Design ein von der Landespolitik betonter Wirtschaftsfaktor. Zeitweilig erschien das AiF der DDR dauerhafter begründet als vergleichbare Institutionen in der Bundesrepublik. Designpolitik konnte in der DDR weder an ›designbewußte‹ Wirtschaftsunternehmen delegiert noch dem freien Spiel ästhetisch-kultureller ›Innovationen‹ oder Warenmoden ausgesetzt werden. Das hätte jeder sozialistischen Definition der Produktivkraft Design widersprochen. Heute erscheint die Entwicklung eher offen.

Der Innovationsschub der ›Postmoderne‹ ist zunächst ein westlich-kapitalistisches Ereignis, das die DDR in ihrer Designpraxis nur am Rande berührt. Gleichwohl scheint die Theoriediskussion relativ früh auf Abkoppelungserscheinungen des Ästhetischen von Ökonomie und Technik zu reagieren. Noch einmal wird der Funktionalismus als Ausdruck der »technisch-instrumentellen und der ökonomischen Rationalität des industriellen Fertigungsprozesses« und einer damit verbundenen sozialistisch interpretierten Arbeitskultur, die »über die Grenzen kapitalistischer Produktion« hinausweist (BÄCHLER u. a., 1982), beschworen. Noch einmal wird die im Kapitalismus entfremdete Schönheit des tauschwertbezogenen Objekts, hinter der die »Gestaltqualität Technik« verschwindet, oder die »Verkunstung der Technik und der Gebrauchsdinge« (ebenda) kritisiert. Noch einmal soll ästhetische Lehre durch Gewöhnung an vorbildliche Produkte und als »Erziehung zur sozialistisch-kommunistischen Einstellung gegenüber den Dingen« (ebenda) funktionieren. Man fühlt sich an einen Vorschlag von 1947 erinnert, durch ein Gesetz die »Ausbeutung des Volkes durch Kitsch« (vgl. H. HIRDINA 1982, S. 147f.) zu verhindern.

Die »Durchschaubarkeit des Zusammenhangs von gesellschaftlichen Lebensprozessen, konkreter alltäglicher Lebenstätigkeit und geistig-kommunikativem Gebrauch gegenständlicher Umwelt« müsse allerdings »im Bewußtsein der Menschen gehoben werden« (BÄCHLER a. a. O., S. 101). Das weist auf unbewältigte Wi-

192   Lampen bei KARSTADT, 1986

dersprüche hin, die doch gerade in der Schlüssigkeit der sozialistischen Produktions- und Rezeptionsweise, in der Einheit von Kultur, Arbeit und Reproduktion aufgehoben sein müßten. Die Anforderungen der Modernisierung, der Rationalisierungsfortschritt und damit verbundene Veränderungen in der Arbeitswelt sind offenbar mit den Lebensansprüchen, Identifikationsbedürfnissen und Aneignungserfahrungen nicht so leicht zu vermitteln. Die Problemlage scheint der im Westen ähnlich, nur fallen die theoretischen Antworten verschieden aus.

In der DDR beeindruckt das Bemühen um den Entwurf einer komplexen, zugleich offenen Theorie des Design, die den Bezügen zwischen Produktions- und Aneignungsgeschichte, gesellschaftlichem und individuellem Bedürfnis,

Ökonomie und Kultur wenigstens als Mittel der Darstellung und Durchdringung gerecht werden könnte (vgl. z. B. OEHLKE 1982). In der Bundesrepublik erlaubt der Stillstand der Theoriediskussion forsche Wendemanöver im Rückgriff auf ideologische Grundpositionen vor 1968. Ein längst überholter Optimismus bricht durch, wenn PHILIPP ROSENTHAL als Kunstindustrieller, Sozialdemokrat und Sprecher des Offizialdesign im Katalog der 1985 in der DDR gezeigten Ausstellung exemplarischer Designleistungen des Westens schreibt, »sie sollen auch ein Stück Zukunft vorwegnehmen. (...) Die in der Ausstellung gezeigten Produkte sind Beispiele für ein Design, das vorausdenkt für den Menschen« (in: RAT FÜR FORMGEBUNG 1984). Die Ausstellung, eine Attraktion für die DDR, zeigt elegant funktionierende Apparate,

Armaturen und Fahrzeuge als Selbstdarstellungsobjekte einer auf technoästhetischen Fortschritt und die Lebensqualität des effizienten Genusses ausgelegten Wachstumsgesellschaft. Kein Wort von den designtranszendierenden Problemen der Erhaltung einer humanen Umwelt, in der manches Design und viele Produkte bloß störend, irrational und überflüssig wirken. Keine Anspielung auf die »Sehnsucht nach den leisen Dingen« (ACHLEITNER 1981), die auf Ansätze einer humanökologischen und historischen Besinnung schließen ließe. Darin gibt es im Westen offiziell so wenig Selbstkritik und -besinnung wie in der DDR.

Zweifel an der ideologischen Grundposition oder an der Beeinflußbarkeit industrieller Vergesellschaftungsprozesse durch sogenannte Designfortschritte würden in der DDR den Vorwurf unaufgeklärt bürgerlicher Kritik nach sich ziehen. Doch der Nachweis, daß »hochproduktive Technologien« den »rationellen Einsatz der lebendigen Arbeitskraft« (LETSCH 1983) ohne Leiden an Entfremdungssymptomen, ohne Verluste an der Natur des Lebens und ohne an die Belastungsgrenzen der natürlichen Umwelt zu stoßen, gewährleisten, müßte auch im ›realen Sozialismus‹ erst noch geführt werden. Hier sollen bei erhöhter Effektivität des Rohstoff-, Material- und Energieeinsatzes in der Erfüllung des Fünfjahresplanes von 1981–85 und darüber hinaus immer mehr qualitativ hochwertige Konsumgüter hergestellt werden. Der Befund ist auch hier designpositiv. Aber da die Formgestaltung in den legitimierten Zusammenhang der sozialistischen Produktions- und Lebenskultur integriert ist und von

193   Kochtöpfe im Regal eines Kaufhauses in der DDR, 1986

dort Ziele gesetzt bekommt, die so wenig anzweifelbar sind wie die Legitimation der gesamten Politik, kann das Design der DDR ebensowenig kritische Eigendynamik entfalten wie die als Humanisierungsbeitrag zur westlichen Alltagskultur interpretierte Warengestaltung in der Bundesrepublik. Freilich ist es ein Vorteil, sich als Entwerfer von gesellschaftlichen Zielen und Planvorgaben getragen zu sehen und auf die Festigkeit des ideologischen Standpunktes vertrauen zu können: »Der entscheidende Differenzierungspunkt liegt für die sozialistische Formgestaltung in ihrer Bezogenheit zu den sozialistischen Produktionsverhältnissen und in ihrer Eingebundenheit in die sozialistischen Produktivkräfte, die, ausgehend von den Eigentumsverhältnissen, andere Ziel- und Verwertungskonzeptionen zum Gegenstand haben als kapitalistische Produktionsbedingungen« (SPILLER 1981, S. 186f.).

Designtheorie konnte in der DDR 40 Jahre lang auf ein gültiges Konstruktionsmodell der gesellschaftlich-historischen Verfaßtheit von Produktion und Kultur, auf ein ›Design‹ der

194 Vorschlag zur Einrichtung eines Zimmers der »Wohnungsbauserie 70« (Grundlage variabler Typen für die serielle Plattenbauweise in der DDR), 1983 veröffentlicht

195 ›Rustikale‹ Sitzgruppe aus dem NECKERMANN-Katalog 1982/83

Geschichte bezogen oder daraus gewonnen werden, das verpflichtete. Diese Art der Legitimation kennt man in der Bundesrepublik nicht. So geht eine ideologische Trennungslinie quer durch den Gegenstand, der sich auf der Oberfläche der Form oft kaum noch unterscheidet. Dazu kommt, daß täglicher Gebrauch, daß individuelle wie kollektive Aneignungsgeschichte des Gestalteten Bewußtsein produzieren. Zwar ist das beteiligte Subjekt in jedem Fall ein spätindustrielles, von Technologie-, Arbeitsteilungs- und Rationalisierungsschüben hier wie dort vergleichbar betroffen. Auch die Reaktionen sind ähnlich: Rückzug in die private Welt, in die Wärme der Eigenproduktion und die Selbsthilfe; Konsumgenüsse hinter dem Schutzschild sozialgeschichtlich verankerter (unter Gestaltgebungsgesichtspunkten beider Lager ›veralteter‹) Verhaltens- und Schönheitsnormen; Verkleinbürgerlichung als Zeichen von Widerstand oder Unvermögen, Festhalten an der Verdinglichung der Wünsche, ein blindes Handgemeinwerden mit den schönen oder häßlichen Dingen usw. – all dies wird auf beiden Seiten, wenn auch nicht mit gleichen Schlußfolgerungen gesehen (vgl. z. B. ENZENSBERGER 1976; BÄCHLER u. a. 1982; LETSCH 1983; SELLE/BOEHE 1986).

Doch vollziehen sich die Wahrnehmungs- und Verarbeitungsprozesse in verschiedenen ökonomischen, politischen, sozialen und kulturellen Umwelten. Trotz der langen, untrennbar-gemeinsamen Geschichte haben sich andere Real-Ansichten des Gestalteten und Brauchbaren im Rahmen der beiden neuen Gesellschaftsformationen herausgebildet, verbunden mit eigenen Formen des Selbstbewußtseins. Es sind nicht nur die tatsächlichen ästhetischen oder qualitativen Unterschiede, es sind die in den vielen individuellen Sozialisationsgeschichten angelegten Deutungsmuster und psychisch verankerten Erfahrungen aus verschiedenen Lebenswelten, die in Wahrnehmung und Gebrauch fast der gleichen Dinge zu verschiedenen Bewertungen führen. Beide Gesellschaftssysteme vermitteln sich über das sinnlich-soziale Umfeld, das sie ausdifferenzieren. Darin haben auch die Dinge ihren Platz. Der geschärften Erfahrung des Vergleichs (»Zwar vom Westen, aber nicht vom Besten«) oder dem gönnerhaften Auftreten westdeutscher Besucher in der DDR entsprechen Sicherheiten des Verwurzeltseins im eigenen Herkunft- und Kulturhintergrund. Darin sind auch jeweils verschiedene Ansichten von Design angelegt.

Wer in den DDR-Alltag eintaucht, bemerkt, wie ähnlich und doch anders dort gelebt wird, zugleich riecht diese Kultur buchstäblich anders. Auch die Gebrauchswerte werden zwangsläufig nach anderen Kriterien definiert, sei es am Produkt, sei es am Altmaterial. Alles ist knapp. Aber es ist inzwischen nicht nur der Mangel, der die andere Haltung nach sich zieht; es ist etwas vom anderen Bewußtsein dabei, das man als Westbesucher spürt.

Die Bewußtseinslage trennt auch im Selbstverständnis des professionellen Entwerfens. Das zeigt sich vor allem in der Aufgabe der Arbeitsplatzgestaltung. Sie stellt sich beiden Systemen mit gleicher Zwangsläufigkeit (vgl. Kursbuch 43/1976). In zunehmendem Maße wird mit den technischen und ökonomischen Veränderungen industrielle Arbeit selbst zu einem Gegenstand gestalterischer Problemlö-

sungsversuche. Im Design von Produktions- und Investitionsgütern hat sich der Auftrag zur Erleichterung von Arbeitsfunktionen, Transparenz der Bedienungselemente, Ausdruck des Zwecks traditionell niedergeschlagen. Aber mit dem steigenden Grad der Arbeitsintensität im Zuge der Modernisierung, der Einführung neuer Produktionstechnologien und der höheren Komplexität der Produktionsabläufe wächst die Notwendigkeit arbeitsmedizinischer, ergonomischer, psychologischer und ästhetischer Durchdringung der industriellen Arbeitssphäre. In der Bundesrepublik stehen die Maßnahmen in einem Widerspruchsfeld zwischen Unternehmensinteressen, gewerkschaftlichen Zielen und dem Engagement von Designergruppen (vgl. z. B. IDZ 3; Rat für Formgebung 1975; das »Kleine Glossar« zu REFA und MTM in Kursbuch 43/1976; Klitzke u. a. 1974, 1981). Arbeitsplatzgestaltung hat eine Chance, wo sich Design-Investitionen, die zusätzlich zu den technischen Modernisierungsmaßnahmen anfallen, durch höhere Arbeitseffektivität, weniger Ausfälle und ein verbessertes Firmenimage auszahlen; es gibt aber keine Verpflichtung der Unternehmen.

Auch in der DDR sind Effektivierung der Gesamtproduktion und Verflüssigung einzelner Arbeitsprozesse vorrangig ökonomiebedingte Planziele, die zu Anstrengungen in der Arbeitsplatzgestaltung führen (vgl. Arndt 1976). Aber Arbeit wird hier gesellschaftlich definiert – mit ihr die Rolle des einzelnen Produzenten: »Identifikation des einzelnen mit der Gesellschaft ist im Kapitalismus nicht möglich« (Bächler u. a. 1982; S. 98) – diese Behauptung ist schwerlich zu widerlegen. In der Bundesrepublik gibt es keine verbindliche Theorie der gesellschaftlichen Arbeit, auch nicht der Beiträge, die der Designer zu leisten hätte: »Der Appell zur Humanisierung der Arbeit gibt dem Design gute Gelegenheit, sich in das Aufgaben-

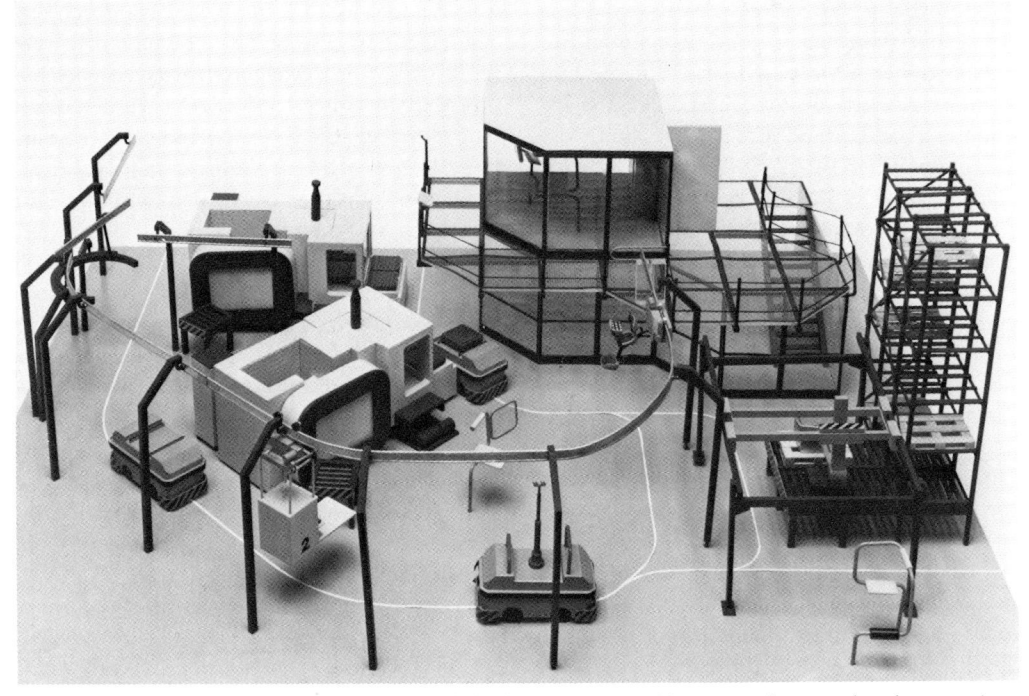

196 Arbeitsplatzgestaltung in der DDR. Mittels leitliniengesteuerter Transportroboter verbundene, zu einer flexiblen Anlage gekoppelte Fertigungszellen. Entwurf Peter Luckner und Sabine Klopfleisch, 1985/86

feld der Produktionsbetriebe hineinzuengagieren« (BURANDT 1975, S. 17). Das ist schon alles.

Dagegen kann Arbeitsumweltgestaltung in der DDR zur gesellschaftlichen Aufgabe erklärt werden; sie ist sogar gesetzlich, d. h. durch einen Beschluß des Ministerrats (1984) verankert. Es geht darum, »Arbeitsbedingungen zu schaffen, die den sozialistischen Charakter der Arbeit zum Ausdruck bringen (...), eine Umwelt, die den Menschen stimuliert, seine Arbeitsfreude und Arbeitsleistung anregt (...), in der sich der werktätige Mensch gern aufhält« (KELM 1984) – so die offizielle Version. Das ist nicht nur ein Programm, das auf Zwänge zur Produktivitätssteigerung reagiert. Vielmehr wird die Aufgabe unbeschadet der ökonomischen Leitmotive und Planvorgaben, eingebunden in das gültige Denksystem, mit philosophisch-ideologischem Eifer begründet (vgl. z. B. LUCKNER 1982, 1986; AiF 1985).

Lebendige und in den Produktionsinstrumenten und -einrichtungen vergegenständlichte Arbeit wird von der Theorie der Arbeitsplatzgestaltung als zentrales Ereignis der zu ihrer eigenen Sinnlichkeit der Anschauung gelangenden sozialistischen Produktions- und Vergesellschaftungsweise verstanden. Arbeitsplatzgestaltung geht von der »Einheit von sozialistischer Produktionsökonomie und sozialistischer Produktionskultur« (KELM) aus. Die »Entwicklung der Produzentenpersönlichkeit« in der »Strukturierung der Elemente der

Arbeitsumwelt zu einem Erlebnisganzen« (LUCKNER) wird als Teilziel der Entfaltung sozialistischer Produktivkräfte durch eine bewußte Ästhetik der Arbeit und der Arbeitsmittel verstanden und in der Ausbildung von Designern durch intensive Praxis des Arbeitsplatzentwurfs in Zusammenarbeit mit Betrieben, die praktische Aufgaben stellen, angegangen. Für westliche Augen mag sich darin oft nur der Versuch abbilden, Einrichtungen einem anderswo längst erreichten Standard anzupassen.

Man braucht aber weder die Verhältnisse in der DDR zu beschönigen noch die Lebensbedingungen in der Bundesrepublik zu verdunkeln, um festzustellen, daß die produzierten Dinge, die gegenständlich-räumliche Umwelt, die Beziehung der Produzenten untereinander und die Wahrnehmung der gesellschaftlichen Arbeitsverpflichtung verschiedenartige Interpretationen und Erfahrungen umfassen. Eine *andere* Wahrnehmung trennt beide Kulturen in Arbeit und Freizeit; die Außenansicht der Dinge gibt nicht wieder, wie sie verstanden und gedeutet werden. Sie umfaßt den Horizont individueller und gesellschaftlicher Erfahrungen aus zwei gesellschaftlichen Lebenswirklichkeiten, deren Unterschiede unter anderem in den Interpretationen liegen, die sie gegenüber den vergleichbaren industriekulturellen Phänomenen und Bedingungen leisten.

Es ist die Geschichte der Konnotationen gesellschaftlicher Erfahrung am Gegenstand des täglichen Gebrauchs oder der Arbeit, die zur Außenansicht der Dinge eine Innenansicht bildet. Diese Konnotationen dürften ebenso signifikant verschieden sein wie die beiden deutschen Produktions-, Politik- und Gesellschaftswirklichkeiten. Dazu gehört auch die unterschiedliche ideologische Auslegung des Produzierten und Geformten. Freilich läßt der Gebraucher sich davon nicht täuschen; er verwechselt Ideologieproduktion für Design nicht

mit Realproduktion von Erfahrung durch Design. Darin ist er selber Experte, außerdem ist er praktisch in die Verteilungsfrage verstrickt. Für die Menschen hier wie dort geht es um Teilhabe am gesellschaftlich produzierten Reichtum. Der Bestand, die Gewohnheiten, alle Wahrnehmung und Wirkung des Realen bestimmen die Erfahrungsgeschichte. Aus ihr entsteht der begehrliche Blick. Der reale Kapitalismus schafft mit seiner Effizienz neben Ausbeutung, Konkurrenz und Entfremdung auch einen Überfluß und eine Lebensqualität, die Appetit macht. Immer noch bestimmen Überlegenheiten des kapitalistischen Produkts auch das Augenmaß des DDR-Konsumenten. Hier gelten Tatsachen, nicht Versprechen, und im Appetit auf das entwickelte Produkt und seine Schönheit zeigt sich Verbindendes zwischen beiden Lebenswelten.

Auch die Zähigkeit des Festhaltens an ästhetischen Traditionen ist eine Gemeinsamkeit, tief in der Sozial- und Kulturgeschichte verankert und durch Ähnlichkeit der industriellen Lebensweise eher bekräftigt als abgeschwächt. Die Gebrauchermassen sind hier wie dort merkwürdig schwer in ihren Anschauungen, Erwartungen und Erfahrungen zu führen; die Handhabung und das Verständnis der Dinge des täglichen Gebrauchs folgen einer komplizierten historischen und sozialen Gesetzmäßigkeit, die ein Moment der Trägheit bei aller Kurzweil der Moden und raschen Folge der Modernisierungsschübe produziert. So ist, wie und womit man im Durchschnitt privat umgeht und lebt, gemessen am Stand der Produktionsgeschichte, hier wie dort furchtbar (oder sympathisch) unmodern. Die Ästhetik des Rituals altert nur langsam; bürgerlich-kleinbürgerliche Traditionen und Schönheitsideale bleiben für den sozialistischen und den kapitalistischen Alltag erscheinungsbestimmend trotz neuer, nichtidentischer Sozialstrukturen.

Nirgends ist es gelungen, eine Nach-Moderne zu erschaffen, in der sich die Vielfalt der Formen zu *einer* Ausdruckslinie demokratischer Industriekultur vereinigen würde. Die deutsch-deutsche Gesamtkultur des Gegenstandsentwurfs (die ja nur Teil größerer Entwürfe der Lebensweise und Vergesellschaftung sein kann) zerfällt gleichsam in verschiedene ideologische Aggregatzustände, sie bildet auch eigene Sozialkulturen des gegenständlichen Ausdrucks ab. Aber Grundzüge der Unübersichtlichkeit und der Gleichzeitigkeit des Ungleichzeitigen fassen dieses Auseinanderfallende wiederum zusammen: Schwelgerische Phantastik des gewöhnlich Schönen, pseudobürgerlicher Historismus, verheißungsvolle Jugendlichkeit und gebrauchswertbetonte Sachlichkeit im Nebeneinander, dazu Steifheit in Dingen staatlichen Repräsentierens, Wildwuchs der Subkulturen, Ohnmacht des Offizialdesign – das gibt es in beiden Wirklichkeiten – die eine farbiger und reicher, die andere grauer und ärmer, womit die Spuren der Aufbaugeschichte beider Systeme sichtbar geblieben sind.

Die bedeutendste, wenn auch kaum sichtbare Übereinstimmung ist aber auf einer Ebene zu finden, auf der übergreifende Fragen der industriellen Entwicklung erkennbar werden. Es sind grundlegende Problemkonvergenzen, die beide Systeme miteinander verbinden (vgl. z. B. LEIPOLD 1983) und hier wie dort das Design neu in Frage stellen. Natur – die äußere und die innere des Menschen – reagiert auf Ausbeutung der Vorräte, Kräfte und Fähigkeiten in gleicher Weise; sie macht keinen Unterschied zwischen der kapitalistischen und sozialistischen Erscheinungsform. Menschen haben nicht nur eine politische Geschichte und ein entsprechendes Bewußtsein; sie haben auch eine anthropologisch-biologisch definierte Geschichte als Naturwesen mit sinnlichen Bedürfnissen, deren Anpassungsfähigkeit begrenzt ist. Der Widerspruch zwischen den organischen und technischen Welten ist nicht wegzudiskutieren; Bewohnbarkeit und Gestaltbarkeit der Umwelt sind die designübergreifenden wie umgreifenden Themen, die sich beiden Systemen stellen. Kein Wunschdenken kann die tatsächliche »Kolonialisierung der Lebenswelten durch Imperative verselbständigter wirtschaftlicher und administrativer Handlungssysteme« (HABERMAS 1985) unsichtbar und unwirksam machen.

In ihr vollzieht sich eine der stärksten Vorgestaltungen, eine Art technologie- und ökonomieabhängiges Super-Design der strukturellen Elemente des Lebens auf beiden Seiten. Damit ist die Krise des Design tiefer begründet als in den irritierenden Oberflächenerscheinungen der ›Postmoderne‹, die sich als versteckte Fortsetzung einer problematischen Moderne erweist. Und sie betrifft beide Länder, auch wenn sie in der DDR noch nicht sichtbar geworden ist. Sie formuliert sich jenseits von Produktästhetik in einer umfassenden Weise als fundamentalästhetische und existentielle Frage an die Beherrschbarkeit der Produktionsgeschichte.

Die Produktionsgeschichte war bis an die Schwelle des gegenwärtigen Stadiums ihrer industriellen Revolutionierung mehr oder weniger unmittelbar an Kraft und Intelligenz der arbeitenden Menschen gebunden. Automation und Elektronik greifen in diesen Zusammenhang massiv ein – ein Prozeß, in dem Design kaum noch vermitteln kann, wie dies früher durch anschmiegsame Gestaltung für die werkzeugführende Hand geschah.

Wird das »Schicksal der Hand« (LEROI-GOURHAN 1984) – *das* Thema schon bei RUSKIN und MORRIS – im Zeitalter der Automation besiegelt oder zu einem neuen, großen Problem von Design? Oder werden uns die neuen Dinge über die alten dann bloß Falsches sagen können, wird Design einmal in einem noch weitreichenderen Sinne als in der Warenästhetik zu einem Mittel der Täuschung? Trennt uns womöglich die dritte industrielle Revolution derart von verflossener Produktionsgeschichte, daß der Bruch durch alle Form hindurch nur noch dem Anschein nach überbrückt werden kann? Steht der Vernichtung lebendiger Arbeit die Aufhebung der Sinnlichkeit des Werkzeugs in Zukunft komplementär gegenüber?

Diese Fragen sind systemübergreifend. Sie werden infolge des Technologievorsprungs und bereits scharf konturierter sozialer und kultureller Folgen der Rationalisierung im Westen eher bedrängend. Sie betreffen aber auch den modernen Industriesozialismus als umweltverantwortliche Kraft.

In diesen Fragen deutet sich das Ende der klassischen Designgeschichte an; es beginnt ein neuer Abschnitt der schon in ihr vorgezeichneten Problemgeschichte der Natur- und Werkzeugbeherrschung des Menschen. Am Ende ist offen, ob sich aus dem Kontrast zwischen der Knopfdruck- und Freizeit-Konsumentengesellschaft des Spätkapitalismus mit ihren Einschlüssen an politisch-ökologischen Protestbewegungen und der zentralistisch geführten Produzentengesellschaft des ›realen Sozialismus‹ die Chance einer Neubestimmung von Designaufgaben ergibt oder ob dieses historische Instrument sich hier wie dort erschöpft.

Schlagen wir zum Schluß noch einmal den Bogen zum Anfang: Das Unheimlichwerden der fortschreitenden Mechanisierung und ihrer inneren Formzwänge, die sie als eigenes ›Design‹ auf den Menschen überträgt, hat schon mit Beginn des Industriezeitalters die Zeitgenossen beunruhigt. Es bleibt das untergründige Thema der Designgeschichte und untermalt den hohen Anspruch eines Entwurfsbewußtseins, das die Welt der Dinge, Werkzeuge und Maschinen transparent halten und menschlich gestalten

197   Arbeitsplatzcomputer ›robotron A 7100‹. VEB Kombinat Robotron, Stammbetrieb Dresden. Entwurf Antje Erkmann und Wilhelm Markmann, 1983

oder auch vielleicht sich im rechten Augenblick an der richtigen Stelle verweigern will.

Im Todesjahr GOETHES heißt es (fast wie eine Anspielung auf die Arbeits- und Selbstverwirklichungsutopie, die WILLIAM MORRIS ein halbes Jahrhundert später entwerfen wird): »Die Maschine soll und wird nicht, wie mitunter ausgesprochen, die Handwerke unnöthig machen, sie wird den Handwerkern nur vorarbeiten, sie soll und wird nicht dem Hammel das Fell ablösen, und in Einer Ziehung Rock und Hose fertig machen. Der Verfasser erinnert sich nämlich, vor ungefähr 10 Jahren die Beschreibung einer solchen Maschine gelesen zu haben. Der Besteller bringt das lebendige Thier dem Maschinenwärter, dieser steckt es in die Trommel, das Thier wird schnell getödtet, das Fell abgezogen und geschoren. Der Wärter nimmt dem Gast Maass, und reguliert die Maschine nach dessen Form und Taille, die Mode steckt in den Maschinentheilen selbst. Das Futter und die Art der Knöpfe, ob gesponnen oder von Metall, die Farbe des Rockes stehen in dem Geschmack des Bestellers. Nach einer Richtung geht das nackte Fell, erhält den Gärbestoff, und wird damit

198 Siemens-Arbeitsplatzcomputer APC 7981. Siemens Design München, 1983

tüchtig kasteit, wird gewalkt, zerschnitten, genäht und kommt am Ende als lederne Reithose hervor. Nach der anderen Richtung geht die Wolle; sie wird gekratzt, gereinigt, gesponnen, gewebt, gewalkt, gefärbt, eine besondere Abtheilung der Maschine zerschneidet in Einem Schnitte das Tuch in Theile, welche zu dem Leibrock zusammengestickt werden müssen, hierauf geschieht das Nähen und Einsetzen der Aermel: von der anderen Seite sind Futter und Taschen schon auf dem Wege, und begegnen den Tuchstücken zu rechter Zeit, kurz mit Knöpfen versehen und gebügelt kommt das neue Kleid heraus; der Besteller hat in der Nebenkammer während der Zeit ein russisches Bad genommen, wozu der Maschinenkessel die Dämpfe, und die Kaltwasserpumpe die Traufe liefern. Der Mann zieht die neuen Kleider an, und läßt sich den wohlzubereiteten Schöpsbraten, mit beliebiger Sauce versehen, nach Hause tragen« (LUDWIG HOFFMANN 1832, S. 64ff.).

»Die Mode« (oder die Form des Lebens) »steckt in den Maschinentheilen selbst« – dieses Gesetz hat in der historischen Realität die Phantasie immer eingeholt. Produktionsgeschichte als Selbst-Entwurf des Menschen, Design als Mitentwurf seines Lebens in der Produktionsgeschichte, diese unauflösliche Verbindung mit folgenreichen Rückwirkungen besteht weiterhin, so daß zwei große Aufgaben für das Design immer noch ungelöst sind: Die Gegensteuerung zur scheinbar unaufhaltsamen Überformung des Menschen im Zeitalter der Neuen Technologien (was eine anthropologische Orientierung voraussetzt) und das Einpendeln der sensiblen Balance zwischen ökonomischer Notwendigkeit und Rücksicht auf die erschöpfte Ressource Natur (was den ökologischen Willen betrifft).

Vor diesen Fragen haben bisher beide Systeme versagt. In die Rationalität des Gestaltens sind nur Forderungen oder Verbalbekenntnisse eingegangen. In der Bundesrepublik ist bis heute der kapitalistische Effektivitätsbegriff maßgebend, in der DDR, die aufgrund ihres Zentralismus eher die Möglichkeit gehabt hätte, soziale und ökologische Fehlentwicklungen zu vermeiden, war es der entsprechend realsozialistische Begriff wirtschaftlicher Prioritäten, verschärft durch die Ohnmacht der Armut, der es verhinderte, daß das Instrument Design sich im Sinne von verantwortbar gestalteter Umwelt und Handhabung voll entwickeln konnte. In der Bundesrepublik wird heute über kulturelle Identität und Produktvielfalt geredet (vgl. RAT FÜR FORMGEBUNG 1989), aber damit nur ein neues Oberflächenphänomen thematisiert.

Mit Spannung darf man eine Zukunft erwarten, für die sich ein jede Seite veränderndes Zusammengehen in wirtschaftlichen, politischen und – damit verbunden – auch kulturellen Ausdrucksformen abzeichnet. Diese Situation ist nicht nur historisch, sondern auch designgeschichtlich völlig neu. Niemand vermag das Innovationspotential abzuschätzen, das in dieser Wende nationaler Geschichte für neue Aufgaben des Gestaltens beschlossen liegt. Es könnte nicht nur ein unnützer Wettbewerb entfallen, in dem jede Seite immer der anderen irgendetwas zu beweisen hatte. Vielmehr könnte aus den beiden Produktionssystemen und Gesellschaftsordnungen in neuer Gemeinsamkeit der Impuls für einen dritten Weg gewonnen werden. Eine post-postmoderne Besinnung steht an, die von der Frage nach den politischen Annäherungen und wirtschaftlichen Hilfen und Reformen im Augenblick noch verdeckt wird. In Ost und West ist ein Paradigmen-Wechsel zur Definition der Ziele des Gestaltens überfällig. Von der Werkbund-Gründung 1907 bis zu den offiziellen Design-Ideologemen beider deutscher Nachkriegsstaaten bestand das Leitziel-Paradigma in der Koppelung von Produktion, Design und Ästhetik. Darin lag, verborgen und abgebogen, das ethische Moment oder der ›Sinn‹ von Design.

Heute ist, nach mehrfachen Anläufen, die Umkehrung der Leitwerte zwar nicht in Sicht, aber unbestreitbar notwendig und kaum mehr aufzuschieben: Ein von anthropologischer und ökologischer Verantwortung geprägtes Bewußtsein müßte sich auch über das Instrument Design einmischen und eine neue Ethik des Produzierens mitbegründen helfen, in der das Ästhetische seine Funktion finden kann – nicht umgekehrt. Knapp gesagt: Es wird in Zukunft darauf ankommen, daß ein Entwurf Natur und Kultur *schont,* weniger, wie schön das Produkt ist. Ja, was schön ist, wird sich in Anschauung und Begriff neu, auf diesen Satz bezogen, definieren müssen.

Eine sanfte, ›post-industrielle‹ Ästhetik des Produzierens und der Produkte könnte in der unverhofften Begegnung von Kapital und realem Sozialismus auf deutschem Boden wenigstens *gedacht* werden. Die Erfahrung lehrt, daß die beiden antagonistischen Kräfte ihre eigenen Formen von Rücksichtslosigkeit gegenüber Menschen und Natur entwickelt haben und nicht aufzulösen vermochten. In der neuen historischen Konstellation könnte die Produktivkraft Design wieder politisch offensiv werden in einer Anstrengung gegen partikulare Interessen, ideologische Borniertheit und als Sachzwang ausgegebene ökonomische Herrschaft.

Doch Designgeschichte kann heute (leider das die unvermeidliche Schwäche dieses Buches) angesichts weltweiter Konvertibilität von Produktgestalt und Produktionsproblematik nicht mehr abgetrennt auf nationaler Ebene »geschrieben« werden. Jedes Denken und Handeln im Entwurf erweist sich mit grenzüberschreitenden Fragen von Ökonomie, Politik und Ökologie vernetzt. Dazu hat das Zeitalter der Neuen Technologien tendenziell die Grenzen dessen aufgerissen, was bisher als Möglichkeit von Umwelt- und Lebensgestaltung denkbar war. Schon ist das Modell Mensch in die gentechnischen Labors zu projizieren. Die Ängste, die uns vor diesem ›Design‹ befallen, sind nur allzu begründet. Dies alles ist eingetreten, bevor die politischen Blöcke sich bewegten. Alle werden in ihrer Verwandlung zu Industriegesellschaften neuen Typs davon betroffen sein. Deshalb ist nicht nur ein Umdenken für Design und im Design zu fordern, sondern auch die Erinnerung – wie es sein soll und wie es war. Wie sich die ›Postmoderne‹ als eine Fortsetzung oder ein Korrekturversuch der gradlinigen Moderne erweist, so ist der Atem der alles verändernden Produktionsgeschichte im Design seit über 150 Jahren zu spüren. Bei aller Überholtheit der nationalen Traditionskulturen des Entwerfens wird noch aus deren Blindheiten und Ahnungen zu lernen sein.

Literatur

Die Bibliographie nennt die zitierten Quellen und Sekundärmaterialien, darüber hinaus Werke, die entweder die Gedanken dieses Buches mitgebildet haben oder die es erlauben, sich im Selbststudium vertiefend mit Designgeschichte als Teil der Problemgeschichte der Industriekultur auseinanderzusetzen. Eine solche Liste kann nicht annähernd vollständig sein. Zur besseren Handhabung ist sie nach den fünf großen Kapitelabschnitten des Buches gegliedert.

I Allgemeine Grundlagen
(Voraussetzungen, Ökonomie- und Technik-Hintergrund, gesellschaftliche Strukturen, Kulturgeschichte usw.)

Adler, I.: Der Mensch und sein Werkzeug (Tools in your Life). München 1959

Alles Plastik. 100 Jahre Kunst(stoff)gewerbe im Alltag. (Kat.), Hg. Museum für Kunst und Gewerbe/Museumspädagogischer Dienst. Hamburg 1985

Asendorf, Ch.: Batterien der Lebenskraft. Zur Geschichte der Dinge und ihrer Wahrnehmung im 19. Jahrhundert. Gießen 1984

Aubin, H. / Zorn, W. (Hg.): Handbuch der deutschen Wirtschafts- und Sozialgeschichte. Stuttgart 1976

Aufbruch ins Industriezeitalter, Bd. 4 (Führer durch die Ausstellung zur Wirtschafts- und Sozialgeschichte Bayerns von 1705–1850). (Kat.), Hg. J. Erichsen / U. Laufer. Augsburg 1985

Aufriss. Schriftenreihe des Centrum Industriekultur Nürnberg. Begleitheft zur Ausstellung Industriekultur. Expeditionen ins Alltägliche, Hg. Schul- und Kulturreferat der Stadt Nürnberg/Centrum Industriekultur. Nürnberg 1982

Bachelard, G.: Die Poetik des Raumes. München 1967

Baudrillard, J.: Das Ding und das Ich. Gespräch mit der täglichen Umwelt. Wien 1974

Beck, L.: Die Geschichte des Eisens in technischer und kulturgeschichtlicher Beziehung. 5 Bde., Braunschweig 1891–1903

Benevolo, L.: Geschichte der Architektur des 19. und 20. Jahrhunderts. München 1964

Berlepsch, H. A. (Hg.): Chronik der Gewerke. Nach Forschungen in den alten Quellensammlungen und Archiven vieler Städte Deutschlands und der Schweiz. 9 Bde., St. Gallen 1850–1853 (Reprint Osnabrück 1966)

Boberg, J. / Fichter, T. / Gillen, E. (Hg.): Exerzierfeld der Moderne. Industriekultur in Berlin im 19. Jahrhundert. München 1984

dies.: Die Metropole – Industriekultur in Berlin im 20. Jahrhundert. München 1986

Bollnow, O. F.: Mensch und Raum. Stuttgart 1963

Böhme, H.: Prolegomena zu einer Sozial- und Wirtschaftsgeschichte Deutschlands im 19. und 20. Jahrhundert. 3. Aufl., Frankfurt 1973

Bourdieu, P.: Die feinen Unterschiede. Kritik der gesellschaftlichen Urteilskraft. Frankfurt 1982

Bruton, E.: Uhren. Geschichte, Schönheit, Technik. Eltville 1982

Bucher, B.: Geschichte der technischen Künste. 3 Bde., Stuttgart/Berlin/Leipzig 1879–1893

Buddensieg, T. / Rogge, H. (Hg.): Die nützlichen Künste. Gestaltende Technik und Bildende Kunst seit der industriellen Revolution. Studien und Materialien zur Ausstellung ›Die nützlichen Künste‹. (Kat.), Berlin 1981

Burckhardt, L.: Die Kinder fressen ihre Revolution. Wohnen – Planen – Bauen – Grünen. Design ist unsichtbar. Durch Pflege zerstört. Der kleinstmögliche Eingriff. Die Mülltheorie der Kultur. (Hg. B. Brock), Köln 1985

Centre de Recherche sur la Culture Technique (Hg.): Culture technique (›machines au foyer‹). Nr. 3 spécial, Neuilly-sur-Seine 1980

dass.: Culture technique. Nr. 5 spécial (Design), Neuilly-sur-Seine 1981

Childe, V. G.: Eine Geschichte der Werkzeuge. Wien 1948

Die Alltagskultur der letzten 100 Jahre. Überlegungen zur Sammelkonzeption kulturgeschichtlicher u. volkskundlicher Museen. Tagungsberichte. Hg. Museum für Deutsche Volkskunde Berlin/Staatliche Museen Preuß. Kulturbesitz, Berlin 1980

Eckstein, H.: Formgebung des Nützlichen. Marginalien zur Geschichte und Theorie des Design. Düsseldorf 1985

ders.: Der Stuhl. Funktion, Konstruktion, Form. Von der Antike bis zur Gegenwart. München 1977

Elias, N.: Über den Prozeß der Zivilisation. Soziogenetische und psychogenetische Untersuchungen. Bd. 1, Wandlungen des Verhaltens in den weltlichen Oberschichten des Abendlandes; Bd. 2, Wandlungen der Gesellschaft. Entwurf zu einer Theorie der Zivilisation. 5. Aufl., Frankfurt 1978

Fabrikzeitalter. Dokumente zur Geschichte der Industrialisierung am Beispiel Rüsselsheim. (Kat.), Hg. Museum der Stadt Rüsselsheim, Gießen 1976

Fehr, M. / Koch, D.: über die moderne art zu leben oder: rationalisierung des lebens in der modernen stadt. Gießen 1977

Feldhaus, F. M.: Kulturgeschichte der Technik. Skizzen. Berlin 1928 (Reprint Hildesheim 1976)

Fiebach, J. / Franz, M. / Hirdina, H. / Hirdina, K. / Mayer, G. / Pracht, E. / Rescke, R.: Ästhetik heute. Berlin (DDR) 1978

Forty, A.: Objects of Desire. Design and Society 1750–1980. London 1986

Friedmann, G.: Der Mensch in der mechanisierten Produktion. Köln 1952

Fuchs, H. / Burkhardt, F.: Produkt Form Geschichte. 150 Jahre deutsches Design. (Hg. Institut für Auslandsbeziehungen), Stuttgart 1985

Geist, J. / Krausse, J. / Scherer, F. / Schulz, M.: Küche, Stube usw. Eine Folge synthetischer Bilder zur Geschichte der Arbeiterwohnung, in: Kursbuch 59/1980

Geist, J. / Krausse, J.: Küche, Stube usw. Geschichte der Arbeiterwohnung, Filmserie des WDR 1976–1978 (Textheft Köln 1979)

Giedion, S.: Die Herrschaft der Mechanisierung. Ein Beitrag zur anonymen Geschichte. Frankfurt 1982

Glaser, H. / Ruppert, W. / Neudecker, N. (Hg.): Industriekultur in Nürnberg. Eine deutsche Stadt im Maschinenzeitalter. München 1980

Glaser, H.: Maschinenwelt und Alltagsleben. Industriekultur in Deutschland vom Biedermeier bis zur Weimarer Republik. Frankfurt 1981

Grebing, H.: Geschichte der deutschen Arbeiterbewegung. Ein Überblick. München 1970

Gregotti, U.: Il disegno del prodotto industriale. Italia 1860–1980. Mailand 1982

Haug, W. F.: Warenästhetik und kapitalistische Massenkultur (I). ›Werbung‹ und ›Konsum‹. Systematische Einführung. Berlin 1980

Hillier, B.: The Style of the Century. 1900–1980. London 1983

Hirth, G.: Kulturgeschichtliches Bilderbuch aus vier Jahrhunderten (bearb. von M. v. Boehm). 2 Bde., München 1923–25

Imhof, A. E.: Der Mensch und sein Körper. Von der Antike bis heute. München 1983

Kamper, D. / Rittner, V. (Hg.): Zur Geschichte des Körpers. Perspektiven der Anthropologie. München/Wien 1976

Katz, S.: Classic Plastics. From Bakelite to High-Tech. London 1984

Kepes, G. (Hg.): Der Mensch und seine Dinge (The Manmade Object, 1960). Brüssel 1972

Kiaulehn, W.: Die eisernen Engel. Geburt, Geschichte und Macht der Maschinen von der Antike bis zur Gegenwart. Darmstadt 1954

Klenn, F.: Kurze Geschichte der Technik. Freiburg/Basel/Wien 1961

Klinckowstroem, Ch. v.: Kleine Kulturgeschichte der alltäglichen Dinge, in: Kultur und Technik, Heft 1 und 2/1981

Klingender, F. D.: Kunst und industrielle Revolution. Frankfurt 1976

Klönne, A.: Die deutsche Arbeiterbewegung. Geschichte–Ziele–Wirkungen. Düsseldorf/Köln 1980

Kuczynski, J.: Geschichte des Alltags des deutschen Volkes. Bd. 3, Berlin (DDR) 1981; Bde. 4 und 5, Berlin (DDR) 1982

Kunststoff-Objekte 1860–1960. Sammlung Kölsch. (Kat.), Hg. Museum Folkwang, Essen 1983

Leben und Arbeiten im Industriezeitalter. Eine Ausstellung zur Wirtschafts- und Sozialgeschichte Bayerns seit 1850. (Kat.), Hg. Germanisches Nationalmuseum Nürnberg, Nürnberg/Stuttgart 1985

Leroi-Gourhan, A.: Hand und Wort. Die Evolution von Technik, Sprache und Kunst. 2. Aufl., Frankfurt 1984

Lindinger, H. / Huchthausen, C.-H.: Geschichte des Industrial Design. Die Entwicklung des Design in Deutschland von 1850–1975 an exemplarischen Beispielen. Hg. Internationales Design Zentrum / Rat für Formgebung, Berlin 1978

Lindinger, H.: Designgeschichte 1, Das 19. Jahrhundert. Materialien, in: form 26/1964

ders.: Designgeschichte 4, Produktformen von 1850–1965, in: form 30/1965

Lippe, R. zur: Am eigenen Leibe. Zur Ökonomie des Lebens. Frankfurt 1978

ders.: Der Körper – Erstes Werkzeug der Kulturen. Prolog und Geometrisierung des Menschen. (Kat.), Oldenburg/Berlin 1983

Lucie-Smith, E.: A History of Industrial Design. Oxford 1983

Mang, K.: Geschichte des modernen Möbels. Stuttgart 1978

Marx, K.: Ökonomisch-philosophische Manuskripte. Erstes Manuskript. Die entfremdete Arbeit. MEW-Ergänzungsband, Schriften bis 1844, 1. Teil. Berlin (DDR) 1974

Meurer, B./Vinçon, H.: Industrielle Ästhetik. Zur Geschichte und Theorie der Gestaltung. Gießen 1983

Mottek, H. (Hg.): Studien zur Geschichte der industriellen Revolution in Deutschland. Berlin 1960

Mumford, L.: Mythos der Maschine. Kultur, Technik und Macht. Wien 1974

Negt, O. / Kluge, A.: Öffentlichkeit und Erfahrung. Zur Organisationsanalyse von bürgerlicher und proletarischer Öffentlichkeit. Frankfurt 1972

dies.: Geschichte und Eigensinn. Frankfurt 1981

Niethammer, L. (Hg.): Wohnen im Wandel. Beiträge zur Geschichte des Alltags in der bürgerlichen Gesellschaft, Wuppertal 1979

Noblet, J. de: Histoire et évolution du design. Paris 1973

Pazzini, K.-J.: Die gegenständliche Umwelt als Erziehungsmoment. Zur Funktion alltäglicher Gebrauchsgegenstände in Erziehung und Sozialisation. Weinheim/Basel 1983

Pevsner, N.: Architektur und Design. Von der Romantik zur Sachlichkeit. München 1971

ders.: Wegbereiter moderner Formgebung. Von Morris bis Gropius. Hamburg 1949

Pietsch, M.: Die industrielle Revolution. Von Watts Dampfmaschine zu Automation und Atomkernspaltung. Freiburg/Basel/Wien 1961

Pilz, W.: Zum Verhältnis von Kunst und Produktgestaltung, in: Zeitschrift für Kunstpädagogik 2/1974

Plastikwelten (Kat.), Elefanten-Press-Galerie (Hg. T. Fecht u. S. Weißler), Berlin 1985

Posener, J.: Warum und seit wann hat man gestaltet?, in: B. Meurer/H. Vinçon (Hg.), Kritik der Alltagskultur, Berlin 1979

Rauter, E. A.: Warum die Werkzeuge die Menschen und die Menschen die Werkzeuge verändern. München 1977

Read, H.: Der Ursprung der Form in der Kunst, in: G. Kepes (Hg.), Der Mensch und seine Dinge, a. a. O.

Reulecke, J. / Weber, W. (Hg.): Fabrik – Familie – Feierabend. Beiträge zur Sozialgeschichte des Alltags im Industriezeitalter. Wuppertal 1978

Reulecke, J. (Hg.): Die deutsche Stadt im Industriezeitalter. Beiträge zur modernen deutschen Stadtgeschichte. Wuppertal 1978

Ropohl, U.: Kultur der Normalität. Ästhetisch-kulturelle Praxis in Alltag und Lebensgeschichte eines Arbeiters, einer Sekretärin und einer Kunstamtsleiterin. Vergleichende Fallanalysen als Beitrag zur Grundlagenforschung für die Kultur- und Kunstpädagogik. Diss. Oldenburg 1986

Rürup, R. (Hg.): Technik und Gesellschaft im 19. und 20. Jahrhundert, in: Geschichte und Gesellschaft Heft 2/1978

Ruppert, W.: Die Fabrik-Geschichte von Arbeit und Industrialisierung in Deutschland. München 1983

Russel, R.: Stuhl und Stil 1850–1950. Die Entwicklung des Sitzmöbels in Beispielen bedeutender Gestalter. Stuttgart 1980

Schaefer, H.: The Roots of Modern Design. Functional Tradition in the 19. Century. London 1970

Schivelbusch, W.: Lichtblicke. Zur Geschichte der künstlichen Helligkeit. München/Wien 1983

Schlesinger, G.: Der Einfluß des Werkzeuges auf Leben und Kultur, in: Technische Abende im Zentralinstitut für Erziehung und Unterricht, zweites Heft, Berlin 1917

Schloz, Th.: Sehbares, Greifbares, Fühlbares. Vom Umgang mit Gegenständen, dem Bezug zu Sachen und dem Leben mit den Dingen. Magisterarbeit am Institut für empirische Kulturwissenschaft, Tübingen 1984

Selle, G. / Boehe, J.: Leben mit den schönen Dingen. Anpassung und Eigensinn im Alltag des Wohnens. Reinbek 1986

Selle, G.: Kultur der Sinne und ästhetische Erziehung. Alltag, Sozialisation, Kunstunterricht vom Kaiserreich zur Bundesrepublik. Köln 1981

Shorter, E.: Die Geburt der modernen Familie. Reinbek 1977

Siebel, W.: Fabrikarbeit und Rationalisierung, in: Boberg u. a., Exerzierfeld der Moderne, a. a. O.

Simmel, G.: Philosophie des Geldes. 7. Aufl., Berlin 1977

Strobel, M.: Alte Bügelgeräte. München 1983

Stürmer, M.: Handwerk und höfische Kultur. München 1982

Taylor, F. W.: Die Grundsätze wissenschaftlicher Betriebsführung (The Principles of Scientific Management). München 1913

Timm, A.: Einführung in die Technikgeschichte. Berlin/New York 1972

Treue, W.: Die Technik in Wirtschaft und Gesellschaft 1800–1970, in: Aubin/Zorn (Hg.), Handbuch, a. a. O.

van den Boom, H.: Ein designtheoretischer Versuch. Schriftenreihe der HBK Braunschweig, Bd. 4, Braunschweig 1984

Veblen, Th.: Theorie der feinen Leute. Eine ökonomische Untersuchung der Institutionen. München 1971

Weber-Kellermann, I.: Die deutsche Familie. Versuch einer Sozialgeschichte. Frankfurt 1974

dies.: Die Kindheit. Kleidung und Wohnen, Arbeit und Spiel. Eine Kulturgeschichte. Frankfurt 1979

Weber, M.: Die protestantische Ethik (I). Eine Aufsatzsammlung. 3. Aufl., Hamburg 1973

ders.: Wirtschaft und Gesellschaft. 2. Aufl., Tübingen 1972

Wehler, H. U. (Hg.): Moderne deutsche Sozialgeschichte. Köln 1976

Wendorff, R.: Die Uhren und das Zeitbewußtsein, in: Kultur & Technik 1/1981

ders.: Zeit und Kultur. Geschichte des Zeitbewußtseins in Europa. Opladen 1980

Wichmann, H.: Industrial Design, Unikate, Serienerzeugnisse. Die Neue Sammlung. Ein neuer Museumstyp des 20. Jahrhunderts. München 1985

Wick, R.: Designsoziologie als Bezugswissenschaft von Designpädagogik, in: Rat für Formgebung (Hg.): Designmaterialien. Design, Handel, Konsum und Erziehung. Arbeitsbericht C-11. Darmstadt 1982

ders.: Designgeschichte im Lehramt Kunst. Fachwissenschaftliche und fachdidaktische Erwägungen zu einer konsolidierungsbedürftigen Disziplin, in: Kunst lehren und lernen, Hg. Funktionsbereich Kunst- und Designpädagogik im Fachbereich 4 der Universität Gesamthochschule Essen, Essen 1986

Z. B. Stühle. Ein Streifzug durch die Kulturgeschichte des Sitzens (Kat.), Hg. Deutscher Werkbund / Badischer Kunstverein, Karlsruhe 1982

II Fabrikation und Ästhetik – Der Aufbruch in das Industriezeitalter

Amtlicher Bericht über die Industrie-Ausstellung aller Völker zu London im Jahre 1851 von der Berichterstattungskommission der Deutschen Zollvereins-Regierungen. 2 Bde., Berlin 1852/53

Aufbruch ins Industriezeitalter. Führer durch die Ausstellung zur Wirtschafts- und Sozialgeschichte Bayerns von 1750–1850. München 1985

Bahns, J.: Biedermeier-Möbel. Entstehung, Zentren, Typen. München 1979

Berlin zwischen 1798 und 1848. Facetten einer Epoche. (Kat.), Hg. Akademie der Künste, Berlin 1981

Biensfeldt, J.: Freiherr Dr. Th. von Cramer-Klett, erblicher Reichsrat der Krone Bayern. Sein Leben und sein Werk. Ein Beitrag zur bayrischen Wirtschaftsgeschichte des 19. Jahrhunderts. Wirtschafts- und Verwaltungsstudien LVIII, Hg. G. Schanz, Leipzig/Erlangen 1923

Böhmer, G.: Die Welt des Biedermeier. Eltville 1981

Borchardt, K.: Die industrielle Revolution in Deutschland. München 1972

Brachner, A.: Phasen des technologischen Wandels, in: Leben und Arbeiten im Industriezeitalter, a. a. O.

Bucher, L.: Kulturhistorische Skizzen aus der Industrieausstellung aller Völker. Frankfurt 1851

Buddensieg, T.: Das Alte bewahren, das Neue verwirklichen. Zur Fortschrittsproblematik im 19. Jahrhundert, in: Buddensieg/Rogge (Hg.), Die nützlichen Künste, a. a. O.

ders.: Englisches »Maschinenwesen« und preußischer »Gewerbefleiß«. Goethes Blick auf Wedgwood, Beuth und Schinkel. In: Festschrift ›Die Grenzen sprengen‹. Edzard Reuter zum Sechzigsten‹. Berlin 1988

Buxbaum, B.: Der deutsche Werkzeugmaschinen- und Werkzeugbau im 19. Jahrhundert, in: Beiträge zur Geschichte der Technik und Industrie. Bd. 9, Berlin 1919

Conze, W.: Sozialgeschichte 1800–1850, in: Aubin/Zorn (Hg.), Handbuch, a. a. O.

Ehmer, J.: Rote Fahnen – Blauer Montag, in: D. Puls (Hg.), Wahrnehmungsformen und Protestverhalten. Studien zur Lage der Unterschichten im 18. und 19. Jahrhundert. Frankfurt 1979

Engerth, W.: Bildliche Darstellung von Maschinenbestandteilen in isometrischer Projektion. Wien 1843

Feldhaus, F. M.: Geschichte des technischen Zeichnens. Wilhelmshaven 1953

Fontane, Th.: Wanderungen durch die Mark Brandenburg. Bd. 1. München 1966

Friemert, C.: Die gläserne Arche. Kristallpalast London 1851 und 1854. Dresden 1984

Geismeier, W.: Biedermeier – Das Bild vom Biedermeier. Zeit und Kultur des Biedermeier. Kunst und Kunstleben des Biedermeier. Leipzig 1979

Gömmel, R.: Kapitalbildung und Unternehmensorganisation, in: Leben und Arbeiten im Industriezeitalter, a. a. O.

Gutzkow, K.: Lebenserinnerungen (1852), in: Gutzkow, Werke Bd. 10. Leipzig o. J.

Haindl, S.: Maschinenkunde und Maschinenzeichnen. München 1852

Heilborn, E.: Zwischen zwei Revolutionen. Der Geist der Schinkelzeit. Berlin 1927

Hermann, G. (Hg.): Das Biedermeier im Spiegel seiner Zeit. Berlin/Leipzig/Wien/Stuttgart 1913

Henderson, W. O.: Die industrielle Revolution in Europa 1780–1914. Wien 1969

Himmelheber, G.: Klassizismus, Historismus, Jugendstil. Bd. 3, in: H. Kreisel (Hg.), Die Kunst des deutschen Möbels. Möbel und Vertäfelungen des deutschen Sprachraums von den Anfängen bis zum Jugendstil. München 1973

Hoffmann, L.: Die Maschine ist nothwendig. Berlin 1832

Hübsch, H.: In welchem Style sollen wir bauen? Karlsruhe 1828 (Reprint Karlsruhe 1984)

Industrie und Technik in der deutschen Malerei von der Romantik bis zur Gegenwart. (Kat.), Hg. Wilhelm-Lehmbruck-Museum, Duisburg 1969

Jehle, M.: Eisenbahn und Industrialisierung, in: Leben und Arbeiten im Industriezeitalter, a. a. O.

Kaiser, H.: Herdfeuer und Herdgerät im Rauchhaus. Wohnen damals. Materialien zur Volkskultur nordwestliches Niedersachsen. Bd. 2. Cloppenburg 1980

Karl Friedrich Schinkel 1781–1841. (Kat.), Hg. Staatliche Museen zu Berlin (DDR), Berlin 1982

Kocka, J.: Technik und Arbeitsplatz im 19. Jahrhundert, in: Buddensieg/Rogge (Hg.), Die nützlichen Künste, a. a. O.

Köllmann, W.: Friedrich Harkort. Düsseldorf 1964

Luthmer, F.: Bürgerliche Möbel aus dem ersten Drittel des neunzehnten Jahrhunderts. Frankfurt 1908

Luthmer, F. / Schmidt, R.: Empire- und Biedermeiermöbel aus Schlössern und Bürgerhäusern. Frankfurt 1923

Lux, J. A.: Von der Empire- zur Biedermeierzeit. Eine Sammlung von Möbeln und Innenräumen. Stuttgart 1906 (7. Aufl. 1930)

Matschoss, C.: Ein Jahrhundert Deutscher Maschinenbau. Von der mechanischen Werkstätte bis zur deutschen Maschinenfabrik. 1819–1919. Berlin 1919

ders.: Geschichte der Dampfmaschine. Ihre kulturelle Bedeutung, technische Entwicklung und ihre großen Männer. Berlin 1901 (Reprint Hildesheim, 2. Aufl. 1982)

Meyer, Th.: Produktplanung und Produktgestaltung im Zeitalter des Merkantilismus am Beispiel der Manufaktur Höchst. Ein Beitrag zur Kunst- und Designgeschichte. Diplomarbeit an der HfG Offenbach 1976

Nedoluha, A.: Geschichte der Werkzeuge und Werkzeugmaschinen. Wien 1961

ders.: Kulturgeschichte des technischen Zeichnens. Wien 1960

Ottomeyer, H. (Hg.): Biedermeiers Glück und Ende. Die gestörte Idylle 1815–1848. (Kat.). München 1987

Pazaurek, G. E.: Gläser der Empire- und Biedermeierzeit. Leipzig 1923

Preußen. Versuch einer Bilanz. Ausstellungsführer (Kat., Bd. 1), Hg. G. Korff, Reinbek 1981

Preußen. Beiträge zu einer politischen Kultur. (Kat., Bd. 2), Hg. M. Schlenke, Reinbek 1981

Preußen. Zur Sozialgeschichte eines Staates. Eine Darstellung in Quellen. (Kat., Bd. 3), bearbeitet von P. Brandt u. a., Reinbek 1981

Priddat, B. P.: Poesie der Ökonomie. Über die poitische oder romantische Ökonomie, in: Poiesis 2/1986

Puls, D. (Hg.): Wahrnehmungsformen und Protestverhalten. Studien zur Lage der Unterschichten im 18. und 19. Jahrhundert. Frankfurt 1979

Ranke, W.: Das klassizistische Berlin, in: Preußen, Versuch einer Bilanz, a. a. O.

Redtenbacher, F.: Der Maschinenbau, Bd. 1. Mannheim 1862

Riedler, A.: Das Maschinenzeichnen. Berlin 1896

Rößler, H.: Musterblätter von Maschinenzeichnungen zum Gebrauch für Mechaniker, Gewerbeschulen und Gewerbevereine. Darmstadt 1838

Samter, H.: Das Reich der Erfindungen. Berlin 1896

Schivelbusch, W.: Geschichte der Eisenbahnreise. Zur Industrialisierung von Raum und Zeit im 19. Jahrhundert. München/Wien 1977

Schlesinger, G.: Der Einfluß des Werkzeugs auf Leben und Kultur, in: Technische Abende im Zentralinstitut für Erziehung und Unterricht. Zweites Heft, Berlin 1917

Schmidt, W. (Hg.): Journal des Luxus und der Moden, hg. von F. J. Bertuch und G. M. Kraus 1786–1827. 2 Bde., Reprint Leipzig 1968

Schmitz, H.: Deutsche Möbel des Klassizismus. Stuttgart 1923

ders.: Der schöne Wohnraum. Berlin 1928

Schröter, A. / Becker, W.: Die deutsche Maschinenbauindustrie in der industriellen Revolution. Berlin 1962

Semper, G.: Wissenschaft, Industrie und Kunst. Vorschläge zur Anregung nationalen Kunstgefühls. London 1851 / Braunschweig 1852 (Reprint in: Semper, Wissenschaft, Industrie und Kunst. Neue Bauhausbücher. Mainz/Berlin 1966)

Slotta, R.: Bemerkungen zum Verhältnis von ›Technik‹ und ›Kunst‹ am Industrie- und Maschinenbau, in: Buddensieg/Rogge (Hg.), Die nützlichen Künste, a. a. O.

Technologische Encyklopädie oder alphabetisches Handbuch der Technologie, der technischen Chemie und des Maschinenwesens zum Gebrauche für Kameralisten, Ökonomen, Künstler, Fabrikanten und Gewerbetreibende jeder Art. Hg. J. J. R. v. Prechtl, Stuttgart 1830–1852

Thon, Th.: Lehrbuch der Reißkunst oder die wahren Grundsätze der Zeichnenwissenschaft. Mit einem Atlas von 36 lithographirten Tafeln. Ilmenau 1832

Voltz, J. M.: Bilder aus dem Biedermeier. Baden-Baden 1957

Vorbilder für Fabrikanten und Handwerker. Auf Befehl des Ministers für Handel, Gewerbe und Bauwesen herausgegeben von der Technischen Deputation für Gewerbe (bearbeitet von C. Boetticher, K. F. Schinkel, P. C. W. Beuth u. a.), 3 Bde., Berlin 1821–1837

Wies, R.: Das Journal des Luxus und der Moden (1786–1827), ein Spiegel kultureller Strömungen der Goethezeit. Diss. München 1953

Wirth, I.: Berliner Biedermeier. Berlin 1972

Wissner, A.: Die Entwicklung der zeichnerischen Darstellung von Maschinen, unter besonderer Berücksichtigung des Maschinenbaus bis zu Beginn des 20. Jahrhunderts. Diss. München 1948

Zais, E.: Die Kurmainzische Porzellanmanufaktur zu Höchst. Mainz 1887

Zuchold, G.-H.: Bemerkungen zu Schinkels Verhältnis zur Kunst der Antike, in: Karl Friedrich Schinkel (Kat.), a. a. O.

Zunkel, F.: Industriebürgertum in Westdeutschland, in: H. U. Wehler (Hg.), Moderne deutsche Sozialgeschichte, a. a. O.

III Maschinelle Produktion, Massendesign und Gegenstandserfahrung

Ahlers-Hestermann, F.: Stilwende. Aufbruch der Jugend um 1900. Berlin 1956

Amtlicher Katalog der Ausstellung des Deutschen Reiches zur Weltausstellung in Wien. Berlin 1873

Autorenkollektiv (Leitung D. Mühlberg): Arbeiterleben um 1900. Berlin (DDR) 1985

Bayrisches Landesamt für Denkmalpflege (Hg.): Vom Glaspalast zum Gaskessel. Münchens Weg ins technische Zeitalter. München 1978

Behne, A.: Kritik des Werkbundes, in: Werkbundarchiv 1, Hg. J. Frecot / D. Kerbs, Berlin 1972

Behrendt, W. C.: Der Kampf um den Stil im Kunstgewerbe und in der Architektur. Stuttgart 1920

Behrens, P.: Die Zusammenhänge zwischen Kunst und Technik, in: Der Kunstwart 16/1914

ders.: Feste des Lebens und der Kunst. Eine Betrachtung des Theaters als höchsten Kultursymbols. Leipzig 1900

ders.: Kunst und Technik, in: Elektrotechnische Zeitschrift 22/1910

ders.: Über die Beziehung der künstlerischen und technischen Probleme, in: Technische Abende im Zentralinstitut für Erziehung und Unterricht. Fünftes Heft, Berlin 1917

Benjamin, W.: Berliner Kindheit um Neunzehnhundert. Frankfurt 1962 (1983)

ders.: Illuminationen. Ausgewählte Schriften. Frankfurt 1977

ders.: Louis Philippe oder das Interieur, in: Benjamin, Schriften Bd. 1, Hg. Th. W. Adorno u. a., Frankfurt 1955

Blaich, F.: Kartell- und Monopolpolitik im kaiserlichen Deutschland (1879–1914). Düsseldorf 1973

Born, K. E.: Der soziale und wirtschaftliche Strukturwandel Deutschlands am Ende des 19. Jahrhunderts, in: H.-U. Wehler (Hg.), Moderne deutsche Sozialgeschichte, a. a. O.

Bøe, A.: From Gothic Revival to Functional Form. A Study in Victorian Theories of Design. Oslo/Oxford 1957

Bott, G. (Hg.): Von Morris zum Bauhaus. Eine Kunst gegründet auf Einfachheit. Hanau 1977

Bott, G.: Ziele und Geschichte der Ausstellungen der Darmstädter Künstlerkolonie 1901–1914, in: Kunsthandwerk um 1900. Jugendstil, art nouveau, modern style, nieuwe kunst (Kat.), Hg. Hessisches Landesmuseum Darmstadt, 2. Aufl., Darmstadt 1973

Brandstätter, C. / Hubmann, F. (Hg.): Made in Germany. Die Gründerzeit deutscher Technik und Industrie in alten Photographien 1840–1914. Wien/München/Zürich 1977

Brix, M. / Steinhauser, M.: Geschichte allein ist zeitgemäß. Historismus in Deutschland. Gießen 1978

Bruckmann, P.: Diskussionsbeitrag zur Heranbildung des gewerblichen Nachwuchses im Rahmen der Verhandlung des Deutschen Werkbundes zu München am 11. und 12. Juli 1908, in: Die Veredelung der gewerblichen Arbeit, a. a. O.

Buddensieg, T. / Rogge, H.: Formgestaltung für die Industrie. Peter Behrens und die Bogenlampen der AEG, in: G. Bott (Hg.), Von Morris zum Bauhaus, a. a. O.

dies.: Industriekultur. Peter Behrens und die AEG 1907–1914. Berlin 1979 (2. Aufl. 1981)

Bugholzmöbel – Das Werk Michael Thonets. Ein Wiener Sessel erobert die Welt. (Kat.), Hg. Österreichisches Bauzentrum, Wien o. J.

Burckhardt, L. (Hg.): Der Deutsche Werkbund in Deutschland, Österreich und der Schweiz. Form ohne Ornament. Stuttgart 1978

Claessens, D. und K.: Kapitalismus als Kultur. Entstehung und Grundlagen der bürgerlichen Gesellschaft. Düsseldorf 1973

Conze, W.: Die Zeit Wilhelms II. und die Weimarer Republik. Deutsche Geschichte 1890–1933. Tübingen 1964

Curjel, H. (Hg.): Henry van de Velde, Zum neuen Stil. München 1955

Das Haus Thonet. Festschrift zum 150jährigen Bestehen der Firma Gebrüder Thonet AG, zusammengestellt von K. Mang. Frankenberg/Eder 1969

Deneke, B.: Vom Wohnen und von der Haushaltsführung im: Leben und Arbeiten im Industriezeitalter, a. a. O.

ders.: Die Gewerbeförderung, a. a. O.

Der westdeutsche Impuls. 1900–1914. Kunst und Umweltgestaltung im Industriegebiet. Die Deutsche Werkbund-Ausstellung Cöln 1914. (Kat.), Hg. Kölnischer Kunstverein, Köln 1984

Der Deutsche Werkbund, redaktioneller Beitrag in: Deutsche Kunst und Dekoration XXII, 1908

Deutscher Gewerkschaftsbund (Hg.): Arbeiter. Kul-tur und Lebensweise im Königreich Württemberg. Ludwig-Uhland-Institut für empirische Kulturwissenschaft. Tübingen 1979

Die Ausstellung der Darmstädter Künstlerkolonie (Ein Dokument Deutscher Kunst, Darmstadt 1901), Hg. A. Koch. Reprint Darmstadt 1979

Die Darmstädter Künstler-Kolonie, in: Deutsche Kunst und Dekoration IV, 1899

Die Durchgeistigung der deutschen Arbeit. Wege und Ziele im Zusammenhang von Industrie, Handwerk und Kunst. Jena 1912

Die künstlerische Gestaltung des Arbeiter-Wohnhauses. 14. Konferenz der Centralstelle für Arbeiter- und Wohlfahrtseinrichtungen am 5. und 6. Juni in Hagen. Berlin 1906

Die Kunst in Industrie und Handel. Jahrbuch des Deutschen Werkbundes. Jena 1913

Die verborgene Vernunft. Funktionale Gestaltung im 19. Jahrhundert. (Kat.), Hg. Die Neue Sammlung, München 1971

Die Veredelung der gewerblichen Arbeit in Zusammenwirken von Kunst, Industrie und Handwerk. Verhandlungen des Deutschen Werkbundes in München am 11. und 12. 7. 1908. Leipzig o. J. (1908)

Die Vereinigten Werkstätten für Kunst im Handwerk zu München, redaktioneller Beitrag in: Deutsche Kunst und Dekoration VIII, 1901

Die wirtschaftliche Lage der deutschen Handlungsgehilfen im Jahre 1908. Bearbeitet nach statistischen Erhebungen des Deutschnationalen Handlungsgehilfenverbandes, vorgenommen im Jahre 1908. Hamburg 1910

Dohrn, W.: Deutsche Werkstätten für Handwerkskunst, in: Innen-Dekoration XX, 1909

Dolivo-Dobrowolsky, M. v.: Die moderne Massenfabrikation in der Apparatefabrik der AEG (Vortrag 1912), in: Buddensieg/Rogge, Industriekultur, a. a. O.

Eckert, G. (Hg.): Aus den Lebensberichten deutscher Fabrikarbeiter. Zur Sozialgeschichte des ausgehenden Jahrhunderts. Braunschweig 1963

Ein Dokument Deutscher Kunst. Darmstadt 1901/1976. (Kat.), 5 Bde., Hg. Ausstellungsgesellschaft ›Ein Dokument Deutscher Kunst‹, Darmstadt 1976

Eitelberger v. Edelberg, R.: Die Österreichische Kunstindustrie und die heutige Weltlage. Wien 1871

ders.: Österreichische Kunstinstitute und kunstgewerbliche Zeitfragen. Wien 1879

Emmerich, W. (Hg.): Proletarische Lebensläufe. Autobiographische Dokumente zur Entstehung der zweiten Kultur in Deutschland. 2 Bde., Reinbek 1976

Engelhardt, Th.: Die Privatbeamten. Zur Sozialgeschichte der deutschen Industrieangestellten während der Früh- und Hochindustrialisierung, in: Leben und Arbeiten im Industriezeitalter, a. a. O.

ders.: Menschen nach Maß. Fabrikdisziplin und industrielle Zeitökonomie während der Industrialisierung Bayerns, in: Leben und Arbeiten im Industriezeitalter, a. a. O.

Engelsing, R.: Zur Sozialgeschichte deutscher Mittel- und Unterschichten. Göttingen 1973

Eröffnungsfeier der Darmstädter Kunstausstellung, redaktioneller Beitrag in: Deutsche Kunst und Dekoration VIII, 1901

Exner, W. F.: Das Biegen des Holzes, ein für Möbel-, Wagen- und Schiffbauer wichtiges Verfahren. Mit besonderer Rücksichtnahme auf die Thonet'sche Industrie. Weimar 1876

Falke, J.: Die Kunstindustrie in der Gegenwart. Studien auf der Pariser Weltausstellung im Jahre 1867. Leipzig 1868

ders.: Die Kunstindustrie auf der Wiener Weltausstellung 1873. Hg. K. v. Lützow, Leipzig 1875

ders.: Geschichte des deutschen Kunstgewerbes. Berlin 1888

Fischer, Th.: Eröffnungsreferat zur Verhandlung des Deutschen Werkbundes zu München am 11. und 12. Juli 1908, in: Die Veredelung der gewerblichen Arbeit, a. a. O.

Frecot, D.: Die Lebensreformbewegung, in: K. Vondung (Hg.), Das wilhelminische Bildungsbürgertum, a. a. O.

Friedell, E.: Kulturgeschichte der Neuzeit. 2 Bde., 4. Aufl., München 1983 oder Bd. 3, 22. Aufl., München 1948

Friemert, Ch.: Der ›Deutsche Werkbund‹ als Agentur der Warenästhetik in der Aufstiegsphase des deutschen Imperialismus, in: W. F. Haug (Hg.), Warenästhetik. Beiträge zur Diskussion, Weiterentwicklung und Vermittlung ihrer Kritik. Frankfurt 1975

Fuchs, G.: Die Vorhalle zum Hause der Macht und der Schönheit (Zur Hamburger Vorhalle von Prof. Peter Behrens), in: Deutsche Kunst und Dekoration XI, 1902

ders.: Unmaßgebliche Gedanken für die Pariser Weltausstellung, in: Deutsche Kunst und Dekoration II, 1898

ders.: Zur Kunstgewerbe-Schule der Zukunft, in: Deutsche Kunst und Dekoration XIII, 1903–04

Fürstenberg, H. (Hg.): Carl Fürstenberg. Die Lebensgeschichte eines deutschen Bankiers 1870–1914. Berlin 1931

Fürst, A.: Das Weltreich der Technik. Entwicklung und Gegenwart. 4 Bde., Berlin 1923

Fürth, H.: Ein mittelbürgerliches Budget. Jena 1907

Geismeier, W.: Stilkunst um 1900 in Deutschland, in: Stilkunst um 1900. (Kat.), Hg. Staatliche Museen zu Berlin (DDR), Berlin 1972

Glaser, H.: Die Kultur der wilhelminischen Zeit. Topographie einer Epoche. Frankfurt 1984

Gmelin, L.: Deutsches Kunstgewerbe zur Zeit der Weltausstellung in Chicago 1893. München 1893

Göhre, P.: Das Warenhaus, in: Bd. 12, Die Gesellschaft. Sammlung sozialpsychologischer Monographien. Hg. M. Buber, Frankfurt 1907

ders.: Denkwürdigkeiten und Erinnerungen eines Arbeiters. 2 Bde., Leipzig 1903

Götz, N.: Katalognotiz in: Leben und Arbeiten im Industriezeitalter, a. a. O.

Graul, R. (Hg.): Die Krisis im Kunstgewerbe. Studien über die Wege und Ziele der modernen Richtung. Leipzig 1902

Gronen, W. / Lemke, W.: Geschichte des Radsports und des Fahrrades. Eupen 1978

Großstadtproletariat. Zur Lebensweise einer Klasse. (Kat.), Hg. Museum für Volkskunde / Staatliche Museen zu Berlin (DDR), Berlin 1983

Günther, S.: Arbeitermöbel. Architektenentwürfe zu Arbeitermöbeln in Deutschland von der Jahrhundertwende bis zum Beginn des ersten Weltkrieges, in: Werk und Zeit 5/1976

dies.: Interieurs um 1900. B. Pankok, B. Paul und R. Riemerschmid als Mitarbeiter der Vereinigten Werkstätten für Kunst im Handwerk. Mchn. 1971

Gurlitt, C.: Die deutsche Musterzeichnerkunst und ihre Geschichte. Darmstadt 1899

Haltern, U.: Die Londoner Weltausstellung von 1851. Ein Beitrag zur Geschichte der bürgerlich-industriellen Gesellschaft im 19. Jahrhundert. München 1971

Hamann, R. / Hermand, J.: Deutsche Kunst und Kultur von der Gründerzeit bis zum Expressionismus. Stilkunst um 1900. Berlin 1967

Hampe, P.: Sozioökonomische und psychische Hintergründe der bildungsbürgerlichen Imperialbegeisterung, in: K. Vondung (Hg.), Das wilhelminische Bildungsbürgertum, a. a. O.

Hauser, A.: Idealisten und Utilitaristen, Carlyle, Ruskin, Proraffaelismus, Morris und das Kulturproblem der Technik, in: A. Hauser, Sozialgeschichte der Kunst und Literatur. München 1953

Heidecker, G.: Das Werbe-Kunst-Stück. Ausstellungen und Läden, Schriften und Werbegrafik für die AEG, in: Buddensieg/Rogge, Industriekultur, a. a. O.

Henning, F.-W.: Humanisierung und Technisierung der Arbeitswelt. Über den Einfluß der Industrialisierung auf die Arbeitsbedingungen im 19. Jahrhundert, in: Reulecke/Weber (Hg.), Fabrik, Familie, Feierabend, a. a. O.

Hermand, J. (Hg.): Jugendstil. Wege der Forschung, Bd. CX, Darmstadt 1971

ders.: Vorschein im Rückzug. Zum Sezessionscharakter des Jugendstils, in: Ein Dokument Deutscher Kunst, (Kat., Bd. 1), a. a. O.

Hermann Muthesius 1861–1927. (Kat.), Hg. Akademie der Künste, Berlin 1978

Hesse, H.: Henry van de Velde und sein Verhältnis zu Ruskin, Morris und der englischen Art Nouveau-Bewegung, in: Art Nouveau in England und Schottland, (Kat.), Hg. Karl-Ernst-Osthaus-Museum, Hagen 1968

Heuss, Th.: Erinnerungen 1905–1933. Tübingen 1963

ders.: Friedrich Naumann. Der Mann, das Werk, die Zeit. Stuttgart 1949

Hirschberg, E.: Die soziale Lage der arbeitenden Klassen in Berlin. Berlin 1897

Hirschwald, H.: Welcher Gegenstand ist kunstgewerblich?, in: Deutsche Kunst und Dekoration XIII/1903–04

Hirth, J.: Der Formenschatz der Renaissance. 2 Bde., München 1877

Historismus. Kunsthandwerk und Industrie im Zeitalter der Weltausstellungen. (Kat.), Hg. Kunstgewerbemuseum Berlin, Berlin 1973

Hobsbawm, E. J.: Die Blütezeit des Kapitals. Eine Kulturgeschichte der Jahre 1848–1875. Frankfurt 1980

Hochhuth, R. / Koch, H. H.: Kaisers Zeiten. Bilder einer Epoche. Aus dem Archiv der Hofphotographen Oscar und Gustav Tellgmann. Gütersloh 1977

Hoffmann, W./Müller, J. H.: Das deutsche Volkseinkommen 1851–1957. Tübingen 1959

Hofmann, W.: Luxus und Widerspruch, in: Ein Dokument Deutscher Kunst (Kat., Bd. 1), a. a. O.

Hollweck, Th.: Durchbruch zur Welt (Thomas Mann), in: K. Vondung (Hg.), Das Wilhelminische Bildungsbürgertum, a. a. O.

Hubmann, F.: Das deutsche Familienalbum. Die Welt von Gestern in alten Photographien. Von der Romantik zum zweiten Kaiserreich. Herrsching o. J.

Illustrierter Hauptkatalog von August Stukenbrok (1912). Reprint Hildesheim/New York 1973

Jäckh, E.: Werkbund und Mitteleuropa. Weimar 1916

Jacob & Josef Kohn. Der Katalog von 1916. Reprint München 1985

Jaeger, H.: Unternehmer in der deutschen Politik (1890–1918). Bonn 1967

ders.: Unternehmer und Politik im wilhelminischen Deutschland, in: Tradition, Zeitschrift für Firmengeschichte und Unternehmerbiographie 6/1968

Jaffé, E.: Die Selbstüberschätzung des Künsters, in: Dekorative Kunst XVIII, 1910

Jaumann, A.: Kunst-Politik, in: Deutsche Kunst und Dekoration XV, 1904–05

ders.: Vom künstlerischen Eigentums-Rechte, in: Innen-Dekoration XVIII, 1907 und XIX, 1908

Jessen, P.: Der Werkbund und die Großmächte der Deutschen Arbeit, in: Jahrbuch des Deutschen Werkbundes, Jena 1912

Joseph M. Olbrich 1867–1908. (Kat.), Darmstadt 1983

Jugendstil. Möbel und Zimmereinrichtungen um 1900. Hannover 1981 (Reprint von ›Möbel und Zimmereinrichtungen der Gegenwart‹, 2 Bde., Berlin 1904–05)

Kaelble, H.: Sozialer Aufstieg in Deutschland 1850–1914, in: Vierteljahrsschrift für Sozial- und Wirtschaftsgeschichte 60/1973

Kemp, W.: John Ruskin. Leben und Werk. München/Wien 1983

Kerschensteiner, G.: Die gewerbliche Erziehung der deutschen Jugend. Darmstadt 1901

ders.: Diskussionsbeitrag zur Heranbildung des gewerblichen Nachwuchses im Rahmen der Verhandlung des Deutschen Werkbundes zu München am 11. und 12. Juli 1908, in: Die Veredelung der gewerblichen Arbeit, a. a. O.

Kirsch, H.-Ch.: William Morris – ein Mann gegen die Zeit. Leben und Werk. Köln 1983

Kocka, J. (Hg.): Arbeiterkultur im 19. Jahrhundert, in: Geschichte und Gesellschaft, Heft 1/1979

Koch, A.: An die deutschen Künstler und Kunstfreunde, in: Deutsche Kunst und Dekoration I, 1897–98 ders.: Darmstadt und die volkswirtschaftliche Bedeutung des Kunstgewerbes, in: A. Koch, Darmstadt, eine Stätte moderner Kunstbestrebungen. Darmstadt 1905

ders.: Das vornehm-bürgerliche Heim. Handbuch neuzeitlicher Wohnungskultur. Darmstdt 1917

Koch, W.: Die Konzentrationsbewegung in der deutschen Elektroindustrie. München/Berlin 1907

Kofler, L.: Zur Geschichte der bürgerlichen Gesellschaft. 5. Aufl., Darmstadt/Neuwied 1974

Krabbe, W. R.: Gesellschaftsveränderung durch Lebensreform. Strukturmerkmale einer sozialreformerischen Bewegung im Deutschland der Industrialisierungsperiode. Studien zum Wandel von Gesellschaft und Bildung im 19. Jahrhundert, Bd. 14, Göttingen 1974

Kratzsch, G.: Kunstwart und Dürerbund. Ein Beitrag zur Geschichte der Gebildeten im Zeitalter des Imperialismus. Göttingen 1969

Kreller, E.: Die Entwicklung der deutschen elektrotechnischen Industrie und ihre Aussichten auf dem Weltmarkt, in: Staats- und socialwissenschaftliche Forschungen. Hg. G. Schmoller und M. Sering, Bd. 22, Heft 3, Leipzig 1903

Kruft, H.-W.: Die Arts-and-Crafts-Bewegung und der deutsche Jugendstil, in: G. Bott (Hg.), Von Morris zum Bauhaus, a. a. O.

ders.: Die Künstlerkolonie auf der Mathildenhöhe, in: L. Burckhardt (Hg) Der Deutsche Werkbund, a. a. O.

Kunst, Handwerk, Kunstgewerbe und Kunstindustrie in ihren Wechselbeziehungen, redaktioneller Beitrag in: Innen-Dekoration XXII, 1911

Kunsthandwerk um 1900. Jugendstil, art nouveau, modern style, nieuwe kunst. (Kat.), Hg. Hessisches Landesmuseum, Darmstadt 1973

Kunst und Alltag um 1900. Drittes Jahrbuch des Werkbund-Archivs. Hg. E. Siepmann. Gießen 1978

Langbehn, J.: Rembrandt als Erzieher. Von einem Deutschen. 46. Aufl., Leipzig 1903

Lange, A.: Das wilhelminische Berlin. Berlin 1967

Lange, K.: Die künstlerische Erziehung der deutschen Jugend. Darmstadt 1893

Leixner, O. v.: Soziale Briefe aus Berlin. Berlin 1894

Lessing, J.: Das halbe Jahrhundert der Weltausstellungen (Vortrag in der volkswirtschaftlichen Gesellschaft zu Berlin). Berlin 1900

ders.: Das Kunstgewerbe auf der Wiener Weltausstellung 1873. Berlin 1874

ders.: Berichte von der Pariser Weltausstellung 1878. Berlin 1878

ders.: Die Renaissance im heutigen Kunstgewerbe. Ein Vortrag. Berlin 1877

Lichtwark, A.: Die Grundlagen der künstlerischen Bildung. Der Deutsche der Zukunft. Berlin 1905

ders.: Eine Auswahl seiner Schriften. 2 Bde., eingeleitet von K. Scheffler. Berlin 1917

Lindner, H.: Strom. Erzeugung, Verteilung und Anwendung der Elektrizität. Reinbek 1985

Loos, A.: Ornament und Verbrechen, in: A. Loos, Schriften Bd. 1, Hg. F. Glück. Wien/München 1962

Lübke, W.: Geschichte der Renaissance in Deutschland. 2 Bde., 2. Aufl., Stuttgart 1882 (1873)

Lux, J. A.: Das künstlerische Problem der Industrie, in: Innen-Dekoration XIX, 1908

ders.: Geschmack im Alltag. Ein Lebensbuch zur Pflege des Schönen. Dresden 1910

ders.: Die Geschichte des modernen Kunstgewerbes in Deutschland. Leipzig 1908

ders.: Die Moderne in Wien, in: Deutsche Kunst und Dekoration XVI, 1905

ders.: Ingenieur-Ästhetik. München 1916

Mang, K.: Thonet Bugholzmöbel. Von der handwerklichen Fertigung zur industriellen Produktion. Wien 1982

Matthias, J.: Die Formensprache des Kunstgewerbes. Über die Bedeutung, Gestaltung und Anwendung der ornamentalen Formen, Typen und Symbole auf dem Gebiete der technischen Künste. Liegnitz 1875

Maschinenmöbel der ›Dresdener Werkstätten für Handwerkskunst‹. Redaktioneller Beitrag in: Dekorative Kunst XIV, 1906

Michel, W.: Die Deutschen Werkstätten für Handwerkskunst, in: Deutsche Kunst und Dekoration XXI, 1907–08

Morawe, Ch. F.: Die Darmstädter Künstler-Kolonie auf der Weltausstellung, in: Deutsche Kunst und Dekoration VI, 1900

Morris, W.: Kunde von Nirgendwo. 2. Aufl., Reutlingen 1980 (Nachdruck der Übersetzung von ›News from Nowhere‹ in Die Neue Zeit, 1892/93)

ders.: Kunsthoffnungen und Kunstsorgen. Leipzig 1901

ders.: Kunstgewerbliches Sendschreiben. Leipzig 1901/02

Mrazek, W.: Die industrielle Revolution in Österreich und Michael Thonets Bugholzmöbel-Industrie, in: Das Haus Thonet, a. a. O.

Müller, D.: Klassiker des modernen Möbeldesign. Otto Wagner – Adolf Loos – Josef Hoffmann – Koloman Moser. 2. Aufl., München 1984

Müller, M.: Von der Ästhetisierung der Geschichte zur Ästhetisierung des Lebens, in: Ein Dokument Deutscher Kunst (Kat., Bd. 1), a. a. O.

Müller, S.: Das Deutsche Museum für Kunst im Handel und Gewerbe, in: H. Hesse-Frielinghaus u. a., Karl Ernst Osthaus – Leben und Werk. Recklinghausen 1971

ders.: Kunst und Industrie. Ideologie und Organisation des Funktionalismus in der Architektur. München 1974

Mundt, B.: Die deutschen Kunstgewerbemuseen im 19. Jahrhundert. München 1974

dies.: Historismus. Kunstgewerbe zwischen Biedermeier und Jugendstil. München 1981

Muthesius, H.: Das englische Haus. 3 Bde., Berlin 1904

ders.: Der Weg und das Endziel des Kunstgewerbes, in: Dekorative Kunst XIII, 1904–05

ders.: Die Zukunft der Deutschen Form, in: Der Deutsche Krieg – politische Flugschriften Heft 50, Hg. E. Jäckh. Stuttgart/Berlin 1915

ders.: Handarbeit und Massenerzeugnis, in: Technische Abende im Zentralinstitut für Erziehung und Unterricht. Viertes Heft, Berlin 1917

ders.: Kultur und Kunst. Leipzig/Jena 1904

ders.: Wohnungskultur. Dritte Flugschrift zur ästhetischen Kultur. Hg. Dürerbund. München 1906

ders.: Wo stehen wir? Vortrag auf der Jahresversammlung des Deutschen Werkbundes in Dresden 1911, in: Die Durchgeistigung der Deutschen Arbeit, a. a. O.

Naumann, F.: Der deutsche Stil. Hellerau/Dresden o. J. (1915)

ders.: Deutsche Gewerbekunst. Eine Arbeit über die Organisation des Dtschn. Werkb. Berlin 1908

ders.: Die Kunst im Zeitalter der Maschine, in: Der Kunstwart 17/2, 1904 und Berlin 1908

ders.: Diskussionsbeitrag im Rahmen der Verhandlung des Deutschen Werkbundes zu München am 11. und 12. Juli 1908 in: Die Veredelung der gewerblichen Arbeit, a. a. O.

ders.: Kunst und Volkswirtschaft. Sonderdruck in: Die Hilfe 27/1912

ders.: Werkbund u. Weltwirtschaft. Der Werkbundgedanke in den germanischen Ländern. Jena 1914

Naylor, G.: The Arts and Crafts Movement. A Study of its Sources, Ideals and Influences on Design. London 1971

Neuwirth, W.: Wiener Werkstätte. Avantgarde. Art Déco. Industrial Design. Wien. 1984

Niethammer, L. (Hg.): Wohnen im Wandel. Beiträge zur Geschichte des Alltags in der bürgerlichen Gesellschaft. Wuppertal 1979

Niethammer, L. /Brüggemeier, F.: Wie wohnten Arbeiter im Kaiserreich?, in: Archiv für Sozialgeschichte Bd. 16, Bonn 1976

Noether, E.: Vertrustung und Monopolfrage in der deutschen Elektrizitäts-Industrie. Mannheim/Leipzig 1913

Obrist, H.: Luxuskunst oder Volkskunst, in: Dekorative Kunst IX, 1901–02

Olbrich, J. M.: Das ›Dokument Deutscher Kunst‹, in: Deutsche Kunst und Dekoration VI, 1900

ders.: Unsere nächste Arbeit, in: Deutsche Kunst und Dekoration VI, 1900

Osborn, M.: La Maison Moderne in Paris, in: Deutsche Kunst und Dekoration VII, 1900–01

Osthaus, K. E.: Grundzüge der Stilentwicklung, Hagen 1918

ders.: Van de Velde. Leben und Schaffen des Künstlers. Hagen 1920 (Reprint Berlin 1984)

Otto, K. H.: Imitation und Surrogat, in: Innen-Dekoration XIX, 1908

ders.: Zeichen der Zeit in der künstlerischen Produktion, in: Innen-Dekoration XX, 1909

Pazaurek, G. E.: Guter und schlechter Geschmack im Kunstgewerbe. Stuttgart/Berlin 1912

Pechmann, G. v.: Die Brauchbarkeit künstlerischer Entwürfe für die Industrie, in: Dekorative Kunst XVIII, 1910

Pecht, F.: Kunst und Kunstindustrie auf der Weltausstellung von 1867. Leipzig 1867

ders.: Kunst und Kunstindustrie auf der Wiener Weltausstellung 1873. Stuttgart 1873

Pese, C.: Technik und Ästhetik, in: Leben und Arbeiten im Industriezeitalter, a. a. O.

ders.: Serielle Massenproduktion, a. a. O.

ders.: Das Warenhaus, a. a. O.

Pietsch, L.: Das Hohenzollern-Kunstgewerbehaus Berlin. Aus Anlaß seines 25-jährigen Bestehens, in: Deutsche Kunst und Dekoration XV, 1904–05

Poll, H.: Fahrradproduktion von der Werkstätte zur industriellen Massenproduktion, in: Aufriss. Schriftenreihe des Centrum Industriekultur, a. a. O.

Pollak, G.: Die gesellschafts- und kulturpolitische Funktion des Deutschen Werkbundes 1907–1919. Die ideologische, wirtschaftliche und gesellschaftspolitische Funktion des Deutschen Werkbundes 1907–1919. 2 Bde., Diss. Weimar 1971

Popp, J. (Hg.): Deutsches Warenbuch, Kriegsausgabe. Hg. Dürerbund-Werkbund-Genossenschaft. Hellerau 1915

Portig, G.: Die nationale Bedeutung des Kunstgewerbes, in: Deutsche Zeit- und Streitfragen. Flugschriften zur Kenntnis der Gegenwart. Hg. F. v. Holtzendorf. Jg. XII, Heft 177–192, 1883

Posener, J.: Anfänge des Funktionalismus. Von Arts and Crafts zum Deutschen Werkbund. Berlin/Frankfurt/Wien 1964

ders.: Der Deutsche Werkbund. Werk u. Zeit 5/1970

ders.: Zwischen Kunst und Industrie: Der Deutsche Werkbund, in: L. Burckhardt (Hg.), Der Werkbund in Deutschland, a. a. O.

Pudor, H.: Erziehung zum Kunstgewerbe. Beiträge zu einer geschichtlichen, ästhetischen und technischen Betrachtung des neuzeitlichen Kunstgewerbes. Berlin 1906

Rauecker, B.: Das Kunstgewerbe in München. Münchener Volkswirtschaftliche Studien, Hg. L. Brentano und W. Lotz. Stuttgart/Berlin 1911

Redtenbacher, R.: Tektonik. Principien der künstlerischen Gestaltung der Gebilde und Gefüge von Menschenhand, welche den Gebieten der Architektur, der Ingenieurfächer und der Kunst-Industrie angehören. Wien 1881

Reuleaux, F.: Briefe aus Philadelphia. Bschw. 1877

Reuleaux, F. / Moll, C. L.: Konstruktionslehre für den Maschinenbau. Braunschweig 1854

Richter, J.: Die Entwicklung des kunsterzieherischen Gedankens. Leipzig 1909

Riemerschmid, R.: Grundriß und Aussehen, Innenausbau und Einrichtung des Arbeiterwohnhauses, in: Die künstlerische Gestaltung des Arbeiterwohnhauses, a. a. O.

Riezler, W.: Die Kulturarbeit des Deutschen Werkbundes, in: Weltkultur und Weltpolitik, Deutsche Folge 7. München 1916

Ritter, G. A. / Kocka, J.: Deutsche Sozialgeschichte, Bd. 2 (1870–1914), München 1977

Rogge, H.: ›Ein Motor muß aussehen wie ein Geburtstagsgeschenk‹, in: Buddensieg/Rogge, Industriekultur, a. a. O.

ders.: Fabrikwelt um die Jahrhundertwende am Beispiel der AEG Maschinenfabrik in Berlin-Wedding. Köln 1983

Rundgang durch die Kunstgewerbliche Abteilung der Darmstädter Ausstellung 1898, in: Deutsche Kunst und Dekoration III, 1898–99

Schade, G.: Angewandte Kunst, in: Stilkunst um 1900 in Deutschland. (Kat.), a. a. O.

Schaukal, R.: Die Kunst-Seuche, in: Innen-Dekoration XIX, 1908

Scheffler, K.: Sozial angewandte Kunst, in: Dekorative Kunst V, 1899–1900

Schivelbusch, W.: Lichtblicke. Zur Geschichte der künstlichen Helligkeit im 19. Jahrhundert. München/Wien 1983

Schliepmann, H.: Nationale Kunst – Nothwendige Kunst, in: Deutsche Kunst und Dekoration I, 1897–98

Schmalenbach, F.: Jugendstil. Ein Beitrag zu Theorie und Geschichte der Flächenkunst. Diss. Würzburg 1935

ders.: Jugendstil und neue Sachlichkeit, in: Kunsthistorische Studien, Basel 1941

Schmidt-Hellerau, K.: Materialverschwendung und Materialgefühl, in: Die Durchgeistigung der deutschen Arbeit, a. a. O.

Schmoller, G.: Über das Maschinenzeitalter in seinem Zusammenhang mit dem Volkswohlstand. Berlin 1903

Schmuttermeier, E.: Die Wiener Werkstätte, in: Traum und Wirklichkeit (Kat.), a. a. O.

Schmutzler, R.: Art Nouveau-Jugendstil. Stuttgart 1962

Schölermann, W.: Künstler-Kolonialpolitik und Revolution von oben. Zwei Vorträge. Leipzig 1910

ders.: ›Wiener Brief‹, in: Deutsche Kunst und Dekoration IV, 1899

Schultze-Naumburg, P.: Kulturarbeiten. 10 Bde., München 1901–17

Schwab, A.: Möbelkonsumtion und Möbelproduktion in Deutschland. Berlin 1915

Schwabe, H.: Die Förderung der Kunst-Industrie in England und der Stand dieser Frage in Deutschland. Berlin 1866

Schweiger, W. J.: Wiener Werkstätte. Kunst und Handwerk 1903–1932. Wien 1982

Schwerd, F.: Wie entstand der deutsche Stahlhelm, in: Betrieb und Wehr. Monatsblätter für wehrwirtschaftliche und wehrpsychologische Kriegsführung und Arbeitsgestaltung, Folge 9/1936 (Beilage zur Zeitschrift ›Deutsche Technik‹)

Selle, G.: Über bürgerliche Reformversuche der Produktkultur zwischen 1898 und 1912, in: Kunst und Alltag um 1900, a. a. O.

ders.: Zwischen Kunsthandwerk, Manufaktur und Industrie – Rolle und Funktion des Künstler-Entwerfers um 1898 bis 1908, in: G. Bott (Hg.), Von Morris zum Bauhaus, a. a. O.

Semper, G.: Der Stil in den technischen und tektonischen Künsten oder Praktische Ästhetik. Bd. 1, Textile Kunst. Frankfurt 1860; Bd. 2, Keramik, Tektonik, Stereotomie, Metallotechnik. München 1863

ders.: Der Stil in den technischen und tektonischen Künsten oder Praktische Ästhetik. Ein Handbuch für Techniker, Künstler und Kunstfreunde. 2 Bde., München 1978

Simmel, G.: Das Problem des Stils, in: Dekorative Kunst XI, 1909

Sombart, W.: Kunstgewerbe und Kultur. Berlin 1908

ders.: Technik und Kultur, in: Archiv für Sozialwissenschaft u. Sozialpolitik, Bd. 33. Tübingen 1911

ders.: Wirtschaft und Mode. Beitrag zur modernen Bedarfsgestaltung, in: L. Loewenfeld / H. Kurella (Hg.), Grenzfragen des Nerven- und Seelenlebens, Bd. 2, Wiesbaden 1901/02

Statz, V. / Ungewitter, G. G. (Hg.): Gothisches Musterbuch. 2 Bde., Leipzig 1856

Sternberger, D.: Panorama des Jugendstils, in: Ein Dokument Deutscher Kunst. (Kat., Bd. 1), a. a. O.

ders.: Über den Jugendstil und andere Essays. Hamburg 1956

Sterner, G.: Jugendstil. Kunstform zwischen Individualismus und Massengesellschaft. Köln 1975

Stilkunst um 1900 in Deutschland. (Kat.), Hg. Staatliche Museen zu Berlin (DDR), Berlin 1972

Stölzl, Ch. / Zischka, U.: Zur Geschichte der deutschen Blechspielzeugindustrie im 19. und 20. Jahrhundert, in: Die Welt aus Blech. Mechanisches Spielzeug aus zwei Jahrhunderten. (Kat.), Mainz 1981

Sturm, H.: Kunstgewerbe, Architektur, gebaute Umwelt – Kultur im Industriegebiet, in: Der westdeutsche Impuls 1900–1914. Kunst und Umweltgestaltung im Industriegebiet. (Kat.), Hg. Museum Folkwang Essen

Thonet. Bugholzmöbel 1830–1974. (Kat.), Hg. Museum für Kunsthandwerk Frankfurt am Main. Frankfurt 1974

Traum und Wirklichkeit. Wien 1870–1930. (Kat.), Hg. Museen der Stadt Wien. Wien 1985

Ungewitter, G. G.: Entwürfe zu gothischen Möbeln. Glogau 1851

van de Velde, H.: Die Renaissance im modernen Kunstgewerbe. Berlin 1901

ders.: Geschichte meines Lebens. München 1962

ders.: Kunstgewerbliche Laienpredigten. Leipzig 1902

Vischer, F. Th.: Mode und Cynismus, 3. Aufl., 1888

Vondung, K. (Hg.): Das wilhelminische Bildungsbürgertum. Zur Sozialgeschichte seiner Ideen. Göttingen 1976

Waentig, H.: Wirtschaft und Kunst. Eine Untersuchung über Geschichte und Theorie der modernen Kunstgewerbebewegung. Jena 1909

Wagner, O.: Die Kunst der Gegenwart, in: Ver Sacrum III, 1900

Wehler, H.-U.: Das Deutsche Kaiserreich 1871–1918. Göttingen 1975

Weltausstellungen im 19. Jahrhundert. (Kat.), Hg. Die Neue Sammlung, München 1973

Wember, P.: Die Jugend der Plakate. Krefeld o. J.

Wendt, U.: Die Technik als Kulturmacht in sozialer und geistiger Beziehung. Berlin 1906

Werkbund-Ausstellung Cöln 1914. (Kat.), Köln/Berlin 1914

Westheim, P.: Soziale Verpflichtung des Kunstgewerblers, in: Innen-Dekoration XX, 1909

ders.: Vereinigte Werkstätten für Kunst im Handwerk, in: Deutsche Kunst und Dekoration XXVIII, 1911

ders.: Volkskunst unserer Zeit, in: Dekorative Kunst XXIII, 1915

Wichmann, H.: Aufbruch zum neuen Wohnen. Deutsche Werkstätten und WK-Verband 1898–1970. Basel/Stuttgart 1978

Wichmann, S.: Jugendstil Floral Funktional in Deutschland und Österreich und den Einflußgebieten. Herrsching 1984

Wiener Werkstätte. Josef Hoffmann und Kolo Moser. Redaktioneller Beitrag in: Deutsche Kunst und Dekoration XVII, 1905–06

Wilhelm, K.: Produkt-Gestaltung und Präsentation, in: Buddensieg/Rogge, Industriekultur, a. a. O.

Wilser, L.: Germanischer Stil und deutsche Kunst, in: Deutsche Kunst und Dekoration IV und V, 1899–1900

William Morris 1834–1896. Persönlichkeit und Werk. (Kat.), Hg. Museum Bellerive, Zürich 1979

Wirtensohn, C.: Fundgrube neuer Erfindungen. Wien 1873

Wolff, F.: Der Neubau des Warenhauses Wertheim in Berlin, in: Deutsche Kunst und Dekoration XV, 1904–05

Wurm, E.: Die Lebenshaltung des deutschen Arbeiters. Dresden 1892

Zwischen Kunst und Industrie. Der Deutsche Werkbund. (Kat.), Hg. Die Neue Sammlung, München 1975

IV Entwurf und Wirklichkeit der Moderne – Entwicklung und Deutung der gegenständlichen Kultur zwischen den Weltkriegen

Abendroth, W. (Hg.): Faschismus und Kapitalismus. Theorien über die sozialen Ursprünge und die Funktionen des Faschismus. Frankfurt/Wien 1967

Arbeitsrat für Kunst 1918–1921. (Kat.), Hg. Akademie der Künste, Berlin 1980

Arbeitsrat für Kunst (Hg.): Ja! Stimmen des Arbeitsrates für Kunst in Berlin. Berlin 1919

Argan, G. C.: Gropius und das Bauhaus. Reinbek 1962

Art Déco. (Kat.), Minneapolis 1971

Arvatov, B.: Kunst und Produktion. Entwurf einer proletarisch-avantgardistischen Ästhetik (1921–1930). München 1972

Balász, B.: Sachlichkeit und Sozialismus, in: Die Weltbühne 51/1928

Battersby, M.: The Decorative Thirties. New York 1971

Bauhaus-Archiv, Museum für Gestaltung (Hg.): Sammlungskatalog (Auswahl). Architektur, Design, Malerei, Graphik, Kunstpädagogik. Berlin 1981

Bauhaus-Archiv Berlin, Museum für Gestaltung (Hg.): Experiment Bauhaus. Das Bauhaus-Archiv Berlin (West) zu Gast im Bauhaus Dessau. (Kat.). Berlin 1988

bauhaus berlin. Prospekt (1932)

Bauhaus Dessau. Hg. im Auftrag der Freunde des Bauhauses. Juli 1931

bauhaus, eine veröffentlichung des instituts für auslandsbeziehungen. Stuttgart 1974

Bauhaus Weimar. Arbeiten der Werkstätten für Holz, Keramik, Metall und Textilien der Weimarer Periode des Bauhauses 1919–1925. (Kat.), Hg. Kunstsammlungen Weimar, Weimar 1969

Bauhaus. Zeitschrift für Gestaltung. Jahrgänge 1920–30. (Bauhaus. Zeitschrift für Bau und Gestaltung. Jg. 1–4, Dessau 1926–31. Reprint München 1984)

Bau und Wohnung. Die Bauten der Weißenhof-Siedlung in Stuttgart, errichtet 1927 nach Vorschlag des Deutschen Werkbundes im Auftrag der Stadt Stuttgart und im Rahmen der Werkbundausstellung ›Die Wohnung‹. Hg. Deutscher Werkbund, Stuttgart 1927

Bayer, H. / Gropius, W. und I. (Hg.): Bauhaus 1919–1928. Stuttgart 1955

Behne, A.: Die Wiederkehr der Kunst. Berlin 1919. Reprint Nendeln/Liechtenstein 1973

ders.: Der moderne Zweckbau. (München 1926) Frankfurt/Wien 1964

ders.: Neues Wohnen, neues Bauen. Leipzig 1927

Behrendt, W. C.: Der Sieg des neuen Baustils. Stuttgart 1927

Behrens, P.: Das Ethos und die Überlagerung der künstlerischen Probleme. Darmstadt 1920

Benton, T.: Futurism and the Machine, in: Moos, S. v. / Smeenk, C. (Hg.): Avantgarde und Industrie. Delft 1983

Berg, P.: Deutschland und Amerika 1918–1929. Über das deutsche Amerikabild der zwanziger Jahre. Lübeck/Hamburg 1963

Bertonati, E.: Die neue Sachlichkeit in Deutschland. München 1974

Bettelheim, Ch.: Die deutsche Wirtschaft unter dem Nationalsozialismus. München 1974

Betz, L.: Das Volksauto – Rettung vor Untergang der deutschen Automobilindustrie. Stgt. 1931

Bier, J.: Mies van der Rohes Reichspavillon in Barcelona, in: Die Form IV, 1929

Bollerey, F. / Hartmann, K.: Bruno Taut. Vom phantastischen Ästheten zum ästhetischen Sozial(ideal)isten, in: (Kat.) Bruno Taut 1880–1938, a. a. O.

Bosselt, R.: Diskussionsbeitrag zur Heranbildung des gewerblichen Nachwuchses im Rahmen der Verhandlung des Deutschen Werkbundes zu München am 11. und 12. Juli 1908, in: Die Veredelung der gewerblichen Arbeit, a. a. O.

Bracher, K. D.: Die Auflösung der Weimarer Republik. Eine Studie zum Problem des Machtzerfalls in der Demokratie. Villingen 1960

ders.: Die deutsche Diktatur. Entstehung, Struktur, Folgen des Nationalsozialismus. Köln 1972

ders.: Die nationalsozialistische Machtergreifung. Studien zur Errichtung des totalitären Herrschaftssystems in Deutschland. Frankfurt 1974

Braun, S.: Zur Soziologie der Angestellten. Frankfurt 1964

Braun, S. / Fuhrmann, J.: Angestelltenmentalität. Berufliche Position und gesellschaftliches Denken der Industrieangestellten. Bericht über eine industriesoziologische Untersuchung. Neuwied/Berlin 1970

Brenner, H.: Die Kunstpolitik des Dritten Reiches. Hamburg 1963

Breuer, M.: Die Möbelabteilung des Staatlichen Bauhauses zu Weimar, in: Fachblatt für Holzarbeiter, 1925
ders.: Kleinwohnungstyp ›bambos‹, in: Bauhaus 1/1928
ders.: Metallmöbel, in: Deutscher Werkbund (Hg.), Innenräume, Räume und Einrichtungsgegenstände aus der Werkbundausstellung ›Die Wohnung‹ in Stuttgart. Stuttgart 1928
ders.: metallmöbel und moderne räumlichkeit, in: das neue frankfurt 1/1928
Broszat, M.: Der Staat Hitlers. Grundlegung und Entwicklung seiner inneren Verfassung. München 1969
Brunhammer, J.: The Art Deco Style. London 1983
Bruno Taut 1880–1938. (Kat.), Hg. Akademie der Künste, Berlin 1980
Bruno Taut 1920–1922. Frühlicht. Eine Folge für die Verwirklichung des neuen Baugedankens. Bauwelt Fundamente 8, Hg. U. Conrads u. a., Berlin/Frankfurt/Wien 1963
Bueckschmitt, J.: Ernst May, Bauten und Planungen. Stuttgart 1963
Burrichter, G.: Die industrielle Psychotechnik und der durchsichtige Betrieb, in: (Kat.) Rationalisierung, a. a. O.
Bush, D. J.: The Stream-lined Decade. New York 1975
Chan-Magomedow, S. O.: Ausbildung an den Wchutemas, in: form + zweck 3/1980
Conrads, U.: Programme und Manifeste zur Architektur des 20. Jahrhunderts. Gütersloh 1964
Conze, W. / Raupach, H. (Hg.): Die Staats- und Wirtschaftskrise des Deutschen Reichs 1929–33. Bd. 8 der Schriftenreihe des Arbeitskreises für moderne Sozialgeschichte, Hg. W. Conze, Stuttgart 1967
Das Deutsche Kunstgewerbe im Jahr der großen Pariser Ausstellung. Bilder von der deutschen Abteilung der Internationalen Ausstellung in Monza 1925. (Hg. Deutscher Werkbund), Berlin 1926
Das Dritte Reich. Seine Geschichte in Texten, Bildern und Dokumenten. Hg. H. Huber, München 1964
Das Möbelbuch Schönheit der Arbeit. Bd. 2 der Fachschriftenreihe des Reichsamtes ›Schönheit der Arbeit‹. Berlin 1937 und 1940
Das Taschenbuch Schönheit der Arbeit. Hg. Amt Schönheit der Arbeit, Berlin 1938
Davies, K.: At Home in Manhattan. Modern Decorative Arts, 1925 to the Depression. (Kat.), New Haven 1983

de stijl. Internationales Monatsblatt für Neue Kunst, Wissenschaft und Kultur, redigiert von Th. v. Doesburg. Jahrgänge 1917–1931
De Stijl. Schriften. Manifeste zu einem theoretischen Konzept ästhetischer Umweltgestaltung. Hg. H. Bächler/H. Letsch, Leipzig/Weimar 1984
Der KdF-Wagen von A–Z. Hg. Volkswagenwerk GmbH, Berlin o. J. (1939)
Dessauer, F.: Philosophie der Technik. Das Problem der Realisierung. 2. Aufl., Bonn 1928
Deutsche Bauausstellung Berlin 1931. Amtl. Katalog und Führer. Berlin 1931
Deutsche Schiffsbaukunst. Der Lloyddampfer ›Columbus‹, in: Innen-Dekoration XXXV, 1924
Deutsche Technik. Die technopolitische Zeitschrift. Amtl. Organ des Hauptamtes für Technik der Reichsleitung der NSDAP. Jge. 1937–42
Deutscher Hausrat. Eine Sammlung von zweckmäßigen Entwürfen für die Einrichtung von Kleinstwohnungen. Hg. Deutscher Werkbund, Dresden 1919
Deutscher Hausrat mit dem Gütezeichen der DAF. Hg. Reichheimstättenamt der Deutschen Arbeitsfront, Berlin 1941
Dexel, G. u. W.: Das Wohnhaus von heute. Leipzig 1928
Dexel, W.: Der Bauhausstil – ein Mythos. Texte 1921–1965. Mit 4 Aufsätzen von G. Dexel. Hg. W. Vitt, Starnberg 1976
Die Form. Stimme des Deutschen Werkbundes 1925–1934. Hg. F. Schwarz / F. Gloor, Gütersloh 1969
Die Form ohne Ornament. Werkbundausstellung 1924. Hg. W. Riezler, Berlin/Leipzig 1924
Die gläserne Kette. Visionäre Architekturen aus dem Kreis um Bruno Taut 1919–1920. (Kat.), Leverkusen 1964
Die Wohnung. (Kat.), Hg. Deutscher Werkbund, Stuttgart 1927
Die 20er Jahre und das Neue Frankfurt. Ein Gespräch mit Ferdinand Kramer anläßlich seines 80. Geburtstags am 22. 1. 1978. Hg. Deutscher Werkbund, Darmstadt 1978
Die Zwanziger Jahre. Kontraste eines Jahrzehnts. (Kat.), Hg. Kunstgewerbemuseum Zürich, Zürich 1973
Die Zwanziger Jahre in München. (Kat.), Hg. C. Stölzl/Münchener Stadtmuseum, München 1979
Doerr, H.: Schönheit des Wohnens – ein politisches Problem, in: A. Teut, Architektur im Dritten Reich, a. a. O.

Doesburg, Th. v.: Grundbegriffe der neuen gestaltenden Kunst. Bauhausbuch Bd. 6, Frankfurt 1925. Reprint Mainz 1966

Doren, H. v.: Industrial Design: A Practical Guide. New York 1954

Dreyer, F. A.: Deutsche Kultur im Neuen Reich – Wesen, Aufgaben und Ziele der Reichskulturkammer. Schlieffenbücherei Bd. 7, Potsdam 1934

Drigalski, W. v. / Herrmann, H. P. / Richter, F.: Arbeit und Wohnung. Berlin 1931

Drittes internationales bauhaus kolloquium 5.–7. Juli 1983. Wissenschaftliche Zeitschrift der Hochschule für Architektur und Bauwesen Weimar 5/6, 1983

Duncan, A.: Art Deco. Die Möbelkunst der französischen Designer. Stuttgart 1986

ders.: American Art Deco. Kunst und Design der 20er und 30er Jahre in Amerika. München 1986

ders.: Lampen, Lüster, Leuchten. Jugendstil-Art Déco. München 1979

Eichhorn, K.: Deutscher Hausrat für Siedlungen und Kleinwohnungen, in: Bauen, Siedeln, Wohnen 23/1938

El Lissitzky. Maler, Architekt, Typograf, Fotograf. Erinnerungen, Briefe, Schriften. Hg. S. Lissitzky-Küppers, Dresden 1967

Emge, C. A.: Die Idee des Bauhauses. Kunst und Wirklichkeit. Berlin 1924

Erlaß des Führers vom 5. 11. 1940 zur Vorbereitung des Deutschen Wohnungsbaues nach dem Kriege, in: Der Deutsche Baumeister 11/1940

Erlaß des Reichsministers für Volksaufklärung und Propaganda vom 22. 6. 1934, Aufträge an bildende Künstler und Kunsthandwerker betreffend, in: Zentralblatt der Bauverwaltung 1934

Erler, G. (Hg.): Kultur und Kulturrevolution in der Sowjetunion. Berlin/Kronberg 1978

Erler, M.: Das Gesellschaftsbild im Bauhaus. Dipl. Arbeit Berlin 1969 (Standort Bauhaus-Archiv)

Ernst May und das Neue Frankfurt 1925–1930. (Kat.), Hg. Architekturmuseum Frankfurt am Main. Berlin 1986

Eyck, E.: Geschichte der Weimarer Republik, 2 Bde., Zürich/Stuttgart 1956

Fallada, H.: Kleiner Mann, was nun? Berlin 1932

Faschismus. Renzo Vespignani. (Kat.), Hg. Neue Gesellschaft für Bildende Kunst und Kunstamt Kreuzberg, Berlin 1976

Ferdinand Kramer – Architektur und Design. (Kat.), Hg. Bauhaus-Archiv, Museum für Gestaltung, Berlin 1983

Fischer, W.: Die Deutsche Wirtschaftspolitik 1918–1945. Opladen 1968

Fleisser, M.-L.: Eine Zierde für den Verein. Roman vom Rauchen, Sporteln, Lieben und Verkaufen, in: Fleisser, Werke Bd. 2, Frankfurt 1972

Ford, H.: Mein Leben und Werk. Leipzig 1923

Ford, H.: Das große Heute und das größere Morgen. Leipzig 1927

form + zweck, Fachzeitschrift für industrielle Formgestaltung 6/1976, Sonderheft ›50 Jahre Bauhaus‹ und 3/1979, Sonderheft ›Bauhaus Weimar, Dessau, Berlin‹. Berlin (DDR)

Franke, G.: Das Bauhaus und die faschistische Kulturreaktion, in: Drittes internationales bauhaus kolloquium, a. a. O.

Frankl, P. T.: Form and Re-Form. New York 1930 (1969)

Frecot, J. / Geist, J. F. / Kerbs, D.: Fidus 1868–1948. Zur ästhetischen Praxis bürgerlicher Fluchtbewegungen. München 1973

Friedmann, G.: Der Mensch in der mechanischen Produktion (Problèmes humains du machinisme industriel. Paris 1946). Köln 1952

Friemert, C.: Produktionsästhetik im Faschismus. Das Amt ›Schönheit der Arbeit‹ von 1933 bis 1939. München 1980

Fromm. E.: Arbeiter und Angestellte am Vorabend des Dritten Reiches. Eine sozialpsychologische Untersuchung. Stuttgart 1980

Fry, Ch. R. (Hg.): Art Deco Interiors in Color. New York 1977

Gaßner, H.: Von der Utopie zur Wissenschaft und zurück. Zur Geschichte des Konstruktivismus in der Sowjetunion, in: Neue Gesellschaft für Bildende Kunst (Hg.), ›Kunst in die Produktion‹. Sowjetische Kunst während der Phase der Kollektivierung u. Industrialisierung 1927–1933. Berlin 1977

Gaßner, H. / Gillen, E. (Hg.): Zwischen Revolutionskunst und sozialistischem Realismus. Dokumente und Kommentare. Kunstdebatten in der Sowjetunion von 1917 bis 1934. Köln 1979

Geest, J. v. / Mácel, O.: Stühle aus Stahl. Metallmöbel 1925–1940. Mit einem einführenden Essay von Schuldt. Köln 1980

Geliebtes Dampfradio. Technik- und Kulturgeschichte. (Kat.), Hg. Landesmuseum Koblenz, Koblenz 1984

Giedion, S.: Befreites Wohnen. Zürich/Leipzig 1929

ders.: Walter Gropius, Mensch und Werk. Stuttgart 1954

Giese, F.: Girlkultur. Vergleiche zwischen amerikanischem und europäischem Rhythmus und Lebensgefühl. München 1925

Gilbreth, F. W.: Bewegungsstudien. Berlin 1921

Goldzamt, E.: Das Erbe von William Morris und das Bauhaus, in: Wissenschaftliche Zeitschrift der Hochschule für Architektur und Bauwesen Weimar 5/6, 1976

ders.: William Morris und die sozialen Ursprünge der modernen Architektur. Dresden 1976

Golücke, D.: Bernhard Hoetger. Bildhauer, Maler, Baukünstler, Designer. Bremen 1984

Gorsen, P. / Knödler-Bunte, E.: Proletkult 1. System einer proletarischen Kultur. Dokumentation. Stuttgart/Bad Cannstatt 1974

dies.: Proletkult 2. Zur Praxis und Theorie einer proletarischen Kulturrevolution in Sowjetrußland 1917–1925. Dokumentation. Stuttgart/Bad Cannstatt 1975

Graeff, W. (Hg.): Innenräume, Räume und Inneneinrichtungsgegenstände aus der Werkbundausstellung ›Die Wohnung‹, insbesondere aus den Bauten der städtischen Weißenhofsiedlung in Stuttgart. Stuttgart 1928

ders.: Jetzt wird Ihre Wohnung eingerichtet. Deutsches Warenbuch für den neuen Wohnbedarf. Zweckmäßiges Wohnen für jedes Einkommen. Potsdam 1933

Gray, C.: Das große Experiment. Die russische Kunst 1863–1922. Köln 1974

Greif, M.: Depression Moderne: The Thirties Style in America. New York 1975

Gretsch, H.: Erneuerung unserer Wohnkultur, in: Bauen, Siedeln, Wohnen 23/1938

ders.: Gestaltendes Handwerk. Stuttgart 1942

Grönwald, B.: Wchutemas/Wchutein, in: form + zweck 2/1981

Gropius, W.: Architektur. Wege zu einer optischen Kultur. Frankfurt/Hamburg 1956

ders.: Die neue Architektur und das Bauhaus. Mainz/Berlin 1965

ders.: Die geistige Grundlage des Staatlichen Bauhauses in Weimar (1924), in: H. M. Wingler, Das Bauhaus, a. a. O.

ders.: Grundsätze der Bauhausproduktion, in: W. Gropius/L. Moholy-Nagy (Hg.), Neue Arbeiten der Bauhauswerkstätten. Bauhausbücher Bd. 7, München 1925

ders.: Idee und Aufbau des Staatlichen Bauhauses Weimar. München/Weimar 1923

ders.: Normung und Wohnungsnot, in: Technik und Wirtschaft 20/1927

Gropius, W. / Gropius, I. / Bayer, H.: Bauhaus 1919–1928. Stuttgart 1955

Grosskinski, A.: Schönheit des Wohnens. Freiburg 1941

Günther, S.: Art Déco / Bauhaus, in: Die Kunst und das schöne Heim 1/1976

dies.: Das deutsche Heim. Luxusinterieurs und Arbeitermöbel von der Gründerzeit bis zum ›Dritten Reich‹. Gießen 1984

Gysling-Billeter, E.: Die angewandte Kunst. Sachlichkeit trotz Diktatur, in: (Kat.) Die Dreißiger Jahre – Schauplatz Deutschland. München 1977

Häfner, L.: Ziele und Aufgaben des Kampfbundes Deutscher Architekten und Ingenieure, in: Die Bauzeitung 15/1933

Hahn, P.: Bauhaus Kontrovers. Zur Bauhaus-Diskussion heute, in: Bauhaus-Archiv (Hg.), Sammlungskatalog, a. a. O.

ders. (Hg.): bauhaus berlin. Auflösung Dessau 1932. Schließung Berlin 1933. Bauhäusler und Drittes Reich. Eine Dokumentation, zusammengestellt vom Bauhaus-Archiv Berlin. Weingarten 1985

Hartig, M.: Erziehung zur Wohnkultur, in: Wohnungswirtschaft 20/1930

Hartlaub, G. F.: Ethos der neuen Baukunst, in: Die Form IV, 1929

Hartmann, H.: Möbel unserer Zeit, in: Die Baugilde 14/1932

Hartwich, H. H.: Staatskrise, Wirtschaftskrise, Reich. Die Staats- und Wirtschaftskrise des Deutschen Reiches 1929–33. Stuttgart 1967

Haselberg, P. v.: Funktionalismus und Irrationalität. Studien über Thorstein Veblens ›Theory of the Luxure Class‹. Frankfurt 1962

Hellwag, F.: Kunsthandwerkliche Holzarbeiten auf dem Lloyddampfer ›Bremen‹, in: Fachblatt für Holzarbeiter 25/1930

Herding, K. / Mittig, H. E.: Kunst und Alltag im NS-System. Albert Speers Berliner Straßenlaternen. Gießen 1975

Hermand, J. / Trommler, F.: Die Kultur der Weimarer Republik. München 1978

Herzogenrath, W.: Die fünf Phasen des Bauhauses, in: Paris-Berlin. Colloque de l'Office franco-allemand pour la Jeunesse. Hg. Centre Georges Pompidou, Paris 1978

ders. (Hg.): bauhaus utopien. Arbeiten auf Papier. (Kat.). Kölnischer Kunstverein o. J.

Hickethier, K. / Lützen, W. D. / Reiss, K. (Hg.): Das Deutsche Auto. Volkswagenwerbung und Volkskultur. Gießen 1974

Hilberseimer, L.: Handwerk und Industrie, in: Bauhaus 2/1929

ders.: Kleinstwohnungen, in: Bauhaus 2/1929

Hillier, B.: Art Deco of the 20s and 30s. London 1968

Hinz, B. / Mittig, H. E. / Schäcke, W. / Schönberger, A. (Hg.): Die Dekoration der Gewalt. Kunst und Medien im Faschismus. Gießen 1979

Hirdina, H.: Die Suche nach der objektiven Form, in: 3. internationales bauhaus kolloquium, a. a. O.

ders.: Ökonomie und Ästhetik am Bauhaus, in: Tendenzen 126/127, 1979

ders.: Versuch über das neue Frankfurt, in: Neues Bauen, Neues Gestalten. Das Neue Frankfurt, die neue stadt. Eine Zeitschrift zwischen 1926 und 1933. Dresden 1984

Hirdina, K.: Der Funktionalismus: Programm ästhetischer Wertung, in: Weimarer Beiträge 6, 1981

dies.: Pathos der Sachlichkeit. Funktionalismus und Fortschritt ästhetischer Kultur. München 1981

Hoffmann, H.: ›Die Wohnung unserer Zeit‹ auf der Deutschen Bauausstellung Berlin 1931, in: Moderne Bauformen, 1931

Holz, H. H.: Bemerkungen zum ideologischen Charakter der Bauhaus-Konzeption, in: Tendenzen 126/127, 1979

Hübner, H.: Die soziale Utopie des Bauhauses. Diss. Münster 1963

Hundt, W.: Bei Heinrich Vogeler in Worpswede. Erinnerungen. Worpswede 1981

Huse, N.: Neues Bauen 1918–1933. Moderne Architektur in der Weimarer Republik. München 1975

Hüter, K.-H.: Das Bauhaus in Weimar. Studie zur gesellschaftspolitischen Geschichte einer deutschen Kunstschule. Berlin 1976

Institut für Auslandsbeziehungen (Hg.): bauhaus. Stuttgart 1974

Itten, J.: Ausstellung von Arbeiten der Gesellen und Lehrlinge im Staatlichen Bauhaus Weimar (1922), in: W. Rotzler (Hg.), Johannes Itten, a. a. O.

ders.: Mein Vorkurs am Bauhaus. Gestaltungs- und Formenlehre. Ravensburg 1963

ders.: pädagogische fragmente einer formenlehre, in: Die Form, Jg. 5/1930

Jablonowski, U.: »Wo berühren sich die Schaffensgebiete des Technikers und Künstlers?« (Walter Gropius). Beziehungen zwischen dem Dessauer Bauhaus und den Werken des Junkerskonzerns, in: Dessauer Kalender 1983

Jaffé, H. L.: De Stijl 1917–1931. Der niederländische Beitrag zur modernen Kunst. Berlin/Frankfurt/Wien 1965

Jamaikina, E.: Wechselbeziehungen und Zusammenarbeit zwischen deutschen und sowjetischen Architekten in den ersten 20 Jahren nach der Oktoberrevolution. Berlin 1973

Joedicke, J. / Plath, Ch.: Die Weißenhofsiedlung. Stuttgarter Beiträge 4, Stuttgart 1968

Johannes Itten. Der Unterricht. (Kat.), Hg. Bauhaus-Archiv Berlin, Berlin 1974

Jourdan, J.: Neue Sachlichkeit und weiter. Zur Biographie Ferdinand Kramers, in: Bauhaus-Archiv (Hg.), Ferdinand Kramer, a. a. O.

Kallai, E.: zur einführung, in: Kat. zur Bauhaus-Ausstellung im Gewerbemuseum Basel, 1929

Kautz, H.: Industrie formt Menschen. Versuch einer Normierung der Industriepädagogik. Einsiedeln 1929

Kersting, W. M.: Die lebendige Form. Serienmodell und Massenfabrikation. Berlin o. J. (1932)

Kirsch, K.: Die Wiessenhofsiedlung. Werkbund-Ausstellung ›Die Wohnung – Stuttgart 1927‹. Stuttgart 1987

Koch, A.: 1000 Ideen zur künstlerischen Ausgestaltung der Wohnung. Darmstadt 1926

Kollmann, F.: Aerodynamik im Automobilbau. ›Wann kommt das neue Auto?‹, in: Das neue Frankfurt 1/1932–33

ders.: Schönheit der Technik. München 1928

Kracauer, S.: Die Angestellten. Eine Schrift vom Ende der Weimarer Republik. Frankfurt 1930. Reprint Allensbach/Bonn 1959

ders.: Das Ornament der Masse. Frankfurt 1963

Kramer, F.: Die Wohnung für das Existenzminimum, in: Die Form 24/1929

ders.: Individuelle oder typisierte Möbel?, in: Das neue Frankfurt 1/1928

ders.: Funktionelles Wohnen – Aufgaben, in: form + zweck 4/1980

Kramer, F. und L.: Sozialer Wohnungsbau der Stadt Frankfurt am Main in der 20er Jahren, in: Bauhaus-Archiv (Hg.), Ferdinand Kramer, Architektur und Design, a. a. O.

Krausse, J.: Volksempfänger. Zur Kulturgeschichte der Monopolware, in: Kunst und Medien. (Kat.), Hg. Staatliche Kunsthalle Berlin, Berlin 1984

Kröll, F.: Bauhaus 1919–1933. Künstler zwischen Isolation und kollektiver Praxis. Düsseldorf 1974

ders.: Bauhaus 1919–1933. Ein Abriß, in: Tendenzen 126/127, 1979

Kropp, E.: Wandlung der Form im XX. Jahrhundert. Bd. 5 der ›Bücher der Form‹. Hg. W. Riezler im Auftrag des Deutschen Werkbundes. Berlin 1926

Krovoza, A. / Oestmann, A.: Kleinbürger in Deutschland. Soziale und politische Konturen einer ›verhinderten Klasse‹, in: Kursbuch 45/1976

Kruppa, K.: Gestalten – ohne an Kunst zu denken. Zum Schaffen von Marianne Brandt, die am 18. 6. 1983 verstarb, in: Bildende Kunst 8/1983. (Hg. Verband Bildender Künstler der DDR)

Kühne, L.: Haus und Landschaft. Dresden 1985

Kühnl, R. (Hg.): Der deutsche Faschismus in Quellen und Dokumenten. Köln 1975

Kunst im 3. Reich. Dokumente der Unterwerfung, (Kat.), Hg. Frankfurter Kunstverein, Frankfurt 1974/75

Kunst in der Revolution. Architektur, Produktgestaltung, Malerei, Plastik, Agitation, Theater, Film in der Sowjetunion 1917–1932. (Kat.), Hg. Frankfurter Kunstverein, Frankfurt 1972

›Kunst in der Revolution‹. Materialien. Sowjetische Kunst während der Phase der Kollektivierung und Industrialisierung 1927–1933. Hg. Neue Gesellschaft für Bildende Kunst, Berlin 1977

Kunstschulreform 1900–1933. Dargestellt vom Bauhaus-Archiv Berlin an den Beispielen Bauhaus Weimar/Dessau/Berlin – Kunstschule Debschitz München – Frankfurter Kunstschule – Akademie für Kunst und Kunstgewerbe Breslau – Reimann-Schule Berlin. Berlin 1977

Lane, B. M.: Architecture and Politics in Germany 1918–1945. Cambridge/Mass. 1968

Lang, L.: Das Bauhaus 1919–1933. Idee und Wirklichkeit. Berlin 1966

Lederer, E. / Marschak, J.: Der neue Mittelstand, in: Grundriß der Sozialökonomik IX, Abt. Das soziale System des Kapitalismus, I. Teil: Die gesellschaftliche Schichtung im Kapitalismus. Tübingen 1926

Leppert-Fögen, A.: Die deklassierte Klasse. Studien zur Geschichte und Ideologie des Kleinbürgertums. Frankfurt 1974

Lethen, H.: Neue Sachlichkeit 1924–1932. Studien zur Literatur des ›Weißen Sozialismus‹. Stuttgart 1970

ders.: Chicago und Moskau. Berlins moderne Kultur der 20er Jahre zwischen Inflation und Weltwirtschaftskrise, in: Boberg u. a. (Hg.), Die Metropole. Industriekultur in Berlin im 20. Jahrhundert, München 1986

Lichtwark, A.: Der Deutsche der Zukunft. Schlußwort auf dem 1. Kunsterziehungstag in Dresden 1901, in: A. Lichtwark, Das Bild des Deutschen, 2. Aufl., Weinheim 1962

Lihotzky, G.: Rationalisierung im Haushalt, in: Das neue Frankfurt 5/1926–27

Lissitzky, E.: Proun und Wolkenbügel. Schriften, Briefe, Dokumente. Dresden 1977

Lotz, W.: Das Ende des Bauhauses in Dessau, in: Die Form 9/1932

ders.: Wie richte ich meine Wohnung ein? Modern, gut, mit welchen Kosten? Berlin 1930

Lunatscharski, A.: Vom Proletkult zum sozialistischen Realismus. Berlin 1981

Lützeler, H. und M.: Unser Heim. Bonn 1939

Machine Art, (Kat.), Hg. The Museum of Modern Art. New York 1934 (Reprint 1969)

Machlitt, U.: Das Bauhaus vor dem Hintergrund sozioökonomischer Strukturen und politischer Kräftegruppierungen in Dessau 1925 bis 1930, in: Wissenschaftliche Zeitschrift der Hochschule für Architektur und Bauwesen Weimar 5/6, 1976

Maenz, P.: Art Deco. 1920–1940. Köln 1974

Märten, L.: Formen für den Alltag. Schriften, Aufsätze, Vorträge. Dresden 1981

dies.: Historischer Materialismus und neue Gestaltung, in: Bauhaus 1/1929

Malewitsch, K.: Suprematismus. Die gegenstandslose Welt. Köln 1962 und Mainz/Berlin 1980

Marcilhac, F.: Art-Déco 1925. o. O. (Ouest-France) 1984

May, E.: Das neue Frankfurt, in: Das neue Frankfurt 1/1926–27

ders.: Das soziale Moment in der neuen Baukunst, in: Das neue Frankfurt 1/1926–27

ders.: Die Wohnung für das Existenzminimum, in: Das neue Frankfurt 11/1929

ders.: Wohnungspolitik der Stadt Frankfurt am Main, in: Das neue Frankfurt 1/1926–27

Mayer, D. (Hg.): Hans Fallada: Kleiner Mann, was nun? Historische, soziologische, biographische und literaturgeschichtliche Materialien zum Verständnis des Romans. Frankfurt/Berlin/München 1974

Mayer, R.: Rodtschenko im Bauhaus, in: Bildende Kunst 3/1983

Meikle, J. L.: Industrial Design in America 1925–1939. Philadelphia 1979

Meyer, E.: Der neue Haushalt. Ein Wegweiser zur wissenschaftlichen Hausführung. 32. Aufl., Stuttgart 1928

Meyer, H.: bauen, in: bauhaus 2/1928 oder C. Schnaidt (Hg.), Hannes Meyer, a. a. O.

ders.: Bauen und Gesellschaft. Schriften, Briefe, Projekte. Dresden 1979

ders.: Bauhaus Dessau 1927–30. Erfahrungen einer

polytechnischen Erziehung, in: C. Schnaidt (Hg.), Hannes Meyer, a. a. O.

ders.: Mein Hinauswurf aus dem Bauhaus, in: C. Schnaidt (Hg.), Hannes Meyer, a. a. O.

Michel, W.: Ozean-Expreß ›Bremen‹, in: Deutsche Kunst und Dekoration LXD, 1929–30

Moholy-Nagy, L.: Von Material zu Architektur (1929). Reprint Mainz/Berlin 1968

Moholy-Nagy, S.: Laszlo Moholy-Nagy. Ein Totalexperiment. Mainz/Berlin 1972

Mohr, Ch. / Müller, M.: Funktionalität und Moderne. Das Neue Frankfurt und seine Bauten 1925–1933. Köln/Frankfurt 1984

Moos, St. v.: Eine Avantgarde geht in die Produktion. Die Zürcher CIAM-Gruppe und der ›Wohnbedarf‹, in: Design ist unsichtbar. (Kat.), Hg. H. Gsöllpointner, Wien 1981

Moos, St. v. / Smeenk, C. (Hg.): Avantgarde und Industrie. Delft 1983

Morris, W.: Gesellschaft gestern und heute. Frankfurt/Berlin/Leipzig/Wien 1924

Müller, A.: Das Staatliche Bauhaus Weimar und sein Leiter. Weimar 1924

Müller, D.: Klassiker des modernen Möbeldesign. München 1980

Müller, M.: Die sinnliche Erscheinung des Gebrauchswerts, in: Werk, Bauen + Wohnen 4/1983

Müller-Wulckow, W.: Bauten der Gemeinschaft. Königstein 1929

ders.: Die deutsche Wohnung der Gegenwart. Königstein/Leipzig 1930

Muschter, G.: Das Bauhaus – Idee und Wirklichkeit. Gedanken zum Anliegen des B. und zur Pflege seines Erbes, in: Architektur der DDR 4/1983

Museum für Gestaltung Zürich/Kunstgewerbemuseum (Hg.): Bauhaus 1919–1933. Meister- und Schülerarbeiten Weimar Dessau Berlin. Eine Ausstellung mit Exponaten von Museen der Deutschen Demokratischen Republik (Kat.). Zürich 1988

Naylor, G.: The Bauhaus Reassessed. Sources and Design Theory. Huntingdon 1985

Nerdinger, W.: Walter Gropius. Der Architekt Walter Gropius. Zeichnungen, Pläne und Fotos aus dem Busch-Reisinger Museum der Harvard University Art Museums/Cambridge Mass. und dem Bauhaus-Archiv Berlin. Berlin 1985

Neues Bauen Neues Gestalten. Das Neue Frankfurt / die neue stadt. Eine Zeitschrift zwischen 1926 und 1933. Hg. Amt für industrielle Formgestaltung, ausgewählt und eingeleitet von H. Hirdina. Dresden 1984

Neumann, E. (Hg.): Bauhaus und Bauhäusler. Bekenntnisse und Erinnerungen. Bern/Stuttgart 1971

Nosbisch, W. (Hg.): Das Wohnungswesen der Stadt Frankfurt (Main), Hg. Hochbauamt und Wirtschaftsamt Frankfurt, 1930

ders.: Die neue Wohnung und ihr Innenausbau. Der neuzeitliche Haushalt, in: Das neue Frankfurt 6/1926–27

Oehlke, H.: Bauhauspädagogik und die Ausbildung von Industrieformgestaltern in der DDR, in: Wissenschaftliche Zeitschrift der Hochschule für Architektur und Bauwesen Weimar 5/6, 1976

Oswald, W.: Kraftfahrzeuge und Panzer der Reichswehr, Wehrmacht und Bundeswehr. Stuttgart 1971

Passarge, W.: Deutsche Werkkunst der Gegenwart. Berlin 1940

ders.: Die Ausstellung des Staatlichen Bauhauses in Weimar, in: Das Kunstblatt 10/1923

Pazitnov, L. N.: Das schöpferische Erbe des Bauhauses 1919–1933. Berlin (DDR) 1963

Pechmann, G. v.: Die Qualitätsarbeit. Ein Handbuch für Industrie, Kaufleute, Gewerbepolitiker. Frankfurt 1924

Pehnt, W.: Die Architektur des Expressionismus. Stuttgart 1973

ders.: Ferne Ziele, große Hoffnung – Der Deutsche Werkbund 1918–1924, in: L. Burckhardt (Hg.), Der Deutsche Werkbund, a. a. O.

Petzet, H. W.: Von Worpswede nach Moskau. Heinrich Vogeler. Ein Künstler zwischen den Zeiten. 3. Aufl., Köln 1973

Pfaender, H. / Baum, W. / Schäfer, H.: Walter Maria Kersting. Architekt, Formgestalter, Ingenieur, Grafiker. Darmstadt 1974

Plath, Ch.: Die Weißenhofsiedlung. Stuttgart 1968

Pollmann, G.: Kultur im Heim, in: Bauen, Siedeln, Wohnen 23/1938

Popp, J.: Die Technik als Kulturproblem. München 1929

Püschel, K.: Die Gruppe Hannes Meyer in der Sowjetunion, in: form + zweck 6/1976

Pulos, A. J.: American Design Ethic. A History of Industrial Design to 1940. Hg. MIT, Cambridge/Mass. 1983

Rationalisierung 1984. (Kat.), Hg. Neue Gesellschaft für Bildende Kunst und Staatliche Kunsthalle Berlin, Berlin 1983

Rau, E.: Die Innenausstattung im Flugschiff DO X, in: Fachblatt für Holzarbeiter 25/1930

Rauecker, B.: Rationalisierung als Kulturfaktor. Berlin 1929

Rave, P. O.: Die Kunstdiktatur im Dritten Reich. Hamburg 1949

Redlich, L.: Wohnmöbel in unseren deutschen Gauen, in: Bauen, Siedeln, Wohnen 23/1938

Reed, R. C.: The streamlined Era. San Marino 1975

Reich, W.: Die Massenpsychologie des Faschismus (1933). Berlin 1971

Renner, P.: Zu den Arbeiten von Ferdinand Kramer, in: Die Form 10/1927

Riedler, A.: Die neue Technik. Berlin 1921

Riedrich, O.: Was ist deutsche Wohnkultur?, in: Die Bauzeitung 35/1938

Riemerschmid, R.: Der Einfluß der Großindustrie auf die Formung unserer Zeit. Berlin 1926

Rietveld als Meubelmaker. Wonen met experimenten 1900–1924. (Kat.), Hg. Centraal Museum Utrecht, Utrecht 1983

Rittich, W.: Deutsches Kunsthandwerk. Zur ersten Deutschen Kunsthandwerksausstellung München 1938, in: Die Kunst im Dritten (Deutschen) Reich II, Ausgabe A, 1938

Rosenberg, A.: Entstehung und Geschichte der Weimarer Republik. Frankfurt 1955

Rotzler, W. (Hg.): Johannes Itten. 2. Aufl., Zürich 1978

Rykwert, J.: Die dunkle Seite des Bauhauses, in: J. Rykwert, Ornament ist kein Verbrechen. Architektur als Kunst. Köln 1982

Scarlett, F. / Townley, M.: Art Décoratifs 1925. A Personal Recollection of the Paris Exhibition. London/New York 1975

Schädlich, Ch.: bauhaus 1919–1933. Hg. Wissenschaftlich-kulturelles Zentrum Bauhaus Dessau. Dessau 1985

ders.: Über den geschichtlichen Rang des Bauhauses als künstlerische Ausbildungsstätte, in: Wissenschaftliche Zeitschrift der Hochschule für Architektur und Bauwesen Weimar 4/5, 1976

ders.: Die Moskauer Höheren künstlerisch-technischen Werkstätten und das Bauhaus, a. a. O.

ders.: Wchutemas 1920–1930. Die Moskauer Höheren künstlerischen Werkstätten. Zum 60. Jahrestag ihrer Gründung, in: Architektur der DDR 11/1980

Schäfer, H. D.: Das gespaltene Bewußtsein. Deutsche Kultur und Lebenswirklichkeit 1933–1945. München 1981

Scheerer, H.: Gestaltung im 3. Reich, in: form 69/1975; 70/1975; 71/1975

Scheffler, K.: Sittliche Diktatur. Ein Aufruf an alle Deutschen. Stuttgart/Berlin 1920

ders.: Das Möbel von heute und morgen, in: Deutsche Bauzeitung 66/1932

ders.: Die Form als Schicksal. 2. Aufl., Erlenbach 1939

Scheidig, W.: Bauhaus Weimar 1919–1925. Werkstattarbeiten. München 1966

Schliebener, W.: Deutscher Hausrat, Deutsche Möbel, in: Fachblatt für Holzarbeiter 33/1938

Schmidt, P.: bauhaus weimar 1919–1925, dessau 1925–1932, berlin 1932–1933. Dresden 1966

Schnaidt, C. (Hg.): Hannes Meyer. Bauten, Projekte und Schriften. Teufen 1965

Schneider, U.: ›Wie richte ich meine Wohnung ein?‹ Wohnen und Haushalt, in: Projektgruppe Arbeiterkultur Hamburg (Hg.), Vorwärts – und nicht vergessen. Arbeiterkultur in Hamburg um 1930. Hamburg 1982

Schnutenhaus, O. R.: Die Absatztechnik der amerikanischen industriellen Unternehmung. Berlin 1927

Schönberger, A.: Die neue Reichskanzlei. Architektur, Technik und die Medien im Nationalsozialismus, in: Buddensieg/Rogge (Hg.), Die nützlichen Künste, a. a. O.

dies.: Die neue Reichskanzlei von A. Speer. Berlin 1981

Schürmeyer, W.: Mechanisierung des Wohnungsbaus in Frankfurt (Main), in: Deutsche Bauzeitung 61/1927

Schultze-Naumburg, P.: Kampf um die Kunst. Nationalsozialistische Bibliothek Heft 36, 1932

ders.: Kunst aus Blut und Boden. Leipzig 1934

ders.: Kunst und Rasse. München 1928

Schuster, F.: Ein Möbelbuch. Ein Beitrag zum Problem des zeitgenössischen Möbels. Frankfurt 1929

ders.: Die neue Wohnung und der Hausrat, in: Das neue Frankfurt 5/1926–27

Sembach, K.-J.: Stil 1930. 2. Aufl., Tübingen 1984

Shadowa, L.: Wchutemas-Wchutein. Die Höheren Künstlerisch-Technischen Werkstätten Moskau, in: Bauhaus-Archiv (Hg.), Sammlungskatalog, a. a. O.

Siedlermöbel. Redaktioneller Beitrag in: Fachblatt für Holzarbeiter 32/1937

Sohn-Rethel, A.: Ökonomie und Klassenstruktur des deutschen Faschismus. Aufzeichnungen und Analysen. 2. Aufl., Frankfurt 1975

Speer, A.: Erinnerungen. 9. Aufl., Frankfurt/Berlin 1971

Speer, A. (Hg.): Die neue Reichskanzlei. Sonderdruck in: Die Kunst im Dritten Reich 1933–1945. Frankfurt/Berlin 1965

Staatliches Bauhaus Weimar. (Kat.), München/Weimar 1923

Stahl, G.: Von der Hauswirtschaft zum Haushalt oder wie man vom Haus zur Wohnung kommt, in: ›Wem gehört die Welt‹. Hg. Neue Gesellschaft für Bildende Kunst, a. a. O.

Stam, M.: Das Maß. Das richtige Maß. Das Minimum-Maß, in: Das neue Frankfurt 2/1929

Steinmann, M. (Hg.): CIAM – Internationale Kongresse für Neues Bauen. Dokumente zur 1. Periode 1928–1939. Stuttgart 1979

Stelzer, O.: Der Vorkurs in Weimar und Dessau, in: 50 Jahre Bauhaus. (Kat.), Hg. Württembergischer Kunstverein, Stuttgart 1968

Stenbock-Fermohr, A.: Deutschland von unten. Reisen durch die proletarische Provinz 1930. Luzern/Frankfurt 1980

Stepanow, A. W.: Das Bauhaus und die Wchutemas. Über methodologische Analogien im Lehrsystem, in: Wissenschaftliche Zeitschrift der Hochschule für Architektur und Bauwesen Weimar 5/6, 1983

Stratmann, M.: Wohnungsbaupolitik in der Weimarer Republik, in: ›Wem gehört die Welt‹. Hg. Neue Gesellschaft für Bildende Kunst, a. a. O.

Taut, B.: Die Auflösung der Städte oder die Erde eine gute Wohnung. Hagen 1920

ders.: Alpine Architektur. Hagen 1919

ders.: Frühlicht. Eine Folge zur Verwirklichung des neuen Baugedankens. 4 Hefte, Magdeburg 1921/22

ders.: Die neue Wohnung. Die Frau als Schöpferin. Leipzig 1925

Teige, K.: Liquidierung der ›Kunst‹. Analysen und Manifeste. Frankfurt 1968

Tendenzen 126/127, 1979. Sonderheft 60 Jahre Bauhaus

Teut, A.: Architektur im Dritten Reich. Frankfurt/Berlin 1967

The World of Art Deco. (Kat.), Hg. The Minneapolis Institute of Art. New York 1971

Treue, W. (Hg.): Deutschland in der Weltwirtschaftskrise in Augenzeugenberichten. München 1976

Um 1930. Bauten, Möbel, Geräte, Plakate, Fotos. (Kat.), Hg. Die Neue Sammlung, München 1969

Utitz, E.: Die Kultur der Gegenwart in den Grundzügen dargestellt. Stuttgart 1921

Vegesack, A. v.: Deutsche Stahlrohrmöbel. München 1986

Verändert die Welt! Poesie muß von allen gemacht werden! (Kat.), Hg. Kunstverein Hamburg 1971 (Moderna Museet Stockholm 1969)

Veronesi, G.: Into the Twenties (Stile 1925). Style and Design 1909 to 1929. London 1968

Vogeler, H.: Das neue Leben. Ausgewählte Schriften zur proletarischen Revolution und Kunst, Hg. D. Pforte, Darmstadt/Neuwied 1973

Voigt, G.: Goebbels als Markentechniker, in: W. F. Haug (Hg.), Warenästhetik. Beiträge zur Diskussion. Weiterentwicklung und Vermittlung ihrer Kritik. Frankfurt 1975

Von der Malerei zum Design. Russische konstruktivistische Kunst der Zwanziger Jahre. (Kat.), Hg. Galerie Gmurzynska, Köln 1981

Wagenfeld, W.: Wesen und Gestalt der Dinge um uns. Potsdam 1948

Wilhelm Wagenfeld. 50 Jahre Mitarbeit in Fabriken. (Kat.), Hg. Kunstgewerbemuseum der Stadt Köln, Köln 1974

Walter, P.: Kultur und Handwerk, in: Die Kunst im Dritten (Deutschen) Reich, Ausgabe A, 1938

Ward, M. u. N.: Home in the Twenties and Thirties. London 1978

Weimarer Republik. Hg. Kunstamt Kreuzberg und Institut für Theaterwissenschaft der Universität Köln. Berlin/Hamburg 1977

Weingarten, H.: Neue Wohnkultur. Auf der Reichsausstellung ›Schaffendes Volk‹, in: Innen-Dekoration 48/1937

›Wem gehört die Welt‹ – Kunst und Gesellschaft in der Weimarer Republik. Hg. Neue Gesellschaft für Bildende Kunst. 2. Aufl., Berlin 1977

Wetzel, H.: Die Werkbund-Siedlung auf dem Weißenhof bei Stuttgart, in: Deutsche Bauzeitung 61/1927

Wichert, F.: Der neue Hausrat. Zum Hauptthema dieses Heftes und zur Einführung des ›Frankfurter Registers‹, in: Das neue Frankfurt 1/1928

ders.: Die neue Baukunst als Erzieher, in: Das neue Frankfurt 11-12/1928

Wick, R.: Bauhaus Pädagogik. Köln 1982

Wick, R. (Hg.): Ist die bauhaus pädagogik aktuell? Köln 1985

Wiese, St. v.: »Laßt alle Hoffnung fahren!« Bauhaus und die Stijl im Widerstreit, in: Bauhaus-Archiv (Hg.), Sammlungskatalog, a. a. O.

Wilhelm, R.: Deutsches Kunsthandwerk, in: Die Kunst im Deutschen Reich, Ausgabe A, 1939

Wingler, H. M.: Das Bauhaus. Bramsche 1962

ders.: Bauhaus in America. Resonanz und Weiterentwicklung. Berlin 1972

ders.: Die pädagogische Konzeption des Bauhauses, in: Paris-Berlin 1900–1933. (Kat.), Mchn. 1979 ders.: Kurzgefaßte Geschichte des Bauhauses, in: Kunstschulreform 1900–1933, a.a.O.

Winkler, K.-J. / Ruby, J. / Voigt, E. / Korrek, N.: Stahlrohrmöbel und Bauhaus – eine Studie, in: Wissenschaftliche Zeitschrift der Hochschule für Architektur und Bauwesen Weimar 2/1983

Wissenschaftliche Zeitschrift der Hochschule für Architektur und Bauwesen Weimar 5/6, 1976; 4/5, 1979; 5/6, 1983 (Sonderhefte für das 1., 2. und 3. internationale bauhaus-kolloqium)

Witte, I.: Die rationelle Haushaltsführung. Betriebswissenschaftliche Studien. (Ch. Frederick, The New Housekeeping. Efficiency Studies in Home Management). Berlin 1922

dies.: Heim und Technik in Amerika. Berlin 1928

Wladimir Tatlin 1885–1953. (Kat.), Hg. Kunstverein München, München 1970

Wohnbedarf. Werkbund-Ausstellung Stuttgart 1932. (Kat.), Stuttgart 1932

Wolf, G.: Wohnung und Haus des Mittelstands. Grundsätzliches zur Planung ihrer Grundrisse, Einzelteile und Gesamterscheinung. Berlin/Leipzig 1936

Wolters, R.: Vom Beruf des Baumeisters, in: Die Kunst im 3. Reich, Folge 7/8, Ausgabe B, 1943

Wulff, J.: Die bildenden Künste im Dritten Reich. Gütersloh 1963

Wünsche, K.: Bauhaus: Versuche, das Leben zu ordnen. Berlin 1989

Zwischen Kunst und Industrie. Der Deutsche Werkbund. (Kat.), Hg. Die Neue Sammlung, München 1975

V Der Weg in das Zeitalter der Automation und des Massenkomforts

Achleitner, F.: Das Besondere des Gewöhnlichen, in: Design ist unsichtbar (Kat.), Hg. H. Gsöllpointner u. a., Wien 1981

Adorno, Th. W.: Funktionalismus heute, in: Adorno, Ohne Leitbild. Parva Aesthetica. Frankfurt 1967

Aicher, O.: Die Hochschule für Gestaltung. Neun Stufen ihrer Entwicklung, in: archithese 15/1975

Albus, V. / Feith, M. / Lecatsa, R. / Schepers, W. / Schneider-Esleben, C. (Hg.): Gefühlscollagen. Wohnen von Sinnen. Köln 1986

Alexander, Ch.: Notes on the Synthesis of Form. Cambridge/Mass. 1964

Alfieri, P. / Cernia, F. (Hg.): Gli Anni di Plastica. Mailand 1983

Amt für industrielle Formgestaltung (Hg.): Zur Kultur der sozialistischen Arbeitsumwelt. Beiträge zur Arbeitsumweltgestaltung. Dresden 1985

dass.: (Hg.): Beiträge zur Arbeitsumweltgestaltung. Arbeitsumweltgestalter-Ausbildung, Aufgaben, Leistungsvermögen. Dresden 1986

Andritzky, M. / Burkhardt, F. / Lindinger, H.: Aufgaben der Design-Politik in der Bundesrepublik Deutschland. Überlegungen zur Arbeit deutscher Design-Institute. Hg. Rat für Formgebung, Darmstadt 1975

Andritzky, M.: Diskussion über den Umweltbegriff, in: Werk und Zeit 11/1970

ders.: Was ist aus der HfG Ulm geworden? Die Konzeption des Instituts für Umweltplanung, in: Werk und Zeit 2/1970

Antonoff, R.: Arbeitsästhetik. Stuttgart 1976

Arbeitsorganisation – Ende des Taylorismus? Kursbuch 43/1976

Arbeitsgruppe HfG-Synopse: HfG-Synopse (Taschensynopse). Eröffnungsausgabe, Ulm 1982

Archer, L. B.: Systematic Methods for Designers. London 1963–65. Übersetzung im Manuskriptdruck. Rat für Formgebung, Darmstadt 1971

ders.: The Structure of the Design Process. Hg. Royal College of Art London, London 1968

Arndt, J.: Im Mittelpunkt steht der Mensch. Arbeitsorganisation in der DDR, in: Kursbuch 43/1976

Aust, H. W.: Gute Form verkauft sich gut. Hg. Institut für angewandte Kunst, Berlin (DDR) 1957

Baacke, R.-P. / Brandes, U. / Erlhoff, M.: Design als Gegenstand. Der neue Glanz der Dinge. Berlin 1983

Bächler, H. / Letsch, H. / Scharf, K.: Ästhetik – Mensch – gestaltete Umwelt. Berlin (DDR) 1982

Baehr, V. / Kotik, J.: Gesellschaft – Bedürfnis – Design. IUP 4, Hg. Institut für Umweltplanung der Universität Stuttgart, Ulm 1972

Bangert, A.: Der Stil der 50er Jahre. Design und Kunsthandwerk. München 1983

ders.: Der Stil der 50er Jahre. Möbel und Ambiente. München 1983

ders.: Italienisches Möbeldesign. Klassiker von 1945–1985. München/Paris 1985

Banham, R.: Environment of the Machine Aesthetic, in: Banham, R., The Architecture of the Well-Tempered Environment. Architectural Press 1969

Barthes, R.: Mythen des Alltags. Frankfurt 1970

Bartsch, E.: Das Erbe des Bauhauses und aktuelle

Fragen der Designpolitik in der DDR, in: Wissenschaftliche Zeitschrift der Hochschule für Architektur und Bauwesen Weimar 5/6, 1983
Baumann, H. H.: Design. Maulburg 1979
Bayley, S.: In Good Shape. Style in Industrial Products 1900 to 1960. New York 1979
Begenau, S. H.: Funktion, Form, Qualität. Zur Problematik einer Theorie der Gestaltung. Berlin (DDR) 1967
Benjamin, W.: Das Kunstwerk im Zeitalter seiner technischen Reproduzierbarkeit. 1936. Frankfurt 1970
Bense, M.: Zeichen und Design. Semiotische Ästhetik. Baden-Baden 1971
Berndt, H. / Horn, A.: Architektur als Ideologie. Frankfurt 1968
Bestandsaufnahme. Eine deutsche Bilanz 1962. Sechsunddreißig Beiträge Deutscher Wissenschaftler, Schriftsteller und Publizisten, Hg. H. W. Richter, München/Wien/Basel 1962
›Bestes Stück‹, in: Der Spiegel 4/1985
Beth, Th. / Jungnickel, D. / Lenz, H.: Design Theory. Mannheim 1985
Bikini. Kalter Krieg und Capri-Sonne. Die Fünfziger Jahre. Politik, Alltag, Opposition, Hg. E. Siepmann, Reinbek 1983
Bill, M.: Die gute Form. Winterthur 1957
ders.: Das Konstante und das Modische. Winterthur 1954
ders.: Form. Eine Bilanz über die Formentwicklung um die Mitte des 20. Jahrhunderts. Basel 1952
Birkigt, K. / Stadler, M. (Hg.): Corporate Identity. Grundlagen, Funktionen, Fallbeispiele. 2. Aufl., Landsberg 1985
Bischoff, J. (Hg.): Die Klassenstruktur der Bundesrepublik Deutschland. Ein Handbuch zum sozialen System der BRD. Berlin 1976
Bittorf, W.: Automation. Die zweite industrielle Revolution. Darmstadt 1956
Bloch, E.: Das Prinzip Hoffnung. 3 Bde., Berlin 1955
Blumenberg, H. C.: Meister der perfekten Form. Düsseldorf 1969
Bongard, W.: Fetische des Konsums. Portraits klassischer Markenartikel. Hamburg 1964
Bonsiepe, G.: Design in Südamerika – in Chile, in: form 59/1972
ders.: Design im Übergang zum Sozialismus. Ein technisch-politischer Erfahrungsbericht aus dem Chile der Unidad Popular 1971–73. Hamburg 1974

ders.: Ist Ulm am Ende? Zur Situation der Hochschule für Gestaltung, in: form 41/1968
ders.: Teoria e pratica del disegno industriale. Elementi per una manualistica critica. Mailand 1975
Bonsiepe, G. / Maldonado, T.: Wissenschaft und Gestaltung, in: ulm 10/11, 1964
Borngräber, Ch. (Hg.): Das Deutsche Avantgarde-Design. Möbel, Mode, Kunst und Kunstgewerbe, in: Kunstforum International 82/1986
ders.: Rezeptionsästhetik der beweglichen Güter. In: Kunstforum International 99/1989, ›Design III: Deutsche Möbel. Unikate, Kleinserien, Prototypen‹
ders.: Die Fünfziger Jahre. Kunst und Raumkunst, in: Design ist unsichtbar (Kat.), Hg. H. Gsöllpointner u. a., Wien 1981
ders.: Stilnovo – Design in den 50er Jahren. Phantasie und Phantastik. Frankfurt 1979
Bourdieu, P.: Die feinen Unterschiede. Kritik der gesellschaftlichen Urteilskraft. Frankfurt 1982
ders.: Zur Soziologie der symbolischen Formen. Frankfurt 1970
Braun-Feldweg, W.: Beiträge zur Formgebung. Essen 1960
ders.: Gestaltete Umwelt. Berlin 1956
ders.: Industrial Design heute. Umwelt aus der Fabrik. Reinbek 1966
ders.: Normen und Formen industrieller Produktion. Ravensburg 1954
Bredendieck, H.: Theorie als Ansatz, in: form + zweck 5/1980
ders.: Die künstliche Umwelt, in: form + zweck 4/1981
Brock, B.: Kann man Lebensformen, muß man sie gestalten? Designer–Kunst 2. Klasse, in: Albus, V. u. a. (Hg.): Gefühlscollagen, a. a. O.
ders.: Objektwelt und die Möglichkeit subjektiven Lebens. Begriff und Konzept des Sozio-Design, in: B. Brock, Ästhetik als Vermittlung. Arbeitsbiographie eines Generalisten. Hg. K. Fohrbeck, Köln 1977
ders.: Umwelt und Sozio-Design, in: Format 36/1972
Brock, B./Reck, H. U.: Stilwandel als Kulturtechnik, Kampfprinzip, Lebensform oder Systemstrategie in Werbung, Design, Architektur, Mode. Köln 1986
Brückner, P.: Versuch, uns und anderen die Bundesrepublik zu erklären. Berlin 1978
ders.: Zur Sozialpsychologie des Kapitalismus. Frankfurt 1972

Burandt, U.: Ergonomie für Design und Entwicklung. Köln 1978

ders.: Ergonomie: Geschichte und Aufgaben einer jungen Wissenschaft, in: Ergonomie, Produktion, Design. Colloquien-Reihe ›Design und Arbeitswelt‹. Hg. Rat für Formgebung, Darmstadt 1975

Burckhardt, L.: Die Kinder fressen ihre Revolution. Wohnen – Planen – Bauen – Grünen. Design ist unsichtbar. Durch Pflege zerstört. Der kleinstmögliche Eingriff. Die Mülltheorie der Kultur. Hg. B. Brock, Köln 1985

ders.: Der seine Bedürfnisse konsumierend befriedigende Mensch zerstört sein Environment und das seiner Mitmenschen, in: Gute Form 77. Eine Umfrage zur Situation des Design heute, in: werk/archithese 4/1977

ders.: Design ist unsichtbar, in: Design ist unsichtbar (Kat.), Hg. H. Gsöllpointner u. a., Wien 1981

ders.: Mode und Jugendmoden, in: Schock und Schöpfung. Jugendästhetik im 20. Jahrhundert (Kat.), Hg. Deutscher Werkbund und Württembergischer Kunstverein, Darmstadt/Neuwied 1986

Bürdek, B. E.: Bemerkungen zum Industrial Design heute. Obsoleszenz, Aufstieg und Fall des Industrial Design, in: form 47/1969

ders.: Design-Theorie. Methodische und systematische Verfahren im Industrial Design. Stuttgart 1971

ders.: Einführung in die Designmethodologie. Hamburg 1975

Burkhardt, F.: Design in der Bundesrepublik Deutschland, in: Produkt, Form, Geschichte. 150 Jahre deutsches Design, Hg. Institut für Auslandsbeziehungen Stuttgart, Stuttgart 1985

ders.: Italienische Design-Avantgarde zwischen Realismus und Neomoderne, in: Albus, V. u. a. (Hg.): Gefühlscollagen, a. a. O.

Burkhardt, F./Franksen, J. (Hg): D. Rams. Bln. 1981

Butter, R.: Amerika: Land der unbegrenzten Design-Möglichkeiten, in: form 66/1974

Claessens, D. / Klönne, A. / Tschoepe, H. (Hg.): Sozialkunde der Bundesrepublik. 8. Aufl., Düsseldorf/Köln 1978

Compasso d'Oro 1954–1984. Trent' anni di design italiano. (Kat.), Posen/Kattowitz/Krakau/Warschau 1985

Conway, P.: Die Rolle des Geschmacks im amerikanischen Verbrauchsgütermarkt, in: Werk und Zeit 5/1967

Cordes, G.: Die Aktualität bedürfnisgerechter Produktgestaltung, in: Tendenzen 95/1974

Darmstädter Gespräch 1952. Mensch und Technik. Dritter Tag, Industrielle Formgebung. Darmstadt 1952

Der Fall ›Memphis‹ oder die Neo-Moderne. Schriftenreihe der Hochschule für Gestaltung Offenbach am Main. Bd. 7, Offenbach 1984

Der gute Geschmack. Kursbuch 79/1985

Der Modellfall Ulm. Zur Problematik einer Hochschule für Gestaltung, in: form 6/1959

Design als Postulat am Beispiel Italien (Kat.), Hg. IDZ Berlin und Bundesverband der Deutschen Industrie, Berlin 1973

Design Dasein. Ausgewählte Objekte zum Sitzen, Stellen und Leben. (Kat.), Hg. Museum für Kunst und Gewerbe Hamburg, Hamburg 1987

Design and Industry. The Effects of Industrialisation and Technical Change of Design. London 1980

Design ist unsichtbar. (Kat.), Hg. H. Gsöllpointner/ A. Hareiter/C. Ortner, Wien 1981

Design since 1945. (Kat.), Hg. Philadelphia Museum of Art, Philadelphia 1983

Design-Theorien 1, Hg. IDZ Berlin, Berlin 1978

design? Umwelt wird in Frage gestellt. IDZ 1, Hg. IDZ Berlin, Berlin 1970

Design und Konsum. Sendereihe des WDR (Fernsehen), Buch: K. H. Krug. Köln 1971

Design: Vorausdenken für den Menschen. Eine Ausstellung aus der Bundesrepublik Deutschland. (Kat.), Hg. Rat für Formgebung, Darmstadt 1984

Design. Was ist an den Designschulen los?, in: Werk und Zeit 3/4, 1983

Deutsches Institut für Wirtschaftsforschung Berlin (Hg.): DDR-Wirtschaft. Eine Bestandsaufnahme. Frankfurt 1974

Dichter, E.: Strategie im Reich der Wünsche. München 1964

Die Fünfziger. Stilkonturen eines Jahrzehnts. (Kat.), Hg. Museum Villa Stuck, München 1984

Die Ulmer Schule, in: form 15/1961

Dinoto, A.: Art Plastic. Designed for Living. New York 1984

Doren, H. v.: Industrial Design. New York 1954

Dorfles, G.: Gute Industrieform und ihre Ästhetik. München 1964

ders.: Der Kitsch. Tübingen 1969

Drittes internationales bauhaus kolloquium 5.–7. juli 1983. Wissenschaftliche Zeitschrift der Hochschule für Architektur und Bauwesen Weimar 5/6, 1983

Eckstein, H.: Die Gute Form. Begriff, Wesen, Gefährdung und Chancen in unserer Zeit, in: Glastechnische Berichte 12/1961 ders.: die neue sammlung. (Kat.), Hg. Die Neue Sammlung, München o. J.

ders.: Formgebung des Nützlichen. Marginalien zur Geschichte und Theorie des Design. Düsseldorf 1985

ders.: Fünfzig Jahre Deutscher Werkbund. Frankfurt 1958

Ellinger, Th.: Die Informationsfunktion des Produkts. Köln/Opladen 1966

Enzensberger, H. M.: Die Aporien der Avantgarde, in: H. M. Enzensberger, Einzelheiten. Frankfurt 1962

ders.: Verteidigung der Normalität, in: Kursbuch 68/ 1982

ders.: Von der Unaufhaltsamkeit des Kleinbürgers. Eine soziologische Grille, in: Kursbuch 45/1976

Erhard, L.: Eröffnungsrede zur ›Sonderschau formschöner Industrieerzeugnisse‹ auf der Frühjahrsmesse Hannover 1955, in: Sammeltexte, Hg. Rat für Formgebung, Darmstadt o. J.

ders.: Wohlstand für alle. Düsseldorf 1957

Erziehung und Ausbildung zu guter Form in Handwerk und Industrie. Vier Empfehlungen des Rates für Formgebung. Darmstadt 1963

Essen in der Arbeitswelt. IDZ 3, Hg. IDZ Berlin, Berlin o. J.

Eine Firmendokumentation. 1927–1977. 50 Jahre Quelle, Hg. Gustav Schickedanz KG., Fürth 1977

Fischer, V.: ›Form follows fantasy‹ – Zur Memphisierung heutigen Designs, in: Der Fall ›Memphis‹ oder die Neo-Moderne. Schriftenreihe der Hochschule für Gestaltung Offenbach am Main, Bd. 7. Offenbach 1984

ders.: Pop Histoire. Zu einigen nachfunktionalistischen Leitbildern in Design und Architektur, in: Albus, V. u. a. (Hg.): Gefühlscollagen, a. a. O.

Frampton, K.: Ulm: Ideologie eines Lehrplanes, in: archithese 15/1975

Friedl, F. / Ohlhauser, G.: Das gewöhnliche Design. Dokumentation einer Ausstellung des Fachbereichs Gestaltung der Fachhochschule Darmstadt 1976. Köln 1979

Friemert, Ch.: Design und Gesellschaft, in: Neue Gesellschaft für Bildende Kunst (Hg.), Funktionen Bildender Kunst in unserer Gesellschaft. Steinbach 1971

ders.: Praktische und politische Perspektiven, in: Tendenzen 95/1974

ders.: Design in der Krise – Inszenierung statt Gebrauch, in: form + zweck 6/1981

ders.: Was ist Designtheorie?, in: Meurer / Vinçon (Hg.), Kritik der Alltagskultur. Berlin 1979

Fuchs, E.: Auf dem Wege zum europäischen Designer – BEDA – Die europäische Gemeinschaft der Designer wird aktiv, in: form 63/1973

Fünf Jahre Bundespreis ›Gute Form‹. Eine Ausstellung des Rates für Formgebung. (Kat.), Hg. Deutsches Museum München, München 1974

Fünfziger Jahre. (Kat.), Hg. Stadtmuseum Offenbach, Offenbach 1984

Galbraith, J. K.: Die moderne Industriegesellschaft. München 1968

Garnich, R.: Konstruktion, Design und Ästhetik. Esslingen 1968

Gestaltkreis im Bundesverband der Deutschen Industrie: Forderungen zur ästhetischen Bildung, in: Werk und Zeit 7/1967

Geyer, E. / Bürdek, B. E.: Design-Management, in: form 51/1970

Glaser, H.: Kulturgeschichte der Bundesrepublik Deutschland, Bd. 1. Zwischen Kapitulation u. Währungsreform 1945–1948. München/Wien 1985

ders.: Kulturgeschichte der Bundesrepublik Deutschland. Bd. 2. Zwischen Grundgesetz und Großer Koalition. 1949–1967. München/Wien 1986

Grandjean, E.: Ergonomie in der Praxis. Schriftenreihe Arbeitswissenschaft Bd. 7. Köln 1982

ders.: Physiologische Gestaltung der Büroarbeit. Stuttgart 1969

Greenwood, D. P.: Modern Design in Plastics. London 1983

Gregotti, V.: Il designo de prodotto industriale Italia 1860–1980. Mailand 1982

Gros, J.: Erweiterter Funktionalismus und empirische Ästhetik. Dipl. Arbeit an der SHfBK Braunschweig 1973

Grunenberg, A.: DDR – Ein Volk steht im Streß. Zwischen sozialistischem Fortschritt und industrieller Modernisierung, in: Die ZEIT 14/1986

Haase, H.: Das Kulturerbe in der Klassenauseinandersetzung unserer Zeit, in: Weimarer Beiträge 29, Berlin/Weimar 1983

Habermas, J.: Die Dialektik der Rationalisierung. Vom Pauperismus in Produktion und Konsum, in: Merkur 8/1954

ders.: Moderne und postmoderne Architektur, in: J. Habermas, Die Neue Unübersichtlichkeit. Frankfurt 1985

ders.: Notizen zum Mißverhältnis von Kultur und Konsum, in: Merkur 3/1956

ders.: Stichworte zur ›geistigen Situation der Zeit‹ (Bd. 1: Nation und Republik; Bd. 2: Politik und Kultur). Frankfurt 1979

Hamel, H. (Hg.): Bundesrepublik Deutschland – DDR. Die Wirtschaftssysteme. Soziale Marktwirtschaft und sozialistische Planwirtschaft im Systemvergleich. 4. Aufl., München 1983

Hansen, U. / Leitherer, E.: Produktgestaltung. Stuttgart 1972

Hansen, U.: Stilbildung als absatzwirtschaftliches Problem der Konsumgüterindustrie. Berlin 1969

Hareiter, A.: Was ist Design? Fragmentarische Betrachtung anläßlich eines Rückblicks auf Forum Design, in: Kunstform International 66/1983

Haselberg, P. v.: Funktionalismus und Irrationalität. Frankfurt 1962

Haug, W. F.: Die Faschisierung des bürgerlichen Subjekts. Zur Ideologie der gesunden Normalität und die Ausrottungspolitiken im deutschen Faschismus. Berlin 1986

ders.: Kritik der Warenästhetik. Frankfurt 1971

ders.: Das Tauziehen zwischen jugendlichen Protestkulturen, Warenästhetik und Ideologie, in: Schock und Schöpfung. Jugendästhetik im 20. Jahrhundert. Hg. Deutscher Werkbund und Württembergischer Kunstverein, Darmstadt/Neuwied 1986

ders.: Warenästhetik und kapitalistische Massenkultur (I). ›Werbung‹ und ›Konsum‹. Systematische Einführung. Berlin 1980

ders.: Warenästhetik. Beiträge zur Diskussion, Weiterentwicklung und Vermittlung ihrer Kritik. Frankfurt 1975

Heimbucher, J. / Michels, P.: Bauhaus – HfG – IUP. Dipl. Arbeit am Institut für Umweltplanung der Universität Stuttgart. Stuttgart 1971

Heimbucher, J.: Ulm löst sich auf. Zur Situation der Hochschule für Gestaltung, in: form 44/1968

Heine, C.: Die psychische Veralterung von Gütern. Nürnberg 1968

Hellmann, U. / Honke, D.: Industrial Design. Herstellen-Verkaufen-Gebrauchen. Hannover 1983

Heuss, Th.: Was ist Qualität? Zur Geschichte und Aufgabe des Deutschen Werkbundes. Tübingen/Stuttgart 1951

hfg ulm, ein Rückblick, in: archithese 15/1975

Hirdina, H.: Entwickelt, produziert, in Gebrauch. Konsumgüter zwischen dem VIII. und IX. Parteitag der SED, in: form + zweck 2/1976

ders.: DDR-Design – die frühen Jahre, in: 5. Kolloquium zu Fragen der Theorie und Methodik der industriellen Formgestaltung 19./20. November 1981. Hg. Hochschule für industrielle Formgestaltung Halle–Burg Giebichenstein, Halle 1981

ders.: Gestalten für die Serie. Design in der DDR 1949–1985. Dresden 1988

Hirdina, K.: Der Funktionalismus und seine Kritiker, in: form + zweck 3/1975

dies.: Pathos der Sachlichkeit. Funktionalismus und Fortschritt ästhetischer Kultur. München 1981

dies.: Zur Ästhetik des Bauhausfunktionalismus, in: Wissenschaftliche Zeitschrift der Hochschule für Architektur und Bauwesen Weimar 5/6, 1976

Hirzel, St.: Kunsthandwerk und Manufaktur in Deutschland seit 1945. Berlin 1953

Hohmann, K.: Produktdesign. Anleitung zu einem methodischen Gesamtdesign. Essen 1979

Hoffmann, L.: Die Maschine ist nothwendig. Berlin 1832

Hofmann, C.: Die Lust am Haben und die Angst vor den Dingen, in: Kursbuch 49/1977

Hofmann, W.: Grundelemente der Wirtschaftsgesellschaft. Reinbek 1969

Hofstätter, P. R.: Bedarf und Bedürfnis, in: P. R. Hofstätter (Hg.), Psychologie. Frankfurt 1957

Holzinger, L.: Der produzierte Mangel. Warenästhetik und kapitalistisches Krisenmanagement. München 1973

Holzkamp, K.: Sinnliche Erkenntnis – Historischer Ursprung und gesellschaftliche Funktion der Wahrnehmung. 2. Aufl., Frankfurt 1975

Horkheimer, M. / Adorno, Th. W.: Dialektik der Aufklärung. Philosophische Fragmente. Frankfurt 1969

Horn, R.: Memphis. Objects, Furniture and Patterns. Philadelphia 1985

Hortleder, G.: Ingenieure in der Industriegesellschaft. Zur Soziologie der Technik und der naturwissenschaftlichen Intelligenz im öffentlichen Dienst und in der Industrie. Frankfurt 1973

Hundhausen, C.: Die betriebswirtschaftliche Bedeutung der Produktgestaltung. Essen 1964

ICSID (International Council of Societies of Industrial Design): Constitution. Brüssel o. J. (1971)

Il contributo della scuola di ulm / The Legacy of the School of Ulm, in: Rassegna 19/3, 1984

industrial design 1. Hg. Hochschule für industrielle Formgestaltung Halle, Halle o. J.

Institut für angewandte Arbeitswissenschaft e. V. (Hg.): Taschenbuch der Arbeitsgestaltung. Köln 1977

Johannsen, U.: Das Marken- und Firmenimage. Berlin 1971

Jung, H. / Deppe, F. u. a.: BRD-DDR. Vergleich der Gesellschaftssysteme. 5. Aufl., Köln 1976

Jungwirth, N. / Kromschröder, G.: Die Pubertät der Republik. Die 50er Jahre der Deutschen. Frankfurt 1978

Katona, G.: Der Massenkonsum. Eine Psychologie der neuen Käuferschichten. Düsseldorf 1965

Katz, S.: Classic Plastics. From Bakelite to High Tech with a Collectors Guide. London 1984

Kaufhaus des Ostens. Berliner Möbeloffensive '85. Hg. Werkbund-Archiv, Museum der Alltagskultur des 20. Jahrhunderts. Berlin 1985

Kelm, M.: Arbeitsumweltgestaltung – Leistungsbeitrag zur sozialistischen Rationalisierung, in: Beiträge zur Arbeitsumweltgestaltung. Vorträge zum internationalen Symposium ›Arbeitsumweltgestaltung – Leistungsbeitrag zur sozialistischen Rationalisierung‹ am 29./30. November 1983 im Dresdner Rathaus. Hg. Amt für industrielle Formgestaltung, Dresden 1984

ders.: Das Maß unseres Designs, in: form + zweck 15/1983

ders.: Produktgestaltung im Sozialismus. Berlin (DDR) 1971

Kellner, P. / Poessnecker, H.: Produktgestaltung an der HfG Ulm. Versuch einer Dokumentation und Einschätzung. Reihe Designtheorie – Beiträge zur Entwicklung von Theorie und Praxis des Industrial Design. Hanau 1978

Klar, E. M.: Kritik an der Rolle des Design in der Verschwendungsgesellschaft. Dipl. Arbeit an der HfG Ulm, 1968

Klitzke, U.: Ästhetische Arbeitsplatzgestaltung in Lehre und Forschung am Fachbereich 3 der Hochschule der Künste Berlin. Hg. HdK Berlin 1981

ders.: Projekt ästhetische Arbeitsplatzgestaltung, in: Tendenzen 133/1981

Klitzke, U. / Pfennig, H. J. / Scheiffele, W.: Arbeitsplatzgestaltung. Ein Beitrag zur Humanisierung der Arbeitswelt?, in: Tendenzen 95/1974

Klöcker, I.: Produktgestaltung. Aufgaben, Kriterien, Ausführung. Berlin/Heidelberg/New York 1981

Klöcker, J. (Hg.): Zeitgemäße Form – industrial design international. München 1967

Klotz, H. (Hg.): Revision der Moderne. Postmoderne Architektur 1960–1980. München 1984

Köhler, H.: Stuttgart hat ein Design-Center, in: Werk und Zeit 3/1971

(4., 5. und 6.) Kolloquium zu Fragen der Theorie und Methodik der industriellen Formgestaltung. Hg. Hochschule für industrielle Formgestaltung Halle-Burg Giebichenstein, Halle 1980; 1981; 1982

Koppelmann, U.: Produktgestaltung – Versuch einer umfassenden absatzwirtschaftlichen Deutung, in: Der Markt 40/1971

Kopperschmidt, J. / Minke, G.: Institut für Umweltplanung Ulm (IUP). Kurzfassung der langfristigen Konzeption für ein Aufbaustudium am Institut für Umweltplanung. Ulm 1971

Korrek, N.: Versuch einer Biographie. Die Hochschule für Gestaltung Ulm, in: form + zweck 6/1984

Kotik, J.: Konsum oder Verbrauch. Gesellschaftlicher Reichtum, Gebrauchswert, Nutzungsprozeß, Bedürfnisse. Hamburg 1974

Krise des funktionalistischen Design? Dokumentation einer Veranstaltung des VDID. Hg. design center Stuttgart/Landesgewerbeamt Baden/Württemberg, Stuttgart 1981

Kruse, A.: Die Produktdifferenzierung in Theorie und Praxis. Freiburg 1960

Kühne, L.: Gegenstand und Raum. Über die Historizität des Ästhetischen. Dresden 1981

ders.: Über Postmodernismus, in: form + zweck 6/1982

Kuby, Th.: Schöner leben? Probleme des Design. Abendstudio des Südwestfunks. Sendeskript, Baden-Baden 1970

Kuhirt, U. (Hg.): Kunst in der DDR 1960–1980 (darin: ›Formgebung in den sechziger und siebziger Jahren‹). Leipzig 1983

Kunstflug. Neues Deutsches Design. (Kat.), Krefeld 1983

Kutschke, C. / Pistorius, E. / Schädlich, Ch.: Schriften zur Theorie und Geschichte der Architektur, industriellen Formgestaltung und bildenden Kunst im 20. Jahrhundert. Auswahlbibliographie der 1980–1983 in der DDR erschienenen Literatur, in: Wissenschaftliche Zeitschrift der Hochschule für Architektur und Bauwesen Weimar 5/6 1983

Landesgewerbeamt Baden-Württemberg/Design Center Stuttgart (Hg.): Frauen im Design. Berufsbilder und Lebenswege seit 1900. (Kat.). 2 Bde. Stuttgart 1988

Latham, R. S.: Der Designer in USA. Stilist, Künstler, Produktplaner?, in: form 34/1966

Laux, W.: Erfahrungen eines Beteiligten, in: form + zweck 5/1974

Lawson, B.: How designers think. London 1980

Lecatsa, R.: Die Permanenz der Collage und die Erholung mit allen Stilen. Stadt – Design – Dasein, in: Albus, V. u. a. (Hg.): Gefühlscollagen, a. a. O.

Leipold, H.: Planversagen versus Marktversagen, in: H. Hamel (Hg.), Bundesrepublik Deutschland –

DDR. Die Wirtschaftssysteme. 4. Aufl., München 1983

Leisewitz, A.: Klassen in der Bundesrepublik heute. Frankfurt 1976

Letsch, H.: Der Alltag und die Dinge um uns. Berlin (DDR) 1983

ders.: Plädoyer für eine schöne Umwelt. Berlin (DDR) 1985

ders.: Zur Frage des Klassencharakters der ästhetischen Konzeption des Bauhauskonstruktivismus, in: Wissenschaftliche Zeitschrift der Hochschule für Architektur und Bauwesen Weimar, 2/ 1959–60

Lindinger, H.: Design: seit 1850 oder seit eh und je, ein Stil oder eine humane Grundaktivität?, in: form 57/1972

ders.: Design Geschichte 4. Produktformen von 1850 bis 1965, in: form 30/1965

ders.: Produktformen von 1850–1965, in: forum 30/ 1965

ders. (Hg.): Hochschule für Gestaltung Ulm. Die Moral der Gegenstände. (Kat.). Berlin 1987

Lippe, R. zur: Am eigenen Leibe. Zur Ökonomie des Lebens. Frankfurt 1978

Löbach, B.: Design durch alle. Alternativen zur fremdbestimmten Massenproduktkultur. Schriftenreihe der HBK Braunschweig, Bd. 3. Braunschweig 1983

ders. (Hg.): Beiträge zur bevölkerungsorientierten Designtheorie 1. Materialien zur Umweltgestaltung, Bd. 3. Cremlingen/Weddel 1976

ders.: Industrial Design. Grundlagen der Industrieproduktgestaltung. München 1976

ders.: Produktgestaltung. Stuttgart 1981

Löbach, B. / Schmidt, H.: Design-Materialien. Was ist Industrial Design? Hg. IDZ Berlin, Braunschweig 1976

Loewy, R.: Häßlichkeit verkauft sich schlecht. Düsseldorf 1958

Luckner, P.: Problemskizze zur ästhetischen Spezifik der Arbeitsumweltgestaltung, in: 6. Kolloquium zu Fragen der Theorie und Methodik der industriellen Formgestaltung 21./22. Oktober 1982. Hg. Hochschule für industrielle Formgestaltung Halle-Burg Giebichenstein, Halle 1982

ders.: Zur Dialektik von ästhetischer Gestaltung sozialistischer Produktionsprozesse und sozialistischer Persönlichkeitsbildung. Diss. Dresden 1984

Maenz, P.: Die 50er Jahre. Stgt. 1978 (Köln 1985)

Maldonado, T.: Umwelt und Revolte. Zur Dialektik des Entwerfens im Spätkapitalismus. Reinbek 1970

ders.: Ist das Bauhaus noch aktuell?, in: ulm 10/11, 1964

Maier, B.: Industrial Design. 2 Bde., Forchheim 1978

Manske, B./Scholz G. (Hg.): Täglich in der Hand. Industrieformen von Wilhelm Wagenfeld aus sechs Jahrzehnten. Bremen 1987

Maser, S.: Einige Bemerkungen zu einer Theorie des Design. Braunschweig 1972

ders.: Grundlagen der allgemeinen Kommunikationstheorie. 2. Aufl., Stuttgart/Berlin/Köln/Mainz 1973

Meadows, D.: Die Grenzen des Wachstums. Reinbek 1973

Memphis-Design. (Kat.), Kruithuis 1984

Menck, C.: Ein Bilderbuch des Deutschen Werkbundes für junge Leute. Düsseldorf 1958

Mendini, A.: Für ein banales Design, in: Design ist unsichtbar. (Kat.), Hg. H. Gsöllpointner u. a., Wien 1981

Merz, E. / Rusinat, T. / Zorn, U.: Produktkritik. Entwicklungen und Tendenzen in der BRD. Diskussionspapier 5. Hg. Institut für Umweltplanung (IUP) an der Universität Stuttgart, Ulm 1971

Meurer, B. / Selle, G.: Neue Wege an den Design-Ausbildungsstätten. Kommunaldesigner – ein Vorschlag aus Darmstadt, in: Werk und Zeit 3/ 1973

Meurer, B. / Vinçon, H.: Industrielle Ästhetik. Zur Geschichte und Theorie der Gestaltung. Gießen 1983

dies. (Hg.): Kritik der Alltagskultur. Berlin 1979

Mickler, O.: Facharbeit im Wandel. Rationalisierung im industriellen Produktionsprozeß. Frankfurt 1981

›Möbel perdu‹, in: Der Spiegel 51/1982

Mode – das inszenierte Leben. Kleidung und Wohnung als Lernenvironment. Hg. IDZ Berlin, Berlin o. J. (1974)

Modellversuch ›Neuorganisation der Studiengänge im Bereich Design‹ an der FH Darmstadt. Erster und zweiter Zwischenbericht. Abschlußbericht. Hg. FH, Fachb. Gestaltung, Darmstadt 1974/75

Möller, C.: Gesellschaftliche Funktionen der Konsumwerbung. Stuttgart 1970

Moles, A.: Psychologie des Kitsches. München 1972

ders.: Die Krise des Funktionalismus, in: form 41/ 1968

Mommsen, W. J.: ›Wir sind wieder wer‹. Wandlungen im politischen Selbstverständnis der Deutschen, in: J. Habermas (Hg.), Stichworte zur ›geistigen Situation der Zeit‹. Bd. 2, Frankfurt 1979

Moos, St. v. / Smeenk, Ch. (Hg.): Avant Garde und Industrie. Delft 1983

Müller-Krauspe, G.: Design-Ideologien (1). Opas Funktionalismus ist tot, in: form 46/1969

dies.: Design-Ideologien (2). Styling – das Prinzip der Diskontinuität, in: form 47/1969

Müller, L.: DES-IN & Entwurfsbeispiele für eine alternative Produktionsform. Dipl. Arbeit an der HfG Offenbach 1977

Muthesius, H.: Kultur und Kunst. 2. Aufl., Jena 1909

Nehls, W.: Die heiligen Kühe des Funktionalismus müssen geopfert werden, in: form 43/1968

Neue Aufgaben für die industrielle Formgestaltung, in: form + zweck 5/1974

Neue Lebensformen. Wunsch und Praxis. Ästhetik und Kommunikation 34/1978

Neue Medien: Neue Gewohnheiten – neues Design? Studien und Materialien. Bd. 6, Hg. HfG Offenbach, Offenbach 1985

Neue Prächtigkeit. Form-Fetischisten, Spinner oder verkannte Avantgarde? Junge deutsche Designer starten zum Angriff auf den Allerweltsgeschmack, in: Der Spiegel 2/1985

Neue Wohnung – modern gestaltet. Zweckmäßige Einrichtungsvarianten für die Wohnungsbauserie 70. (Autorengruppe des VEB Fachbuchverlags Leipzig). Leipzig 1983

Oehlke, H.: Bauhauspädagogik und die Ausbildung von Industrieformgestaltern in der DDR, in: Wissenschaftliche Zeitschrift der Hochschule für Architektur und Bauwesen Weimar 5/6, 1976

ders.: Designtheorie in der Lehre, in: form + zweck 3/1983

ders.: Zehn Bemerkungen, in: form + zweck 5/1982

Ohl, H.: Das Bewußtsein, das Ulm geschaffen hat, in: archithese 15/1975

ders.: Design ist meßbar, in: Prämierte Produkte. Eine Ausstellung des Bundespreises ›Gute Form‹ 1969–1977. (Kat.), Hg. Rat für Formgebung, Darmstadt 1977

Opitz, H.: Produktplanung. Konstruktion. Arbeitsvorbereitung. Essen 1971

Osterwold, T.: Laienkultur, in: Szenen der Volkskunst. (Kat.), Hg. Württembergischer Kunstverein, Stuttgart 1981

Otto, K.: Industrielle Formgebung in den USA. Berlin 1963

Packard, V.: Die geheimen Verführer. Düsseldorf 1958

ders.: Die große Verschwendung. Düsseldorf 1961

Pallowski, K.: Ästhetik und Funktion. Ein Beitrag zur Diskussion des Funktionalismus, in: tendenzen 95/1974

dies.: Planungstendenzen im heutigen Kapitalismus und ihre Folgen für das Berufsbild von Designern. Typoskript 1973

dies.: Zwischen Post- und Prämoderne. Der Stuttgarter Design-Kongreß ›Erkundungen‹, in: Werk und Zeit 2/1986

Papanek, V.: Das Papanek-Konzept. München 1972

ders.: Design for the Real World. 2. Aufl., London 1985

ders.: Vorschau aus der Sicht von heute, in: Design ist unsichtbar. (Kat.). Wien 1981

Pazitnow, L.: Das schöpferische Erbe des Bauhauses 1919–1933. Heft 1 der Studienreihe für angewandte Kunst. Berlin (DDR) 1963

Pfeil, E.: Die Wohnwünsche der Bergarbeiter. Soziologische Erhebung, Deutung und Kritik der Wohnvorstellungen eines Berufs. Tübingen 1954

Pilz, W.: Zum Verhältnis von Kunst und Produktgestaltung, in: Zeitschrift für Kunstpädagogik 2/1974

Piore, M. / Sabel, Ch. F.: Das Ende der Massenproduktion. Studie über die Requalifizierung der Arbeit und die Rückkehr der Ökonomie in die Gesellschaft. Berlin 1985

Planen, Bauen, Wohnen. Kursbuch 27/1972

Pohl, W.: Design auf dem Wege zu einer Wissenschaft?, in: form 60/1972

Pohrt, W. / Schwarz, M.: Wegwerfbeziehungen. Versuch über die Zerstörung der Gebrauchswerte, in: Kursbuch 35/1974

Produkt und Umwelt. Ergebnisse einer Ausschreibung. IDZ 7. Hg. IDZ Berlin, Berlin 1974

Provokationen. Design aus Italien. Ein Mythos geht neue Wege. (Kat.), Hg. Deutscher Werkbund Niedersachsen und Bremen, Hannover 1982

Radice, B.: Memphis. Research, Experiences, Results, Failures and Successes of New Design. London 1985

Raggi, F.: Radical Design – Tendenzen der Designer-Avantgarde Italiens, in: Design als Postulat am Beispiel Italiens (Kat.), Hg. IDZ Berlin, Berlin 1973

Rams, D.: Die Rolle des Designers im Industrieunternehmen, in: Design ist unsichtbar. (Kat.), Hg. H. Gsöllpointner u. a., Wien 1981

Rat für Formgebung (Hg.): Designnotstand in Deutschland. Darmstadt 1971

ders. (Hg.): Empfehlungen zur künftigen Ausbildung von Industriedesignern. Denkschrift an die Adresse der Ministerpräsidenten und Senatspräsidenten aller Bundesländer. Darmstadt 1971 ders. (Hg.): Informationsschrift 2. Nachdruck Darmstadt 1960

ders. (Hg.): Reihe Design-Dialog. Das ergonomische Design von Werkzeugen, Geräten und Maschinen (2'75). Darmstadt 1975

ders. (Hg.): Ergonomie, Produktion, Design (1'75). Das ergonomische Design von Arbeitsplätzen und Arbeitsumwelt (3'75). Das ergonomische Design in der nicht-industriellen Arbeitswelt (4'75). Darmstadt 1975

ders. (Hg.): Design Bericht 1989–90. Giessen 1989

Read, H.: Kunst und Industrie. Grundsätze industrieller Formgebung. Stuttgart o. J.

Reichow, J.: Formgestaltung in der UDSSR, in: form + zweck 4/1972

Rexroth, T.: Warenästhetik – Produkte und Produzenten. Kronberg 1974

Ropohl, U.: Kultur der Normalität. Ästhetisch-kulturelle Praxis in Alltag und Lebensgeschichte eines Arbeiters, einer Sekretärin und einer Kunstamtsleiterin. Diss. Oldenburg 1986

Rosenthal, Ph. / Schneider, E.: Die Formgestaltung als wirtschafts- und kulturpolitischer Faktor. Denkschrift des Rates für Formgebung. Darmstadt 1967

Rost, D.: So wirbt Siemens. Kommunikation in der Praxis. Düsseldorf/Wien 1971

Sauer, P.: Demokratischer Neubeginn in Not und Elend. Das Land Württemberg-Baden von 1945 bis 1952. Ulm 1978

Scandinavian Modern Design 1880–1980. (Kat.), New York 1982

Schädlich, Ch.: Das Bauhaus in Dessau, in: form + zweck 6/1976

Schaer, W.: Die Ulmer Schule, in: Design ist unsichtbar, a. a. O.

Scherhorn, G.: Bedürfnis und Bedarf. Sozialökonomische Grundbegriffe im Lichte der neueren Anthropologie. Berlin 1959

Schiller, K.: Die Designidee geht um die Welt. Bundeswirtschaftsminister Schiller zu Fragen des Industrie-Design, in: form 45/1969

Schmidt, E.: Die verhinderte Neuordnung 1945–1952. Zur Auseinandersetzung um die Demokratisierung der Wirtschaft in den westlichen Besatzungszonen und in der Bundesrepublik Deutschland. Frankfurt 1970

Schmidtke, H. (Hg.): Ergonomie. 2 Bde., München 1973/74

Schnaidt, C.: Ulm 1955–1975, in: archithese 15/1975

ders.: Umweltbürger und Umweltmacher. Schriften 1964–1980. Dresden 1982

Schneider-Esleben, C.: Barockoko. Das Spiel mit den Stilen und Stühlen und der Hang zum Gesamtkunstgewerbe, in: Albus, V. u. a. (Hg.): Gefühlscollagen, a. a. O.

Schock und Schöpfung. Jugendästhetik im 20. Jahrhundert. (Kat.), Hg. Deutscher Werkbund und Württembergischer Kunstverein Stuttgart, Darmstadt/Neuwied 1986

Schöne Form, gute Ware. Wilhelm Wagenfeld. (Kat.), Hg. Württembergisches Landesmuseum, Stuttgart 1980

Schumacher, F.: Erziehung durch Umwelt. Hamburg 1947

Schürer, A.: Der Einfluß produktbestimmender Faktoren auf die Gestaltung, dargestellt an Beispielen aus der Elektro-Industrie. Bielefeld 1969

Seckendorff, E. v.: Die Hochschule für Gestaltung in Ulm. Gründung (1949–1953) und Ära Max Bill (1953–1957). Ulm 1989

Seeger, H.: Funktionalismus im Rückspiegel des Design, in: form 44/1968

Seeger, M.: Design aus Italien, in: Werk und Zeit 5/1970

dies.: Zur Situation der Formgebung in Deutschland, in: Rat für Formgebung (Hg.), Informationsschrift 2, Darmstadt 1960

Seeger, M. / Hirzel, S. (Hg.): Deutsche Warenkunde – Eine Bildkartei des Deutschen Werkbundes. 4 Bde., Stuttgart 1955–61

Segal, D.: Die Welt der Gegenstände und die Semiotik, in: Kunst und Literatur 8/1968 (DDR)

Segre, R.: Design und die Dritte Welt, in: form 49/1970

Seherr-Thoss, H. C. v.: Die Deutsche Automobilindustrie. Eine Dokumentation von 1887 bis heute. Stuttgart 1974

Seit langem bewährt. (Kat.), Hg. Die Neue Sammlung, München 1968

Selle, G.: Es gibt keinen Kitsch – es gibt nur Design. Notizen zur Ausstellung ›Das geniale Design der 80er Jahre‹, in: Kunstforum International 66/1983

ders.: Ideologie und Utopie des Design. Zur gesellschaftlichen Theorie der industriellen Formgebung. Köln 1973

Selle, G. / Boehe, J.: Leben mit den schönen Dingen. Anpassung und Eigensinn im Alltag des Wohnens. Reinbek 1986

Sieben Fragen an Gustav Stein zur Unabhängigkeit des Rates für Formgebung, in: form 46/1969

Siegwart, H.: Produktentwicklung in der industriellen Unternehmung. Bern 1974

Silbermann, A.: Vom Wohnen der Deutschen. Eine soziologische Studie über das Wohnerlebnis. Köln/Opladen 1963

Sloterdijk, P.: Ein Plädoyer für die Alltäglichkeit, in: Umriß 1+2/1984 (Wien)

Sollen Dinge lange leben? Brauchen wir Wegwerfprodukte? Macht uns die Mode reicher? Interview von H. Hirdina mit G. Müller (Chefredakteur ›Kultur im Heim‹), H. Wessel (Leiter der Abt. Wissenschaft bei ›Neues Deutschland‹) und F. Döbbel (Redakteur der Wochenzeitung ›Die Wirtschaft‹), in: form + zweck 1/1974

Sontag, S.: Kunst und Antikunst. Essays. München/Wien 1980

Spiegel-Verlagsreihe ›Märkte im Wandel‹, Bd. 11, Freizeitverhalten. Hamburg 1983

Spiller, G.: Historisch-ökonomische Aspekte und gegenwärtige Aufgaben der industriellen Formgestaltung im Sozialismus, in: 5. Kolloquium zu Fragen der Theorie und Methodik der industriellen Formgestaltung 19./20. November 1981. Hg. Hochschule für industrielle Formgestaltung Halle-Burg Giebichenstein, Halle 1981

Stahl, K. / Curdes, G.: Umweltplanung in der Industriegesellschaft. Reinbek 1970

Stolze, D.: Das Wirtschaftswunder – Glanz der Zahlen und Statistiken, in: Bestandsaufnahme. Eine deutsche Bilanz 1962. Sechsunddreißig Beiträge deutscher Wissenschaftler, Schriftsteller und Publizisten. Hg. H. W. Richter, München/Wien/Basel 1962

Ein Streifzug durch 25 Jahre ästhetisches Formieren von Industrieprodukten in der DDR (1949–1974), in: form + zweck 5/1974

Sturm, H. (Hg.): Ästhetik und Umwelt. Wahrnehmung ästhetischer Aktivität und ästhetisches Urteil als Moment des Umgangs mit der Umwelt. Tübingen 1979

System-Design Bahnbrecher: H. Gugelot 1920–1965. (Kat.), Hg. Neue Sammlung, Mchn. 1984

Szenen der Volkskunst. (Kat.), Hg. Württembergischer Kunstverein, Stuttgart 1981

Thompson, M.: Die Theorie des Abfalls. Über die Schaffung und Vernichtung von Werten. Stuttgart 1981

Thuma, J. A.: Schönheit der Technik – die gute Industrieform. Stuttgart 1955

Tjalve, E.: Systematische Formgebung für Industrieprodukte. Düsseldorf 1978

Tränkle, M.: Wohnkultur und Wohnweisen. Tübingen 1972

Uhlmann, J. / Schaarschmidt, K.-H.: Spielraum für ästhetisches Formieren, in: form + zweck 2/1972

ulm. Zeitschrift der Hochschule für Gestaltung Ulm, 1–21 (1958–1968)

Unsere Bourgeoisie. Kursbuch 42/1975

Verband Deutscher Industrie Designer e. V. (VDID): Rahmenplan für die Ausbildung von Industrie-Designern in der BRD. Darmstadt 1968

Villiger, R.: Industrielle Formgestaltung. Eine betriebs- und absatzwirtschaftliche Untersuchung. Winterthur 1957

Vilmar, F.: Mitbestimmung am Arbeitsplatz. Basis demokratischer Betriebspolitik. Neuwied 1971

Vorausdenken für den Menschen. Eine Ausstellung aus der Bundesrepublik Deutschland. (Kat.), Hg. Rat für Formgebung, Darmstadt 1984

Vorträge zum internationalen Symposium ›Arbeitsumweltgestaltung – Leistungsbeitrag zur sozialistischen Rationalisierung‹ am 29./30. November im Dresdner Rathaus. Hg. Amt für industrielle Formgestaltung (AiF), Dresden 1984

Waberer, K. v.: Schöne Sachen, in: Kursbuch 79/1985

Wahnzimmer. Neue Möbel, fotografiert von Tom Jacobi und beschrieben von Nicolaus Neumann, in: Stern 27/1986

Wald, R.: Industriearbeiter privat. Eine Studie über Lebensformen und Interessen. Stuttgart 1966

Warnke, M.: Zur Situation der Couchecke, in: J. Habermas (Hg.), Stichworte zur ›geistigen Situation der Zeit‹. Bd. 2, Frankfurt 1979

Was ist neues deutsches Design?, in: Schöner Wohnen 9/1986

Weber, H.: Geschichte der DDR. München 1985

Wellmer, A.: Zur Dialektik von Moderne und Postmoderne. Vernunftkritik nach Adorno. Frankfurt 1985

Welsch, M.: Unsere postmoderne Moderne. 2. Aufl. Weinheim 1988

›wenn bei Capri die rote Sonne im Meer versinkt‹. In den Warengebirgen der 50er Jahre. Hg. Werkbund-Archiv Berlin, Berlin 1982

Wenzel, E.: Erste Jahrestagung des Gestaltkreises, in: Werk und Zeit 1/1966

Wick, R.: Das Ende des Funktionalismus am Beispiel Möbeldesign, in: Kunstforum International 66/1983

Wilhelm Wagenfeld. 50 Jahre mitarbeit in fabriken. (Kat.), Hg. Kunstgewerbemuseum, Köln 1973

Wichmann, H.: Aufbruch zum Neuen Wohnen. Deutsche Werkstätten und WK-Verband 1898–1970. Basel/Stuttgart 1978
ders.: Industrial Design, Unikate, Serienerzeugnisse. Kunst die sich nützlich macht. Die Neue Sammlung. Ein neuer Museumstyp des 20. Jahrhunderts. München 1985
Winter, F. G.: Planung oder Design. Über die Chancen der Phantasie in einer sich wandelnden Gesellschaft. Ravensburg 1972
Wir Kleinbürger. Kursbuch 45/1976
Wohnen und Identität. Kolloquium 6. Hg. Hochschule für Gestaltung Offenbach, Offenbach 1982
Wohnen + Leben 2. Marketinggerechte Strukturen zentraler Lebensbereiche. 4 Bde., Hg. Gruner & Jahr AG, Hamburg 1983

Wülker, G.: Designer. Eine Umfrage zum Bedarf an Designern in der Wirtschaft. Hg. DIHT, Bonn 1973
Zapf, W. (Hg.): Lebensbedingungen in der Bundesrepublik. Frankfurt 1977
Ziehe, Th.: Die alltägliche Verteidigung der Korrektheit, in: Schock und Schöpfung. Jugendästhetik im 20. Jahrhundert. (Kat.), Hg. Deutscher Werkbund und Württembergischer Kunstverein, Darmstadt/Neuwied 1986
Zur Entwicklung u. Konzeption des IUP. Stellungnahme der Fachschaft am Institut für Umweltplanung Ulm der Universität Stuttgart. Ulm o. J. (1971)
Zwischen Kunst und Design. Neue Formen der Ästhetik, in: Kunstforum International 66/1983

Foto- und Copyright-Nachweis

Ahlers (Oldenburg)   Umschlagvorderseite
Amt für industrielle Formgestaltung (AiF), Fotothek, Berlin/DDR   Ft. 16, 17 (Foto: U. Burkhardt, G. Eckelt, Berlin); Abb. 144, 145, 152, 153, 157, 161, 171–173, 175–177, 197
Badisches Landesmuseum, Karlsruhe (Foto: Bildarchiv Selle)   Abb. 14
Bauhaus-Archiv, Museum für Gestaltung, Berlin (West)   Ft. 8–11 (Foto: Jutta Brüdern, Braunschweig); Abb. 82, 84–87, 89, 90, 92, 93 (Foto: Lucia Moholy, Zollikon-Zürich), 95, 102–104, 116
Bibliothèque Royale de Belgique, Musée de la Littérature, Brüssel   Abb. 53
Braun AG, Kronberg   Ft. 14, 15; Abb. 154, 156, 163, 164, 180, 186
Tilmann Buddensieg/Henning Rogge: Industriekultur. Peter Behrens und die AEG 1907–1914. Berlin 1979 (1981) (Gebr. Mann Verlag)   Abb. 61–66
Deutsche Technik. Die technopolitische Zeitschrift.

Amtl. Organ des Hauptamtes für Technik der Reichsleitung der NSDAP. Beilage ›Betrieb und Wehr‹, Folge 9/1936   Abb. 72
Deutscher Werkbund Niedersachsen und Bremen e.V., Hannover   Abb. 183, 184
Deutsches Museum, München   Ft. 1; Abb. 5, 6, 8, 9, 19, 27
Martin Ernst, Weil der Stadt (Foto: Wolf Birke)   Ft. 19
W. F. Exner: Das Biegen des Holzes, ein für Möbel-, Wagen- und Schiffbauer wichtiges Verfahren. Mit besonderer Rücksichtnahme auf die Thonet'sche Industrie. Weimar 1876   Abb. 22
Heinz und Lilo Frensch   Abb. 15
Germanisches Nationalmuseum, Nürnberg   Ft. 3; Abb. 7, 26
Sonja Günther: Das deutsche Heim. Luxusinteriurs und Arbeitermöbel von der Gründerzeit bis zum »Dritten Reich«. Gießen 1984   Abb. 77

Haus der Bayerischen Geschichte, München (Foto: Günter und Eva von Voithenberg)   Abb. 11
Historisches Archiv Friedr. Krupp, Essen   Abb. 137
Hessisches Landesmuseum, Darmstadt   Ft. 6; Abb. 50, 81
Ulrike Holthöfer, Düsseldorf/Axel Kufus, Berlin   Abb. 187
Institut für Auslandsbeziehungen, Stuttgart   Abb. 28, 29 (Fotos: Heinz R. Fuchs, Mannheim) 70, 71, 118/119, 121, 122 (Fotos: Nikolaus Koliusis, Stuttgart)
Knoll International Deutschland GmbH, Murr   Abb. 96–99
Lore Kramer   Abb. 105–107
Thomas Kufus/Hubertus Müll   Umschlagrückseite
Kunstgewerbemuseum, Zürich   Abb. 88
Peter Luckner   Abb. 196
Märkisches Museum, Berlin/DDR   Abb. 16
Mathildenhöhe Darmstadt (Kunstreferat)   Abb. 49, 51
C. Matschoss: Geschichte der Dampfmaschine. Ihre kulturelle Bedeutung, technische Entwicklung und ihre großen Männer. Berlin 1901   Abb. 1
Melitta-Werke Bentz & Sohn, Minden   Ft. 18
William Morris Gallery, Walthamstow (Foto: Bildarchiv Selle)   Abb. 52
W. Müller-Wulckow: Architektur der Zwanziger Jahre in Deutschland, Langewiesche-Königstein 1975   Abb. 108, 110
Münchener Stadtmuseum, München   Abb. 4, 24
Museum der Stadt Rüsselsheim (Foto: Bildarchiv Selle)   Abb. 100
Museum für Kunsthandwerk, Frankfurt am Main   Ft. 5
Museum für Kunst und Gewerbe, Hamburg (Sammlung Kölsch)   Abb. 114
Museum für Kunst und Kulturgeschichte der Hansestadt Lübeck   Abb. 17 (Foto: Helmut Göbel, Lübeck), 20
Neue Wohnung modern gestaltet. VEB Fachbuchverlag, Leipzig 1983   Abb. 194
Marianne Platte, Butzbach   Abb. 36
Rat für Formgebung, Darmstadt   Abb. 59, 60, 68, 143, 147, 149, 150, 155, 159, 162, 179
Henning Rogge: Fabrikwelt um die Jahrhundertwende am Beispiel der AEG Maschinenfabrik in Berlin-Wedding. Köln 1983 (DuMont Buchverlag)   Ft. 7; Abb. 67
Rosenthal AG, Selb   Ft. 13; Abb. 146, 178
Rowenta-Werke GmbH, Offenbach am Main   Abb. 188, 189

Siemens AG, München   Abb. 198
Hans Erich Slany, Esslingen   Abb. 174
H. Schaefer: The Roots of Modern Design. Functional Tradition in the 19th Century. London 1970   Abb. 10
Peter Schmitz, Hildesheim (Foto: Dieter Schohl, Hildesheim)   Ft. 20
Staatliche Museen zu Berlin, Berlin/DDR   Abb. 12, 13
Staatliche Schlösser und Gärten, Potsdam-Sanssouci (Foto: Deutsche Fotothek, Dresden)   Abb. 18
Stadtmuseum Oldenburg (Fotos: Jochen Lange, Oldenburg)   Ft. 2, 4
Stiletto-Studios, Berlin (Foto: Junker-Rösch)   Abb. 185
Gebrüder Thonet GmbH, Frankenberg/Eder   Abb. 21
Westdeutscher Rundfunk, Köln   Abb. 160
Hans Wichmann: Aufbruch zum neuen Wohnen, Basel 1978 (Birkhäuser Verlag AG)   Abb. 69 (Foto: Sophie-Renate Gnamm, München), 75, 117, 142
Württembergische Metallwarenfabrik AG (WMF), Geislingen   Umschlaginnenklappe, Ft. 12; Abb. 25, 44, 56, 57, 113, 115, 125, 148
Zeitschrift »ulm«   Abb. 168–170

Aus seinem Archiv stellte der Autor freundlicherweise nachfolgend genanntes Abbildungsmaterial zur Verfügung:
Abb. 2, 3, 23, 30–35, 37–43, 45–48, 54, 55, 58, 73, 74, 76, 78–80, 83, 91, 94, 101, 109, 111, 112, 120, 123, 124, 126–136, 138–141, 151, 165–167, 181, 182, 190–193, 195

Copyright-Nachweis

© VG BILD-KUNST, Bonn, 1990
Peter Behrens, Claus Dietel, Erich John, Gerrit Thomas Rietveld, Lutz Rudolph
© 1990, Copyright by COSMOSPRESS, Genf
Lyonel Feininger, Richard Riemerschmid
© 1990, Copyright by Familie Schlemmer, Oskar Schlemmer Nachlaß
Oskar Schlemmer

Namensregister